走进伟人生活 ☆ 再现伟人风采

军事家

朱德

（下）

袁德金·著

新中国开国十大元帅，朱德名列第一。他从一个佃户的孩子成长为一位伟大的马克思主义者；从一个小学教师成长为解放军总司令。深受全党、全军和全国各族人民爱戴和崇敬。

中国青年出版社

（京）新登字083号

图书在版编目（CIP）数据

军事家朱德／袁德金著． ——北京：中国青年出版社，2010.12

ISBN 978 – 7 – 5006 – 9666 – 7

Ⅰ．①军... Ⅱ．①袁... Ⅲ．①朱德（1886～1976）

——生平事迹 Ⅳ．①K827＝7

中国版本图书馆 CIP 数据核字（2010）第 223256 号

*

中国青年出版社出版 发行

社址：北京东四12条21号 邮政编码：100708

网址：www.cyp.com.cn

编辑部电话：（010）57350504 门市部电话：（010）57350370

北京龙跃印务有限公司印刷 新华书店经销

*

720×1060 1/16 55 印张 655 千字

2013 年 3 月北京第 1 版 2013 年 3 月北京第 1 次印刷

定价：128.00 元（全二册）

本图书如有任何印装质量问题，请与印务中心质检部联系调换

联系电话：（010）57350337

十六、大会师

再次北上

红二、红四方面军按计划分别从甘孜向甘南进发了。

一路上，朱德和红军广大指战员处在极其困难的时刻。1936 年 7 月 12 日，朱德和张国焘、任弼时在给贺龙、萧克、关向应、陈伯钧、王震并转罗炳辉等的一份电报中说：第二方面军从鱼头寺到阿坝至少需六天时间，绒玉、五楼等地沿途无粮补充，只有以如下办法筹粮：（一）加紧节省粮食及吃野菜，行军途中用一切方法带足十天粮。（二）部队宿营"须在野菜多的地方"，各部"均须大找野菜"。（三）每天以野菜当正粮，"杀牛羊连皮带骨和血不可半点浪费"。在停止筹粮时刻应全吃野菜，"无论如何，每人须存三斤干粮不准吃"，"此事万分严重，望各首长亲自督促执行"。①

7 月中旬，朱德率部到达了阿坝地区，来到了松潘大草地，这将是朱德第三次过草地了。临过草地前，他详细了解兵站收容的伤病员情况，要求兵站把驮枪支的牲口腾出来驮伤病员，并说：过去是人多枪少，随时都有兵员补充。现在是人少枪多，人是最宝贵的，多一个人，革命就多一份力量。有了人，不愁将来没有枪，要人不要枪，把多余的枪统统毁掉，并要求把伤病员全部带出草地。

朱德率领部队又踏进了茫茫的大草原。有一天，在葛曲河边，部队意外地缴获了敌人一千多头牛羊。在断粮的情况下，饥饿的战士们欣喜若狂。

---

① 《朱德年谱》上，第 572 页，中央文献出版社 2006 年版。

该吃午饭了，午饭照旧是清水煮野菜。朱德和大家一样，蹲在一旁大口大口地吃着。有个战士悄悄来到朱德身旁，低声说："咱们已经没粮了，是不是杀一两头牛羊，和野菜搭配着吃？"朱德冷静地问他："小鬼，光是你这么想还是大家都这么想？"

"我听见不少同志议论这件事。"

朱德沉吟了一会儿，说："好吧，你先去吃饭，等一会儿我和同志们讲讲这个问题。"

饭后，朱德把战士们集中在一起，亲切地问大家："同志们！咱们这是第三次过草地了，对草地的艰苦有所体验，你们说，是前面的部队吃饭困难呢？还是后面的部队吃饭困难呢？"大家七嘴八舌地议论开了，但都一致认为还是后面的部队吃饭更困难。

等大家议论了一阵，朱德才说："是啊，大家说得很对，后面的部队要困难得多哩！但我知道，自从进入草地后，大家都没吃过一顿饱饭，我真想杀一两头牛羊，让同志们改善生活。可是不能啊，因为在我们后面，还有很多二方面军的同志，他们是从南方过来的，对草地的气候条件更不适应，又处在我们后面，生活一定更艰苦。想想他们，大家说，这牛羊该不该杀？"

战士们被朱德高尚的阶级友爱精神所感动，齐声回答："不该杀。"

听到战士们的回答，朱德也十分激动，他接着说："我们每一个红军指战员，都是有高度政治觉悟的战士，都能从革命的全局出发来考虑问题。我赞成大家的意见，宁可咱们多吃苦，也要为后续部队提供方便。我坚信，任何困难也阻挡不了我们前进的步伐。"

7月26日，朱德和张国焘、任弼时给陈伯钧、王震等发出一份电报，说："二军到阿坝即已完全无粮，须补足十天粮。葛曲河存牛四百、羊八百，但守备部队须在此吃八天，所余已不多。在上阿南确实收到总部交下牛羊多少，能留若干给二军，请即电复。"[①]

这时，中共中央给朱德、张国焘、任弼时发来了一份电报，询问红二、红四方面军两部的行动情况："不知粮食够用否？目前确至何地？八月中旬可出甘南否？"7月29日，朱德和任弼时、张国焘复电中共中央：

---

① 《朱德年谱》上，第573页，中央文献出版社2006年版。

"我军先头于昨日占领包座。二、四两方面军可于八月八日前全部到达包座及其东北地区，我们，三十一军到包座。"

7月31日中午，朱德和张国焘、任弼时率部通过草地到达了包座。朱德过草地时，除一天因感冒而坐过半天担架以外，都是和战士们一样亲自走下来的。他后来回忆说："长征中间，每天差不多总是走一半路，骑一半马。除了过草地时患了重感冒坐过半天担架，整个长征中没有坐过担架。"①

第二天，朱德和张国焘、任弼时给林育英、张闻天、毛泽东、周恩来、彭德怀发出一份电报：

英、洛、泽、恩、德同志：

（一）二、四方面军此次向包座、巴西、阿西前进较便利。两方面军团结巩固，士气高涨。

（二）俟兵力稍集结后，即向（临）洮、岷（县）、西固，约八月中旬主力可向天水、兰州大道出击，消灭毛炳文、于学忠部为目的来配合你军。

（三）二十余日行军，对天水情况及各方情报颇有失绪，请将你方情况及一方面军状况、你们计划告诉，盼函。

（四）在蒋敌进攻严重关头，我一、二、四方面军只有积极密切关系，基本上和（在）一致战略方针下坚持对敌，才不致受敌各个击破，可能造成西北新局面。我二、四两方面军全体指战员对三个方面军大会合和配合行动，一致兴奋，并准备好了一切，谋西北首先胜利奋斗到底。望以此转告一方面（军）作战会合我们。

（五）国际对我们有何指示，请转告。

朱任张

八月一日②

---

① 《朱德自述》，第187页，解放军文艺出版社2003年版。

② 中央档案馆编：《红军长征档案史料选编》，第513～514页，学习出版社1996年版。

中共中央接到这份电报后，对红二、红四方面军通过草地到达班佑、包座地区表示无比欣慰，立即发出复电："四方面军在包座略作休息后，宜迅速北进；二方面军随后跟进，到哈达铺后再大休息，以免敌人封锁岷西线，北出发生困难。"① 8月3日，林育英、张闻天、周恩来、毛泽东、博古又给朱德、张国焘、任弼时发出一份电报：

朱、张、任同志：

（甲）接八月一号电，为之欣慰。团结一致，牺牲一切，实现西北抗日新局面的伟大任务，我们的心和你们的心是完全一致的。

（乙）我们已将你们的来电通知全苏区红军，并号召他们以热烈的同志精神，准备一切条件欢迎你们，达到三个方面军的大会合。

（丙）军事情况，由此间军委随时电告你们。

（丁）国际来电除前次一电已照转外，尚未继接对二、四方面军单独指示的电报，以后接到当照转你们。昨日来电我们已原文转告国际。

> 英洛恩泽博
> 八月三日②

为执行中共中央的指示，朱德提议召开会议进行研究部署。8月5日，中共中央西北局在若尔盖县吉寺（救济寺）召开会议。在会上，朱德发言说："一个好的党员应该拥护党中央路线，维护群众利益。日本帝国主义要灭亡中国，一个政党，一个军队，一个人，不站在抗日斗争前线，将不会有他的立身之地。我们要把自己的历史任务担负起来，大家都要加紧学习。在西北局里，委员要是好党员，书记要是好党员、好委员，书记一样要服从多数委员形成的决议，这才有集中的统一的领导。"③ 会议通过了《岷（州）洮（州）西（固）战役计划》。

---

① 《朱德年谱》上，第574页，中共文献出版社2006年版。
② 中央档案馆编：《红军长征档案史料选编》，第515页，学习出版社1996年版。
③ 《朱德年谱》中，第574页，中央文献出版社2006年版。

会后，朱德和张国焘发布这个计划。计划指出，"敌企图将我主力红军二、四方面军封锁于甘、青、川、康边区，阻我与一方面军的会合，防止我在西北地区发展"，正进行各种布置。因此，"我军以迅雷手段在敌人主力尚未集中洮、岷之前，在运动战中大量地各个消灭敌人，先机取得洮、岷、西固地区，主力向天水、兰州方面进展，策应一方面军，一致灭敌为目的"，将部队分为三个纵队：第三十、九、五军为第一纵队，司令员徐向前、政委陈昌浩，主力由包座、俄界迅经哇藏寺出哈达铺、岷县并攻击占领之，该纵队应以相当兵力组成右侧支队，取道白骨寺、爪咱之线，相机夺取西固，以佯动姿势威胁武都敌人为目的；以第四、三十一军为第二纵队，司令员王树声、政委詹才芳，以夺取洮州旧城，消灭该地敌人为目的，成功后主力向临洮方面活动，并以一部向夏河、临夏发展掩护我军左侧翼；红二方面军为第三纵队，司令员贺龙、萧克、政委关向应，策应第一、第二纵队①。

8月6日，朱德和张国焘、任弼时致电贺龙、萧克、关向应，向他们通报了《岷（州）洮（州）西（固）战役计划》，鉴于蒋介石以陕甘宁青约100个团的兵力，企图先击破红一方面军，然后阻红军北进。红二、红四方面"拟先进占岷州、洮州、西固，然后以主力去天水、兰州间，求得于运动中击敌，以与一方面军配合以至会合，现先头三十军已向岷继进"。

8月7日，朱德给川军将领刘湘写了一封信，以争取他共同抗日。信中写道："德等率领抗日红军大举北上，实行团结一切抗日反蒋力量，收复东北失地。先生西陲重石，爱国有素，倘能与红军联盟抗日，共同奠定救国初基，则国事幸甚，否则亦须建立爱国友谊关系，互不侵犯以保国防实力，勿为蒋贼离间，自相残杀。"②

8月9日，朱德率红军总部从求吉寺北上，向南界前进，先头部队夺取了天险腊子口，直指岷州城。

在一个月的时间里，朱德率红四方面军先后攻克漳县、洮州、渭源、通渭四座县城及岷县、陇西、临洮、武山等县的广大地区，以破竹之势横

---

① 《朱德年谱》上，第575页，中央文献出版社2006年版。
② 《朱德年谱》上，第576页，中央文献出版社2006年版。

扫甘南，岷州也处在红军的包围之下。红二方面军则在贺龙的率领下，由哈达铺向礼县、西和、成县、徽县、两当、略阳一带发展。这时，中共中央为策应红二、四方面军北上，令红一方面军主力组成西征军，在聂荣臻、左权率领下，西向静宁、隆德地区运动。这样，三个方面军形成了南北呼应、夹击敌人、实现大会师的有利态势。

9月初，中革军委制定了一个作战计划：红一方面军以一部分兵力保卫陕甘苏区，主力占领海源、靖远、固原及其以南地区，策应红二、四方面军作战。红二、四方面军分为两路：红四方面军为左路，占领岷州、武山等地，尔后向东向北，会同红一方面军向定西、陇西及西兰大道进攻，吸引与消灭敌第三十七军；红二方面军为右路，占领成县、徽县、两当、康县、凤县和宝鸡，建立根据地，进而实现三个方面军的会师，并准备消灭胡宗南部。

根据敌情的发展，9月13日20时，朱德和张国焘、陈昌浩给中共中央发出一份电报，建议三个方面军协同作战："敌以各击破我军之目的企图以胡（宗南）、毛（炳文）、王（均）、孙（震）四个纵队首先与我四方面军决战"；"我军为先机打破敌之既成计划，争取抗日友军，造成西北新局面，一、四方面军乘胡敌在西北公路上运动之时机，协同消灭其一部；二方面军尽力阻止和迟滞胡敌西进"。因此，要求"一方面军主力由海源、固原地区，向静宁、会宁以北地区活动，南同四方面军在静会地段以袭击方式，侧击运动之胡敌，并阻其停止静宁以东"；二方面军以主力出徽县、两当、凤县以北地区，牵制王均部于天水地区和吸引胡敌不敢长驱西进为目的；二、四方面军除以九十三师即向静宁、会宁段以南地区活动外，以一部机动兵力集结陇西、武山，并适时以八个团以上兵力打击静宁、会宁间敌人，相机打通一方面军①。9月15日，中共中央在复电中说："彼此意见大体一致，惟我们意见，四方面军宜迅以主力占领以界石铺为中心之隆（德）、静（宁）、会（宁）、（通）定段公路及其附近地区，不让胡（宗南）敌占领该线，此是最重要着"，"我们已派一个师向静、宁线出

---

① 《朱德年谱》上，第582页，中央文献出版社2006年版。

动，如此，当可滞阻胡宗南之西进，而便于四方面军之出到陇定大道并准备作战。至一方面军主力如南下作战则定、盐、豫三城必被马（鸿逵部）敌夺去，于尔后向宁夏进攻不利，故在未给马敌以相当严重打击以前，不宜离甘宁边境，对东敌作战，宜以二、四方面军主力，一方面军在必要时，可增至一个军协助之。"

在以后的几天内，中共中央多次致电朱德、张国焘、任弼时，要求红四方面军迅速北出至隆静大道，进占界石铺及以西地段，否则将被截堵隔断，并说明红一方面军已派第一师向隆静大道北侧运动，加以策应，"机不可失，千祈留意"。

艰难的大会师

1936 年 9 月 16 日，朱德参加了中共中央西北局在岷州三十里铺召开的会议。会议开了三天，主要讨论红军的行动方向问题。16 日，在讨论目前政治形势及党的策略和战略方针时，朱德说：抗日民族统一战线自去年提出来以后，我们的工作有进展，陕北对这一策略的运用也有进步。现在要做好抗日的准备工作，要充实自己的力量来抗击日本的侵略，这样也必然会使全国发生重大的变化。17 日，朱德又作了发言。他说：中央的策略路线是正确的，它是随着形势的发展而发展的。去年十二月决议提出打倒日本帝国主义和蒋介石，今年则提出抗日反蒋不能并提，这次又进一步提出蒋介石有转向参加抗日运动的可能。这种估计和由此而制定的策略路线是正确的。我们要马上执行，并进行传达和教育，使大家对此都能有所理解。18 日，在讨论政治工作、统一战线、地方工作时，朱德又说：统一战线和各个工作部门都有关系，要把一切视线都引到这方面来，要首先说服我们的干部和战士重视统一战线。

在这次会议前和会议期间，中共中央几次来电谈红四方面军的行动问题。朱德多次找张国焘、陈昌浩等商量，坚持按中共中央的要求，迅速北上至隆德、静宁一线，实现与红一方面军会合，但张国焘却主张西渡黄河进入甘肃西部地区。还在这个月的上旬，朱德就主张红四方面军不要在甘肃停留而径直跨过西兰公路去会合红一方面军。但张国焘总想往西走，说"打日本不是简单的"。朱德笑他胆子太小了，说："四川军阀打仗是溜边的，碰上敌人绕弯弯，见到便宜往前抢。国焘同志你莫要溜边呀！我们长征是要到抗日的前进阵地，红军要成为抗日先锋军、模范军。敌情在北面吆，你老想向西去，当然打它不赢，只是跑得赢了。"① 现在，张国焘的态度还是没有变化。朱德先说服了陈昌浩，他们又一起做张国焘的工作，每天会后都争论到深夜。会议开到第三天，张国焘突然宣布辞职，带着他的警卫员和骑兵住到岷江对岸的供给部去了。朱德见张国焘如此，气愤地说："他不干，我干！"于是，找来作战参谋，挂起地图，着手制定北进行动方案。

但是，大约黄昏时分，张国焘却又派人通知继续开会。朱德、陈昌浩和西北局成员赶到张国焘的住处开会。然而，当讨论战役的具体方案时，张国焘又根本推翻会议刚刚作出的决议，还是反对部队北上，主张西进，想过黄河去青海、新疆。这时，面对出尔反尔的张国焘，陈昌浩也看不惯了，表示主张部队北上，两人发生激烈争论。在争论中，张国焘硬说部队经静宁、会宁北上，是"断送红军"。朱德又耐心地劝张国焘要维护民主集中制的原则，不要个人推翻集体决议。张国焘被迫说："党的组织原则是民主集中制，是少数服从多数，既然你们大家都赞成北上，那我就放弃我的意见嘛。"②

会议最后一天晚上，朱德和张国焘、陈昌浩联名向在漳县的四方面军前敌总指挥部发布《通（渭）庄（浪）静（宁）会（宁）战役纲领》，决定"四方面军在胡（宗南）敌未集中静宁、会宁以前，相机占领静、会及定西大道，配合一方面军在运动中夹击该大道上之胡敌，与静宁之骑七师，相机占领静宁，争取与一方面军会合为目的"。并对各部队立即北进作了部署，要求各部队带四天干粮，极力轻便伪装，尽量采取夜行军。同日，又将这一作战计划电告中共中央。此后，张国焘带着他的警卫部队先行北上，赶到漳县的四方面军前敌指挥部。朱德则回红军指挥部，进一步

---

① 《朱德年谱》上，第581页，中央文献出版社2006年版。
② 潘开文：《临大节而不辱》，《工人日报》1979年7月6日。

部署各部行动。

9月19日18时，朱德和张国焘、陈昌浩在给中共中央的电报中说："决定四方面军全部向定西、会宁、静宁线开动，以会合一方面军夹击与速击胡（宗南）部为目的，先头师二十四五日到界石铺，大部月底到达。""请大动员并选择最快与适宜地点同你们会面，商决一切。"[①]

第二天，朱德又给毛泽东、周恩来、彭德怀发出一份电报，告诉他们："甲、张（国焘）于本日已北进，我明日率总部行动。乙、每晚请通敌情一次，并切实联络。丙、亲译密电悉，已释疑虑，迅速取得会合在静宁道上，以便消灭胡敌。丁、请扩大动员拥护这一会合。"中共中央在接电后，在9月21日的回电说："（甲）四方面军北上部署既定，对整个战略计划甚为有利。（乙）统一指挥十分必要，我们完全同意任（弼时）、贺（龙）、刘（伯承）、关（向应）四同志之意见，以六人组织军委主席团，指挥三个方面军，恩来因准备去南京谈判，此间军委以毛（泽东）、彭（德怀）、王（稼祥）三同志赴前线与朱（德）、张（国焘）、陈（昌浩）三同志一起工作。"

就在接到中共中央这一电报的当天，情况发生了变化。张国焘在9月20日离开红军总部到驻在漳县的红四方面军前敌指挥部后，向没有参加岷州中共西北局会议的前方负责人宣传他西渡黄河的主张，又提出一套西渡黄河，抢占永登、红城子地区作立足点的方案，并且不经朱德的同意，发出部队停止北进、调头西进的命令。他还流着泪说："我是不行了，到陕北准备坐监狱，开除党籍，四方面军的事情，中央会交给陈昌浩搞的。"[②]9月21日21时，张国焘给朱德发出一份电报，电报全文：

朱总：

甲、向（徐向前）、纯（周纯全）、李（特）三同志均照，坚决反对静会战役计划，自主即速采取第二方案。

乙、请你负责本夜令军委纵队电告停止待命。

① 《朱德年谱》上，第585页，中央文献出版社2006年版。
② 徐向前：《历史的回顾》中，第474页，解放军文艺出版社1985年版。

丙、五军仍在该地，万不可放弃岷城。

丁、请你即来漳县面商。

国焘

二十一号二十一时①

与此同时，张国焘还致电红军总部负责通讯的周子昆等人，"所有未经我签字的电报一定不准发出，请兄等绝对负责"，企图隔断朱德与中共中央的联系。

情况太出人意料之外了，这使一向处事从容不迫的朱德也有些措手不及。接到张国焘"坚决反对静会战役计划"、改部队北进为西进的电报后，朱德一夜未眠。经过仔细思量后，他和傅钟共同起草了一份给徐向前、周纯全并转张国焘的电报。怎样才能将电报发出呢？朱德对傅钟说："你是四方面军的，又是西北局的组织部长，你出面吧，给他们讲讲组织原则。"

傅钟对电台负责人王刚说："朱总司令是中革军委的主席，总司令部是在军委的领导之下，总政委也要执行军委主席的命令。我是西北局组织部长，如果你不把这份电报发出去，就是违抗军令，我可以立即枪毙你"。后来又经过多次做工作，才发出了这份电报。电报指出："国焘同志电悉，不胜诧异。为打通国际路线与全国红军大会合，似宜经静（宁）、会（宁）北进，忽闻兄等不加同意，深为可考虑。"并说："静会战役各方面军均表赞同，陕北与二方面军也在用全力策应。希勿失良机，党国幸甚。"并提议在漳县再召开中共西北局会议，"续商大计"。

朱德又给出席过岷州会议的西北局成员发出电报，要求他们兼程赶到漳县开会，继续讨论红军行动计划问题。接着，朱德不顾张国焘"不准发出"电报的禁令，还给林育英、张闻天、毛泽东、周恩来、彭德怀、贺龙、任弼时、刘伯承发出一份电报：

---

① 中央档案馆编：《红军长征档案史料选编》，第532页，学习出版社1996年版。

英、洛、毛、周、彭、贺、任、刘:

（甲）西北局决议通过之静会战役计划正在执行，现又发生少数同志不同意见，拟根本推翻这一原案。

（乙）现在将西北局同志集漳县续行讨论，结果再告。

（丙）我是坚决遵守这一原案，如将此原案推翻，我不能负此责任。

朱德

九月廿二日

这份电报发出后，朱德看了看表，时间已是第二天凌晨 3 时了。他顾不得眨一下眼，立即命令傅钟等连夜出发，乘马直奔漳县，一天内赶了 120 里路。

在通往漳县的大路上，朱德和傅钟并肩策马飞奔，汗流浃背，衣服湿透。

朱德并未因为电报发出而轻松，而是一路上和傅钟不停地在商量如何使张国焘放弃错误的对策。他叮嘱傅钟说："这次一定要坚持民主集中制的原则，不能书记说了算，书记也要执行集体决议。"

也在这时，在漳县的张国焘以"朱（德）、张（国焘）、徐（向前）、陈（昌浩）"的名义给毛泽东、周恩来、彭德怀并贺龙、任弼时发出了一份电报，为他改变岷州会议关于静会战役计划的决定进行辩解，电报全文:

毛、周、彭并贺、任:

（甲）我们完全同意国际指示，实现红军主力进到宁夏及甘肃北部的计划。

（乙）并具体实现一、二、四方面军在这一地区的会合。

（丙）估计到一、二两方面军能够牵制的敌力和四方面军的实力，目前与胡宗南之一路军在静、会这一四面受敌之地区决战是不利的。

（丁）宁夏地区狭小，一、四方面军集中宁夏，不免后有黄河、沙漠之险，前有敌人封锁，如在该地区作战，须停留六个月，物质补充不便，万一决战不利或不能有力阻止敌人时，则将陷红军于不利地区。

（戊）为迅速实现夺取宁夏和甘肃北部的战略方针，和实现全国红军的大会合的目的，我们提议为如下的部署：

（1）四方面以基干两个军，迅速由兰（州）西之永靖、循化一带渡过黄河，经乐都、享堂附近一带抢占永登、红城子一带地区，扼守兰（州）敌北进；以一个军暂在黄河渡口附近活动，并监视西宁、河（州）之敌；以两个军暂在岷（州）、漳县一带活动，将胡（宗南）敌向岷（州）方向吸引。这一任务完成后，上述三个军即迅速全部转移到凉（州）、永登一带地区，以主力扼阻兰（州）敌，以有力一部向一条山、静（靖）远、中卫活动，配合一方面军由靖远、宁夏（宁夏城）段渡过黄河，形成会合和互相策应形势。

（2）一方面军即在现地区活动，将敌人逼向西兰公路，并从侧面控制之；尔后在结冰期或一、四两方面军渡河工兵队的隔岸互相援应，实现一方面军渡过黄河，相机消灭马鸿逵一部，占领宁夏（宁夏城）、中卫一带地区。

（3）二方面军完成在两当、宝鸡牵制胡敌东进任务后，即经栒邑、郿县、庆阳中间地区打通一方面军；在一方面军主力渡河后，即依据原陕甘北苏区向南活动。

（己）依据四方面军造船技术，即永靖、循化两桥被敌破坏时，亦能达到迅速渡河之目的。两个军由洮（州）到永登连造船时间在内，约需十二天。时机急迫，千祈采纳，并告国际。

朱张徐陈

二十二日二十时①

---

① 中央档案馆编：《红军长征档案史料选编》，第 533～534 页，学习出版社 1996 年版。

9月23日，中共西北局会议在漳县附近的三岔红四方面军前敌指挥部召开，再一次讨论红四方面军的行动方针。在会上，张国焘一边为自己违背组织原则擅自改变上次会议决议作辩解，一边指着地图，边讲边比划，讲自己西进方案的"优越"。朱德先后几次发言，坚决维护岷州会议关于北上的决定，阐明红四方面军和红一方面军会合对整个形势是有利的。他责问张国焘：现在迅速北上，可以不经过同敌军决战而实现会合，"可能会合为什么不会合？"他指出，岷州会议的决定是由西北局成员集体讨论做出的，作为西北局书记，已签字同意北上计划，但未经西北局重新讨论，又马上改变计划，是不允许的，即使是党的书记也要根据决议来工作，这是关系到组织原则的严重问题，应当弄清楚。改为执行西进计划，是要受到重大损失的。由于张国焘宣传他主张西进，是因为这时黄河容易渡过，又可以避免同胡宗南在西兰大道上决战，将来仍可以达到会合的目的，会议最后通过了张国焘西渡黄河的意见。朱德知道这种局面已经无法扭转了，于是严正地表示自己坚持岷州会议原案，表明这个西进方案"要强使我赞同是不可能的"，并要张国焘对这个改变负责。同时，为了利用中共中央的力量来纠正张国焘的错误，朱德对大家说："暂照第二方案执行，大家做好工作，减少损失。我建议向中央报告，如中央不同意，就坚决执行第一方案。"①

第二天，毛泽东在给彭德怀并告聂荣臻的一份电报中说：接朱德来电，张国焘又动摇了北上方针，我们正设法挽救中。为使胡宗南敌不占去先机，请加派有力部队南下，交一军团指挥，增兵界石铺并分兵至隆德、静宁大道游击。② 同一天，中共中央给朱德、张国焘、陈昌浩、任弼时、刘伯承发来了电报，再次表示："与张国焘之间争论应该一概不谈，集中全力与团结内部，执行当前军事政治任务。"指出，红军对胡宗南部陆续进入陕北这一情况的对策；第一步似应集合三个方面军于静宁、会宁、定西一线及其南北，给胡敌以相当打击，使其不能达到隔断红军、各个击破的企图。第二步以两个方面军占领宁夏，以一个方面军控制胡敌，占领宁夏是整个政治军事上极重要的一环。如红军因分散而不能达此目的，尔后

---

① 《朱德年谱》上，第588页，中央文献出版社2006年版。
② 《朱德年谱》上，第588页，中央文献出版社2006年版。

将发生极大困难。至于第三步骤则在占领宁夏之后，那时我们已得远方帮助，处于有利地位，分兵略取甘西、绥远，乃至重占甘南均甚容易。此为西北大计。并告：红一方面军一师已占界石铺，红四方面军宜以先头师迅速进入，全部陆续北上①。

中共中央在电报里已讲得很清楚了，但是，张国焘仍然坚持要西进，并指挥红四方面军撤离通渭地区。9 月 26 日，他以"朱（德）、徐（向前）、陈（昌浩）、张（国焘）"的名义给林育英、张闻天、毛泽东、周恩来、博古、王稼祥、贺龙、任弼时、关向应、刘伯承发出电报，电报全文：

英、洛、泽、恩、博、稼、贺、任、关、刘同志：

甲、我们首先申明对国际指示和统一战线进展情况，不甚明了。

乙、根据已经知道的材料，我们有如下的估计：

（一）国际对红军的帮助是非常重要的，有决定意义的。我们请求帮助军事专家和技术人员以及大批新式武器，据我们估计，国际的帮助现在还只能是秘密的。交通线如只有定远营这一条，易受日本特务机关和内蒙王公反动势力的妨碍。遵照国际指示，先机占领甘北更为有利，因甘北有更多道路通外蒙和新疆，交通易于秘密，不受日本势力的阻碍。

（二）胡宗南入甘必然会向我们积极进攻，且有后续部队增加可能；张学良在蒋（介石）势力压迫下，对我军有可能采取较积极行动。来电谓：恩来将去南京，我们对此不大懂得。

（三）如果一、二、四方面军都集中西兰公路以北，万一敌将宁夏兵力加强，甘北凉州、古浪、永登线形成封锁，敌主力由西兰公路向北压迫，整个红军将陷于狭小地区。

（四）如果准备决战，红军集中在一块是有利的，否则不如在宽广地区互相配合行动，以至互相接通，更为有利。

（五）应当估计须首先求得战斗胜利和先机占据有利地位，

---

① 《朱德年谱》上，第 588～589 页，中央文献出版社 2006 年版。

国际帮助才能获得。

（六）因此，先机占领甘北是目前最重要的一环，既可接通外蒙、新疆，得到国际帮助，又可接引一、二方面军占领宁夏地区。

丙、根据上述估计，因此，我们决定四方面军即经循化先机抢占永登一带地区，将胡敌向北吸引。又给一、二方面军实为有力配合。敌若以主力入甘北，又给一、二方面军在现地区大大活动机会，由四方面军以有力一部接引一、二方面军合力取宁夏、则宁夏更有把握取得。现部队已按此决定调动，不便再更改，千祈采纳。

丁、关于统一领导，万分重要。在一致执行国际路线和艰苦斗争的今日，不应再有分歧。因此我们提议：请洛甫等同志即以中央名义指导我们。西北局应如何组织和工作，军事应如何领导，军委主席团应如何组织和工作，均请决定指示，我们当遵照执行。

朱徐陈张

二十六日十二时①

这是张国焘第一次表示他放弃同陕北党中央保持"横的协商关系"而接受中共中央的领导。与此同时，林育英、张闻天、周恩来、博古、王稼祥、毛泽东联名给朱德、张国焘发来了一份电报：

朱、张：

确息：胡宗南部在咸阳未动，其后续尚未到齐。四方面军有充分把握控制隆（德）、静（宁）、会（宁）、定（西）大道，不会有严重战斗。一方面军可以主力南下策应，二方面军亦可向北移动钳制之。北上后粮食不成问题，若西进到甘西则将被限制于

---

① 中央档案馆编：《红军长征档案史料选编》，第 536～537 页，学习出版社 1996 年版。

青海一角，尔后行动困难。

英洛恩博稼泽

二十六日十二时①

这一天，中共中央多次来电要求张国焘率红四方面军北上，不能西进，在给任弼时、贺龙、刘伯承的一份电报中说："请你们向国焘力争北上计划之有利，西进将被限制于青海一角，尔后行动困难，且妨碍宁夏计划。"任弼时、贺龙、关向应、刘伯承等也在电报中迫切要求三个方面军"能协同一致，否则，只有利于敌之各个击破"，吁请红四方面军"停止在现地区，以待陕北之决定"。

但是，张国焘还是一意孤行，要率红四方面军按西渡计划行动。9月26日晚上，徐向前从临洮返回洮州，向红军总部汇报：西进先头部队从老乡处了解到，现在黄河对岸已进入大雪封山季节，气候寒冷，道路难行，渡河计划难以实现。

面对中共中央的多次来电和不利的天气情况，张国焘说：前面不通，可以绕道西行。朱德劝他说：是回头的时候了，不能一错再错。在这种进退两难的情况下，张国焘只好表示尊重中共中央的意见。

对于这一段历史，朱德后来回忆说，"在岷州一带和张国焘又扯了几个月的皮。二方面军来了一计划，中央也将就了这计划，并且派一方面军由彭德怀同志指挥向南来接。我们整个的计划，都归我指挥。张国焘当政治委员，他也承认了。四方面军集中在岷州，二方面军开到了天水。一方面军南下来接应。四方面军往北走，这些计划都搞好了。突然他又变了卦，想把四方面军带到甘肃西部甘凉肃去，于是扯着就走。大家开会反对，西北委员会也全体反对。他仍坚持要跑，但是到了洮州，天落大雪，人们对于雪山、草地，已经怕伤了，都不情愿西行，完全同意折转来。从此张国焘在部队中的信仰大大减低下去了。"②

9月27日，中共中央又多次来电，要求朱德和张国焘立即率红四方面

---

① 中央档案馆编：《红军长征档案史料选编》，第535页，学习出版社1996年版。

② 《朱德自述》，第184～185页，解放军文艺出版社2003年版。

军部队北进。当日 20 时，朱德和张国焘、徐向前、陈昌浩给中共中央并贺龙、任弼时、关向应、刘伯承发出电报："为尊重你们的指示和意见，同时据考察兰州西渡河须时较长，有可能失去占领永登一带的先机之利"，"决仍照原计划东进，以出会（宁）、静（宁），会合一方面军为目的。部队即出动，先头（部队）约六号到界石铺，决不再改变。"① 同时，又给第四军的王宏坤、陈再道发出电报："西进计划因今天受地形、时间限制，决定仍向东进，执行静（宁）、会（宁）战役计划，向静宁、定西大路进，与一方面军会合。"

9 月 28 日，朱德和张国焘等在洮州召开会议，讨论中共中央的指示，一致决定放弃西渡计划。当日 16 时，朱德和张国焘、徐向前、陈昌浩给毛泽东、周恩来、彭德怀和贺龙、任弼时、关向应、刘伯承发出电报，明确表示："已遵照党中央指示停止西渡转向北进，先头一师十月四日可到通渭、八号到界石铺。"接着，朱德和张国焘以中革军委主席、副主席的名义发布了《通庄静会战役计划》，决定："四方面军以迅速进出于通渭、庄浪、会宁、静宁、界石铺地区，争取迅速与一方面军会合，相机消灭胡宗南西进先头部队，巩固扩大陕甘宁抗日根据地，争取抗日友军，接通外蒙、苏联为目的。"第二天，毛泽东、周恩来在复电中说，"回师北上之电敬悉，各同志十分佩服与欢慰"，并告诉他们策应的部署："兄处似宜即用原占通渭部队，日内迅占通渭，以取先机。"当日，红四方面军总部下达了北进静宁、会宁地区的命令。

9 月 30 日，红四方面军分为五个纵队，由洮州、岷州、漳县等地向通渭、庄浪、静宁、会宁等地进发。朱德率红军总部与红四方面军指挥部随第九军组成的第三纵队后跟进，经野狐桥、中堡里、新市向通渭、界石铺前进。

10 月 2 日，红一方面军前来接应的部队占领了陇东的会宁城。三天后，红四方面军第三十军重占会宁南面不远的通渭，全军迅速通过西兰公路，向会宁挺进。

10 月 7 日，朱德率红军总部到达通渭西 40 里外的坡儿川宿营。第二

---

① 《朱德年谱》上，第 592 页，中央文献出版社 2006 年版。

天，他和张国焘、徐向前、陈昌浩给中共中央和毛泽东、周恩来、彭德怀发出一份电报，指出："我们及西北局、军委纵队、四方面军指直属明到会宁，为统一领导和军事指挥，以很快能与你们会面为好。如决速出靖远，则宜在靖（远）、海（原）间会面，或我们到同心城，或兄等有人到前方来会，究应如何，请即决示。"① 就在这一天，红四方面军先头部队同红一方面军接应部队在会宁以东的青江驿、界石铺会合了。

消息传来，朱德非常高兴，立即催马扬鞭，兼程向会宁方向急驰。秋天的陇东，秋高气爽，天高云淡，高原连延，视界非常开阔。蓝天下飘游着朵朵白云，山丘上偶尔闪现出黑白间杂的羊群。这一切，看上去多么让人惬意，消除了朱德连日征途的劳累。

10月9日，朱德率红军总部和红四方面军领导人一起到达了会宁。这是一座古城，古名会州，系通往西域的必经之路，因屡遭兵灾、震灾、旱灾，明代将其改称会宁，含有消灾除难，永保安宁的意思。它是陇东的军事重镇和交通枢纽。东跨隆德、泾源，西障临夏、定西，北控海原、靖远，南蔽秦安、陇西，素有"陇秦锁钥"之称。

朱德一到会宁，见到中共中央派来的红一方面军部队时，心情十分激动。他同在这里的红一方面军红一军团第一师师长陈赓进行了亲切的会谈，还和远在90里外界石铺的第二师政治委员萧华通了电话，问候：毛主席好吗？周副主席好吗？萧华回忆当时的情景说："听到这熟悉而亲切的四川口音，使我真兴奋得要跳起来，给我打电话的，正是我们敬爱的朱德总司令。我是多么想念他呀！总司令首先关切地问：毛主席好吗？周副主席好吗？彭总、剑英、荣臻、小平、左权……他们都好么？……陕北根据地有多大呀？刘志丹、徐海东你见过没有？他们有多少部队？陕北的粮食怎么样？你们的部队扩大了多少？……这次通话，长达半个小时，朱总司令对老同志、老战友无微不至的深切关怀，对陕北老根据地军民的深厚的阶级感情，像长江黄河的滚滚浪涛一样，激动着我的胸怀，在我的记忆中成为永不磨灭的一页。我抑制不住自己火热的感情，后来写下了这样的诗句：军旗红似火，银线传佳音。欣闻朱总话，热泪顿沾襟。去春别赤

---

① 《朱德年谱》上，第596页，中央文献出版社2006年版。

水，今秋逢会宁。声声山岳重，句句铭记心。……这次电话，打了足足有半个钟头，真不知有多少话要说。"①

朱德来到会宁，使红一方面军和红四方面军会师的炽热气氛更趋热烈，人们都非常想见见这位神奇而平凡、如父又如母的亲切慈祥的总司令。国际友人马海德是当时两军会师的目睹者，他这样记叙了当时的朱德："瘦得像个精灵，可是身体强壮结实，长得满脸胡须，穿着一身破烂皮袄。""朱德最令人惊异的是，看上去根本不像一个军事指挥员，倒很像红军的父亲。他两眼锐利，说话缓慢、从容，总是露出和蔼的笑容。他随身带着一支自动手枪，枪法精良。烟抽得很厉害。他五十岁，可是显得老得多，满脸皱纹；但他动作有力，身体结实。""多么动人的会师啊！人们抛下了武器悲喜交集地相互拥抱起来，或是手挽着手走来走去，频频询问其他同志的下落。朱德完全被这种气氛感动了。"

朱德和红四方面军首长来到会宁后，把红军总指挥部设在了县城里的一所大院里。10月10日，朱德参加了在会宁召开的庆祝红一方面军和红四方面军胜利会师大会。会后，便到红一军团第一师驻地进行了视察。

当天，红军一、四方面军各派出一部分队伍，在会宁西津门（现称会师门）内的文庙广场上举行联欢会。"三个方面军西北大会合，让我们手拉手，向敌人冲锋！……"嘹亮的歌声，在会宁上空回荡。大会紧紧围绕着一个中心——庆祝会合、团结对敌。

10月21日，贺龙、任弼时、关向应、刘伯承等到达平峰镇（今属宁夏回族自治区西吉县）与红一方面军第一军团代理军团长左权、政治委员聂荣臻会面。第二天，红二方面军主力与红一方面军在隆德将台堡会合。至此，红军三大主力实现了在西北的会师，胜利地完成了历时两年的长征。

与张国焘斗争长达一年多的朱德，深知红军三大主力会师来之不易。后来，他这样感慨万千地说："在长征路上，张国焘屡次逼我表示态度，我一面虚与委蛇，一面坚持中央立场，这是我离开毛主席后利用自己一生的经验来对付张国焘，最后与中央会合了。"

后来，当毛泽东知道这段经历后，对朱德同张国焘的斗争给予了高度评

① 萧华：《红旗漫卷西风——忆中央红军一九三六年西征》，《伟大的长征》，第207页，甘肃人民出版社1978年版。

价，说他斗争得有理有节，"临大节而不辱"，"度量大如海，意志坚如钢"①。

到达陕北

在红军三个方面军大会师前夕，中共中央书记处在给朱德、张国焘并告彭德怀、贺龙、任弼时、徐向前、陈昌浩的一份电报中指出：军事问题，决先由彭德怀与朱、张两总及各同志会面，林育英亦日内动身。三个方面军会合后，请朱德、张国焘以总司令、总政治委员名义，依照中央与军委之决定，统一指挥前线作战。三个方面军对朱、张两总之报告，朱、张两总对三个方面军之电令，均望同时发给中革军委一份，以密切前后方联络。红军三个方面军大会师后，先后进行了一系列战役战斗，11月22日，取得山城堡战役的胜利，打退了敌对陕甘宁根据的进攻。第二天，朱德与彭德怀、贺龙、任弼时等参加了前敌总指挥部在山城堡举行的红军三个方面军团以上干部庆祝胜利大会。朱德在讲话中说：三大红军西北大会师，到山城堡战斗结束了长征，给追击的胡宗南部队以决定性的打击。长征以我们胜利敌人失败而告终。我们要在陕甘苏区站稳脚跟，迎接全国抗日救亡运动的新高潮。11月24日，朱德和彭德怀、周恩来、张国焘等及红一、二、四方面军团以上干部联名致电毛泽东转中共中央、中革军委，表示："三个方面军团以上干部会议，听了中央军委代表及各红军领袖的报告之后，一致在党中央和军委的正确领导之下，领导全体指战员坚决实现军委的战略方针和每个战役任务"，"首先消灭拦阻我们抗日的蒋介石部队，开展西北抗日根据地，争取迅速增援绥远，直接对日作战，来领导全国人民并影响全国各地各党各派各军走向抗日统一战线，实现整个中华民族的独立和解放"，"我们坚信在党中央及军委的坚强领导之下，在三个方面军全体指战员胜利会合、一致团结一致努力之下，我们一定能够取得最后的胜利，一定能够成为全国人民团结的中心"。

11月30日，朱德与张国焘、周恩来来到了中共中央驻地陕西保安（今志丹县）。

---

① 胡耀邦：《在朱德同志百周年诞辰纪念会上的讲话》，《人民日报》，1986年12月2日。

当朱德到达保安时，街道的两旁站满了欢迎的干部战士和普通群众，还在四周插了许多红旗，气氛显得分外热烈。中直机关的童小鹏在当天的日记中写道："朱、张两总今日即入京，每一个人都带着很热烈的希望，望他们早些到来。看见过的，是想早点看看在藏民区艰苦奋斗一年多的他们的面容是消瘦几多？未见过的同志，是想早点看到中国革命的领袖们的姿态是肥是瘦，是高是矮？尤其希望他们早点到来，使党与红军的指挥更求得统一与团结。"大家从早晨 7 时在保安街道两边列队等候，直到下午 3 时，"看见远处泥尘起处，十数匹马跑来，大家都知道来了。一会儿，在欢迎队伍的口号声中，在歌声中，两总——久望到来的领袖，在数千人的先头，随同去迎接的领袖们并列到来了，他们虽然是在艰苦斗争中身体瘦衰了许多，衣服是穿得单旧，但精神上仍表现出无比的英勇、坚决、喜悦、快乐，从此党更能进一步的团结指挥，更能集中了，争取更大的胜利，开展新的局面，是更加有保证了！这样就达到了大家许久的热望！"①还有人回忆说："口号声如同狂涛一样滚滚轰鸣、久久不息，每一个人的热烈的情感都达到了最高点。这是多么大的一种力量啊！它使每个人的脸都像花朵一样开放，笑得那样美，笑得那样甜，而这千万朵鲜花都向着一个人，这是一个刚毅而又慈祥的人，这是一个神采奕奕、发出微笑的人，他活着，他很健康。而在这一刻之前，关于他有多少令人可怕的传闻，说他已经惨遭张国焘毒手，而葬身于茫茫草地里了。当时，人们为这传闻而流泪，而悲愤。可是现在这一个人，那样完美无缺像用花岗石雕塑出来的一样站在那里，张国焘没能损伤他一丝一发。他身上没有雪山草地沾染的风霜，他像阳光一样给人们带来温暖与快乐。那时刻，多少人望着朱德同志，激动地流下幸福的泪水。"

看着欢迎的人群，朱德激动地讲了话。他说："同志们！我们胜利地回来了！我们是不值得欢迎的，是因为有党的领导和帮助，让我们得到这一天的欢迎。同志们！一个革命者，只有党，没有别的，只有党才培养了我们……"当时在场的王平回忆说："朱总司令在队前讲话。他说：'我回到中央，看到你们很高兴……'说着，他掉下了眼泪。队列里很安静。停

---

① 童小鹏：《军中日记》（1933～1936），第 262 页，解放军出版社 1986 年版。

了一下，他接着说，'我这是激动的眼泪，人伤心时掉泪，高兴时也掉泪，我这是高兴，是无产阶级的感情。我现在的心情无法用语言来形容，眼泪才是真挚感情的流露。'队伍里爆发出雷鸣般的掌声。"①

当天，朱德见到了毛泽东。两个从井冈山起就一直亲密无间、同甘苦共患难的紧密战友，相见时不禁热泪盈眶。两人的手紧紧地握在一起，舍不得放下。后又面对面坐在炭火旁边，从下午一直谈到深夜。从四方面军的问题、张国焘的分裂问题到红军进一步发展和联合抗日问题等，两人都作了深入的交谈。毛泽东深深地为朱德在与张国焘的斗争中的品格、意志和艺术所打动。

第二天，朱德又与毛泽东、张国焘、周恩来等 19 位红军将领及全体红军发表了《致蒋介石书》，批评他调集胡宗南等部共 260 个团进攻红军和苏区，表明红军为自卫计，不得已而有山城堡之战。再次重申："自去年八月以来，共产党、苏维埃与红军曾屡次向先生要求停止内战，一致抗日。而先生始终孤行己意，调重兵进攻红军。今日之事，抗日降日，二者择一，徘徊歧途，将国为之毁，身为之奴，失通国之人心，遭千秋之辱骂。何去何从，愿先生熟察之。"②

来到保安后，朱德过了一段相对比较平静的生活。朱德自己回忆说："十一月底到了保安。在保安不但得到了暂时的休息，而且得到了很宝贵的书籍，是我最大的安慰。沿途上，各处欢迎，我很舒服。天气已经冷了。一方面军同志见着我，觉得欢喜得要哭了的样子。看了些书，新书都在屋里堆起来了。很多年在路上没得看书了，真是高兴。"③

在这期间，朱德还给曾一路"追剿"长征红军的国民党军第二路军总指挥薛岳写了一封信，信中说："暴日夺我东北，复占冀察，近又增兵平津，亡国惨祸已陷于全中国人民头上。当此紧急关头，凡我中华民族之一员，悉应共同联合，捐弃前嫌，团结一致，共赴国难。""不论过去理论主张若何不同，应舍弃成见，成一不分党派军队系统区别之大联合，召开国民救国大会，共组国防政府与抗日联军，共同出师北上，与日决战，此事

---

① 《王平回忆录》，第 145 页，解放军出版社 1992 年版。
② 《朱德年谱》上，第 617 页，中央文献出版社 2006 年版。
③ 《朱德自述》，第 189 页，解放军文艺出版社 2003 年版。

关民族国家大计，不得不与先生云者。"①

朱德回到中共中央，受到了各界的热烈欢迎，也引起了一个探寻红四方面军长征问题的热潮，他因而经常被邀请到各单位去作报告。朱德趁机向干部战士和普通群众宣传要团结，要与党中央的方针保持一致的道理。12月6日，在保安县红军大学举行的欢迎大会上，朱德首先简要地讲了左路军、红四方面军南下又北上的经过，并特别强调："一个好的共产党员应该拥护党中央的路线，维护群众的利益，为担负起当前的历史任务，大家要加紧学习。"②

12月7日，为适应红军三大主力会师和联合抗日的新形势，中共中央决定加强军事上的领导，中革军委主席团发出通电第一号，转达中华苏维埃中央政府关于扩大中央革命军事委员会组织的命令：以毛泽东、朱德、周恩来等23人为中央革命军事委员会委员；以毛泽东、朱德、周恩来、张国焘、彭德怀、任弼时、贺龙等7人组成中央革命军事委员会主席团，毛泽东为主席，周恩来、张国焘为副主席；朱德为中国工农红军总司令，张国焘为总政治委员。

新的中革军委改组后不久，12月12日，震惊中外历史的"西安事变"发生了，在国内外引起了强烈的反响。中共中央和中革军委的主要领导人的精力也被吸引到如何妥善处理这一事件上来。朱德也积极投入到争取国共合作，共同抗日的斗争中。他和毛泽东、周恩来等，连连召开会议，致电前线将领，和张学良、杨虎城保持密切接触，极力谋求转换时局的良策。

西安事变发生的第二天，朱德参加了中共中央政治局会议，讨论西安事变问题。会议肯定西安事变是革命的是有积极意义的，是推动抗日的。决定采取不与南京对立的方针，不组织与南京对立的政权。朱德发言中说：在目前的形势下要争取各党各派到抗日方面来，应抓紧组织与动员工作，同时，还有一个要紧的问题，就是要准备打，应特别注意巩固抗日阵线的团结并多方加强这一力量③。

根据中共中央政治局会议确定的解决西安事变的方针，12月14日，

---

① 《朱德年谱》上，第616~617页，中央文献出版社2006年版。
② 《朱德年谱》上，第618页，中央文献出版社2006年版。
③ 《朱德年谱》上，第619页，中央文献出版社2006年版。

朱德和毛泽东、周恩来、张国焘及红军各方面负责人等联名致电张学良、杨虎城，指出："文日（即 12 日）举义，元凶就逮，抗日救亡，举国同情，弟等率领全部红军与全苏区人民坚决赞助二将军领导之革命事业。"明确提出西安事变的行动方针：（一）立即宣布组成西北抗日援绥联军，以张学良为总局司令，东北军、十七路军和红军分别编为三个集团军，设立西北联军军事政治委员会，以张学良、杨虎城、朱德三人组成主席团，张为主席，杨、朱为副，统一军事政治领导，并极力争取阎锡山及全国其他爱国将领加入。（二）目前军事步骤：抗日援绥军三部主力应集中于以西安、平凉为中心之地区，发扬士气，巩固团结，与敌决战，各个击破之，只要打几个胜仗即可大大开展战局。（三）目前第一要务是巩固内部，战胜敌人。

12 月 15 日，朱德和毛泽东、周恩来等 15 位红军将领联名致电南京国民党政府诸先生，指出：西安事变"实蒋氏对外退让、对内用兵、对民压迫三大错误之结果。"张学良、杨虎城的八项主张"实为全国人民之所言，厉行不暇，何可厚非。""西安事变之发，南京当局亟宜引为反省之资，而绝不可负气横决，反而发动空前之内战，如近日电讯之所传者。"电报重申红军将领"谋国共之合作，化敌为友，共赴国仇"的态度，要求国民党国民政府接受张、杨主张，"停止正在发动之内战，罢免蒋氏，交付国人裁判，联合各党各派各界各军，组织统一战线政府。"①

两天后，朱德又亲自给早年云南讲武堂的学友、时任国民党西北剿总第一路军第一纵队第七师师长曾万钟、第十二师师长唐淮源分别写了信。信中说：西安事变之爆发，张学良、杨虎城"伸大义于天下，其立场之正大，执行之英明，凡有血气者，莫不一致拥护。至通电八项主张，皆综合朝野意见，归纳而得之结论"，"各方果以国难为前提者，谅亦不持异议"。唯日寇正在多方离间，多方蛊惑，重新挑起内战，使吾国自相残杀，彼乃安坐而收渔人之利。望警惕日寇阴谋，共赴国难，组织抗日联军，"重与兄等友好如初，恢复大革命时代，在南昌聚首一堂，共商国是之欢欣鼓舞也。"并希望能派人来苏区商讨②。

---

① 《朱德年谱》上，第 619 ~ 620 页，中央文献出版社 2006 年版。
② 《朱德年谱》上，第 620 页，中央文献出版社 2006 年版。

12月19日，中共中央政治局又召开会议，研究西安事变以来国内外形势。会议认为西安事变有两种前途，或爆发内战，或结束"剿共"内战。我们要把反内战的力量团结起来，使内战结束，变国内战争为抗日战争。朱德在发言时强调，应注意发展我们的力量，才能有力地把前途扭转到全国抗日上去。要准备用打几个胜仗来停止内战，在战略上和战役上要很好地配合。

第二天，朱德又参加了中共中央政治局会议，在讨论红军进入友军地区的地方工作问题时，朱德说，要争取友军，影响他们，大的问题有组织地去说，一般地要发扬阶级友爱，对部队应加强教育，加强纪律性，无论什么东西都不要破坏，还要注意统一财政，打土豪不要打小的。

12月24日，西安事变得到了和平解决。12月27日，中共中央政治局又召开会议，进一步讨论西安事变和平解决后的国内外形势。在会上，朱德发言说："我们逼蒋抗日策略的胜利，使西安事变能够获得顺利地解决。西安事变的和平解决，是向着好的方向转变，是转向联合抗日的革命前途。现在蒋介石向日本投降的条件还不具备，但如果马上同日本作战，他是会产生恐日病的。他这次看到了群众的力量，胆子会壮大一些。他要等三个月的时间也是需要的。我们应积极准备联合抗日，要把队伍整理好，要大办学校，加紧培养和教育干部，也要大力开展白区工作。"①

西安事变和平解决后，中共中央便把工作重心转移到了联蒋抗日上来了。

时间进入1937年，这一年朱德已经51岁了。新年的第一天，他以中国人民抗日红军总司令的名义对中华苏维埃共和国中央政府机关报——《红色中华》报记者发表了谈话。

朱德首先说："自前年八月以来，中国抗日红军在共产党苏维埃领导之下，无数次向南京政府及其中国军队提议停止内战一致抗日，且曾向进攻苏区一切之国民党军队，屡次作如是建议。去年九月，胡（宗南）、关（麟征）、毛（炳文）、曾（万钟）各军及其他广大国民党军队向陕甘宁边区进攻红军之际，吾人以民族国家为重，遵照红军军事委员会之决定，曾

---

① 《朱德年谱》（中），第623页，中央文献出版社2006年版。

向全体红军部队下达如下之命令：（一）停止向国民革命军之进攻行为；（二）只在被攻击场合，允许采取防卫手段；（三）当红军被迫自卫而缴获国民革命军之人员、武器，在该军抗日时，一律送还；（四）国民革命军转向抗日阵地前进时，红军不加任何扰害，并予实力援助。"

朱德接着说："红军为执行上述命令，曾逐渐撤退。直至十一月二十一日，方在自卫原则下，有山城堡之役，诚属不得已之举。战后立即发表宣言，请求各军停战议和，并愿在蒋委员长统一指挥下共同抗日。西安事件发生，吾人竭力呼吁停止内战，主张事变之和平解决，故有十二月十五日及十九日两次之通电，早为国人所共鉴。盖红军之主张完全与全国人民一致，用全力谋国内各党派各军队之联合，共同向着中华民族最大敌人日本帝国主义进攻，而不愿自相残杀之内战再延一时一刻也。吾人之停止内战主张，全以大局为重，绝无任何乘机争取地盘之野心，此一贯之主张，已得全国人士所同情，亦为事实所证实。"又说："西安事变既告和平解决后，蒋介石氏回返南京，当即下令撤兵，取消讨逆军总司令部与东、西两路集团军之组织，似有实现联合抗战之趋势，诚属时机之大转变吾人与全国人民实同声庆贺。假如蒋氏能团结其部队，不为日本及亲日汉奸所威迫离间，动摇其在西安之诺言，使日本帝国主义挑拨内战之阴谋无由实现，则吾人坚决赞助蒋氏及其全部军队，以便完全统一中国，共上抗战之战场，而绝不加以任何之妨碍。"

朱德最后说："吾人现已遵守革命军事委员会新的命令，将红军各部队停止于苏区边境，对苏区邻近之各国民革命军部队不加以任何攻击，确守互不侵犯原则。不论过去曾否与红军敌对之部队，一律以友军看待，静待联合抗日局面之成立。全体红军战士均深明大义，绝无不顾大局乘机侵占国民党区域之事发生，此可明告于国人也。至对西安事变之双方，吾人仍继续站在促进和平之立场，而愿何应钦、刘峙、胡宗南诸君坚决执行蒋委员长撤兵之命令，不致中道反悔。盖中道反悔不特违全国之民意，且违蒋委员长力求国内和平之新政策及撤兵之命令。红军正以全力注视于此点。"①

1月8日，为了正确处理与东北军、西北军做好联合一致的动作及红

---

① 《朱德军事文选》，第 238～239 页，解放军出版社 1997 年版。

军应坚持的原则问题，朱德与张闻天、张国焘、毛泽东专门致电在作战前线的周恩来、博古、彭德怀、任弼时，指出：关于红军与联军各军间关系同意周、博7日23时电意见，但须注意："（一）一般的避免在同一战场作战，红军担任单独的一个方面。（二）在不与联军的战略意图相违背下保持红军的单独指挥系统，此点有重要意义。（三）东北军、十七路军宜仍用国民党旗帜，红军仍用红旗，但番号统称抗日联军。（四）红军的实际人员、武器数目、电报密本等概守秘密，必须密告团以上干部遵守。红军的位置及行动计划联军军委会不应下达与他军，以防泄露。"①

1月10日，朱德随中共中央和中革军委机关由保安动身迁往延安，1月13日到达了延安，住在延安城西凤凰山麓。

到达延安的当天晚上，朱德出席了延安抗日救国会举行的欢迎宴会。

此时，朱德对抗日和红军发展的问题，已经有了深刻的认识。1月24日，在中共中央政治局常委会议上，当讨论当前时局和准备同国民党谈判问题时，朱德说："只要于抗日有利，就应当谈判。""只要真的抗日了，我们是一定会发展的。"②

这段时间，朱德利用一切机会，表达要求团结、求和平的赤诚之心。2月7日，他出席了延安抗日军人家属联欢会，并在会上讲了话。他说："暴日对中国的侵略，是有加无已，中华民族到了最危险的关头，非全国精诚团结不能御侮救亡。现在全国和平统一即将实现，今天许多军人家属齐集一堂，已为全国各部队联合抗日之先声，我们这样铁的团结一定能驱逐日寇出中国。"在会上，他还对记者说："我以为抗日战争发动的时候，军人家属的慰劳和组织是很重要的工作，其作用不但给前线的抗日战士以莫大的慰安，并且也有巩固后方的意义，今日这联欢会在延安举行了，并且预备推广，这是很好的，我希望这个工作能普遍到全国去。"③

朱德的每次讲话，都在国共双方军人乃至普通群众间产生巨大反响，有力推动着全民族抗日统一战线的形成。

---

① 《朱德年谱》中，第626页，中央文献出版社2006年版。
② 《朱德年谱》上，第627页，中央文献出版社2006年版。
③ 《朱德年谱》上，第630页，中央文献出版社2006年版。

3月2日，朱德和毛泽东、张闻天等出席了中国人民抗日军政大学第二期开学典礼。他在讲话中勉励学员努力学习军事，学习对付敌人的游击战术，学习政治，以担负抗日救国的伟大任务。毛泽东为抗大第二队学员题词："要学习朱总司令：度量大如海，意志坚如钢"。

20多天后，针对国民党三中全会实质上接受国共合作抗日的情况，中共中央政治局在延安召开扩大会议，会议从3月23日一直开到31日。会议讨论了和平解决西安事变及国民党三中全会后，国内抗日民族统一战线的形势和中国共产党的任务，同时系统地揭发和批判了张国焘分裂党、分裂红军的严重错误。朱德在24日的发言中说："抗日民族统一战线是对列宁主义的一种新发展。要联合资产阶级打倒帝国主义，把中日矛盾放在第一位。在新的形势下，我们的干部还很不够，要大力培养大批新干部，造就一批职业革命家。红军中党的工作很重要，干部思想要统一，抗日的准备工作更要加紧。"3月27日，朱德又作了发言，对张国焘的错误作了揭发。他说："张国焘从鄂豫皖时期就犯原则错误。他不相信党，不相信群众，对中央派去的干部不信任。在肃反问题上也犯了很严重的错误，只凭估计就说谁是'改组派'，把革命同志当成反革命，错杀了不少人。党、红军、苏维埃都是有组织原则的，但他不要这些原则。他要个人指挥党。红一、红四方面军会合后，他仍坚持这一套，才发生与中央对立的错误。他对中央极不尊重，根本不顾中央威信。从阿坝会议到松岗卓木碉会议，他进行了不少反党反中央的活动。我一再指出，'不要与中央对立。'在甘孜与二方面军会合时，他又向二方面军宣传所谓'中央的错误'，我告诫他不要宣传，他不信，而且发火，说我向他进攻。他在军事上不顾整个作战计划。后来他过不了黄河，才转而和红一方面军会合。他思想里没有马列主义，有的只是利己主义、个人主义，所以才发展到放弃党的领导，想自己另造一个党。"①

随着国内外形势的发展，抗日高潮日起，延安日受瞩目，一些工人、学生、教授、学者和社会青年也纷纷涌向延安寻找救国的真理。为了更好地教育青年、引导一切力量共同抗日，朱德和毛泽东等中共中央领导人几

---

① 《朱德年谱》上，第633～634页，中央文献出版社2006年版。

乎天天开会，朱德作了许多重要讲话。4月12日，在延安中央大礼堂举行的西北青年救国会第一次代表大会的开幕式上，朱德说，抗日战争必将是长期的，战线必将是很宽的，因此必须加强抗日预备军动员和组织工作，全国青年应首先团结一致，争取参加到抗日的武装组织中去。为了广泛地组织青年群众，首先应取得言论、集会、结社以至武装自己的自由，就是说，首先应争取民主制度的实现，否则一切是空的。

5月1日，延安各界在延安东门外飞机场举行了五一国际劳动节纪念大会暨五一运动会，朱德在会上检阅了部队，并发表了讲话。他说：今年是全国人民进行抗战的准备一年。我们是有组织有训练有武装的伟大力量，我们要做民族先锋来表示我们的力量。要加倍地努力，加紧自己的学习，以准备对日抗战。

朱德还加强了对抗日问题的研究，并在中共中央机关刊物《解放》周刊第一卷第二期上发表了《论西班牙战争》一文，对向德、意法西斯英勇抗战的西班牙政府军和人民"表示最大的同情与敬佩"，并进而深刻指出："我们应该学习那里抗战的宝贵经验与教训。这学习，对于我们日后抗日战争有很大的益处。"还指出，应该从政治因素上去领略西班牙人民抗战的教训，"因为一切军事都服从于政治，中国红军过去十年的历史雄辩地说明了这真理，今天西班牙人民阵线军队的胜利，又再一次地说明了"："倘若人民没有民主权利，和上下一心的精诚团结，倘若政府不能在给予人民民主权利中得到人民的支持和合作，倘若部队中没有上十万的共产党员做巩固部队和冲锋陷阵以身作则坚忍耐劳的模范，那么他们的胜利将是非常之不容易。"文章最后写道，好些人以为西班牙内战会重现于中国，而中国已有了民族统一战线；任何人想挑起中国内战来便利日寇，那就是帮助日本，都是汉奸行为。

5月2日，中共中央在延安召开了中共苏区代表会议，朱德被推为大会主席团成员。这次会议一直开到5月14日才结束。在2日的开幕式上，朱德发了言。他说：抗日战争是持久的战争，要把广大青年在抗日救国的旗帜下组织起来，武装起来，把他们组织成为很大的预备军，抗战就能持久，就一定能取得胜利。红军要把自己的军事、政治经验尤其是以少数兵力战胜多数敌人的战略战术贡献给全国青年。

5月5日，中共苏区代表会议继续召开。这一天，朱德在会上又作了关于红军在新阶段中的任务的长篇讲话。他首先回顾了红军的历史发展过程，说："我现在讲讲红军新阶段的任务问题。新的阶段是从旧的阶段来的。红军过去的英勇斗争是影响很大的。从前中国革命没有很好的革命军队，使革命经常流产。大革命时，中国革命党有了一种觉悟：没有革命的军队，便不能完成革命的任务。那时候，国民党得到了苏联和中国共产党的帮助，才开办黄埔军校，改造了军队。我们共产党人也创造了一个小小的独立团，创造了革命的光荣历史。但不久，因为资产阶级叛变，我们没有克服它，革命军终于没有造成。我们党后来领导了南昌暴动、秋收暴动、广州暴动，红军便光荣地产生了。还逐渐成立了游击队，与红军相配合，我们从敌人手中夺来武器，击溃了敌人。那是我们最艰苦的时期，也是最有成绩的时期。在军阀混战环境中，我们由各游击队汇合，组成了我们主要的红军——红一方面军、红二方面军、红四方面军。共产党是红军的创造者、组织者、领导者。因此，我们在军事上、政治上进步很大。这个时期，我们的给养补充靠打敌人。很多同志都高兴打敌人。在这时，曾执行了立三路线，红军是受了些损失，但力量是集中了。在红军中很快克服了立三路线的错误。以后又经历了一、二、三、四次反'围剿'，我们从斗争中得到伟大胜利并锻炼了自己，力量增强了，建立了正规的红军，统一指挥，集中一致，是很有纪律的。这个时期，是我们胜利的时期，胜利的原因是红军英勇，领导方面正确。讲究战略与战术，打了很多胜仗。我们在全苏大会时，已缴获敌人枪支十八万支。到五次反'围剿'，犯了保守主义错误，打消耗战是不对的，但敌人被消灭的还是不少，群众对我们很拥护。红军在苏区成了模范。苏区现在虽已变成了游击区，但红军在群众中还是榜样。在这期间，抗日运动有了发展。五次反'围剿'以后，我们退出了中央苏区，经过长征的战斗，到了这抗日前线区域。二万五千里的长征，我个人却多走了一万里。我们党是有基础的，红军的精神是从古至今都没有的，它能战胜敌军大部队追击，各省军队的堵截，天上的飞机，地上的各种天险，能克服一切。我们虽有掉队落伍的，但他们还在各地组织支部。在这中间，假使同四方面军会合后，能顺利地北上，那我们的胜利会更大。"

接着，朱德对新阶段的特点和红军的任务作了进一步的论述。他说道："现在是红军的新阶段。有些人以为我们是被打得投降了，这是不懂事的人。我们红军是不会投降的。我们对历史上的成绩，应有足够的估计。新阶段的到来，就是由十年的艰苦斗争得来的。自'九一八'事变后红军即发表愿与任何武装部队，订立抗日的协定，获得了很多人的同情。现在最主要的敌人是日本帝国主义，我们的任务是联合全国一切力量打败日本侵略者。我们的统一战线的建立，经过了很久的工作，起先还是一边打一边讲，最后经过了山城堡的战斗，我们只用了十三个连打垮了敌人的一个师。于是，它才知道红军的力量是很大的，才结束了十年来的内战，经过西安事变和平解决，才达到新的阶段。"

在讲到新阶段问题时，朱德说："第一，在新阶段，敌人是日本侵略军，以前的反对者变成了抗日友军。我们红军要发展，还要得到白区工人和知识分子参加，我们应注意到这一成分问题。第二，在民族革命战争中，党中央要领导全国革命，因此，特别加重了红军中共产党的责任。在组织上，会有些变动，但党的领导更重要了，因此，更要加强党的领导工作。第三，提高军事技术，加强军事教育。世界所有新式武器，在抗日准备期中，我们要学会使用。飞机、大炮是会有的。不要等待那时才学习。要训练摩托人才，输送一二千名摩托人才到红军中去。只有这样，才有把握提高新的军事技术，来战胜敌人。第四，政治教育，要把打土豪问题转移到打日本侵略军上来。红军应成为工农的学校，以后扩大百个师，抗日军及游击队都需要有成千成万的干部，白区要多派人来。第五，反对不良倾向。反对国焘路线首先要反对军阀主义，不能以军治党。对于友军工作与群众工作不要用老一套。对友军要开诚布公，影响他们，推动他们去抗日。对于群众工作要使工农商学兵联合起来，要把门打开。另外，要反对右倾，只讲漂亮话、太平观念、谈恋爱等都应反对。第六，红军要做抗日军的模范。在一切工作中做模范，发挥抗日先锋的作用，影响全国军队都上抗日前线。另外，对于红军死难烈士家属、伤病员，要慰劳他们、救济他们、表扬他们；对残废的与有功的要奖励他们。"①

---

① 《朱德军事文选》，第 241～243 页，解放军出版社 1997 年版。

6月9日，朱德又在中共中央召开的白区工作会议上讲了军事问题。他说：红军正在积极准备抗战，这方面还应在部队中继续动员。中央党校和中国人民抗日军事政治大学要加紧培训干部，也要准备培训一些会打游击战的干部。游击战争在抗日战争中会起很大的作用。国民党军队抗日，我们就联合他们一起干；他们不抗日，我们也可以打游击战。充分利用地形和群众条件，有把握就打，没有把握就不打。在战争中最要紧的是要争取大多数群众，即使对日本兵也要去做争取工作。又说：从历史经验来看，我们对国民党军队工作有两个值得吸取的教训，一是在大革命时期只做上层工作，一是在大革命失败后只做下层工作，只做破坏工作。现在我们对上层和下层都要去做工作，不做破坏工作，而要争取大多数。在抗日战争中，会有一些人在战场上逃脱，也会有一些军队变质，但同时也会产生新的军队。我们要为产生新的军队准备力量，现在就开始准备，也要准备进行机械化战争的技术力量。①

6月23日，朱德会见了美国学者托马斯·彼森。当托马斯·彼森提出一些军事问题时，朱德作了回答。他指出：对付日本人的进攻，第一道防线应该是北平、天津地区，内蒙古和沿海，这些战线也许会守不住，后一道防线将是黄河防线。北方的部队及其领导人根本不行，一旦打起来，这些部队就会接二连三地被消灭。这种情况表明，一切中国军队必须在统一的指挥下团结起来，必须制定共同的抗战部署。他还指出：中国要打败日本，必须靠全国的工人和农民的力量。唯有中国共产党才能开展这场群众运动。因此，南京必须跟我们合作。这场战争必定是一场总体战。国民党如果以为只要用他的精锐正规军再加上西方帝国主义的援助就行了，那他是打错了算盘。那他是不明白，只有群众性的人民抗战才能打赢这场战争。这正是需要改革政治的理由；也正是必须给予人民民主权利的理由。②

朱德的这些讲话，对于促进抗日民族统一战线、积极做好抗日战争准备起了重要的作用。

自1937年1月以来，朱德在延安的日子是紧张而愉快的。后来，朱德

---

① 《朱德年谱》上，第641页，中央文献出版社2006年版。
② 《朱德年谱》上，第642页，中央文献出版社2006年版。

在回忆这段生活时说："几个月过着顶舒适的生活，读书教书，做点斗争。住在延安城里头。身体好，不过教书多，说话说得太多了，有点子气管咳——也许是因为住下久了就生病，若是天天打仗，再忙再苦，也是不会生病的。在那时有许多中国记者、外国记者，到延安来了相当多，我都会见了他们。'七七'以前，我们在谈国共合作，一切问题也都朝向着这方面做。"①

　　7月7日，卢沟桥事变爆发，日本发动了全面侵华战争，朱德便投入到了伟大的抗日战争之中。

　　① 《朱德自述》，第189～190页，解放军出版社2003年版。

十七、奔赴抗日前线

就任八路军总指挥

1937 年 7 月 7 日，震惊世界的卢沟桥事变揭开了中华全民族抗击日本侵略军的历史序幕。无数中华儿女，为了国家的独立、民族的解放，用青春和热血铸起了中华民族坚强的脊梁。在民族存亡的危急时刻，朱德和毛泽东一起吹响了抗击日本侵略者的号角。

卢沟桥事变发生的第二天，7 月 8 日，中共中央就为日军进攻卢沟桥发表通电，大声疾呼："平津危急！华北危急！中华民族危急！只有全民族实行抗战，才是我们的出路！"

同一天，毛泽东、朱德和其他红军将领联名致电驻守在北平、天津一带的国民革命军第二十九军将领宋哲元、张自忠、刘汝明、冯治安等人，高度赞扬了第二十九军将士的英勇抗敌的爱国精神，表达中国共产党愿与第二十九军共同抗战的坚定主张和决心：

"日寇进攻，全国震撼，卢沟桥之役，二十九军英勇抵抗，全国闻风，愿为后盾。敢乞策励全军，为保卫平津而战，为保卫华北而战，不让日寇侵占祖国寸土，为保卫国土，流最后一滴血！红军将士，义愤填胸，准备随时调动，追随贵军，与日寇决一死战。"①

接着，毛泽东、朱德和红军总司令部暨各方面军首长给蒋介石发出了一份电报：

"日寇进攻卢沟桥，实施其武装攫取华北之既定步骤，闻讯之下，悲愤莫名！平津为华北重镇，万不容再有疏失。敬恳严令二十九军，奋勇抵抗，并本三中全会御侮抗战之旨，实行全国总动员，保卫平津，保卫华

MILITARY STRATEGIST——
ZHU DE

---

① 《朱德军事活动纪事》，第 365 页，解放军出版社 1996 年版。

北，收复失地。红军将士，咸愿在委员长领导之下，为国效命，与敌周旋，以达保土卫国之目的。迫切陈词，不胜屏营待命。"①

这一份份电报发出的同时，红军也在紧张地进行着开赴抗日前线的一切行动准备。7月13日，毛泽东、朱德召开延安市共产党员和各机关工作人员紧急会议，号召准备"随时出动到抗战前线"去。

7月14日，毛泽东、朱德又电令红军各部：限10天内完成各项抗日准备工作，随时待命开赴抗日前线。同时，又致电在西安的中国工农红军副总参谋长叶剑英，让他通过国民政府军事委员会委员长西安行营转告蒋介石："红军主力准备随时出动抗日，已令各军十天内准备完毕，待令出动。同意担任平绥线国防。唯红军特长在运动战，防守非其所长，最特长于同防守之友军配合作战，并愿（以）一部深入敌后方，打其后方。"②

这一天，朱德挥笔为红军将士奔赴抗日前线题写了誓言，表达了中国人民坚不可摧的民族意志和英勇抗战的必胜信心：

　　日本强盗夺我东三省，复图占外蒙，又侵我华北，非灭亡我全国不止。我辈皆黄帝子孙，华族胄裔，生当其时，身负干戈，不能驱逐日本出中国，何以为人！我们誓率全体红军，联合友军，即日开赴前线，与日寇决一死战！
　　复我山河，保我民族！
　　保卫国家，是我天职！③

在这期间，朱德对抗战的问题进行了认真的思考，7月15日，写下了《实行对日抗战》一文，不久发表在延安出版的中共中央机关刊物《解放》周刊第一卷第十二期上。

在这篇文章中，朱德对卢沟桥事变以后的形势、日本的状况进行了分析，指出"抗战是唯一的出路"，"最后的胜利是我们中国的"。

针对当时还有人对和平抱有幻想，提出"和平未到完全绝望时期，决不

① 《朱德军事文选》，第254页，解放军出版社1997年版。
② 《朱德年谱》中，第648页，中央文献出版社2006年版。
③ 《朱德军事文选》，第256页，解放军出版社1997年版。

放弃和平，牺牲未到最后关头，亦决不轻言牺牲"的论调，朱德在文章的开头就写道："七月七号卢沟桥又燃起了第二个'九一八'的号炮。和平已到了绝望的时期，国难已到了最后关头！现在，摆在我们每个中华儿女黄帝子孙面前的问题，只有是对日本强盗实行抗战，从华北的局部抗战走向全国的抗战，从二十九军的抗战走向全国人民上下一致的抗战，抗战到底！"①

在日本侵略军疯狂的进攻面前，当时有不少的中国人患上了"恐日病"，被日本侵略军的疯狂吓倒了。针对这种"恐日病"，朱德指出："直到现在还有许多人被恐日病苦恼着，恫吓着。在全国人民大众群起奔向抗日巨流的时候，这些人还是匍匐于恐日病的恫吓下战栗着，坚持着中国不能与日寇抗战，因而还应该继续妥协、退让下去的谬见。无疑地这一条反动的坝堤，阻挡了抗日巨涛的奔流，客观上尽了日本内奸的作用。我们要告诉这些人，日本并不是那样可怕的。"② 接着，朱德从日本的经济、政治、军事进行了认真的分析，得出的结论是"所谓的恐日病，只是自己脑子里的魔鬼造出来的，日本并不是那么可怕的怪物，每个中国人都应该牢牢地记着。"③

朱德提出："现在怎样来抗战是我们全国同胞唯一的急务！"那么，怎样进行抗战呢？他明确地指出："让步、妥协与退却只是死路一条，只是亡国灭种的饮鸩止渴的自杀政策。抗战，只有在抗战中找出路，求生存，不能踌躇，也不容徘徊，这是每个中国同胞应有的决心。"④

朱德进一步从国际形势和国内形势进行了分析。他写道："现在国际形势与国内形势都是有利于对日抗战的。国际舆论一致地责斥日本的强盗行径。国内自从西安事变后，与中华民国有着同样长久生命的内战终于在中国共产党民族统一战线政策的影响下被结束了，国内和平实现了，国共合作的谈判亦有了初步的成功，南京政府的政治路线亦开始了新的转向——这一切，都是向着我们团结御侮对日抗战的总目标迈进，都是在抗日阵线中的初步成绩。只要这样地继续下去，勇敢地大踏步地继续下去，终会给与中华民族以新的激动来实现它的民族解放的神圣任务的。"⑤

---

① 《朱德军事文选》，第 257 页，解放军出版社 1997 年版。
② 《朱德军事文选》，第 258 页，解放军出版社 1997 年版。
③ 《朱德军事文选》，第 261～262 页，解放军出版社 1997 年版。
④ 《朱德军事文选》，第 262 页，解放军出版社 1997 年版。
⑤ 《朱德军事文选》，第 262 页，解放军出版社 1997 年版。

当然，朱德也清醒地看到："这些新的转变还只是开始，所取得的这些成绩是非常的不够，向民主方面的迈进还是非常的迟缓曲折。"朱德认为："我们的敌人正是看清了中国的统一战线的迅速成功对它的灭亡中国是绝大不利的。因此，它就在卢沟桥放了先发制人的侵略华北的号炮。这个号炮便是对我们的警钟。"朱德呼吁："时间再不等待我们了，中央政府与我们全国同胞应该在这短促而紧张的时间里，勇敢而更勇敢地执行抗日的民族统一战线的新政策，由政府领导着在全国范围内发扬民主精神，给民众以充分救国的自由，实现更广泛更坚强的上下一致的团结，动员民众，武装民众，扩大人民对日抗战的力量！这样，只有这样，才能给日本帝国主义的野蛮的侵略以重大的回击，才能挽救华北的垂危的命运，才能进一步地收复一切失地，实现真正民族解放的神圣任务！"①

朱德明确表明了红军坚决抗日的态度和决心。指出："自从'九一八'以来，红军便坚持着和平团结共御外侮的方针，……红军一贯地坚持着这个抗日方针。现在，红军的这个抗日民族统一战线的方针终于获得全国各界的谅解与拥护了。红军终于被认为是保卫中国与实行彻底民族解放的重要力量了，红军与各抗日友军的亲密合作与国共两党的精诚合作再也不会被日本强盗的挑拨离间与种种恫吓所破坏了。"②

朱德继续写道："红军没有任何地盘的野心，没有任何权利的狂欲。他的职志是抗日救国，是彻底地为民族解放，是实现真正独立自由的民主共和国。为了这个神圣任务的实现，他愿意放弃十年来有着光荣声誉的'红军'这个名字，改编为国民革命军，服从中央政府的指挥，以便在中央政府的领导下，无阻碍、无隔阂地实现全国上下一致的对日抗战。"③

朱德指出："日本帝国主义绝不是甚么可怕的恶魔，只要我们全国民众上下一致齐心协力向着抵抗，搏战！除了抵抗与搏战之外，我们再无有其他的出路。因此，全中国人民团结起来，动员起来，奔向这唯一的生路。"但是，朱德又指出："摆在我们面前的唯一问题是抗战，抗战到最后的胜利！但是抗战不是那么容易的事情，也许有着超出我们想象之外的困难，它将是一个持久的、艰苦的抗战。这需要我们动员与集中全国一切人力、智力、财力与物力以赴之！我们应该把握住抗战的胜利条件。""战争是这样的迫急，时间是这样的紧促，联合各党各派各军一致抗日的口号应立即变为实际行动！团结一切力量，动员一切力量，武装一切力量，奔向全国一致对日抗战的总目标。"①

在文章的最后，朱德写道："不管敌人怎样残暴，怎样强悍，在抗战到底的进程里，最后的胜利终会是我们中华人民的，我们不但有着这样坚决的信念，民族解放的灯塔亦在这样的照耀着我们走向最后的胜利！"②

把朱德的这篇文章同后来毛泽东写的《论持久战》作一对照，不难看出，两篇文章的思想是多么一致。

为了早日开赴抗日前线，7月18日，朱德告别延安，冒雨前往红军前敌总指挥部所在地——陕西省泾阳县云阳镇，准备东渡黄河开赴抗日前线。途中，他特意拜谒了象征中华民族血脉与尊严的黄帝陵。

7月23日，朱德赶到了云阳镇，随即着手红军开赴抗日前线的各项准备工作。他主持召开了红军高级干部会议，同从南京回来的周恩来、博古、林伯渠等讨论红军改编和开赴抗日前线等重要问题。

这次会议连续开了几天。在7月24日的会议上，朱德对卢沟桥事变、国共合作和红军改编等问题发表了意见。7月26日，他又指出：在形势转变的情况下，有些干部热情有余，办法不足；强调干部要以身作则，军队要有军队的样子，要有一定的纪律。同时，对红军改编后如何使用和补充发表了意见。会议于7月27日结束。

这时，日本侵略者进一步扩大侵华战争。就在7月28日的拂晓，日军猛攻第二十九军阵地，第二十九副军长佟麟阁和第一三二师师长赵登禹先后殉国。这时，增援的侵华日军已陆续抵达华北。7月29日和30日，北平、天津相继沦陷。

华北战局的日益严重，蒋介石要求红军迅速改编，出动抗日。

但是，在红军改编问题上，蒋介石只同意改编三个师，并强调"三个师的管理直属行营，三个师的参谋长由南京派遣，政治部主任只能转达人

---

① 《朱德军事文选》，第264、267页，解放军出版社1997年版。
② 《朱德军事文选》，第267页，解放军出版社1997年版。

事指挥"。7月26日，在云阳的朱德与彭德怀等联名致电中共中央书记处和中共中央军委，认为：蒋介石对红军改编所提条件苛刻，"超过我们统一战线的最低限度原则"，如果接受，红军"有瓦解危险"。提出："我们改编三个国防师一个军部及若干地方武装，是取低限度的原则与要求"，国民党如不同意，"则拒绝谈判，必要时准备将谈判经过公布。"主张"我们利用现在有利形势，立即自动地编为三个师一个军部，向全国公布"。建议"估计蒋介石以经济及粮食的封锁来对付我们，我们应立即采取必要的准备，在部队中动员吃野菜、筹粮，使全体将士了解争取抗日斗争的艰苦，使全国人民了解红军抗日真诚，同时向远方征求意见，且请求接济，并须在国内外募捐。"

这一建议得到了中共中央的同意。中共中央最后决定将主力红军改编为3个师4.5万人，设总指挥部，朱德为总指挥，彭德怀为副总指挥。7月29日，正在云阳的朱德和彭德怀给蒋介石发出了一份电报，表示："大战已起，深信委员长必能麾动大军，继续北上，保我华北，复我失地。德等改编完成，待命出动，誓以热血为国效死。"

7月30日，北平、天津、塘沽相继失陷。8月4日，朱德与周恩来等致电张闻天和毛泽东，提出《关于全国对日抗战及红军参战问题的意见》和《关于红军主力出去抗战的意见》，认为对日抗战的方针是：（一）要求南京要有发动全国抗战的决心和布置；（二）争取我们在抗战中参加和领导；（三）不反对在推动全国抗战中，须有积极的准备。"为实现第一项方针，我们要反对妥协谈判、增援不力、划地自守和观望或再退的事。作战方针要以分区集团的防御钳制敌人，而反对单守不攻与退却逃跑"。"为实现第二方针我们应对参战不迟疑，但要求独立自主担任一方面作战任务，发挥红军运动战、游击战、持久战的特长"；"不拒绝红军主力出动，但要求足够补充与使用兵力自由"等。为实现第三个方针，应要求"立开国防会议"、"实行全国动员"等。关于红军出动问题，主张"仍以红军主力出去"，"同时估计到持久战的需耗"，"可节约兵力，谨慎使用"，"多行侧面的运动战与持久战与游击战"；"不拖延改编"，"不反对开赴察、绥"，但要求国民党将《中共中央为公布国共合作宣言》及中共将领名单全部同时发表，迅速补充发足费用，以便开动。

同日，蒋介石电请毛泽东、朱德、周恩来去南京出席国防会议，共商国防问题。中共中央决定派朱德、周恩来、叶剑英前去。

8月6日，朱德和周恩来从云阳镇抵达西安，9日，会同已在西安的叶剑英一同乘飞机前往南京。

8月11日，朱德出席南京国民政府军事委员会军政部谈话会。在会上，朱德发表了讲话。他说：抗日战争在战略上是持久的防御战，在战术上则应采取攻势。在正面集中兵力太多，必受损失，必须到敌人的侧翼活动。敌人作战离不开交通线，我们则应离开交通线，进行运动战，在运动中杀伤敌人。敌人占领我大片领土后，我们要深入敌后作战。目前用兵方向主要是华北，但从目前情况判断，敌人必然会进攻上海，以吸引我国兵力。在抗战中应该加强政治工作，发动民众甚为重要，在战区应由下而上及由上而上地把民众组织起来。游击战是抗战中的重要因素。游击队在敌后积极活动，敌人就不得不派兵守卫其后方，这就牵制了它的大量兵力。他还建议开办游击训练班，使国民党的军队亦能逐步学会游击战争。①

当时，蒋介石虽然希望红军早日参战，抗击日军的进攻；但仍在红军改编后的指挥和人事问题上设置种种障碍，不肯承认红军的独立地位。他坚持红军改编为三个师，分别直属行营，分割使用，不成立统一的指挥机关，政治机关只管联络，无权指挥。这样的要求，自然是中国共产党和红军无法接受的。

正当国共双方为上述问题僵持不下的时候，8月13日，恰如朱德两天前所预料的那样，日本侵略军突然向上海发动大规模进攻，一下子就将战火燃烧到南京政府统治的心脏地区。蒋介石看到中日之间的全面战争已难避免，不得不放弃原来对红军的无理要求，同意在红军改编后设立统一的指挥机关——国民革命军第八路军总部，由朱德、彭德怀分别任总指挥和副总指挥。

8月14日，朱德同蒋介石正式会晤。刘伯羽在《朱德将军》中这样描写道："八月九日上午，朱德同志乘飞机到南京，看到弥漫在中国首都坚

① 《朱德年谱》中，第 656 页，中央文献出版社 2006 年版。

决抗战的情绪，那似乎是一种漫天的雾或风暴。它的根源正是出自每个中国人的意志与信心。——多年割离界分的各地方将领，都愿把他们的士兵整齐脚步，将曾经是分歧或仇恨的血液流在一起。这是一种力，是摧毁宇宙，似乎非人的视界所能视触，亦非人力所能为的。但这是人为的力，却出发在中国主要的两种冲突的泯灭上吧！目下更进一步表现在八月十四日——这一天，是两大对垒的领袖朱德同志和蒋介石会晤了。蒋介石面容因为劳憔而枯瘁，但精神还好。朱德同志和他从南京分手，已经好多年了——这正是一个时代，盈着血和踏着血前进的时代。在这次会晤里，十年的血流过去了。今天是兄弟的合作，全国的团结，在这一次会晤里，是那么亲密的确定了，没有这，是没有抗战的坚持和胜利的，但是他也发觉对方在抗日中仍是想消灭红军。"

8 月 16 日，朱德、周恩来、叶剑英在南京致电在延安的张闻天和毛泽东，报告了同国民党的谈判情况。

电报发出的当天，朱德就离开了南京。8 月 19 日回到了云阳镇抗日红军前敌总指挥部，加紧进行红军改编工作。第二天，他和彭德怀率全体红军指战员发布《抗日人民红军留别西北同胞书》，指出："敝军要与相聚八个月的父老兄弟姊妹们暂且告别。为了国家，为了民族，为了使西北父老兄弟姊妹不做亡国奴，敝军要走上抗日前线去。要以我们的头颅和热血把日本强盗赶出中国，把汉奸铲除干净，那时再回来与我们亲爱的父老兄弟姊妹相见，过快活的太平日子。"①

同时，发布《为东下抗日告同胞书》，表示："我们改名为国民革命军，受命上前线去，我们抱定了最大的决心，要为民族的生存流到最后一滴血，不把日本帝国主义赶出中国，不把汉奸卖国贼完全肃清，决不停止。"还发布《告抗日友军将士书》，指出："我们和你们同是黄帝子孙，同是中华军人，同是患难中的朋友。我们的敌人只有一个——日本帝国主义。我们要胜利，要不做亡国奴，只有亲密团结起来，结成铁的长城。"②

8 月 22 日，南京国民政府军事委员会发布将红军主力改编为国民革命军第八路军的命令，任命朱德为总指挥，彭德怀为副总指挥。

---

① 《朱德年谱》中，第 659 页，中央文献出版社 2006 年版。

② 《朱德传》（修订本），第 504 页，中央文献出版社 2000 年版。

在华北战局危急的情况下，八路军不等改编全部就绪，就开始出动了。就在南京国民政府军事委员会发布命令的当天，原红一方面军为主改编的八路军第一一五师主力，作为抗日的先遣队，第一批从陕西三原出发，经韩城县芝川镇渡过黄河，沿同蒲路北上。

部队刚一出发，朱德就来到了陕西洛川县冯家村参加中共中央政治局扩大会议。这是自"七七"事变发生后中共中央举行的第一次重要会议，着重讨论了抗日战争中的作战方针问题、统一战线中国共两党关系问题。

会议是在冯家村头的一个私塾小学的土窑洞里召开的。8月22日晚，毛泽东从容道出他的深谋远虑："红军的作战地区在晋察冀之交，受阎锡山节制，红军的基本任务应当是：1. 创造根据地；2. 牵制与消灭敌人；3. 配合友军作战；4. 保存与扩大红军；5. 争取民族革命战争的领导权。"

关于红军的作战方针，毛泽东提出：红军要"进行独立自主的山地游击战——包括有利条件下消灭敌人兵团与在平原发展游击战争——但着重于山地"①。

在洛川会议上，朱德主要集中在以下几个问题作了多次发言。

在军事问题上，朱德主张红军早上前线，出动以后，应注意保存兵力，对红军的使用，"应是积极的、向前的、发展的。估计日本（军队）是外国军队，便利我们的行动。只有积极的活动，才能发展抗战，出去不能停顿太久，不要让人家（指国民党军队）败了，不好。"②"持久战单凭消耗是不可能的。但我们不能速决。持久战，主要是发动广大群众，军事上是发动广大游击战争。"他认为要在"国民党军队还能抵抗时，及早布置工作"，争取在华北的持久战；但是"即使友军都退下来，而我们也能在华北支持住。""日军武器比较好，但战斗经验缺乏，有可能打垮一些，捉一些，并且在群众方面、地利方面，白军作战都要失去一些效用，红军则可以充分利用这些有利条件。华北方面地势上也有可能发展游击战争。"因此，"争取群众工作，首先争取（华北）这一万万人"；"我们重心争取在太行山及其以东。"③"局势变化，可能我们有一部去绥东。"整个来说，

---

① 《彭德怀传》，第166页，当代中国出版社1993年版。
② 朱德在中共中央政治局会议上的发言记录，1937年8月22日。
③ 朱德在中共中央政治局会议上的发言记录，1937年8月24日。

"应估计到我们能牵制敌人，起伟大作用。"他还要求，在红军出动后，后方也要动员起来，支持前线。

关于同国民党的关系问题。朱德强调在统一战线中应该"争取独立性，我们是主导体。"朱德在中共中央政治局会议上的发言记录，1937年8月22日。民族矛盾和阶级矛盾的关系要处理好，"我们要谨防扒手！但过分防了也会限制自己。看清楚，我们自有办法。"①

洛川会议于8月24日结束，共开了3天。在这次会议结束后的一次座谈会上，朱德又作了发言。他说：从边区到国民党统治区去工作的同志，"自己要有阶级觉悟与马克思主义的认识；否则，糊里糊涂（会）被人吸引（过去）"；"个别（同志）是应警觉，酒色财气、富贵功名的难关要打破……有了革命的环境、革命的理论、革命的阶级，我们是能争取吸引国民党的胜利。"② 他还号召大家发扬红军吃苦耐劳的长处，做好工作。

在洛川会议上，决定成立中共中央革命军事委员会，由毛泽东、朱德、周恩来、彭德怀、任弼时等11人组成，毛泽东为主席（书记），朱德、周恩来为副主席（副书记）。

会议结束后，9月25日，中共中央革命军事委员会正式发布中国工农红军改编为国民革命军第八路军的命令：

> 南京已开始对日作战，国共两党合作初步成功。为着实现共产党中央给国民党三中全会红军改名之保证，使红军成为抗日民族战争的模范，推动这一抗战，成为全民族的抗日革命战争，以争取最后的彻底胜利。特依据与国民党及南京政治谈判结果，宣布红军改名为国民革命军第八路军。
>
> 将前敌总指挥部改为八路（军）总指挥部，以朱德为总指挥，彭德怀为副总指挥，叶剑英为参谋长，左权为副参谋长。总政治部为第八路（军）政治部，以任弼时为主任，邓小平为副主任。第一军团、十五军团及七（十）四师合编为陆军——一五师。

---

① 朱德在中共中央政治局会议上的发言记录，1937年8月24日。
② 朱德在中共中央召开的座谈会上的发言记录，1937年8月27日。

以林彪为该师师长，聂荣臻为副师长，周昆为参谋长，罗荣桓为该师政训处主任，萧华为副主任。二方面军、二十八军、二十七军等部，合编为陆军第一二〇师。以贺龙为师长，萧克为副师长，周士第为参谋长，关向应为政训处主任，甘泗淇为副主任。第四方面军及二十七军（原文如此）、二十九师、三十军等部，改编为第一二九师。以刘伯承为师长，徐向前为副师长，倪志亮为参谋长，张浩为政训处主任，宋任穷为副主任。以上之改编后人员委任照前总命令行之。各师改编为国民革命军后，必须加强党的领导，保持和发挥十年斗争的光荣传统，坚决执行党中央与军委会的命令，保证红军在改编后应完成共产党的党军，为党的路线及政策而斗争，完成中国革命之伟大使命。①

从此，朱德正式担负起了八路军总部总指挥的重任，指挥八路军进行艰苦卓绝的抗日战争。第二天，8月26日，朱德和彭德怀签发了《八路军总指挥部布告》：

> 本军奉命抗日，为求民族生存。
> 拥护中央领导，驱逐日寇出境。
> 团结全国各界，联合法苏美英。
> 保卫中华领土，收复失地完整。
> 实行统一战线，抗日救国纲领。
> 本军纪律严明，买卖照常公平。
> 禁止拉夫拉车，禁止侵犯百姓。
> 凡属中华同胞，一律保护认真。
> 汉奸敌探间谍，严办决不容情。
> 望我国人奋起，共负救国责任。
> 抗日战争胜利，大家共享太平。

---

① 《朱德传》（修订本），第 506～507 页，中央文献出版社 2000 年版。

为了保证中国共产党对八路军的绝对领导，8 月 29 日，中共中央书记处决定："在红军改编为国民革命军主力开赴抗战前线情况下，中央决定前方设党的军委分会，以朱德、彭德怀、任弼时、张浩、聂荣臻、贺龙、刘伯承、关向应等九人组成之。以朱德为书记，彭德怀为副书记，受中央军委统辖。"各师成立军政委员会，受军委分会统辖。

同时，朱德、彭德怀向全国发表就任八路军总指挥和副总指挥的通电："日寇进攻，民族危急，敝军请缨杀敌，义无反顾。兹幸国共两党重趋团结，坚决抗战，众志成城，本月养日（二十二日）奉国民政府军事委员会蒋委员长任令开，特派朱德为国民革命军第八路军总指挥，彭德怀为副总指挥等。因奉此，遵即将红军改为国民革命军第八路军，并宣布就职。部队现已改编完毕，东进杀敌。德等愿竭至诚，拥护蒋委员长，追随全国友军之后，效命疆场，誓驱日寇，收复失地，为中国之独立自由幸福而奋斗到底！"①

挺进山西

1937 年 8 月间，日本侵略军已把战火燃烧到了中国华北大地。日军增援部队已从日本国内源源开到，以平津地区为出发点，沿平绥、平汉、津浦三条铁路线向华北发起新的进攻。

"华北危急！"

在这种危急的情况下，1937 年 8 月 30 日，朱德、彭德怀、任弼时致电毛泽东，对日军占领张家口、南口之线后的战役计划作出判断，指出有两种可能：（一）乘胜进占大同、归绥等地，完成割断中苏联络；（二）其主力沿津浦路略取德州，及由烟台、威海卫、青岛略取山东半岛、淞沪，以相机占领上海。据此，他们向中共中央建议，除已提前出发的八路军第一一五师外，第一二〇师和第一二九师也应于 9 月初出动，开往山西奔赴华北抗战第一线。

山西素有"华北屋脊"之称，地处华北抗日前线。八路军要从陕北东

① 《朱德年谱》中，第 662 页，中央文献出版社 2006 年版。

出抗日，必须首先进入山西。

从当时山西的实际情况来看，掌握山西大权的地方实力派阎锡山，当日军在华北步步扩张之际，从反共转而同意与中国共产党联合抗日，邀请共产党人薄一波等到山西，帮他组织山西救国同盟会和另建新军——山西青年抗敌决死队。阎锡山想利用共产党的经验来保持他经营多年的山西"王国"。这样，山西的民众抗日运动在"七七"事变前已开展起来。特别是在日军即将闯入山西之际，阎锡山把他的旧军（晋绥军）部署于大同一带，准备与日军一战。红军出师，也准备首先开赴大同前线。随着阳高、天镇相继沦陷，山西形势急转直下。阎锡山眼看日军长驱入晋，他战无信心，不战又无以回答山西民众。他知道，挽救山西局势，必须借重八路军之力，因此，急请周恩来、彭德怀等与他共商防守之计。

在彭德怀的陪同下，周恩来来到了山西太原，同阎锡山商谈，安排八路军开赴前线的有关事宜。9月3日，毛泽东在一份电报中提出："周（恩来）、彭（德怀）到太原应与阎锡山交涉红军活动之如下地区：（一）涿鹿阳原蔚县三县境内一切友军未驻地区。（二）宛平房山涞水易县四县友军未驻地区。（三）完县唐县曲阳行唐灵寿平山六县县城以西地区。（四）涞源阜平灵丘三个全县作为我军之中心根据地。（五）广灵浑源繁峙五台盂县五县。以上共二十一县，有些是全县，有些是部分，均必须确实指定，并由南京及晋阎令知三省省政府转令各县县政府，同时令知各县及其附近之县驻军，说明红军之布防及创造游击根据地之任务。"①

一切都准备好了，八路军开始出师山西。

9月2日，八路军第一二〇师在陕西富平县庄里镇举行出师抗日誓师大会。贺龙主持大会，整个会场上红旗招展，士气高昂。朱德参加了这次大会，并讲了话。针对一些干部和战士把红军改编为国民革命军后思想不通的状况，他说："现在国共合作了，我们工农红军改编成国民革命军第八军。为了消除各阶层的疑虑，我们可以穿统一的服装，戴青天白日帽徽，同志们思想不通，甚至有的高级干部思想也不通，这个心情我们理解。毛主席说了，红军改编，统一番号，是可以的，但是有一条不能变，

---

① 《毛泽东军事文集》，第2卷，第40页，军事科学出版社、中央文献出版社1993年版。

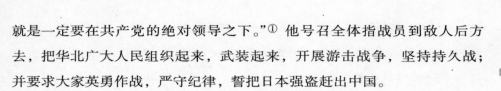

就是一定要在共产党的绝对领导之下。"① 他号召全体指战员到敌人后方去，把华北广大人民组织起来，武装起来，开展游击战争，坚持持久战；并要求大家英勇作战，严守纪律，誓把日本强盗赶出中国。

9月6日，八路军总部在泾阳县云阳镇的大操场上举行了出师抗日誓师大会。部队从四面八方浩浩荡荡地进入会场，泾阳县和云阳镇人民团体、政府机关都派代表参加，云阳镇周围的学校师生和群众也前来参加了大会。

"誓把日本帝国主义赶出中国去！"

"为保卫祖国流尽最后一滴血！"

……

一阵阵口号声响彻云霄，激励着每一个抗日的将士和民众。

八路军政治部副主任邓小平主持大会。朱德对中共中央洛川会议精神作了传达，并对红军改编和开赴华北抗日前线作了动员。接着，便带领全体指战员一字一句地高声宣读《八路军出师抗日誓词》：

> 日本帝国主义是中华民族的死敌，它要亡我国家，灭我种族，杀害我们父母兄弟，奸淫我们母妻姊妹，烧我们的庄稼房屋，毁我们的耕具牲口。为了民族，为了国家，为了同胞，为了子孙，我们只有抗战到底。
>
> 我们是工农出身，不侵犯群众一针一线，替民众谋福利，对友军要友爱，对革命要忠实。如果违反民族利益，愿受革命纪律的制裁，同志的指责。谨此宣誓！

这一字一句、掷地有声的誓词，震撼着每一个指战员的心灵。

出师抗日誓师大会结束后，朱德便率领八路军总部机关以及随营学校的三个团和警卫总部的特务团开赴山西抗日前线。

这一天，天下着蒙蒙的细雨，压住了道路的尘埃。一路上，穿过大的集镇和村庄时，朱德就指示警卫部队召集当地群众开会，并站在临时搬来

---

① 《朱德年谱》中，第664页，中央文献出版社2006年版。

的八仙桌上演讲，宣传中国共产党的全面抗战路线和统一战线政策，号召"有钱出钱，有力出力"，"合理负担"，强调要建立抗日根据地，宣讲抗日游击战的战略战术。

就在这前一天，朱德在云阳镇给四川南溪县的前妻陈玉珍写了一封信。这是他10年来第一次写家信。信不长，但充分反映出他此时的心情和对抗战前途的坚定信心。信中说：

> "别久甚念，我以革命工作累及家属本属常事，但不知你们究受到何等程度。望你接信后，将十年情况告我是荷。理书（二哥之子）、尚书（大哥之子）、宝书（朱琦）等在何处？我两母亲（生母和养母）是否在人间？……近来国已亡三分之一，全国抗战，已打了余月。我们的队伍已到前线，我已动身在途中。对日战争，我们有信心并有把握打胜日本。如理书等可到前线上来看我，也可以送他们读书。我从没有过一文钱，来时需要带一些钱来。"①

在奔赴山西抗日前线的途中，朱德接到国民政府军事委员会的命令，将八路军改为国民革命军第十八集团军，直属第二战区司令长官阎锡山指挥，并任命朱德为第十八集团军总司令，彭德怀任副总司令。

9月14日，朱德和彭德怀发布关于八路军改为国民革命军第十八集团军的通令。通令指出："奉南京军委十一日申电闻，着本路军改为国民革命军第十八集团军，并任朱德为该集团军总司令，彭德怀为副总司。"部队的番号尽管改了名称，但是，除在正式公文外，人们还是称这支军队为八路军。

经过一路的行进，9月15日，朱德率八路军总部到达韩城县芝川镇，这是陕西进入山西的重要渡口。天堑黄河自北而南，在韩城县境内流长140多里，禹门以北是峡谷区，两岸峭壁对峙，河面宽仅60米，河水奔腾咆哮；一出龙门，河面顿时开阔，最宽处达10多里。芝川镇附近，河宽5

---

① 《朱德传》（修订本），第510页，中央文献出版社2000年版。

里。考虑到先前出发的第一一五师和第一二〇师都是从这里渡过黄河的，因此，朱德决定在这里东渡黄河。

这一天，正是农历八月十五日——传统的中秋节，风和日丽，朱德、任弼时、邓小平、左权等登上一条木船。在平时，这里水势平稳，泥沙较少，但连日暴雨，山洪宣泄，泥沙俱下，河心浊浪汹涌。

木船慢慢地离开了河岸，一下子就进入了汹涌翻滚的波涛之中。船工们熟练地把着船舵，木船在波涛中前进着。朱德望着一泻千里的黄河，心情十分激动。他想到：在这个中华民族团圆的传统节日，祖国的大好山河却处在战火纷飞、硝烟弥漫之中。想到这里，他暗下决心，一定要将日本强盗赶出中国！

木船终于到达了黄河的西岸——山西荣河县境。朱德、任弼时、邓小平、左权踏上了正在燃烧着战火的山西大地，开始了新的战斗生活。

朱德率八路军总部渡过黄河后，部队立刻就向同蒲铁路南端的侯马镇（今曲沃）跑步前进。

这时，朱德和任弼时给毛泽东、彭德怀发出一份电报，指出：根据情报判断，敌人占领大同后，在平绥线可能以一部向南掩护，主力"继向绥远攻进"；目前敌着重夺占保定，进占蔚县、涞源之敌，可能向涿县、川南转进，配合平汉正面攻取保定。建议第一一五师宜以一部活动于蔚县、涞源敌人侧后，以达钳制该敌转向平汉铁路前进，配合平汉友军作战；以一个营伸出蔚县、广灵以北山地，向大同、张家口间积极活动，"配合晋军行动"；主力部队"集结灵丘、阜平、涞源地区，待机行动"。一二〇师"宜经五台向阜平集结"，以后使用于蔚县、涞源以北山地，向平绥（大同以东）铁路线发展游击，以便一一五师能够集结，并发动群众创造根据地；"大同失守后之情况，最好抽出陈伯钧所率之一团或陈先瑞部配适当干部使用于大同西南地区，扰敌向南及绥远前进，并创根据地"。一二九师在国民党谈判问题解决时，"宜迅速开前方"，"我们本日已过黄河，明日继进"①。

9月16日，朱德接到毛泽东关于八路军部署和复电，指出："日寇分

---

① 《朱德年谱》中，第667页，中央文献出版社2006年版。

两路进攻广灵、灵丘，晋军已放弃大同，绥远全境实际已失。以五台为中心之晋东北，日寇将以重兵进据并继进攻取太原。在此情况下，我三个师已无集中晋东北一处之可能，更无此必要。"毛泽东提出，拟以第一一五师位于晋东北，以五台为活动重心，暂在灵丘、涞源，不利时逐渐南移改以太行山脉为活动区；以第一二〇师位于晋西北，以管涔山脉及吕梁山脉之北部为活动地区；以第一二九师位于晋南，以太岳山脉为活动地区。

第二天，朱德和任弼时致电毛泽东并告林彪、聂荣臻、贺龙、萧克，分析了敌军进攻太原的困难，提出"在尽可能保持太原，固守雁门关及长城各口隘，配合东西两面友军活动，争取华北局势之持久"，则第一二〇师"似以使用于晋东北为妥"；如后方所得情况估计，雁门关绝无法扼守，敌可能进入雁门关以南，则第一二〇师"自以使用于晋西北为宜"，"请速决"。现第一二〇师"全部运榆次待机行动"。还提出："我进入大营、灵丘地带之陈旅，自以避免加入正面作战为妥，但必须迅即向浑源以北山地及蔚州东南山地派出游击部队，积极活动，以配合友军行动。否则有被迫正面作战之可能或受友军责备。"第一二〇师"主力不宜停在大营、灵丘、怀仁之线，而应位置于灵丘一线及其以南地区。"[①]

由荣河到侯马有 200 里路程。侯马是山西西部的一个重镇，以前这里集市繁荣，商贾云集。而现在却到处都是背井离乡的民众，市面萧条，满目疮痍。

9 月 19 日，当朱德率领部队在侯马火车站准备上车时，站里站外挤满了民众。有东北、平津来的流亡学生，有当地的民众，还有地方政府官员和各界代表。他们打着标语，喊着口号，不断地把大饼、红枣、核桃、柿子饼等慰问品塞进车厢。许多从沦陷区来的难民更是眼含泪水，期待着八路军去收复他们失去的家园；当地民众则祝愿八路军能挡住日寇的进攻，免得百姓流离失所。

期待的目光写在每一个人的脸上。朱德看到这一切，更感到自己肩上的担子重了。

部队很快坐上了由阎锡山安排的运兵火车。火车只能在夜间行驶，速

① 《朱德年谱》上，第 668 页，中央文献出版社 2006 年版。

度相当慢，大站小站都停。

　　火车在山西的大地上行驶着，所经之处，八路军都受到了广大民众的欢迎。曾跟随朱德东进的潘开文回忆说："在过去对于红军有过深刻印象的山西人民，如今能亲眼看着这支由红军改编的八路军开上抗日前线，自然感到无限的兴奋。八路军渡过黄河，沿同蒲路北进，直到原平下车。这一路上所过的城镇、车站、村庄，莫不遇到广大群众扶老携幼的夹道欢呼。我们有一列兵车，过太原时，已在深夜十二时，而大批男女群众，特别是东北的流亡学生，都拥挤在车站上，整夜不眠地欢送八路军上前线。"①

　　朱德率八路军总部每到一地，当地群众更是热烈欢迎。当时担任八路军政治部民运部部长的傅钟回忆说："火车在吕梁山东麓、汾河东岸向北开进，沿途的车站越来越多地站满了欢迎的人群。无论商人、学生、工人、农民，都拼命往前挤，要看看红军——八路军的朱总司令。朱总司令的四川话人们听不懂，但看到那位向人们招手的长者，衣着和别的军人一样，脸色比别人黑一点，像长年辛劳的庄稼汉，面容纯朴，慈祥……人们便以喜悦的神情、亲切的语言，表明自己的感触：八路军的总司令不像国民党军队长官，老百姓是可以亲近的！这，便是一个伟大的开端，像一座桥使八路军和人民的无穷力量相连接起来。"②

　　经过两个夜晚的行车，9 月 21 日凌晨，朱德乘坐的火车到达了太原，住在八路军太原办事处所在地成成中学，与先期到达这里的彭德怀会合，举行中央军委华北分会会议，讨论华北抗战形势和八路军的行动方针。

　　也就在当天，朱德、彭德怀和任弼时致电林彪、聂荣臻、贺龙、萧克、关向应、刘伯承、徐向前、张浩并报毛泽东，指出：日军在"作战中困难增多，后方联络线延长，现有兵力疲劳，进入山地部队给养困难"，"我们支持华北局面，尽可能保障山西持久战，争取民主政治的实现"。八路军"应以机动灵活的袭击，求得消灭敌人小部，兴奋友军，转变呆板死

　　① 《朱德传》（修订本），第 513~514 页，中央文献出版社 2006 年版。

　　② 傅钟：《敌后抗战的开端》，《八路军回忆史料》（1），第 65 页，解放军出版社1988 年版。

守的战术，造成持久胜利的发展。"并对八路军的行动作了部署①。

当天下午，阎锡山派一名高级参谋准备接朱德到雁门关以西的代县太和岭口的前线指挥部去商谈。已在太原并同阎锡山见过面的周恩来陪同朱德一道前去。

朱德和周恩来乘坐汽车，经过一天的行程，于第二天清晨到达了太和岭口，会见了阎锡山。这次会谈，可以说是比较成功的。阎锡山允许八路军驻区的群众工作由八路军负责；不好的县长可以更换；允许给游击队发枪；还允许在八路军工作地区实行减租减息。阎锡山也要求八路军抵抗向山西进攻的日军。

9 月 23 日，朱德回到了在前一天移驻五台县南茹村的八路军总部，把这次谈判的结果向中共中央作了报告。

部署首战平型关

朱德一到南茹村的八路军总部后，就忙了起来。这时，他考虑的一个重要问题就是：选择有利时机，在山西先打一个胜仗，以打击日本侵略军的骄狂气焰，鼓舞全国人民和友军的士气，进一步扩大共产党和八路军的政治影响。

从当时华北的局势来看也需要打上一仗。在北面，沿平绥路进攻的日军，于 1937 年 9 月 13 日进占大同后，向平型关、雁门关逼进，企图突破晋北屏障，攻占太原；东面，沿平汉路进攻保定，夺取石家庄。两路进犯的日军中，以北路为重点，兵力达三个师团。在日军陆空配合猛烈进攻下，国民党军守军"仍以消极防御，彼此观望、集守工事，轰炸下静待，绝少机动及袭、伏击"，② 而且给养运输极坏，第二战区第七集团军前敌总指挥汤恩伯的部队有时四天才能吃上一顿饭；第一战区第十四集团军总司令卫立煌的部队也是两天吃一顿饭。毛泽东预感到"彼辈做法完全脱离民众，挫败之后，失去信心，整个华北战线酝酿着极大危险。"③ 特别是大同

① 《朱德军事文选》，第 272～273 页，解放军出版社 1997 年版。
② 《任弼时传》，第 491 页，中央文献出版社 2004 年版。
③ 《任弼时传》，第 491 页，中央文献出版社 2004 年版。

弃守后，晋军退守雁门关，刘汝明师从蔚县返回津浦路，汤恩伯部精锐已失，全部开回平汉线整理，只有卫立煌的四个师还在涞源东北坚持。高喊"守土抗战"的阎锡山，此时陷入矛盾之中：不打一仗，难向山西人民交代，打一仗又感到力不胜任。因此，毛泽东指示八路军总部："利用红军新到，壮其气，而相当改变其做法，是一极好时机。"①

正好这时，北路沿平绥线进攻的日军正分两路南下。其中一路由蔚县、广灵、涞源进攻平型关。这一路日军是精锐的坂垣师团，刚从日本本土广岛开来，没有经过激烈的战斗，骄横异常，来势凶猛。

国民党军队在平型关的防守告急了。

平型关是山西东北部古长城上的重要隘口。关前有一条公路，蜿蜒在群山之中，通向灵丘，地势险要。当朱德到达南茹村的八路军总部的当天，就接到了阎锡山发来的一份电报：22日夜间日军忽然奇袭平型关阵地，发生激战，要求八路军配合作战。

朱德决定在平型关打上一仗。他顾不得休息，立即召开干部会议，对平型关作战进行部署。9月23日9时，他和彭德怀给第一一五师师长林彪及副师长聂荣臻发出一份电报。指出：

> "据阎（锡山）电：敌于昨夜以来，忽奇袭我平型关阵地，现正激战中。一一五师应即向平型关、灵丘间出动，机动侧击向平型关进攻之敌；但须控制一部于灵丘以南，保障自己之右侧。"②

当天的夜晚，已是20时了。朱德还在忙着，他和彭德怀又给远在陕北延安的毛泽东发出了一份电报，报告了平型关战役的有关部署。电报中说：

> "（一）灵丘之敌于昨晚返平型关附近，正在激战中。（二）我一一五师今晚以三个团集结于冉庄，准备配合平型关部队侧击

---

① 毛泽东致周恩来电，1937年9月3日。
② 《朱德军事文选》，第275页，解放军出版社1997年版。

该敌，另以师直属队之一部及独立团出动于灵丘以北活动。（三）贺（龙）师正向宁武车运中。（四）总直大部今在侯马待车。（五）我们今晚到五台以北之南茹村宿营。"①

此外，朱德还向蒋介石、阎锡山发出了电报，把第一一五师准备进攻和第一二〇师开进的情况告诉了他们。

八路军第一一五师接到朱德、彭德怀的命令后，各团立即召开动员大会。林彪同罗荣桓、聂荣臻等连夜商量，制订作战计划。

9月24日深夜，天空电闪雷鸣，倾盆大雨从天而降，气温骤降，秋寒袭人。第一一五师主力部队在黑夜中冒着大雨，以急行军的速度向平型关以东急进。战士们既无雨衣，又无斗笠，只得任凭狂泻的暴雨湿透征衣。在风雨交加中，队伍沿着山间小径和泥泞的山沟穿行。

9月25日拂晓前，雨过天晴，第一一五师各部队经过一夜风雨行军，按预定时间到达了指定位置，迅速抢占了通向平型关的公路两侧高地，在这里冒雨设伏。这里是日军开往平型关的必经之地。公路两侧的高地，居高临下，地形很好。

不可一世的日军坂垣师团4000余人乘坐100余辆汽车，后面紧跟着200余辆大车的辎重队，气势汹汹地沿着公路向平型关开来了。由于道路狭窄，地面泥泞，加之车马拥挤，日军行动迟缓。上午7时左右，日军终于进入了第一一五师的伏击地。

随着第一一五师的冲锋号声响起，指战员们立刻向公路上的日军发起猛烈的进攻。刹那间，机枪、步枪、手榴弹、迫击炮一齐发射，枪炮声、喊杀声震撼山谷，把拥挤在公路上的日军打得人仰马翻。日军遭到突然打击，顿时惊恐万状，汽车起火，人马相撞，乱作一团。

9月25日12时，平型关战斗还在继续着，朱德和彭德怀给毛泽东发出一份电报，及时地把平型关作战胜利的喜讯报告给他：

"我一一五师今晨八时出击平型关北面之敌，于十二时许已

---

① 《朱德军事文选》，第275~276页，解放军出版社1997年版。

占领关沟、辛庄、东跑池一带敌阵地，缴获汽车五十辆，满载军用品，俘虏二百余人，敌伤亡甚重。但战斗尚未解决，仍向东跑池、团城口以东地区激战中。"①

平型关战斗一直进行到黄昏时分才结束。这一仗共歼灭日军 1000 余人，毁坏日军汽车 100 余辆，马车 200 余辆，还缴获大量军用物资和日军的秘密文件，其中包括日军华北作战计划和作战目标的日文地图。

这一仗是朱德率八路军出师华北抗日前线后第一次同日军作战，同时也是卢沟桥事变以来中国军队对日作战中取得的第一次大胜利。它沉重地打击了日军的嚣张气焰，有力地粉碎了日军三个月灭亡中国的梦呓，鼓舞了全国军民的抗战勇气，坚定了中国人民战胜日本帝国主义的信心，极大地提高了共产党和八路军的声威，使全国人民看到了中华民族的希望所在。当聂荣臻和林彪赶到八路军总部报告平型关大战的情况时，朱德兴奋地拉着他们的手说："你们打得好，打得好啊！出师第一仗就击破了'皇军'不可战胜的神话，'恐日病'和'亡国论'都是错误的。"②

捷报传出，全国欢腾。向八路军致敬和慰问的电报、函件，从全国各地纷纷飞向八路军总部，飞向延安，飞向八路军驻各地的办事机构。

连处在日军进攻直接威胁下的民众也热烈举行庆祝。当时任第二战区副司令长官的黄绍竑曾回忆说："当时石家庄的人民群众，以无比兴奋的情绪庆祝这个胜利，竟然在那种时候放起鞭炮来，几乎把敌机的空袭都忘记了。"③ 这次胜利对敌后抗日民众也是一个巨大的鼓舞。人民群众因之有了战胜日本侵略军的信心，敢以很小的队伍来袭击日军，日军也因之而胆怯。

9 月 26 日，朱德、彭德怀怀着兴奋的心情向毛泽东报告说："红军地位已成了神奇古怪的东西。多数国民党军队，特别是晋军有专靠红军吃饭样子。"④ 毛泽东得知这一胜利的消息后，也很高兴。当天，他在给朱德、

---

① 《朱德军事文选》，第 276 页，解放军出版社 1997 年版。

② 《聂荣臻传》，第 178 页，当代中国出版社 1994 年版。

③ 黄绍竑：《娘子关战役前后》，《文史资料选辑》第 54 辑。

④ 朱德、彭德怀致毛泽东并告林、聂电，1937 年 9 月 26 日。

彭德怀的复电中说："庆祝我军的第一个胜利。"同时指出：八路军要"向恒山山脉及其东、西、北三方向突击，展开敌人侧面游击战争的计划，暂时当无执行的条件，要待敌人更深入，后方更空虚时才能执行。"①

9月29日，毛泽东在给周恩来、朱德等的电报中又说："阎（锡山）必要求我军与他配合来打一二仗，为了给晋军以更好的影响，如果在确实有利的条件下，当然是可以参加的。但须计算，这仅是战役的暂时的局面，根本方针是争取群众，组织群众的游击队，在这个总方针下实行有利条件的集中作战。"② 10月1日，毛泽东又致电正在南京的博古、叶剑英等，向他们通报了平型关战役的结果，并说："我们捷报发至全国，连日各省祝捷电甚多，其中有蒋介石、杨虎城、马鸿逵、范长江、龙云、孙蔚如，上海大公报、上海职业救国会，杭州、福州、湖北、广东、陕西、开封各省党部，武汉行营，开封绥靖公署，浙江、福建各省政府，浙江抗日后援会等。"③

蒋介石在给朱德、彭德怀的贺电中说："二十五日一战，歼寇如麻，足证官兵用命，深堪嘉慰，尚希益励所部，继续努力。"

平型关战斗结束的当天，朱德和彭德怀就以八路军总指挥、副总指挥的名义发布了《中国红军告日本兵士书》，晓之以理，动之以情，号召日本士兵倒转枪口向着日本军阀，为日本工农的解放，为中国人民的解放，为打倒日本帝国主义，与八路军携手奋斗。《中国红军告日本士兵书》全文如下：

　　日本的士兵们：

　　　　你们大概早就听过红军这个名字吧！我们现在的第八路军就是原来的红军，也就是日本报纸上所常说的"共产军"。今天，我们在战场上以血刃相见是不幸的！你们都是从日本工农出身，被你们的军阀强迫地穿上戎装，被送到中国的战场上来了，离开

---

①《朱德年谱》中，第677页，中央文献出版社2006年版。

②《毛泽东军事文集》，第2卷，第66页，军事科学出版社、中央文献出版社1993年版。

③《毛泽东军事文集》，第2卷，第68页，军事科学出版社、中央文献出版社1993年版。

了你们的父母妻子，离开了你们的家乡。我们也都是从中国工农出身的，今天开赴前线作战，只是为了抵抗日本军阀的侵略，保卫中国的领土，保卫中国人民的利益，同时也是保卫日本工农的利益。我们并不反对日本的工农，我们时刻在希望与日本工农携手。

日本士兵们！想想吧，你们在中国战场上被牺牲，被打死，有什么好处？一点好处也没有。如果日本胜利了，牺牲的是日本的士兵，日本的工农，而日本的资本家、地主、军阀则坐享幸福。如果日本胜利了，那么，日本的统治者更加可以巩固他们的地位，增强他们对于日本工农的剥削，延长他们对于日本工农的剥削，同时也更增强日本军阀对中国人民的奴役。

如果日本失败了，那么，日本的军阀就要倒台，日本的工农就要起来革命，日本的工农就要得到解放；同时，你们就可以早日回到日本去，与你们的父母妻子见面，与你们国内工农携手共同斗争。

日本的士兵们！起来吧！倒转你们的枪口，向着你们的压迫者、剥削者——日本军阀。我们共同携手地奋斗，为日本工农的解放，为中国人民的解放奋斗！

今天我们在火线上，互相打仗，互相厮杀，战死的只是日本的工农士兵和中国的工农士兵。我们互相停战，我们在火线进行联欢吧！

日本士兵们！你们的牺牲是一钱不值得的，你们的尸首也落在中国没有收殓，你们国内的工农也不愿意你们打中国人民，全世界的工农也都不愿意你们打中国人民。你们就是牺牲了，全世界的工农都在埋怨你们。你们想想吧，觉悟吧！

中国军队与你们作战，是为着中华民族的解放，是为着反对日本法西斯的侵略者，虽然牺牲了，但是光荣的。你们国内的工农也在赞助我们这种行动，全世界的人民都在赞助我们这种行动。

日本士兵们！到我们这边来，我们决不虐待你们，决不乱杀你

们。如果你们自愿的到我们这边来，一样是我们自己的兄弟，中国人民的朋友。愿意在中国军队做事，给你们事做。愿意回日本，设法送你们回去。如果在火线上，只要你们不先放枪，我们决不会先放枪。如果在战斗中，只要你们允许解除武装，我们决不乱杀一个。愿意来中国军队做事的，我们热烈欢迎；不愿意的，只要解除武装后，马上就从火线上放你们回去。我们决不虐杀一个没有武装或解除武装的日本士兵！

日本士兵们！不要为日本军阀而牺牲你们的生命啊！回日本去吧，你们的父母妻子在盼望你们。回日本去吧，与你们国内的工农一齐起来革命。日本士兵与中国士兵联合起来！停止战争，进行联欢！日本士兵帮助中国人民的解放，拒绝打中国人民的战争！

打倒日本帝国主义！

日本工农兵士解放万岁！

第八路军总指挥朱德

副总指挥彭德怀

暨全体指挥员战斗员谨启

平型关战斗结束后，朱德还没有来得及洗去身上的烟尘，就马上带领一些同志来到了第一一五师驻地，参加对这次作战经验教训的总结。在这里，他对前来采访的史沫特莱、周立波、舒群等中外记者分析了日本军队的强点和弱点。他指出，日军的强点在于，一是武器较好，并善于发扬火力。二是作战顽强，不肯缴枪。这是因为他们杀死我们很多人，怕我们报复，他们的长官就是这样欺骗他们的。三是能按计划行事，退却快，援军也能很快开来。他们的弱点，一是战斗精神差；二是防守时不善于做工事，警戒疏忽；三是爬山不如中国兵；四是胆怯，怕肉搏战。

在这基础上，朱德又向记者们阐述了八路军的战略战术。他说："在战略上，我们打的是持久战，消耗敌人的战斗力量和补给。在战术上，我们打的是速决战。因为我们在军事上比敌人弱，我们永远避免阵地战，而混合使用运动战和游击战，打击敌人的有生力量。同时，我们发展游击战，扰乱、吸引、分散和消耗敌人。我们的游击战给敌人增添了很多困难，这就便于我们的正规部队在有利的情况下展开运动战。"① 不久，他在一次讲话中又指出："我们以劣势武器战胜现代化的强敌，在战术上就必须善于灵巧机动地使用自己的兵力和兵器，发挥自己旺盛的攻击精神，选择有利阵地与时机，抓住敌人弱点，集中优势兵力和兵器，采用秘密、迅速的动作，出敌不意，突然袭击，进行肉搏，坚决消灭之，否则即难于成功。"②

指挥忻口之战

朱德率八路军出师华北，原定目标是集中向冀、察、晋、绥四省交界的恒山地区挺进。1937 年 9 月 17 日，毛泽东鉴于日军的战略计划采取以大迂回的姿态包抄太原，便致电八路军总部，指出：八路军"此时是支队性质，不起决战的作用。但如部署得当，能起在华北（主要在山西）支持游击战争的决定作用。""过去决定红军全部在恒山山脉创造游击根据地的计划，在上述敌我情况下，已根本上不适用了。此时如依原计划执行，将全部处于敌之战略大迂回中，即使第二步撤向太行山脉，亦在其大迂回中（设想敌占太原之情况下），将完全陷入被动地位。"因此，毛泽东改变了原来的战略部署，要求八路军各部准备分别转至管涔山区、吕梁山区，并进入恒山山脉南段活动，将来依情况展开于太行、太岳两山区③。

根据毛泽东的这一战略部署，平型关战斗结束后，朱德就立即将八路军各部由集中配置改变为分散配置，实行大规模的战略展开，并大体划分了各部的工作地域：第一一五师控制五台山、恒山，活动于晋东北地区，着手创建晋察冀抗日根据地；第一二〇师控制管涔山，活动于晋西北地区，并以一部到冀西活动，这里是即将沦陷的地区，朱德要求第一二〇师"在最短期内将群众发动起来，每三天将工作情形电告一次。"④

---

① 《朱德传》（修订本），第 521 页，中央文献出版社 2000 年版。
② 朱德：《八路军半年来抗战的经验与教训》，《新华日报》1938 年 2 月 9 日。
③ 《毛泽东军事文集》，第 2 卷，第 47～48 页，军事科学出版社、中央文献出版社1993 年版。
④ 朱德、彭德怀关于积极发动群众问题致王震电，1937 年 9 月 29 日。

1937 年 9 月 28 日，朱德、彭德怀在给洛甫（张闻天）、毛泽东等的一份电报中提议：“敌人深入山西后，我们在山西发展前途应以山西人民、地形、交通诸具体情形及华北大势来作一总的估计。”他们认为，河北涞源、阜平，山西灵丘和广灵地区山脉很大，地形比晋西北好，人口不少，粮食不缺，可在上述地区连同山西浑源、繁峙、五台、盂县、河北阜平一带创建抗日根据地，与晋西北互相呼应。这无论对现在和长远来说都是上策。“黄河北岸以现在情形看，被敌占去极大可能”。但“无论怎样，我们应有决心争取晋东、西两大山脉，将巩固游击区，使入晋敌军陷入我群众重困中，我们应以一切力量争取抗日运动的扩大”。并针对日军从山西北部入侵山西腹地的计划，建议，“一二九师应即出动，暂以娘子关南北为目的，因我已取得相当独立自主的作战原则，且在有利地形条件下，不会被迫决战。在今天局势下红军与敌决战没有好处，但在有胜利把握下，部分袭击敌人，扩大声威，提高友军士气是必要的。”①

八路军各部在山西一带实行战略展开后，朱德就命令各部在各自的工作区域，根据实际情况，独立自主地开展工作。

10 月 3 日，朱德、彭德怀致电蒋介石等，把八路军在山西展开并深入敌后的情况报告他们，指出：八路军自进入战斗以来，除以主力位于平型关、雁门关、朔县一线的两翼侧外，另组织了四个支队挺入敌人后方。“各支队均以袭击敌之后方，截击运输联络部队，破坏交通道路，发动群众，组织群众，扩大游击战争等为任务。先后均有胜利。”“现涞源、广灵、灵丘交通已被我完全截断，敌白天已不敢运输，改由夜间行动。我各支队亦采取夜间伏击袭击手段，每战必有少数缴获，斩杀小部敌人，我伤亡官兵六百余人。”“据各支队报称，敌后方极为空虚，民众抗日情绪很高，对我军热烈欢迎与帮助，特此奉闻。”②

朱德深深知道，作为华北抗日游击战争骨干和支柱的八路军，在刚到抗日前线时，只有两万八千余人，远远不能适应战争客观形势发展的需要。因此，他十分重视扩大八路军的工作。10 月 4 日，朱德、彭德怀、任弼时联名向八路军各部队首长发出了关于八路军扩军工作的指示，指出：

---

① 参见《朱德年谱》中，第 678～679 页，中央文献出版社 2006 年版。
② 《朱德年谱》中，第 683～684 页，中央文献出版社 2006 年版。

"（一）在持久抗战中，壮大本身是极重大的任务。兹规定：各师在两三个月内，除应补充原数缺额外，应努力争取各组织两个新兵团，总部以一个特务连为基础扩大成为充实的特务团，准备每旅改辖三个团，更适宜于我军进行山地运动游击战争的战斗任务。在蔚县地区的独立团，应以营为单位扩大成为三个团的独立师。（二）各师应从师团政治机关、司令部及排长以上副职、连队活动分子中，抽出大批干部组织强有力的工作团，并将各师随校分成若干队、组，散布于各师活动范围内之人口稠密而较安全地区，依照地方工作指示进行扩红、组织游击队、改善人民生活、建立党、创立根据地等群众地方工作。我工作人员初到新区域开始一星期内，应以深入宣传争取个别扩大新战士为最中心工作。在部队中也须定出计划，普遍动员指战员在行动中个别努力扩大新兵的工作，以期能迅速有一批新兵补充战争中的减员。"①

为扩大抗日武装力量，朱德还同山西牺牲救国同盟会（简称牺盟会）和山西青年抗敌决死队（简称决死队）两支由中国共产党领导的革命群众团体和革命武装取得联系。他和彭德怀在给毛泽东的一份电报中，十分高兴地报告说："阎（锡山）决组织新军队几个团，以牺牲同盟为基本，以决死队为骨干，其中主要干部系同志。决死队有政治委员制，权力很大。决死队政纲减租减息、减税减价，已开始撤换旧县长，实现民主。"② 当担任决死队第一纵队政治委员的薄一波率领第一纵队的第一总队北上五台，他在从五台去盂县的路上遇到朱德，并向他汇报准备在五台建立革命根据地的打算时，由于朱德早就知道薄一波是共产党员，就明确地对他说："你不要在这里，马上离开五台地区。这个地区是个战略要地，形势很好，北上可以威胁北平，南下可直趋太原，是个进可以攻，退可以守的地方。八路军准备在这个地区建立抗日根据地，你们不要在这里了。"朱德还告诉薄一波："我从延安出来时，毛主席和我谈论过，我们要把军队插到敌后去，创造抗日根据地。现在我们跟日本打的是持久战，和下围棋一样，先要在敌后沦陷区做出几个活眼，以便在敌后同敌人长期周旋。现在，我们首先要占据晋察冀、晋西北、晋东南这三个战略要地。""现在给你一个

① 《朱德军事文选》，第280页，解放军出版社1997年版。
② 参见《朱德年谱》中，第681页，中央文献出版社2006年版。

MILITARY STRATEGIST ZHU DE

495

任务：马上率部南下，到晋东南太行山区去，要占据那个地区。"① 不久，薄一波在设法得到阎锡山的同意后，便把已开到五台地区的决死队转而南下到晋东南沁县地区。

为解决八路军在武器装备和物资供应方面遇到的困难，朱德指示，除向敌人缴获以外，八路军各部队应该努力收集当时大量遗散在民间的枪支弹药，可以出钱购买，规定1支步枪出10元，100发子弹2元，轻重机枪可为酌量决定；所需被服除在西安订制一部分外，由各部队自己购布缝制，所需费用，在已恢复或建立政权的地区可以有计划地筹集，包括没收汉奸的财产和罚款，向各地富户进行救国募捐等；同时，强调节俭。经过努力，大体上解决了部队面对的困难。

10月上旬，在日本侵略军的猛烈进攻下，国民党军队放弃了从雁门关到平型关的内长城防线，退守忻口东西一线阵地。

忻口又称忻州，位于太原以北90公里处。它横亘于山西中北部，东依太行，西临黄河，北接大同，南望太原，是晋北通向太原的门户。忻口境内并没有便于阻击日军进攻的险要地形。朱德说过："忻口的形势还不及长城的十分之一险要，只不过是一座几十米达高的土丘。"② 能否守住忻口，直接关系到太原的得失。因此，守住忻口一线便成为山西战局的关键。

为了守住忻口，保住太原，10月中旬，第二战区司令长官阎锡山决定在忻口地区组织忻口防御作战。他调集八万兵力，由刚率部进入山西的第十四集团军总司令卫立煌担任前敌总指挥，并将忻口战役的兵力分为左翼军、右翼军、中央军和总预备队。左翼军由杨爱源指挥，威胁日军左翼；右翼军由朱德指挥，主要是留在日军占领区的部队，威胁日军右翼；中央军由卫立煌指挥，在忻口正面组织防御；总预备队由傅作义指挥。八路军第一一五师和第一二〇师分别在右翼和左翼地区参与作战，做侧面配合。

卫立煌对忻口战役迅速进行了部署。一场激战即将在忻口打响。

10月6日黎明时分，延安凤凰山下，毛泽东坐在窗前，还没有就寝。忻口战役即将开始，他经过一夜熟虑，提笔写下一份给周恩来、朱德和彭德怀的电报，指出："敌占石家庄后，将向西进攻，故龙泉关、娘子关两

---

① 见《朱德传》（修订本），第525～526页，中央文献出版社2000年版。
② 朱德：《一年余来的华北抗战》，1938年8月29日，《解放》周刊第53期。

点须集结重兵坚守，以便主力在太原以北取得胜利。"山西现已处最后关头，将不得不打一仗。"此战役之关键在于下列三点：（一）娘子关、龙泉关之坚守。（二）正面忻口地区之守备与出击（出击是主要的）。（三）敌后方之破坏。"为此，他同意八路军总部积极出击，配合阎锡山、卫立煌正面阵地作战的意见，并提出以第一一五师主力北越长城，从东线袭击敌人后方交通线，与第一二九师主力在西线之行动配合，阻止日军向山西正面之攻击。他估计：如此，则第一一五师"因转移与作战频繁，要准备付出相当之代价"。毛泽东认为，这对于支持山西作战，支持华北作战较为长久之战略目的具有很大意义①。

10月10日，日军侵占石家庄。

10月12日，朱德和彭德怀、任弼时给中共中央军委发出了一份电报，报告了华北形势和八路军的战略方针，指出华北形势极为危急，友军作战节节失利，但是，还没有军队叛变，八路军发展并巩固了在恒山山脉的抗日根据地。据此，电报对八路军各部在华北的部署提出了一个全盘的打算，指出晋东北、晋西的广大地区虽十分重要，但如果局势"发展到某种不利时期，主力转发向晋西或晋东南，此地域只能留适当兵力，派得力干部主持"。表示"我们目前应以一切努力，争取以山西为主来支撑华北战局的持久，使友军一下子不过黄河，消耗日寇力量，逐渐提高友军胜利信心，渐次改造友军，推进民主，扩大（八路军）本身"。②

向忻口一线进攻的日军还是坂垣师团。10月13日，坂垣亲自带领5000余兵力，向忻口一线阵地发起强攻。日军把30多门野炮和山炮布置在中央军阵地的正面，不停地扫射；轰炸机30多架，穿梭在战场的上空轮番轰炸；步兵和骑兵在炮击和扫射之后，以坦克为先导，向已成一片火海的中国友军阵地逼近。在正面进行防御的卫立煌部面对日军的疯狂进攻，顽强地进行抵抗。该部第九军军长郝梦麟、第五十四师副师长刘家骐等高级将领都先后在前线壮烈牺牲。

---

① 《毛泽东军事文集》，第2卷，第76～77页，军事科学出版社、中央文献出版社1993年版。

② 朱德、彭德怀、任弼时关于对形势的估计与八路军战略方针问题致中央军委电，1937年10月12日。

为了配合友军正面作战，10 月 13 日晨，朱德、彭德怀就给第一二〇师第三五八旅旅长张宗逊并告师长贺龙、副师长萧克发出一份电报，指出："敌正集结兵力于忻口以北之平地泉地域，今明日有积极向我忻口镇正面攻击模样。你们应以灵活动作配合友军作战。最好从崞县、轩岗间由北向南袭击大牛店敌之侧背，与轩岗马旅（指以马延守为旅长的国民党军军独立第七旅）联络。如需要炮兵协助，即向马延守旅交涉，阎（锡山）已有电令。"①

张宗逊奉命后，立刻率部攻占大牛店，不断袭击进攻忻口的日军的翼侧。第一二〇师还派出宋时轮支队，挺进雁门关以北地区，袭击井坪，威胁大同。同时，第一二〇师主力在雁门关附近伏击日军辎重部队，给日军以沉重打击，并收复了雁门关，截断了从大同经雁门关到忻口的交通线。

10 月 14 日晨，朱德、彭德怀在给第一一五师师长林彪、副师长聂荣臻的一份电报中又指出："敌昨十三日猛攻忻口镇一带阵地"，"我张（宗逊）旅主力昨晚攻占大牛店（镇），现正向南攻击前进中"。命令他们"着徐（海东）旅派兵一团占领平型关，相机袭占团城口、大营镇，其主要任务袭击汽车、破坏道路"；"杨（成武）独立团一营在涞源地区活动外，主力向灵丘、广灵之间活动。"

当天晚 19 时，朱德、彭德怀又在给林彪、聂荣臻并告徐海东职的一份电报中指出："（甲）进攻忻口之敌，左右两路被击退，中路之敌形成包围。阎（锡山）屡电我军配合截断交通，打击增援，截击退却之敌。（乙）着以徐（海东）旅于明十五日晨分两路出击，一个团附迫击炮连相机袭占团城口，确实截断敌交通，彻底破坏公路截击来往汽车。另一个团附山炮连经野子厂、童子崖进至东山庄附近，以一部进占砂河镇附近，主力应在砂河镇南岸上下游扼河构筑野战工事，保障河北岸部队之安全及协助截击敌人，对大营镇注意警戒侦察，如地形许可条件下，先以炮兵破坏其据点，相机袭占之。（丙）山炮连已令一〇一师抽拨，在台怀待命。（丁）陈（光）旅应在豆村东西会之线，加紧备足五至七天粮食，准备随时协同作战。"②

---

① 《朱德军事文选》，第 285 页，解放军出版社 1997 年版。
② 《朱德军事文选》，第 285 页，解放军出版社 1997 年版。

徐海东和杨成武接到命令后，立即在小寨附近截击日军汽车队，夺回平型关、团城口、沙河、大营等地。接着，徐海东又组成东进纵队深入冀西，向平汉铁路发展。杨成武独立团和第一一五师直属骑兵营组成东北挺进支队，向察哈尔南、冀西地区出击，直到北平外围，先后收复涞源、广灵、灵丘、曲阳、唐县、定县七座县城，切断了从张家口经平型关至忻口的交通线，使日军难以迅速调动第二线部队增援忻口作战。

这样，雁门关和平型关这两处要隘先后被第一二〇师和第一一五师分别收复，使大同和张家口向忻口日军运送人员、物资的两条道路一度都被八路军截断。八路军还在这两条道路上不断袭击日军，使日军受到很大损失。正如朱德所说："敌人受了平型关的教训，还没有马上变他的战略战术，他还是老一套，车子日夜的运，所以我们每天打，打的他不敢走。"①前线的日军只能主要靠空运来维持需要，战斗力大大减弱。

但是，日军飞机的活动还是很猖獗，除运送物资外，还不断轰炸，使友军遭到很大损失。如何消灭日军这些飞机，已成为坚持忻口战役中迫切需要解决的问题。正好这时，第一二九师第三五八旅以陈锡联为团长的第七六九团到达了阳明堡、崞县地区，并在这地区不断袭击日军。10月15日8时，朱德、彭德怀给正在负责指挥中央军左翼兵团的国民党军第十四集团军第十四军军长李默庵发了一份电报，在通报八路军的作战情况后，向他透露了准备袭击阳明堡日军机场的意图。电报中说："（甲）我右翼军任务是截断敌人后方交通，打击来援之敌，消灭由忻口溃退之敌。（乙）徐海东旅一团已在小寨村附近，截获敌车一百三十余辆，正在围攻中，其另一团附贵处所拨之山炮一连，本日出击砂河镇，相机袭取大营镇。（丙）我特务团一部，截击代县、阳明堡一带，日有胜利。（丁）我一二九师一个团，在阳明堡、崞县之间截击，望贵部应该照令各师应抽出出击之一团，协我出击之部队一致动作。各阵地守兵务求十分节约，亦同时往阵地远方即汽车路之线游击，并破坏道路，袭击敌之小部队及交通兵，相机破坏其飞机场，应袭其降落之飞机而焚毁之。上述任务是本军决战的胜负关键，务望晓谕所部自动的努力去争取这一伟大胜利。"②

---

① 朱德：《华北抗战战略战术的变迁》，记录稿，1938年9月7日。
② 《朱德军事文选》，第286页，解放军出版社1997年版。

10 月 19 日上午，陈锡联亲自带领一个小分队，经过化装侦察，摸清了阳明堡日军机场共有 24 架日军飞机和一小股守备部队。这一天的深夜，他派出一个营的兵力，分作 24 个战斗小组乘黑夜分头冲向 24 架飞机，日军的 24 架飞机一下子被全部炸毁了，还歼灭守敌 100 多人，使夜袭阳明堡日军机场获得成功。

朱德得知这一胜利的消息后，在有祁县、太谷、榆社三县游击队和决死队第二纵队参加的群众大会上宣布了这一消息，并说："由此可见，日本鬼子并没有什么了不起，我们一夜就炸毁了他们这么多飞机，我们的力量可以战胜日本鬼子！大家相信，八路军在，华北就在，八路军誓死保卫华北！"[①]

正是由于朱德指挥八路军不断在日军侧后频繁出击，袭击、骚扰日军的后方和运输线，使日军的弹药、汽油、物资运不上去，有力地配合了国民党军队在正面的防御作战，使日军陷在忻口动弹不得，有效地牵制了华北日军。

10 月下旬，日本华北方面军放弃了在华北与中国军队决战的企图，决定先行解决山西战场。日军抽调两个旅团组成西进兵团，准备自石家庄沿正太路向娘子关进攻，企图南北对进，增援忻口。而蒋介石为了确保南京、上海等政治、经济中心，把派往华北的援兵陆续撤回到了华东一线。平汉线上的部队一退再退，晋东门户——娘子关就暴露在了日军面前。

早在忻口战役前夕，毛泽东就提出坚守娘子关的建议，但并未引起国民党军队的重视，他们还是把防守娘子关的希望寄托在石家庄这个屏障上。娘子关只让一些装备较差、战斗力较弱的地方部队进行守卫，且兵力分散在长达 150 公里的防御线上，日军突破其中一点，全线即刻崩溃。

在山西战场，日军进攻山西的主力本来用在晋北一线，但因在忻口受阻，就转而以七八万兵力沿正太路向晋东进攻。这一路的中国守军战斗力较弱，娘子关危在旦夕！

当娘子关告急时，朱德急忙命令刚到山西的第一二九师主力和第一一五师一部连夜赶去增援。但是，就在八路军还未赶到之前，娘子关的第一

---

① 《朱德年谱》中，第 697 页，中央文献出版社 2006 年版。

道天险就已经失守了。第一二九师积极奋战，救出了陷于日军包围中的友军曾万钟部 1000 余人。同时，还援救了其他一些友军的部队，收容了他们的大批溃兵和伤兵，在对这些伤兵进行了必要的治疗后，把他们集中送还给各友军部队。这些援救工作，加强了八路军和友军的团结合作。

10 月 28 日，日军进占了娘子关，打开了通往晋东的道路。

娘子关失守后，阎锡山考虑到忻口的后路有被包抄的危险。10 月 31 日，他下令放弃忻口。11 月 2 日，坚守阵地 23 天之久的中国守军不得已从忻口撤退，退守太原一带。这时，西进的日军本来可以从娘子关沿正太路直捣太原，切断忻口中国军队的退路。但由于八路军在这地区不断进行截击，先后进行了七亘村伏击战、黄崖底伏击战、二次广阳伏击战等，沉重地打击了日军，使日军西进步履艰难，进展迟缓，从而帮助忻口和太原的国民党友军获得向南转移的宝贵时间，免受更大的损失。

忻口战役历时 21 天，是抗战初期华北战场上作战规模最大、对日军打击最沉重的一次战役，也是抗战初期国共两党领导的军队密切配合作战最为成功的一次。在战役中，国民党军队在正面坚守，八路军各部在日军侧后不断袭击，起了重要的战役配合作用，正是这种密切配合才有效地阻击了日军的进攻。朱德在总结这次战役的经验时曾指出："我军以配合由卫（立煌）总司令指挥扼守忻口正面英勇抗战之军队作战，分派许多游击支队在敌主要后方连络线上到处袭击，断绝敌之交通。""（日军）前送后送之人马车辆材料多被我杀伤破坏，甚至完全断绝。沿途被我杀伤的人马不亚于正面战线上的伤亡。""这一时期中，虽未能达到将敌大同、崞县间后方交通线完全断绝之愿望，但敌已陷于十分困难之境地。敌每后送或前送一次车辆，空中必用飞机掩护，陆上则配以工兵、骑兵，车上装载步兵，装甲车等随行掩护，并盖铁甲。虽然如此，仍不断受我袭击。最后，敌不得不用飞机接济弹药粮秣。贵州军队的日本'皇军'也因为牛肉和饼干来源继绝而不得不尝尝小米滋味，官兵相对哭泣。"[①]

就在忻口战役紧张之时，朱德在南茹村八路军总部接受了美国记者史沫特莱的采访。1937 年 1 月，史沫特莱在延安已经采访过朱德。正是通过

---

① 朱德：《八路军半年来抗战的经验与教训》，《新华日报》1938 年 2 月 9 日。

那一次的采访，史沫特莱被朱德渊博的知识与质朴的品格深深感染着。出于对朱德深深的敬仰与崇拜之情，她决心要写一部有关朱德的传记，让世界上更多的人知道中国工农红军的杰出领袖。

遗憾的是，卢沟桥的战火中断了史沫特莱的采访。当朱德率领八路军开赴山西抗日前线后，史沫特莱在准备随部队开赴前线时，不慎从马背上摔了下来，背部受伤，只好推迟了行期。在抗战炮火的震撼下，她决定赴八路军抗战前线进行采访。伤病还没有完全好，她就背起行装，辗转跋涉，历尽艰辛，终于在1937年10月到了南茹村，又一次见到了朱德。史沫特莱在日记中这样写道："我到朱德那里去拜访他。他正好坐在总部里的台阶上，理发员在给他理发。他起身向我示意，肩膀上还围着毛巾。开阔黝黑的脸庞上堆满了微笑表示对我的欢迎。朱德的大名使敌人听了胆战心惊，这是不难理解的。可是我觉得在我所认识的人当中，他是最和蔼、最温和的一个人。他为人质朴坦率，绝不傲慢自大。他虽然已经五十开外，但头脑仍很机敏、活跃，他好学心切，逢人不耻下问。在任何情况下，他处处大公无私，不为个人利益所左右。这些品德为他赢得了他所统帅的八路军的爱戴。"

对于这一次的采访，史沫特莱写道："朱德总司令的位于五台山的总司令部安置在一所白色的大房子里，这所房子原是地主的住宅，当两名中国新闻记者和我进去时，他正坐在一张小凳上，由理发师给他理发。他挥手大声招呼了几句，然后便领我们走进一间大房间，里面挂满从房顶直垂到地面的军用地图。在指点清楚日军和中国军队的阵地后，他便解释起八路军的战略和战术：'在战略上，我们打的是持久战，消耗敌人的战斗力量和补给。在战术上，我们打的是速决战。因为我们在军事上比敌人弱，我们永远是避免阵地战，而混合使用运动战和游击战，打击敌人的有生力量，同时，我们发展游击战，扰乱、吸引、分散和消耗敌人。我们的游击战给敌人增添了很多困难，这就便于我们的正规部队在有利情况下展开运动战。'他把将来的计划也加以说明：'我们的计划是要在华北和西北山区建立许多敌后根据地——就像在五台山这个根据地一样，敌人的机械化部队无法施展。我们的正规军可以休息、补充和整训，游击队和群众也可以在根据地受训，小型兵工厂、学校、医院、合作社和区政府都可以集中于此。从这些根据地，我们可以攻击敌人的部队、碉堡、战略据点、军火库、交通线、铁路。毁坏了这些目标以后，我们的部队就转移，攻击其他地方。我们要巩固和利用这些根据地，从而扩大我们的作战范围，要把我们的战略防御阶段化为战略性进攻。蒋介石同意了这项计划，五台山根据地的建立也是他同意的。'"①

在忻口战役期间，朱德、彭德怀、任弼时提出了八路军恢复政治委员制度的建议。当红军改编为八路军时，因为受到国民党当局的干涉，一度取消了政治委员制度，将各师的政治部改称政训处，使政治工作遭到削弱。根据抗战初期的实际情况，朱德、彭德怀、任弼时认为有必要恢复政治委员制度。10月19日，他们联名致电中共中央和中共中央军委，指出："部队改编，政治工作人员的公开地位降低职权，因而影响到政治工作人员积极性降低，政治工作已开始受到若干损失。而在各级指挥方面，仍有个别同志因改单一领导不大接受他人意见，多数单一首长感到自己能力不够，致使军队建设上也受到某些损失。对此现象，我们认为除教育干部反对地位观念及轻视政治工作外，还需积极地从组织上得到适当的解决，以红军的传统并以此传统影响友军。同时，最近阎锡山、胡宗南、陈诚、张发奎等感觉大革命时期党代表及政治部组织恢复之必要，且闻已向蒋（介石）提议。阎已要我们起草政治组织条例，并在其决死队内已设立政委。故我们更不应迁就友军。"②

接着，朱德、彭德怀、任弼时提出了具体的恢复办法："组织的具体改变如下：（一）团以上或独立营执行党代表制度，争取党代表名义的公开，党代表的职权一般与过去政委相同，应是负责保证党的路线与上级命令之执行，领导政治工作和党的工作，对党及政治工作有最后决定权力。（二）估计到山地游击战争任务和方式，部队分开活动，旅应设政治处，负责全旅政治工作之领导。（三）各旅单独行动时，可临时派遣营党代表，并由团政治处分配一部分工作人员，在营代表或教导员指挥之下，进行政治工作。（四）师政治处改为政治部，连仍为指教员。（五）军政委员会

① 艾格妮丝·史沫特莱：《伟大的道路——朱德的生平和时代》，第411~412页，三联书店1979年版。

② 《朱德军事文选》，第290页，解放军出版社1997年版。

书记，如不是党代表兼任，则党代表应任副书记职。"

在电报的最后，朱德、彭德怀、任弼时时说："以上改变意见，请即考虑电复。"① 三天以后，10月22日，张闻天、毛泽东给朱德、彭德怀、任弼发来了复电，完全同意他们的建议，指出："关于恢复政治委员及政治机关原有制度，我们完全同意，请即速令执行。惟党代表名义不妥，仍应为政治委员，将来国民党采用党代表制度时，我军方可改为党代表。"10月24日，八路军总部以转中共中央决定的方式，把恢复原有政治工作精神下达各部队，并向中共中央军委先后提名任命了各师、旅的政治委员，由聂荣臻兼第一一五师政治委员，关向应兼任第一二○师政治委员，张浩兼任第一二九师政治委员，从而保证了八路军各部队工作的顺利开展。

由于几十万国民党军队陆续从华北各地撤退，从而迅速改变了战场形势。在这种情况下，八路军总部和第一一五师主力已不宜仍留在晋东北一隅。因此，当娘子关告急时，朱德一方面命令第一一五师主力和第一二九师迅速派兵前去援助，然后在正太路以南迟滞日军西进；另一方面，他自己也率八路军总部向南转移。

10月29日，朱德率八路军总部到达盂县上社。毛泽东来电指示："我意八路军总部设在正太铁路之南百里左右，平定、昔阳线以西，离该线二百里左右指挥为宜，不宜太靠近前线。"

11月7日，朱德率八路军总部转移到了晋东南和顺县的石拐镇。这是正太铁路以南的一个小镇，离战区不远。当时随八路军总部采访的美国记者史沫特莱11月9日记载："这一地区正在组织游击队，离八路军总部四里远的一个镇子上已有了三百名游击队员。在另一个方向，离这里五里远的那个村子里则有一支二百名阳泉矿工组成的民兵。""离这儿几里远的地方还住着八十名满洲的义勇军战士。他们全都是从北平来的学生。"②

就在朱德率八路军总部转移到石拐镇的第二天，太原失守了。国民党军队纷纷南撤，华北的主要交通线和黄河以北大部分地区被日军占领。

---

① 《朱德军事文选》，第290~291页，解放军出版社1997年版。
② 《中国的反击》，《史沫特莱文集》(4)，第127页，新华出版社1985年版。

太原的失守，标志着华北战局发生了重要变化。在这关键时刻，毛泽东对战局进行了分析，并对八路军的作战进行了新的部署。在太原失守的当天，毛泽东在给周恩来、朱德、彭德怀、任弼时等的一份电报中指出："太原失后，华北正规战争阶段基本结束，游击战争阶段开始。这一阶段游击战将以八路军为主体，其他则附于八路军，这是华北总的形势。"并指出："八路军将成为全山西游击战争之主体，应该在统一战线之原则下，放手发动群众，扩大自己，征集给养，收编散兵，应照每师扩大三个团之方针，不靠国民党发饷，而自己筹集供给之。""吕梁山脉是八路军的主要根据地，但其工作尚未开始，因此，不但徐（海东）旅须立即迅速转移，林（彪）率领陈（光）旅亦不应在东边恋战，亦以立即开始转移为宜，估计转移至开始工作至少二十天，工作见效（动作后）再须十天，彼时恐敌已深入汾河流域，并占领孝义等处。转移后除徐旅以汾河为中心，陈旅以蒲县为中心为合宜。""一二九师全师在晋东南，一二〇师在晋西北，准备坚持长期的游击战争，非至有被截断归路之危险时，其主力不应退出山西"。①11月9日，毛泽东又给朱德、彭德怀、任弼时等发出了一份电报，进一步指出："在华北正规战争业已结束，游击战争转入主要地位的形势之下，日寇不久即将移其主力向着内地各县之要点进攻，……因此我分任四大区工作的聂（荣臻）部、贺（龙）师、刘（伯承）师、林（彪）师（林师应即移至吕梁山脉）须重新部署。部署纲领：以控制一部为袭扰队，大部尽量分散于各要地，组织民众武装为第一义。"②11月13日，毛泽东又给朱德、彭德怀、任弼时发出一份电报，指出："全国片面抗战已无力支持，全面抗战还没有到来，目前正处青黄不接危机严重的过渡期中。""正规战争结束，剩下的只是红军为主的游击战争了，山西统治阶级及各军领袖已动摇无主了。""红军任务在于发挥进一步的独立自主原则，坚持华北游击战争，同日寇力争山西全省的大多数乡村，使之化为游击根据地，发动群众，收编溃军，扩大自己，自给自足，不靠别人，多打小胜

① 《毛泽东军事文集》，第2卷，第111～112页，军事科学出版社、中央文献出版社1993年版。

② 《毛泽东军事文集》，第2卷，第114页，军事科学出版社、中央文献出版社1993年版。

仕，兴奋士气，用以影响全国，促成改造国民党，改造政府，改造军队，克服危机，实现全面抗战之新局面。"①

朱德对这一点看得也十分清楚。11 月 14 日，他和彭德怀、任弼时在给洛甫、毛泽东并告周恩来、中共北方局的电报中就这样写道："太原已失，东西两线友军溃乱不堪。""山西正规战争已开始结束，开始游击战争的新阶段。"②

这一切表明，华北抗战已由正规战争为主转入以游击战争为主的新阶段，八路军显然将成为坚持华北抗战的主体。

在石拐镇，许多想参加八路军的人都找朱德来了，其中还有曾参加过西安事变的两个东北军的师长，一个原是第一二〇师师长张廷枢，另一个是原第一一〇师师长张政枋。他们准备以东北流亡学生为骨干，拉起一支队伍，打回老家去。在太原时，周恩来曾同他们谈过话，并写了一封信介绍他们来找朱德。朱德热情地接待了他们，并告诉他们，东北军第五十三军万福麟部已从前线溃退，要他们把这部分溃兵收容起来，把成分好的留下，作为建立军队的基础。委派他们两人为这支部队的正、副司令，并派八路军总部的周桓去当政治部主任，嘱咐他们一定要废除旧军队不民主的军阀制度，搞好官兵关系，搞好纪律，爱护老百姓。可惜的是，由于万福麟部的溃兵不听指挥，这两位师长又都是旧军官出身，队伍抓不起来。不久，这些溃兵一部分由川军解决，另一部分被八路军收编了③。

11 月 11 日，朱德在石拐镇八路军总部召开领导干部会议，除朱德、彭德怀、任弼时、左权等外，已转移到正太路以南的第一一五师师长林彪、第一二九师师长刘伯承和山西新军决死队负责人薄一波等也参加了会议。

会议根据毛泽东的一系列指示，讨论了太原失守后的形势、兵力部署和进一步发动群众，广泛开展游击战争、建立抗日根据地等问题，决定：第一一五师除聂荣臻率领一部留在晋察冀创建根据地外，主力迅速转移到

① 《毛泽东军事文集》，第 2 卷，第 116 页，军事科学出版社、中央文献出版社 1993 年版。

② 朱德、彭德怀、任弼时致洛甫、毛泽东并告周恩来、北方局电，1937 年 11 月 14 日。

③ 《朱德传》（修订本），第 536～537 页，中央文献出版社 2000 年版。

汾河流域和晋南地区，进行群众工作，并留一部在太行山，配合第一二九师在晋东南创建根据地；第一二〇师仍在晋西北同蒲路北段活动。

在会议上，薄一波看到决死队第一纵队已由一个总队（团）发展成三个总队和两个游击团，自己又被阎锡山任命为山西第三行政区主任和决死队第一纵队政治委员，因此，他提出，第三行政区主任公署和新军是否可以去掉"山西"这顶帽子，直接归共产党、八路军领导。朱德立刻明确地说："不行！我们同阎锡山搞抗日统一战线，讲得很清楚，要帮助他抗日，现在统一战线建立了，我们不能随便把他一脚踢开。共产党是讲道义的，对于阎锡山，弃之则不义。"并且耐心地解释说："现在，你们在政治上和军事上都在共产党的领导之下嘛！军队也受八路军指挥，只不过戴阎锡山这顶帽子而已，这样做有许多便利之处咧！你有什么困难，我们可以帮助解决。"①为了帮助决死队成长，朱德把毕占云派到了决死队第一纵队当参谋长。

石拐会议后的第二天上午，朱德率领八路军总部向晋南的洪洞、临汾一带转移。在转移途中，每到一地，朱德都要同当地的群众见面和讲话，鼓舞大家的抗日斗志。11月13日，朱德在榆社县城宽敞的文庙里召开了群众大会，并在大会上讲了话。史沫特莱这样记载了当时的情景："当朱德从人群闪让开来的地方向前走的时候，全场的人们全都站起来，高唱中国歌曲。这时候，你就可以看到八路军总司令朱德是怎样受到人们热情欢迎的场面。当地的和邻近城镇的游击队、县城的警察、山西军的一个连、当地的救国会以及全体居民都在欢迎他。"②

朱德讲话时声音不高，但充满了赤诚的感情。他讲了在晋北，八路军怎样在人民群众的帮助下打击日本侵略军，讲了人民群众如何同八路军一起打击日本侵略军的办法，讲了日本军国主义者同日本人民的区别，讲了世界形势……朱德一字一句地讲着，大家全神贯注地听着。史沫特莱继续写道："这时候，天色已经全黑。他（朱德）就站在黑夜里讲话。全场上人人聚精会神，鸦雀无声。他说，从一些战死的敌军口袋里还发现了日本共产党的声明。这份声明向日本士兵提出，中国人不是他们的敌人，他们真正的敌人是日本军国主义者。他说，由此可以看出中国得到许多国家和

① 《朱德传》（修订本），第538页，中央文献出版社2000年版。
② 《中国的反击》，《史沫特莱文集》（4），第139页，新华出版社1985年版。

很多日本人民大众的支持。'有了这样的帮助，我们中国人民能够而且必须打败敌人，赢得胜利。'"①

大家听了朱德的讲话，战胜日本侵略军的信心足了，人们看到了胜利的希望。

从 11 月 14 日至 25 日，在这 10 余天之内，朱德率八路军总部先后转移到武乡县的段村、沁县的开村、沁源县的官军村、沁源县城、安泽县的白素村、洪洞县的苏村、韩家庄、高公（功）村等，12 月 30 日，八路军总部移驻洪洞县的马牧村。

---

① 《中国的反击》，《史沫特莱文集》（4），第 141 页，新华出版社 1985 年版。

十八、东路军总指挥

受命危难之际

朱德率领八路军总部到达洪洞县时，卫立煌刚晋升为第二战区副司令长官，已率领第十四集团军司令部移驻临汾；阎锡山也退到临汾附近的土门镇。他们正在忙于对从前方退下来的大批军队进行整编。日军占领太原后，也感到后方交通断绝，于1937年11月17日不得不将其疲劳已极的坂垣师团及另一部向北撤退，以便到那里去休整补充，准备对抗日游击队发动进攻。因此，山西战场上暂时出现一个相对平静的局面。

1937年的最后一个夜晚，天空飘着大朵大朵的雪花，雪花是那样轻柔，小心翼翼地飘落在地上、散在窗子上，院子里成了白色的毯子，夜成了白色的夜。洪洞县马牧村八路军总部的房子里闪着桔黄的灯光，朱德和同志们一起正坐在灯下听史沫特莱介绍国外报刊上发表的有关中日双方各种情况的报道和新闻分析文章的种种观点。他听得是那么认真，那么细心，无论是亲日的还是反日的议论，他都专心地听，还不时地作些笔记，或与其他同志交换一下看法。

1938年来到了。1月中旬，蒋介石在河南洛阳召开第一、第二战区将领军事会议。朱德、彭德怀、林彪、贺龙、刘伯承、左权等作为八路军代表准备参加这次会议。

朱德一行先到达了临汾。在太原失守后，这里成了山西省的临时省会。第二战区和山西省的军、政、民各种机构以及卫立煌率领的中央军等都移驻到这个地方。

在临汾，朱德同卫立煌第一次会面。

卫立煌是行武出身，早年曾追随孙中山从事革命活动，后来成为蒋介石的"五虎将"之一，曾参加过对中央革命根据地和鄂豫皖革命根据地的军事"围剿"。但是，他出身贫寒，为人正直，有爱国思想。抗战开始后，他看到华北前线这么多中国军队都吃败仗，只有八路军打胜仗，内心非常佩服。他对朱德心仪已久，朱德也很赞赏他积极抗日的态度。在忻口战役中，他们指挥部队协同作战，沉重地打击了日本侵略军，彼此对对方都有很深的印象，却一直没有机会见面①。

这一次终于有机会见面了。当卫立煌得知朱德已经到了院门口时，连忙起身整理了一下军装，快步向门外走去。

朱德、彭德怀等人刚从车上跳下，向院子里走来，卫立煌已迎了出去，他和朱德的两双大手紧紧地握在了一起。从此，这两位出身相同、然而走上两条截然不同道路的中国军人之间的友谊开始发展起来。

卫立煌把朱德一行迎进了会客室。朱德没有什么寒暄和客套，坐下来后，他缓慢而有力地说："卫副司令长官，在忻口战役中，你指挥得很好啊，也打得很顽强啊，打得坂垣龟儿子的第五师团不敢动了。让日本鬼子知道了中国军队的厉害。"

卫立煌听了朱德的话后，心里十分激动，也深受鼓舞，他对朱德说："朱总司令，八路军在平型关、雁门关把日军的几条后路都给卡断了，对忻口正面作战的部队是极大的支援啊，八路军的游击战确实很了不起，值得我们好好学习和研究。"

就这样，朱德和卫立煌相互交谈了好长时间。通过交谈，朱德平易朴实的外表，诚挚谦逊的态度，从旧军队高级将领变成红军总司令的不平凡经历以及他所讲的抗日救国的道理，都给卫立煌留下了非常深刻的印象。朱德对卫立煌的印象也很好。

1月13日，一辆列车轰鸣着从临汾向南开去，不断地将远山、村庄抛在后面。朱德和卫立煌一同坐在这一列车上。

车厢里的气氛是轻松、愉快的，朱德和卫立煌还是那样相互交谈着……

---

① 《朱德传》（修订本），第544页~545页，中央文献出版社2000年版。

火车有节奏地向前行驶着，经风陵渡过黄河到达洛阳。朱德带了一些从日军手中缴获的战利品，作为礼物送给国民党军队的一些将领。他把一把日本指挥刀送给了白崇禧，送给何应钦的则是一条军犬。

蒋介石在这次军事会议上的讲话，虽然还没有改变片面抗战的错误思想，但他当时对抗日还是比较积极的，准备在津浦路南段同日军会战，以保卫武汉，还要求反攻太原，坚持不让阎锡山、卫立煌的部队退过黄河。朱德参加这次会议也只是想了解一下蒋介石的想法和打算，以便研究八路军今后的战略发展方向。同时，对国民党上层军事领导人做一些统战工作，发展团结抗日的形势。

当时，日军正向河南、安徽进攻。在朱德前往洛阳参加会议之前，他和毛泽东、周恩来等估计山西的国民党军队可能要退过黄河。在这种情况下，八路军下一步究竟是向南去河南发展有利，还是向东去河北、山东发展有利，一时还没有确定，但是，比较倾向于向河南发展。从会上得知，蒋介石坚持不让阎锡山、卫立煌的部队退守黄河，所以，八路军也就改变了主力向河南发展的这个打算。

1月20日，朱德与林彪、贺龙、刘伯承同国民党驻晋将领一道坐火车到潼关，转道风陵渡返回山西八路军总部。

洛阳会议结束后，彭德怀到武汉去了一次，蒋介石问他八路军是否可以在青纱帐起时派队伍袭击津浦路，声援徐州会战。彭德怀回来同朱德进行了研究后，他们认为可以策应徐州会战，并向东发展，决定"派出得力支队出平汉路以东向津浦线袭扰"①。

为了加强对平汉路和津浦路袭扰的力量，朱德决定同卫立煌商量，从他的部队中抽调六个团交给朱德指挥。1月26日，朱德和任弼时把这一情况及时报告给了毛泽东等：

毛并陈（绍禹）、周（恩来）转董（必武）、叶（剑英）：

（一）山西敌近无积极南进模样，而且有小部队东调、北调，其驻守部队常分若干支队，轮流向我游击区域积极袭扰，以巩固其

---

① 朱德、彭德怀关于策应第五战区作战的命令，1938年2月5日。

交通线。为着吸引敌人，取得一些新的胜利，以配合其他战线，使增敌将来南进困难，兴奋全国军民，已决定我各部以较集中之兵力，积极求得在运动中打击和消灭敌伸出袭扰之支队，并积极破坏敌之主干交通线。（二）为着战略上与东线配合，曾与卫立煌商定，由他抽调六个团，以四个团交刘（伯承）指挥，以二个团交贺（龙）指挥，配合我军在正太路及太原北，作更积极的行动。我们已向卫提出机动部队组织大纲，但他尚未具体拨出部队。

朱任

二十六日

卫立煌把六个团的兵力抽调给朱德以后，朱德把其中的两个团配属给第一二〇师，另外的四个团配属给第一二九师。他命令第一二九师在这四个团到达指定地点后，由宋任穷率领一个支队，乘平汉路、津浦路日军空虚的机会，深入到冀南活动。规定他们的任务除了配合徐州会战外，还要在这个平原地区发动民众抗日斗争，组织武装游击队，为今后在这里建立抗日根据地做准备。

卫立煌的六个团配属给第一二〇师和第一二九师以后，朱德、彭德怀、任弼时、傅钟给刘伯承、徐向前、邓小平发出了关于如何使用这些部队的电报，指出："对卫（立煌）部使用及指挥方法：（一）应精确地估计敌情、地形、审慎地进行胜利的战斗。（二）我们应帮助其侦察、警戒，勿使其受到意外敌袭。（三）勿使用于过分艰苦境域及过分复杂的环境。（四）多采取商量态度，使之真能深刻地了解情形及任务和完成任务之办法。"同时要求各部队，"（一）每个指挥员应以热烈、虚心、诚恳的态度对待友军，切戒骄傲自大，看不起友军。（二）用一切方法帮助友军进步和解决某些行动中之困难。（三）应提高自己的警觉性，防止他们用吃得好，钱多来引诱我军，并须普遍地了解我们人多钱少的困难情形。（四）要使每个战士了解抗战中我们的模范作用，如和气、友爱、纪律、礼节与居民亲密的关系，特别作战的坚决勇敢。"

1938 年 1 月 31 日，是农历的春节。这一天，卫立煌同他属下的第十四军军长李默庵、第九军军长郭寄峤来到了八路军总部驻地向朱德、彭德怀拜年来了。这一天是北方的一个好天气，冬日的阳光把大地晒得暖暖的。朱德知道客人要来，已做了一些准备，除了在马牧村的土墙上贴满了"欢迎劳苦功高的卫总司令"以外，还在村口挂上了欢迎的横幅，一派欢迎的气氛。

在欢迎会上，朱德高度评价了卫立煌及其部下在忻口战役中的表现和功绩。他说："同志们，我们今天集合所属部队干部战士，欢迎艰苦卓绝，在忻口战争中建立伟大功劳的民族英雄、抗日领袖卫总司令和李军长、郭军长。这几位长官在五六月的抗战中间是最坚决地、劳苦地领导着抗日的中央军、晋绥军和八路军在忻口消灭了三四万敌人，打了好多胜仗，都是他们的功劳。今天欢迎卫总司令和两位军长，希望他们中央军、晋绥军和八路军坚决合作到底，把敌人消灭。同时希望卫总司令更多地给我们指示。"①

接着，卫立煌讲了话。他表示很钦佩八路军的英勇善战。他说："我知道八路军确实是抗日的，是复兴民族的最精锐的部队，尤其是抗日的方法和经验都非常丰富，希望以后不要忘掉现任，不要忘掉自己是中国最精锐的军队的一部分，去和日本作战。"②

为了欢迎卫立煌，朱德还组织了文艺演出。看演出时，卫立煌对西北战地服务团的节目很感兴趣，于是悄悄地问朱德："这些年轻人是从哪里来的？"

朱德告诉他："他们是从延安来的。"

听了朱德的介绍，卫立煌想请朱德介绍一些人到他的部队去工作。朱德一听，爽快地答应："可以。"

不久，当时在西北战地服务团当记者的赵荣声（即任天马）被卫立煌要去当他的秘书了。

这以后，朱德和卫立煌的友谊日益发展。每次见面，两人总是促膝长谈；有时关着门密谈，有时甚至接连几天长谈。康克清说："朱老总说过，卫立煌这人可靠。表面上看来朱老总与卫立煌的关系不同一般，无话不谈。六中全会前，朱老总路过卫立煌处，卫送给他一支钢笔和一块手表。

---

① 赵荣声：《回忆卫立煌先生》，文史资料出版社 1985 年版。
② 任天马、袁勃：《西线上的一个盛会》，《群众》第 1 卷，第 9 期，1938 年 2 月。

朱老总对这两样礼物很爱惜，直到后来不能用了，还专门交代要留下保存好。"朱德也经常送进步书刊给卫立煌。卫立煌以后在抗日战争中始终坚持进步、坚持团结、坚持抗战，同朱德的友谊也不断加深①。

2月16日，朱德接到了阎锡山、卫立煌发来的一份电报，请朱德前去面商就任"右翼兵团总司令"（即东路军总指挥）问题。第二天，朱德给毛泽东发出一份电报，报告了此事，并提出"其中似包含蒋（介石）意不使八路军过黄河南岸之企图"。并提出他不去晋东而由彭德怀前去指挥的建议。2月18日，毛泽东回电说："同意彭去晋东指挥，朱在后方较妥"，并指出："准备以一二九师出安徽，请周（恩来）、叶（剑英）注意选择适当时机向蒋（介石）提议，但此刻时机未到则不要提。"②

2月17日，朱德赶到紧靠临汾附近的土门镇。太原失守后，阎锡山自11月23日到这里之后，一直没有出屋子，他的脸上也从来没有见过笑容，整天愁眉苦脸的，没有谁敢同他轻易说一句话。

朱德来到土门镇，主要是同阎锡山、卫立煌等开会商讨下一步的作战计划。会议期间，朱德看到阎锡山情绪低落，精神不振，知道他因为丢失了太原，军队也打垮了，不知道怎么办才好，就鼓励他说，你不要以为你的军队垮了，不得了，就没有办法了。我们是持久抗战，不在一城一地的损失。我们是让开点和线，退到敌后打游击，让敌人去占领一些点和线，分散他们的兵力，它越多占领一些地方，补给线越长，那样我们就越有机动的余地，可以越打越强。不要以为你那旧军垮了怎么样，旧军还有底子，同时要赶快组织新军。希望你阎长官和我们一起坚持敌后。③

事实上，在土门会议以前，阎锡山、卫立煌就已经决定将第二战区的部队重新划分为西路军、南路军和东路军。西路军主要是重新集结在晋西的晋绥军，这次会后，阎锡山将他的指挥部转移到晋西吉县去指挥这支军队；南路军主要是卫立煌指挥的集结在晋南的中央军，准备在同蒲铁路南段同日军作战；东路军分布最广，包括在敌后活动的八路军和滞留在晋东

---

① 《朱德传》（修订本），第548页，中央文献出版社2000年版。
② 《朱德年谱》中，第746～747页，中央文献出版社2006年版。
③ 《朱德传》（修订本），第549页，中央文献出版社2000年版。

南敌占区或接近敌占区的中国军队，其中包括一部分国民党军队。

土门会议上决定，由阎锡山、卫立煌拨出七个半师（主要是滞留在晋东的军队）归朱德、彭德怀指挥。因此，东路军除八路军和山西青年抗敌决死队第一纵队、第三纵队外，还辖有第三军、第十七军、第四十七军、第九十四师、第十七师、骑兵第四师、第五二九旅等部队。由于晋东局势紧张，阎锡山、卫立煌坚持要朱德担任东路军总指挥。朱德把这一情况向毛泽东作了报告，感到"不能在此危难之际不受命"，表示同意担任东路军总指挥一职，并决心同彭德怀一起组织野战司令部在晋东南前线指挥作战。这样，朱德肩上的担子更加重了①。

2月18日，朱德、彭德怀向林彪、聂荣臻、贺龙、萧克、关向应、刘伯承、徐向前、邓小平等八路军各部队领导人发出了关于向正太路和同蒲路进攻的部署，指出："本路军主力于二十日开始向正太、同蒲路进攻，确实截断两路敌之联络，部署如此：一二〇师应确实占领石岭关、忻口之线，截断敌之联络，集结主力于铁道以西山地，打击敌之增援队，小部向朔（县）之敌袭扰，并与阳曲以南之傅（作义）集团联络。宋（时轮）支队应积极向雁门关以北大同之线活动。""一二九师及一一五师徐（海东）旅统归刘（伯承）、徐（向前）、邓（小平）指挥，应向平定以东，井陉以西，南北夹击，相机袭占娘子关、旧关。一二九师对昔阳，徐（海东）旅对盂县之敌均须派出侦察队配合地方武装袭扰。""聂（荣臻）司令应以主力仍向保定、石家庄之线袭扰，相机占领一二段，继续毁路，赵尔陆部须配合一二〇师，向繁峙、代县、忻县之线袭扰，并设法截断繁峙与浑源公路，杨（成武）支队一部应照前令向北出动，至迟不得超过二十五日，并多带炸药，经过南口时，尽量炸毁平绥路。""一一五师暂受卫（立煌）总司令直接指挥。"②

小东岭会议前后

山西的局势又发生了重大的变化。侵占了太原的日军在完成对部队的

① 《朱德传》（修订本），第549～550页，中央文献出版社2000年版。
② 参见《朱德年谱》中，第748页，中央文献出版社2006年版。

休整补充以后，看到中国军队在积极活动，蒋介石还打算反攻太原，便抢先发动攻势，从北面、东面分两路向晋南大举进攻。北路日军沿同蒲路南下，虽然进展比较顺利，但八路军第一一五师直属部队和一个主力旅正在晋西南活动，随时可以给南下的日军以打击。晋南还集结着卫立煌部等相当数量的国民党军队。朱德还在临汾时就曾同卫立煌商量过对日军作战的对策，卫立煌接受了朱德的建议，准备在灵石县一带利用韩信岭的险要地形，好好地打一仗。因此，对于北路日军的进攻，中国军队还是有所准备的。而东路军在敌后广大地区分布很散，八路军第一二九师主力还在正太路一带活动，原来担负正面的国民党军队在日军进攻面前不战自溃。所以，当东路日军于2月20日攻占长治并沿临（汾）屯（留）公路西进时，沿途并没有足以阻击他们的中国军队。这一路日军对临汾构成了最大的威胁①。

就在东路日军攻占长治沿临屯公路西进时，朱德和左权率领八路军总部带领两部电台离开了洪洞县马牧村，准备去太行前线。随行的除十来名八路军总部的工作人员外，只有警卫通讯营的2个连，约200人。

2月21日，朱德到达安泽县县城所在地岳阳镇。他根据变化了的新情况，立即作出部署：命令离日军较近的国民党军队第三军曾万钟部和第四十七军李家钰部赶到屯留附近阻击日军；命令第一二九师主力迅速从正太路一带南下；八路军总部暂驻安泽。当他得知安泽县的县长邓肇祥是共产党员后，心中十分高兴，连忙应邀这个县的政府工作人员、牺盟会和其他群众团体骨干、武装自卫队员以及个别开明人士座谈，并向他们讲了话②。

日军的进攻很快就开始了。2月22日，日军占领了屯留、长子，迅速向八路军总部所在的安泽逼近。

在延安的毛泽东一直密切地注视着山西战场上的情况。2月22日晚上，他给朱德等发来一份电报，告诉他们有一部分日军已到晋西黄河边上的离石县军渡一带，请朱德判断这路日军的主要目的是什么。23日凌晨，东路日军的先头部队苫米地旅团已进入良马镇，离八路军总部越来越

① 《朱德传》（修订本），第550～551页，中央文献出版社2000年版。
② 《朱德传》（修订本），第551页，中央文献出版社2000年版。

近了。

良马镇地处屯留和安泽两县的交界处。朱德判断东路、北路日军的直接目的，都是要攻占临汾。因此，2月23日，他在给毛泽东的回电中分析说，北路日军的一部分进到离石军渡一带，可能是佯动，用来引诱八路军西渡黄河，回师陕北。① 当天深夜，毛泽东即回电朱德，对日军意图作了类似的估计，指出，日军的这次进攻行动的目的，在于夺取临汾、潼关，然后进攻西安、武汉。因此，毛泽东要求"黄河以北诸军，包括阎（锡山）卫（立煌）及八路军全部，坚持晋南晋西战局。在好的情况下，力图在临汾以北以东两地区歼灭敌人，顿挫敌之进攻，并出有力一部于道清路北，钳制企图渡黄之敌。在坏的情况下，即设想万一临汾不守，洛阳被占，我晋境诸军亦万不可渡河，而应转入外线，反过来攻敌之背，截断敌之来路，并图歼敌，根本破坏敌攻潼关计划。在敌进占晋城、霍县、隰县三点时，我军即应以不少于半数之兵力，转入三点之外翼（转入敌后），方能制敌。"②

此时，朱德身边只有200名警卫通讯营战士，他所在的岳阳镇在临屯公路北面，周围都是山地，如果他要把八路军总部转移到安全地带本来是很容易的。但是，朱德考虑到，这次东路的日军来得太突然了，临汾军民还没有思想准备。如果听任日军长驱直入，迅速占领临汾，必将对整个山西局势造成十分不利的影响。

岳阳镇，八路军总部临时指挥所。朱德在反复思考后，扔掉手中的烟蒂，对左权说："我看，我们先不要向山上转移。"

左权看了看朱德说："老总，你的意思是说……"

"我们马上开到临屯公路上的古县镇，在那里阻击日军。你赶快通知友军曾万钟、李家钰部于明日下午二点前务必赶到古县镇。"朱德说道。

左权担心地说："老总，我们就二百多人，您的安全？"

朱德回答说："二百多人，也能先抵挡一阵，我们的职责就是抗日。"

---

① 《朱德传》（修订本），第551页，中央文献出版社2000年版。

② 《毛泽东军事文集》，第2卷，第162页，军事科学出版社、中央文献出版社1993年版。

就这样，朱德不顾个人的安危，不但没有把八路军总部向山地转移，反而毅然率领他身边那些数量很少的警卫通讯部队开到临屯公路上的古县镇（今旧县镇）进行阻击。

2月24日，八路军总部警卫通讯部队在古县以东的府城镇（今安泽县县城）附近同日军先头部队接上了火。但是，国民党军队曾万钟、李家钰两部却没有按照命令及时赶到，情况十分危急。

"怎么办？"左权十分着急。

"你带180人先进入战斗，我立即向延安报告一下这里的情况。"朱德说。

"我带100人就够了，剩下的人员留给您。"左权说。

朱德坚决地说："不用争了，你赶快带人先埋伏在公路两边，我随后就去。"

战斗中，朱德给毛泽东等发出一份电报，指出：西进之敌约二百余人于本日13时左右抵达安泽东南之府城镇以东十余里，现与决死队一部及总部守卫部队对战中，估计西犯敌之主力将经此道向洪洞进，现则手中无兵，阻敌不易。总部现在古县，拟于明日向南转移。

下午两三点钟，毛泽东接到朱德的电报后，看到"手中无兵，阻敌不易"，"总部现在古县，拟于明日向南转移"的字句时，双眉拧成了团，嘴里不停地说："看来，朱老总现在有危险。临汾情况危急了。"

天渐渐地黑了下来，太阳也隐到山的背后去了，这时，朱德接到报告，曾万钟部已接近屯留；李家钰部一个团也已向府城急进。朱德马上命令曾万钟部迅速截断屯留、良马镇之间的大道；李家钰部迅速开到府城，与曾万钟部一起对日军形成夹击之势。与此同时，阎锡山来电表示抽调一个团来东路，卫立煌也正在抽调一个师，连夜赶来支援。在这种情况下，朱德致电彭德怀及八路军各部队并报毛泽东等，表示："拟于手中现有的两个连及决死队一部尽量迟滞敌人，以待上列各部赶到而消灭此敌。总部明日仍在古县指挥。"①

2月25日，曾万钟部和李家钰部并没有能阻止日军继续西进，战场局

① 《朱德年谱》中，第754页，中央文献出版社2006年版。

势顿时更加严重起来。毛泽东得知这一情况后，十分着急，他连连致电朱德并告彭德怀，商讨如何阻击日军。对北路日军，毛泽东除命令林彪率陈光旅配合卫立煌部作战外，还提出巩固黄河防守的部署。但是，毛泽东此时最担心还是东路的日军，他指出："进入府城之敌欲用间进急趋手段袭占临汾"，要求朱德设法抽调有力兵团"于临汾府城间，正面迎击顿挫日军，否则临汾不守，有牵动大局之虞。"当日15时，毛泽东又在给朱德并告彭德怀的一份电报中指出："必须使用全力歼灭府城西进之敌。但请预告阎（锡山）卫（立煌），即使刻敌冲入临汾，亦决不可动摇整个战局。该敌甚少，可用一部包围之，其余全军均应决心在敌后打不要后路之运动战，如此必能最后制敌。"①

这时，东路之日军已得知在正面阻击他们前进的竟是威名赫赫的八路军总部总指挥朱德和他的少数警卫通讯部队。于是，出动了十几架轰炸机，企图一举炸平朱德的驻地古县镇。然而，日军空军驾驶员却把安泽的古县和屯留以北的故县弄混了，结果故县被炸成一片火海，而古县却平安无事②。

这几天，外界已完全失去了朱德的消息，大后方很多人，包括对中共和八路军友好的外国朋友，都在为朱德的安全而担心，纷纷向八路军驻武汉等地办事处以及《新华日报》社打听消息："朱德将军有无危险？"2月25日下午4时，毛泽东也来电询问："总部驻地之古县在何处？是否府城西之旧县镇。"

晚上7时，天全黑下来了，日军攻占了古县镇，朱德率八路军总部撤退出镇外，转移到了临屯公路以南的刘垣村，并致电彭德怀请他迅速向八路军总部靠拢。

日军继续向西快速行进。这时，彭德怀从临汾派来了五个营的兵力进行增援，朱德把他们布置在尧店一带。当日军走到尧店一带时，朱德派他身边的那两个连同尧店的友军夹击日军。这两个连从侧面袭击日军，取得成功，还夺到两门炮和几挺机枪。但正面的友军不但没有出击，反而被日

---

① 《毛泽东军事文集》，第2卷，第166页，军事科学出版社、中央文献出版社1993年版。

② 《朱德传》（修订本），第553页，中央文献出版社2000年版。

军突破了防线。因此，这两个连撤退时，无法将战利品带回，营长刘鹏负了重伤①。当晚，朱德在给彭德怀的电报中讲述了当天战斗情况："本日临汾援军与我特营前后夹击于古县镇古罗镇之间，战至十七时，敌仍前进，大约在古罗镇宿营，前方已不闻炮声。""我们仍驻古县南之刘垣，左权已去古罗指挥。"

日军继续向临汾迫进。2月27日，八路军总部的特务团第二营赶来了。这是一支新扩建的部队，除班长以上人员外，全部都是徒手新兵，每人只有一颗手榴弹。朱德决定由这支新兵营袭击日军的后续辎重部队。朱德在给毛泽东的电报中说：这些新兵"以手榴弹突然猛袭，很勇敢的一致冲入，完全获胜。计缴获步枪三支，军毡二百余床，大衣、食品甚多，文件数捆，新式通讯灯一，烟幕筒一，六五弹千余发。"使西进的日军又一次遭到了打击。

但是，2月28日，临汾还是被日军占领了。

日军从府城沿临屯公路到临汾，中间不过百余里路程。朱德以那样少的兵力迟滞日军一个旅团达三天之久，为临汾军民的安全转移，赢得了宝贵的时间。当时在八路军总部经历这场战斗的陆定一在第二年撰文说："他（朱德）没有官架子，任何人看到他，就觉得他慈爱可亲。但是，当危难到来的时候，他就表现出革命军人的真价值。他坚如磐石，定如山岳；他忘记了自己的处境危险，他为人之所不敢为，行人之所不敢行；他不怕反潮流，而总要尽自己的力量，以挽救危局。我亲身看见，当苦米地旅团由长治进攻临汾的时候，朱副司令长官（朱德于1939年3月就任第二战区副司令长官）只带了两个连，在良马、府城一带与敌不期遭遇。那时，他为争取时间，使当时山西省会临汾数十万军民安全转移，亲率了仅有的两个连与敌人打了三天之久。"②

府城大道的硝烟刚刚散尽，朱德又指挥部队向东北方向转进，打破了日军打算将中国军队逼到黄河边上加以歼灭的企图。朱德曾生动地描述过

---

① 《朱德传》（修订本），第554页，中央文献出版社2000年版。
② 陆定一：《贺朱副司令长官五十四寿辰》，《新华日报》华北版，1939年12月19日。

这段经过："他（日军）以为可以用大的力量来压，将我们压到黄河转弯的地方，那个小角角里面去，你还往哪儿跑？不是下河吃水还干什么？这个办法倒很聪明，但是我们也很聪明，那时候我们八路军已经不单是指挥自己的队伍，同时也指挥着一部分国军。我们就全部向东北打出来，让你去打向黄河边上。结果他打到了黄河边上，朝四处望望，一个人也看不见。这个时候，他才知道已经失败了。"[①]"同时他也不能过河，是相当的困难。因为我们整个的队伍在敌人的后方，他不敢过河，他只有退回来。"[②]

当东路日军进入临汾时，北路日军曾几次攻击军渡、碛口等黄河渡口。这是一个十分令人担忧的动向。如果日军在这里突破黄河河防，就可进入中共中央、中央军委所在地陕甘宁边区。为了防备万一，朱德和左权在给毛泽东等的电报中，向陕甘宁边区的留守部队及当地群众介绍了对付日军进攻的办法：（一）扼守黄河口守兵应少；（二）坚壁清野要做得好；（三）扼隘口并作运动防御；（四）腰击侧击，占领要点埋伏，以手榴弹掷之；（五）尾追截击；（六）彻底破坏道路；（七）动员群众与游击队四出袭击扰敌；（八）防敌烧杀。[③]

这时候，毛泽东根据日军战略计划可能要发生变化，准备停止在东南的动作而用全力肃清黄河以北，并向西北发展的考虑。3月2日，他在给朱德、彭德怀等的一份电报中，指出："敌之企图在一面攻陕北，一面攻潼关。现军渡、碛口之敌两路猛攻，河防有被突破可能，绥德、延安告急，威胁河东整个军队之归路。"因此，毛泽东要求朱德、彭德怀调动部队西移，以加强河防，保障后路，而留一部分部队在晋东南坚持游击战争，并强调"上述方针，政治局会议完全同意，望坚决执行"。[④]

接到毛泽东的这一电报后，朱德和彭德怀进行了认真的研究，3月2

---

①　朱德：《一年余以来的华北抗战》，1938 年 8 月 29 日。
②　朱德：《华北抗战战略战术的变迁》，记录稿，1938 年 9 月 7 日。
③　《朱德传》（修订本），第 556 页，中央文献出版社 2000 年版。
④　《毛泽东军事文集》，第 2 卷，第 176 页，军事科学出版社、中央文献出版社 1993 年版。

日的当天，他们联名给张闻天、毛泽东等发出了一份电报，提出：现在留在晋东南的许多国民党部队归我们指挥，此时决不能离开此地。在晋西黄河边上的离石、军渡、文水、交城一线的日军不超过一个旅；山西全省的日军也不过四万人，要想大规模进攻西北是不可能的，何况目前敌正集中主力在徐州会战，要想转移兵力到华北，扫清八路军，进攻西北，也得等到攻下徐州，至少还有一个月左右时间。到了真有必要的时候，八路军可以西渡，保卫陕北，目前仍希望去太行前线指挥作战。

电报发出后的第二天，朱德率领八路军总部转移到了安泽县的南孔滩村暂驻。

接到朱德、彭德怀的电报后，毛泽东进行了认真的思考，一方面从整个抗战大局考虑，另一方面也充分考虑到朱德、彭德怀的安全。于是，3月3日5时，毛泽东亲自起草以他和张闻天、任弼时的名义，给朱德、彭德怀发出了一份电报，指出："八路主力留晋击敌，后路必须在黄河、汾河不被隔断之条件下，否则对于整个抗战及国共关系是非常不利的。尤其你们二人必须回来，即使留一人指挥，亦只宜留在不被隔之地点（如吕梁山脉），决不应留在汾河以东。因此，对总部之转移及徐（海东）旅与刘（伯承）师主力之部署，务望本此方针，考虑切实妥善方法，并速告我们。"① 这一电报发出以后，毛泽东还是有点不放心。第二天，他又给朱德、彭德怀发出了一份电报，询问道："总部现在何处，朱、彭是否已会合？""望考虑总部取何道移至吕梁山脉，为安全，为便利，如临汾以南现尚无敌，是否迁道临汾以南回来。"

朱德、彭德怀经过慎重考虑，3月7日再致电中共中央，进一步说明他们东进太行的主张，指出："现在华北的中国军队共有三十余万人，分东、南、北三路。东路由朱（德）、彭（德怀）指挥，在此时不宜过河。如我现时过河，后分不利于统一战线。八路军总部准备转移到太行山区的沁县，在那里召开东路军少将以上军官参加的军事会议，以求得友军同八路军的行动大体一致。"并提出："（一）战略方面，在友军未撤退黄河以

---

① 《毛泽东军事文集》，第2卷，第177页，军事科学出版社、中央文献出版社1993年版。

南之前，应坚决而积极地在华北坚持配合友军作战，争取连续的胜利，以达到有力地保卫武汉、保卫西北和巩固统一战线的目的。（二）作战方针方面，在日军主力未转移到华北时，积极保卫华北，收复失地。如日军主力转移华北，津浦路我军应向济南、浦口，江南我军应向京（南京）沪路积极进攻。"他们要求中共中央重新考虑他们的意见。①

在毛泽东还没有接到朱德、彭德怀的这一电报时，3月8日，他在给朱德、彭德怀等人的一份电报中指出："军委指导只提出大的方针，由朱彭根据此方针及当前情况具体部署。军委有时提出具体作战意见，但是建议性质，是否切合情况，须由朱彭按当前敌情情形加以确定，军委不加干涉。""关于敌我位置、作战情况，除总部随时向军委报告外，各师给总部报告之电报，应同时发给军委一份，使军委充分明了情况。"② 3月9日10时，当毛泽东接到朱德、彭德怀3月7日发出的电报后，又给朱德、彭德怀发来了一份长电。电报全文是：

朱彭：

　　虞戌（3月7日）电悉。

　　甲、政治局决定之战略方针，包括现时在华北及将来转移至陕西、河南两个阶段，不是单指目前而言。

　　乙、在目前阶段，不但因蒋（介石）令，而且主要因战略需要（如二月二十三日电所言），在不被敌根本隔断条件下，我军均应在敌后配合友军坚决作战，有效地消灭与削弱敌人，发动广泛抗日运动，如此方能钳制与阻碍敌向潼关、西安与陕北之进攻。只要无被隔断危险，决不应过早过河来，更不应不顾蒋令不顾友军渡过河来。为了保障将来转移便利，必须巩固吕梁山脉之转移枢纽，并布置太岳山、王屋山（朱瑞处）工作。第一阶段之部署，要照顾第二阶段情况变化时之处置。

① 参见《朱德年谱》中，第768页，中央文献出版社2006年版。
② 《毛泽东军事文集》，第2卷，第190页，军事科学出版社、中央文献出版社1993年版。

丙、在将来阶段，即敌大举进攻潼关、西安、武胜关、武汉及陕北时，在取得蒋（介石）阎（锡山）卫（立煌）同意后，八路主力及其他国军主力，应渡过河西河南，为保卫西北保卫武汉而战，而留适当兵力位于山西各区，继续坚持游击战。如敌突破吴堡线，进攻绥德，威胁延安，应准备从一二〇师抽一个旅先行渡河击敌。如敌攻潼关，西安危急，而武胜关、武汉尚不危急，应准备抽出一一五师或至少一个旅，同时并应从阎卫军抽一部，先行渡河击敌。如何具体处置，应依当时情况而定。但不论多少部队渡河，那时均应事先力求得蒋同意，并与友军协同。

丁、总之，在目前阶段，所有晋境军队，均应负担消灭敌人发动民众之任务。但同时应准备下一阶段情况迅速变化时之转移。如果八路全部被限制于华北敌之包围圈中，根本不能转移至陕甘豫地区，则对整个抗战及全国政治关系都是不利的。这是政治局战略决定之基本精神。从战争长期性出发，必须如此，方为有利。

戊、因此，你们向阎卫报告及召集军官会议时，应说在敌后作战之战略意义及依靠民众之大有办法。但同时无论如何也不要说全部长期在华北的话。事实上，蒋虽严令，但卫之五十四师、八十三师已从吉县过宣川（武亭亲见），何柱国一部已从保德过府谷［见贺（龙）萧（克）关（向应）电］。他们此时过河是完全不对的，但亦可见卫立煌等执行命令之之动摇。并请注意蒋之命令是双关的，一面包含战略需要之积极意义，一面又难免不包含恶意在内。

己、其余另告。

毛泽东

九日十时①

---

① 《毛泽东军事文集》第2卷，第192～193页，军事科学出版社、中央文献出版社1993年版。

同一天，朱德、彭德怀给第一二九师领导人发出电报，进一步明确："坚持华北游击战争是我们确定的方针。"

3月9日，第一一五师第三四三旅政治委员萧华奉命率部东进，准备到敌后津浦线一带建立抗日根据地，路过晋南太行山时，特地来到朱德驻地听取指示，朱德与彭德怀对他们说：要发展抗日武装，壮大抗日力量。派你们到敌后去，你们是火种，目的是要在广大的敌后发动群众，建立政权，扩大统一战线，组织和发展抗日武装力量，点燃抗日的熊熊烈火。你们远离总部，是敌后的敌后。为了创建根据地，你们的一切供应都要依靠人民支援，都要依靠你们自己解决，实行独立自主的方针。平原游击战争是一个新的问题，要很好地组织游击队和游击战争。

3月10日，朱德率八路军总部向太行山进发，途经安泽的英寨，屯留的良马、中村、西村，沁县的郭村、白家沟，于3月15日到达沁县的小东岭。

小东岭位于沁县县城东南约15里处。这时，由于临汾、太原等重要城镇相继失守，阎锡山等逃往黄河西岸，他们对坚持敌后抗战缺乏信心，有些人陷入了彷徨之中，特别是阎锡山指挥的国民党军队处于恐慌和动摇之中。为了克服这些部队中的不稳情绪，鼓起抗日官兵的斗志，3月24日，朱德在小东岭八路军总部亲自主持召开了东路军将领会议，又称东、南两军将领会议。国民党军第四十七军军长李家钰、第三军军长曾万钟、第十四军军长李默庵、第九十四师师长朱怀冰、第十七师师长赵寿山等30多位将领、山西第三行政公署主任兼决死队第一纵队政治委员薄一波参加了这次会议。国共两军高级将领聚集一堂，共商御敌大计，这是山西战场上抗日民族统一战线规模最大的一次高级军事会议，也是国共合作史上团结御敌、共赴国患的经典一幕。

会议在小东岭村关帝庙内举行，着重讨论了当前战争形势与任务；改善部队政治工作与健全组织；确定与统一民运工作方针及敌军工作方针；确定作战方针，建立根据地，武装民众；由东路军开办地方工作、敌军工作与部队政治工作训练班等问题。

在会上，朱德讲了话，着重分析了抗战形势及敌后游击战和运动战的问题。他说：在战略上，我们打的是持久战，速胜论和亡国论都是极端错误的，只有动员广大军民长期消耗敌人的战斗力量和战争补给，才能取得胜利；在战术上，我们要打速决战。因为我们在军事上比敌人弱，我们要避免阵地战，而要混合使用运动战和游击战，打击敌人的有生力量。恐日病要消除，日本帝国主义没有什么可怕。什么守土抗战，曲线救国的论调，更是欺人的鬼把戏。作为一个真正的中国人，就是要为国家的独立，民族的解放作出自己的最大贡献，哪怕流尽最后一滴血……①。

会议期间，朱德还多次同参加会议的国民党军将领个别谈话，向他们指出，抗战初期战事失败的原因，是没有抗日民主，没有发动群众，没有搞好军民关系。单纯军队抵抗是打不好的。要他们开展抗日民主，搞好群众关系，把旧军队改造成新型的军队，废除旧军官对士兵的统治，改善官兵关系，训练政工人员，建立政治工作。今后要组织短小精悍、政治坚强的指挥机构，率领队伍深入敌后，开展游击战争。

小东岭会议开了五天，3 月 28 日结束，取得了明显的成效。朱德说："我们当时在东路上差不多有十个师，我们也不去打他（日军）。我们在山里开会，教育我们，讲一条一条的战略战术，同时也补充了自己，把群众也组织了起来，统一战线也做得很好。""我们把战略战术说清楚了，大家有了胆子。"②

就在这次会议快要结束时，八路军第一二九师计划在河北涉县和山西东阳关之间的响堂铺打一次伏击战。

在日军侵占临汾后，从邯郸到长治再到临汾的公路便成了日军的重要后方交通线。响堂铺正好处于邯长公路上，这里的地形很好，一侧是悬崖峭壁，不易攀登，一侧是起伏高地，便于隐蔽和出击，是邯长公路上理想的打伏击战的地方。会议一结束，朱德就和彭德怀、左权外出勘察地形了。他们爬上一座高山顶上，从警卫员手中接过望远镜，转着身子反复向四周瞭望，连绵起伏的山岭沟壑尽收眼底。不一会儿又从一位参谋那里要过一张军用地图，几个人围在一起看了起来。看了一阵，又用红、蓝铅笔在地图上标了许多箭头和符号。

经过实地调查，朱德很快批准了第一二九师的作战计划，由徐向前担

---

① 李志宽：《朱德总司令在太行》，第 13 页，山西人民出版社 1984 年版。
② 朱德：《华北抗战战略战术变迁》，1938 年 9 月 7 日。

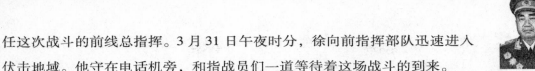

任这次战斗的前线总指挥。3月31日午夜时分，徐向前指挥部队迅速进入伏击地域。他守在电话机旁，和指战员们一道等待着这场战斗的到来。

为了用八路军的战斗行动来影响、推动国民党军队将领的抗日，加深他们对八路军抗日游击战术的认识，朱德决定邀请参加小东山会议的国民党军事将领来到响堂铺，实地参观这次战斗。这一天的凌晨，在夜幕掩护下，几十名参观战斗的国民党军事将领悄悄地爬上了响堂铺战场附近的一个高地。这里视野开阔，便于观察，通过望远镜，下面邯长公路上的一切行动都看得一清二楚。

当天早晨8时许，日军第十四师团所属的两个汽车中队约180余辆汽车摆成两公里的长蛇阵，由黎城经东阳关向响堂铺路段开来。一小时后，日军完全进入第一二九师的伏击圈。随着徐向前的一声令下，顷刻间，轻重火器一齐开火，爆炸声震得地动山摇，日军车队的头尾立刻燃起了熊熊大火，整个日军车队前逃受阻，后退无路，日军被这突如其来的打击弄得晕头转向。

驻在东阳关和涉县的日军急忙前来救援，又遭到八路军打援部队的迎头痛击，只好慌慌张张地退了回去。经过两个小时的激战，日军两个汽车中队的180辆汽车被全部焚毁，护车队的日军官兵170多人大部分被击毙，缴获迫击炮4门，各种枪几百支。

响堂铺一战，八路军第一二九师打得干净利落，使前来实地观战的国民党军事将领们不得不对八路军游击战争的战略战术赞叹不已，曾万钟紧紧地握着徐向前的手说："贵军如此善战，令人钦佩，可敬可贺！"正是通过这次实地观战，增强了国民党军事将领们对抗日游击的认识，坚定了抗战的信心。

论抗日游击战争

在1938年1月至3月间，朱德在指挥作战的同时，又先后写下了《对日军作战的战术原则》、《抗敌的游击战术》、《运动战游击战基本原则》、《八路军半年来抗战的经验与教训》、《论抗日游击战争》等著作，对八路军进行的抗日游击战争进行了理论总结。

朱德可以说是中国共产党内最早有游击战实践和经验的人。在几十年的军事生涯中他经历最多的恐怕也是游击战争。因此，在抗战初期，他就对游击战争有了专门的研究。

1938年1月25日，朱德在《对日军作战的战术原则》中，指出对日军作战要抓住敌人的弱点，发挥我军运动战、游击战的特长。他结合抗战实际，对抗日游击战争的战术原则进行了概括，提出了16条基本原则："1. 在敌人的分进合击中，主要应在诸支队之暴露的外翼侧实行机动，不应在诸支队间实行机动，这可以避免敌人之合击。2. 突击运动中的敌人，并且主要的是突击其后尾部队而不是突击其先头，主要是采用伏击，在预定之伏击地点应有详细的地形和敌情侦察，取适当的部署与具体规定各部分之任务与动作。3. 当突击某一支队时，应向敌可能来援之方面派出足够的警戒兵力，并以积极的动作向敌前进，隔绝可能来援之敌人。4. 对敌人的进攻与冲锋，应保持着高度的突然性质，突击一开始应最迅速坚决地、猛烈地、连续冲锋歼灭敌人，迅速干脆解决战斗。在这种情况下，一切犹豫、动摇、迟缓都不应有的。5. 保持自己的主动地位，保持能迅速地转变自己的突击方向。当发现敌人已占领阵地，已站稳了脚，无消灭的把握时，应迅速脱离战斗，转移突击方向，以免被敌吸引，消耗我之兵力与兵器。6. 自己行动应极端秘密，应利用昏暗夜间接近敌人。与敌人一经接触，应坚决迅速地向敌冲锋。火器主要是用来直接补助近距离的战斗，而战斗之过程主要是白刃战。7. 要保持主要的兵力与兵器使用在选定的突击方向、突击点及突击时间以内，对其次要的方向，分派游击队积极袭击扰乱敌人以迷惑之。8. 突击部队的战斗队形，避免以大部队走一路，前进的行军纵队应避免集团冲锋。9. 对住止的敌人如已有坚强防御设备，不应强攻，而应向之佯动，诱动其他方向敌之增援，求得在运动中突然袭击增援之敌。10. 在敌联络线两侧活动之各部队，应有密切联系和行动上适当的配合。当发现敌人向某一地区动作时，各方均应适时地、机断地采取适当动作，配合某方之作战。一切等待与互不相关各自为战的现象是有害的。11. 当敌人向我前进时，各地方游击队不应单纯地作正面抗击，而主要地应向敌之侧后活动。向敌之后方前进，应有高度的机动性、敏捷性、弹韧性，袭击敌人的后方与侧背，但须与正规军有严格的配合。12. 加强侦察工作，并在群众中建立自己的耳目，特别在沿铁道线上和可能来敌之主要方向。13. 加强警戒，及时发觉敌对我之一切企图。接近敌人的部队，应选择适当的宿营地场所，并经常变换自己的宿营地，注意封锁消息。14. 加强防空，注意隐蔽与伪装，注意躲避敌人炮火杀伤的威力。15. 对可能利用的道路，加以必要的破坏。16. 应多派优良的射击手，潜伏在敌人的前进路旁或宿营地附近，不时给敌人以杀伤。"①

同月，朱德和彭德怀等又写了《抗敌的游击战术》一书，全书共六编，《朱德军事文选》中只收入了其中的第六编中的第二篇。

在这一书中，朱德对游击战争的问题作了进一步的论述。他认为：经济落后的国家和民族，要想抵抗帝国主义的军事进攻，只有广泛地发展游击战争，使之成为整个抗战中的重要部分。

那么，什么是游击战争？朱德从不同的角度进行了论述。他指出："游击战之定义，即系不按一定之战斗方式及地域，随时随地，予敌人以疲惫顿挫之打击之谓也。"这是从游击战与正规的不同特点方面加以而说的。从这个特点延伸，他指出："游击战之目的，在运用政治上、军事上一切活动，以弱胜强，以寡敌众，实施扰乱反抗敌人之一切设施（政治上、经济上、军事上、交通上），使顿挫或消磨其势力，俾我正式（规）军容易获胜。""游击战之目的，固在单纯地破坏敌人，实则附带地作了广大农民普遍而深入的心理建设。"

关于游击战的种类，朱德指出："游击战因发生地域之不同，有定区游击及无定区游击二种。定区游击区，系在根据地外围之游击区，实行游击之谓也。定区游击其要旨，在使外围之广大地区，悉行毁坏，使敌无休息之所，先予以精神上之打击，以迟滞其行军，俾我军得充分准备之时间。""无定区游击者，系在敌之守备地带或后方，施行游击之谓也。"

以上主要是从作战形式上说的什么是游击战争。朱德还从战争形式看待游击战。他说："游击战争是弱小民族革命时代必然的产儿。""什么是游击战争？游击战争的定义应该是群众战争。是群众直接参加抗战的最高形式。至于如何打法，如何行动，那是游击战术的问题。"② 这一年的 1 月

① 《朱德军事文选》，第 297～298 页，解放军出版社 1997 年版。
② 《朱德军事文选》，第 308 页，解放军出版社 1997 年版。

上旬，朱德在同美国记者安娜路易斯·斯特朗的谈话中又说："游击战争并不是什么新奇的东西，美国反对英国的独立战争，俄国抵抗外国的侵略战争，都曾使用过，这是对抗武装占优势的敌人的一种战术。"① 朱德在这里用群众性来说明游击战争，确实是抓住了游击战争的本质。

既然游击战争是群众战争，那么，怎样才能发展游击战争呢？朱德说："回答很简单，只要有群众，就能够发展游击战争，因为游击战争是群众参加抗敌的最高形式，有人把组织看作一件神秘的事情，而认为自己没有本事去进行这一工作。这种观点，完全是由于他看不见群众与不相信群众的力量所产生的。其实，并没有丝毫神秘的地方。只要你认识到发展游击战争的重要，只要你相信群众的力量，只要你相当地给以推动与帮助，你便可以号召起广大的群众加入游击队，进行抗日的武装斗争。任何人任何军队都有组织抗日游击战争的任务，而且任何人任何军队都有这个平凡的本事。"② 朱德进一步说，有人把游击队的活动看成非常困难的事情，"这也完全是不切合实际的想法。游击队只要有很好的政治纪律，相信群众，依靠群众，帮助群众，它不但能够存在，而且是能够发展的。"游击队只要具备了群众的条件，再加上巧妙游击动作，他是一定能够在抗日战争中，发挥其非常伟大的作用的。"

在抗日战争中，能不能开展游击战争呢？朱德分析了在抗日战争中，开展游击战争的条件。他说："我们有着充分的条件在敌人的后方、侧翼去开展广泛的游击战争。在那里去坚定群众抗日的意志，给他们以最后胜利的光明前途的希望；在那里去破坏日寇和汉奸的欺骗与活动，组织同胞们的抗日斗争，创造许多抗日的小块根据地，支持与开展整个抗战的局面；在那里是敌人非常薄弱的地方，敌人兵力很少，只顾前进，侧翼暴露，后方空虚，正给我游击队以大显身手的机会；在那里我们迫切的需要游击战争来配合主力作战；在那里我们的游击队必然得到每一个迫近亡国奴命运的同胞们的热烈的拥护。"③

---

① 《朱德年谱》，第 180 页，人民出版社 1986 年版。
② 《朱德军事文选》，第 309 页，解放军出版社 1997 年版。
③ 《朱德军事文选》，第 309 页，解放军出版社 1997 年版。

朱德认为，在华北的抗战中，游击战争"已成为迫切而实际的中心任务了"。为了更好地进行抗日游击战争，朱德在这本书里还对游击战的基本原则进行了总结。他认为："游击作战的基本原则，最忌被动地应战，而须绝对地独立自主，操纵敌人。十六诀的游击战术，便是完全以处处居于主动为原则的。游击队的指挥，要机断灵活，胆大心细，当打则打，不能打则跑，这完全要靠指挥者精细审慎，瞬息决断了。"① 具体地说，游击战争的基本原则主要是：一是要熟虑断行，主动机动。对于任务，不行之先，须绵密筹算，既行之后，须决心不移，动作常能出敌不意，则常立于主动地位。二是要不打硬仗，不攻坚锐。游击部队，如常保持其韧强之抗战精神及实力，则敌人在精神上，及实际上，均受相当之威胁，故不须打硬仗，攻坚锐，以徒遭损伤。三是胜不骄傲，败不馁颓。新胜之后，勿骄惰而疏防，初败之余，勿馁颓而丧志，须再接再厉，以求最后之胜利。四是要稳扎稳打。敌情不明，地形不利，民众不同，则不可打，每到宿营地，无论环境如何，均须绵密侦察各种情况，加强警戒，不可稍有疏忽。五是要绕圈子，打敌人。善于利用地形，或出敌之前，或出敌之后，或出敌之左，或出敌之右，突奔迂回，飘忽驰骤，使敌无休息之暇，我有奇袭之便。六是要化整为零，化零为整。朱德说："游击队的人数，经常并不很多，武器又劣，训练也差，如果老是分散各地，不但难于给敌人以打击，反而阻碍自己的进步。……所以他应当随时集中力量，不但要扰惑、破坏敌人，而且要随时以突然的动作打敌人一点，消灭一部分敌人，这才是最有效的战术。""因此，抗日游击队如果不是在随时可以集中的条件之下，并不以'化整为零'做经常的原则。除非在敌人强力的压迫下，或者必要时为了解决粮食的问题，或做群众工作，或迷惑扰乱敌人，是不采取分散的办法的。"

朱德还认为："抗日游击队的唯一进攻战术，就是袭击。"还说："游击战须本得地不足喜，失地不足悲的原则，务使强敌在我消极抵抗中，受极大之损害，或经至崩溃歼灭，以达最后之胜利。"他提出，游击战斗的一般法则，大概可分为袭击、埋伏、扰乱三种。

---

① 《朱德军事文选》，第 310 页，解放军出版社 1997 年版。

2月4日，朱德在《运动战游击战基本原则》，提出了六条基本原则：（一）自主地、有计划地去进攻和进扰敌人，切忌被动地应战。（二）集中优势兵力，突然包围、袭击薄弱之敌而消灭之。（三）避免无把握的战斗。万一被迫而应战，见无胜利把握时，应毫不留恋地向安全及便利于进行作战地带撤退。（四）如遇敌人进攻，只以极小部与敌作有弹性的周旋，主力应隐蔽地、迅速地转向敌侧后突然袭击。（五）战斗胜利，应估计敌之援兵可能与否，自己部队应作战斗准备或转移适当地带，不要久驻一地。（六）侦察警戒，应十分注意，部队经常受敌袭击，不但挫伤士气，而且有覆灭危险。①

2月9日，朱德撰写了《八路军半年来抗战的经验与教训》，2月12日发表在武汉出版的中共中央长江局机关刊物《群众》周刊第1卷第10期上。在这篇文章中，朱德对八路军半年来抗战的主要经验与教训进行了总结。

在谈到平型关战斗的经验教训时，朱德指出："我们以劣势武器要战胜现代化的强敌，在战术上就必须善于灵巧机动的使用自己的兵力和兵器，发挥自己旺盛的攻击精神，选择有利阵地与时机，抓住敌人弱点，集中最优势的兵力与兵器，采用秘密、迅速的动作，出敌不意，突然袭击，进行肉搏，坚决消灭之，否则，即难于成功。"②

在谈到配合忻口作战的经验教训时，朱德指出："要使以劣势的兵力与兵器，在持久的阵地战求得胜利，战胜高度技术的敌人，就必须在敌人的后方，特别是在其主要联络线上，积极动作起来，断其交通，绝其供给。须知，愈是机械化部队，愈须依靠好的后方供给，一旦供给断绝，其机械部队则变成死的机械了，而减少对正面战斗的威力；同时，由于在其后方联络线上之积极活动，又使敌不得不从前线抽出足够的兵力以维护交通，而这些兵力又非步兵不行，故又分散正面作战之突击力量。"③

从这些经验教训中，朱德得出这样的结论："我们今后的战斗，主要

---

① 《朱德军事文选》，第316页，解放军出版社1997年版。
② 《朱德军事文选》，第318～319页，解放军出版社1997年版。
③ 《朱德军事文选》，第320页，解放军出版社1997年版。

的应采用运动战、游击战并适当地配合扼守要点的阵地战，必能逐步地削弱敌人与消灭敌人。要在野战中打击和消灭敌人，使我们的要点能持久地扼守。在持久地削弱敌人和部分地消灭敌人造成的有利条件下，在适当时机和适当地点，亦可采取集中优势兵力与火力，消灭某一地区敌人的一部或全部，这是可能的。"①

这一年初，朱德还撰写了著名的《论抗日游击战争》一书，其部分章节先在这一年初的八路军总部出版的《前线》周刊上陆续发表，后在同年11月，由延安解放社出版单行本。

《论抗日游击战争》全面论述了抗日游击战争的重要意义和各种战法，全书共分3章17节，第一章主要论述了抗日游击战争的性质、意义和作用；第二章主要论述了抗日游击队的组织方法、组织形式以及抗日游击队和民众、地方政权及其抗日武装的关系；第三章主要论述抗日游击战争的战术原则及其游击队的活动方针、注意事项以及建立抗日根据地对巩固发展抗日游击战争的重要性等问题。

在这部著作中，朱德开始就说："抗日游击战争，这已经是传遍全国的一个新的名词。有不少的人在议论它、研究它。"② 接着，提出这样几个问题："抗日游击战争，它为什么会自然而且广泛地发动起来？这种战争的实质是什么？它应该有个什么正确的定义？"③

朱德在分析抗日游击战争的产生和发展的原因时说："抗日游击战争，并非谁能故意造出来的东西，同时也没有力量能够把它取消。它是一种时代的产物。……在中国目前具体情形之下，抗日游击战争的发动，是由于日帝国主义侵略中国。日寇到一个地方，那个地方的人民不愿做亡国奴，他们或者有武器，或者没有武器，或者有军事人才，或者没有军事人才，他们不管这些条件，就在敌人远近后方或者敌人将到的作战区内自己动手干起来。或者，经过抗日政府与抗日军队，有计划地分派出正规部队担任游击的任务和组织民众的游击战争。抗日游击队就在这中间形成起来。"④

① 《朱德军事文选》，第325页，解放军出版社1997年版。
② 《朱德军事文选》，第340页，解放军出版社1997年版。
③ 《朱德军事文选》，第341页，解放军出版社1997年版。
④ 《朱德军事文选》，第341页，解放军出版社1997年版。

这就是说，抗日游击战争是在日本帝国主义侵略中国领土这一历史条件之下产生出来的。它的实质，是一切不愿做亡国奴的同胞为了救死求生而采取的一种最高、最广泛的斗争方式。它以日本帝国主义为其敌人。

什么是抗日游击战争呢？朱德认为："抗日游击战争的定义因此应当是：抗日的大众战及民兵战。我们指明它是抗日的，以与其他的游击战争分别开来；我们指明它是大众战或民兵战，以与正规武装战争的战争分别开来。"①

在此基础上，朱德进一步分析了抗日游击战争与抗日正规军的战争的联系与区分。他说："抗日游击战争虽然与抗日正规军的战争有着区别，这两者之间也并无不可逾越的鸿沟存在。一方面，抗日游击队当它长大起来，或者几个游击队集中在一起时，也能作较大规模的战争；另一方面，正规军队，只要它与群众有着很好的联系，得到群众的同情与拥护，它也可以分派出小的甚至相当巨大的部队，进行游击战争。"②

根据对抗日游击战争的理解，朱德对当时对于抗日游击战争的几种不正确的理解进行了辨析。针对有人把抗日游击战争看成是一种神秘的东西，而不是一种群众运动。朱德说："这种对于抗日游击战争的了解，可谓一窍不通。抗日游击战争，绝对不是某个军事天才的独得之秘，或者什么奥妙无穷的东西。抗日游击战争，本质上是抗日的群众运动，不过它是群众抗日斗争的一种最高方式罢了。离开了群众，就根本谈不上抗日游击战争。而抗日游击战争的全部秘密就在于它是一种群众运动，一种群众抗日自卫的武装斗争方式。"③ 还有人认为抗日游击战争与中国古代的农民游击战争没有什么区别。朱德认为，这种说法，有一部分道理，"因为现代的抗日游击战争，其反抗性和一些战法的原则（如声东击西、避实就虚之类），是与历史上的许多游击战争大致相类"。但两者之间有着根本的区别："过去中国的游击战争，一般是以刀矛相战，与现在以劣势武装对现代化军队作战的抗日游击战争大不相同。"④ 所以，抗日游击战争，主要地

---

① 《朱德军事文选》，第 341 页，解放军出版社 1997 年版。
② 《朱德军事文选》，第 341 ~ 342 页，解放军出版社 1997 年版。
③ 《朱德军事文选》，第 342 页，解放军出版社 1997 年版。
④ 《朱德军事文选》，第 342 页，解放军出版社 1997 年版。

应从现代的游击战争实践中吸取经验教训，使之完全适合于中国一致抗日的新条件。还有人把抗日游击战争与中国十年来国内游击战争等同起来。朱德指出：这种说法也有一定的理由。"因为第一，现在发生着和发展着的抗日游击战争，的确从过去十年国内游击战争中取得了许多宝贵的经验。第二，它的干部中的确有一部分是十年来国内游击战争中锻炼出来的干部。"但是，这种说法并不完全正确。"它看不见现在的抗日游击战争是以日本帝国主义为唯一敌人的，与过去的国内游击战争大大不同。"从游击队的组成成分来看，过去国内游击战争时的游击队员也只包括工人、农民等，现在的抗日游击战争得到了国内无论哪一个阶级的同情和拥护，游击队的成分包含着各阶层不愿当亡国奴的分子。因此，"对于抗日游击队与过去国内游击队的分别的认识，是非常重要的"。①

朱德着重论述了抗日游击战争的作用。他指出："抗日游击战争是整个抗日战争中的一部分，而且是必不可缺少的一部分，是取得抗日战争最后胜利的主要条件之一。"② 当然，抗日的民族自卫战争最后的胜利，仅仅依靠游击队，这是不够的，还必须有政治坚守、指挥统一、装备优良的数百万正规的、现代化的国民革命军作为主力才能达到目的。朱德认为，抗日游击战争的作用具体表现在这样几个方面：

第一，抗日游击队是民众抗日学校，是抗日民族统一战线的武装宣传者和组织者。"抗日游击队从民众的群众抗日斗争中发生和发展起来，抗日游击队的本身，就是民族英雄、爱国志士的集团，也是他们训练自己的场所。抗日游击队与民众的关系，就好比鱼和水的关系一样。抗日游击队如果脱离民众，得不到民众的拥护，就休想在敌人远近后方存在，它迟早会被敌人消灭。"因此，游击队为了自己的生存和发展，就必须把自己变成抗日民族统一战线的宣传者和组织者，发动和团结广大的民众起来抗日，起来自卫。"在这样的行动中，就把广大民众教育成为抗日战士，为抗日民族统一战线做了极宝贵的工作，增添了无限的力量。"③

① 《朱德军事文选》，第343页，解放军出版社1997年版。
② 《朱德军事文选》，第344页，解放军出版社1997年版。
③ 《朱德军事文选》，第345页，解放军出版社1997年版。

第二，抗日游击战争能够部分地恢复国家领土和维系失地的人心。抗日游击战争在敌人的远近后方发动和发展起来，那里本来已经没有中国军队或者至少没有八路军主力，那里已是被敌人占领的地区，或者至少是有被敌人占领可能的地区。在这样的地方，"游击战争的发动和发展，根据地的建立，游击行动的进行，将使那里的一部分领土、一部分人民重睹光辉灿烂的祖国的旗帜，重新恢复自己的政权，发扬他们的民族意识，因而奠定了基础和信念，准备下力量和条件，使这块土地和民众终于有重见天日的机会。"

第三，抗日游击战争能够使日寇无法从它所占领的地区中取得人力和资财的补充来灭亡中国。日本资源缺乏，人口又少，它占领中国一部分领土，就想在那一部分领土上立即取得资源和人力的补充，以便更进一步来占领全中国甚至全亚洲。广大抗日游击战争的发动，就能打破日本强盗的这种企图。因此，"抗日游击战争对日本帝国主义造成致命的创伤。如果对于抗日游击战争这一作用估计不足，显然是非常错误的。"①·

第四，抗日游击战争能够配合正规军作战。朱德认为，抗日游击战争的发生和发展，使敌人士气消沉，这就已经给了正规军以帮助了。对于打运动战的正规军队，游击战争的广大发展几乎是保证其取得胜利的最主要条件。"因为它可以隐蔽我正规军的运动，侦察敌人，迷惑敌人，扰乱敌人，在作战时钳制敌人的增援部队或者造成我军进攻取得胜利的良好条件。"

第五，抗日游击战争能够为正规军创造优良的后备军和新的兵团。在朱德看来，抗日游击战争是民众的抗日学校，特别是民众的抗日武装斗争的学校。那里是千千万万最勇敢、最坚决、充满民族意识和朝气的黄帝子孙，他们不是为了升官发财，不是为了个人的利益，而是为了民族的生存，在最困难的条件下，几乎是赤手空拳地起来搏斗。"那里能训练和锻炼出百折不挠的铁汉、优秀的军事指挥员和政治工作人员。从这种艰难困苦的斗争中发展和壮大起来的队伍，补充到国民革命军中或者创立成为新的兵团，他们的胜任愉快是毫无疑问的。抗日游击队的前途，是保卫中国

---

① 《朱德军事文选》，第346页，解放军出版社1997年版。

抗御日寇的正规军队。"①

　　朱德还对抗日游击战争的诸要素进行了分析，指出："一切战争，离不了政治、经济、人员、武器、交通（包括地形）五个要素，在这五个要素的具体条件和敌我对比之下来定出具体的战略战术，游击战争也当然不能例外。"② 对于政治因素，朱德说："一切战争，都具有政治的要素，也可以说，没有政治要素的战争是没有的。"因此，"我们应当认识政治要素在战争中的重要地位。……尤其是游击队，如果不注意最大限度地运用自己的政治武器，想单纯地拿刀矛对抗敌人的飞机、坦克，是没有不被消灭的。抗日游击队必须最正确、最灵活地使用自己的政治武器，认识到这是自己的第一件最宝贵的武器，认识到政治战争的胜利虽然是眼睛看不见的，但其实际意义却等于缴了敌人许多枪炮，甚至还不止此。"③ 从经济因素来说，"抗日游击战争，在经济的作战方面，是消耗日寇由国内运来的资财，尽量地消耗和夺取日寇的车辆、弹药，摧毁其交通运输和兵站等等。"④ 人员因素，朱德说："从人力的方面来说，每一个战争包含着人的质与量的战争。而人力的质，又应从政治素质和肉体素质两方面加以考察。政治素质，关系战斗力和战争方法；肉体素质，直接关系于战斗力。"⑤ 但是，朱德又认为："人员战争中的中心一环，在抗日的民族自卫战争中，还是在量的方面。我国人口有四万万五千万，占全世界人口的四分之一，等于日本人口的七倍以上；尤其是在中国领土内作战，每个人都是使用得上的。这是我们制胜的最重要条件。持久抗战与争取最后胜利的关键，在于我们能否去团结这庞大无比的人力，并很好地运用它。"⑥ 在武器因素方面，"敌人有着优良的武器，他们有大炮、飞机、坦克以至毒瓦斯等等。我们的武器不及敌人，特别是游击队的武器更差。"但是，"武器不是万能的，武器的作用也是有限度的。每一种武器有一定的效能，它要

① 《朱德军事文选》，第 347 页，解放军出版社 1997 年版。
② 《朱德军事文选》，第 348 页，解放军出版社 1997 年版。
③ 《朱德军事文选》，第 349～350 页，解放军出版社 1997 年版。
④ 《朱德军事文选》，第 354 页，解放军出版社 1997 年版。
⑤ 《朱德军事文选》，第 355 页，解放军出版社 1997 年版。
⑥ 《朱德军事文选》，第 356 页，解放军出版社 1997 年版。

在一定的条件下才能发挥其力量，它也有可以被制服的方法。"① 朱德认为，抗日游击队的武器，比起敌人的来当然是劣势。抗日游击队只能有刀、矛、短枪、步枪、轻重机关枪，最多只有迫击炮、小炮。"但是武器虽然比不上敌人，如果使用这武器的人善于使用它，善于利用时机，利用旺盛的攻击精神，利用地形配合起来，必能发挥其威力。""抗日游击队一方面要使用自己现有的武器，另一方面要夺取敌人的武器来使用。我们的前途，是要夺取敌人各种新型武器并且自己都会拿来使用。"② 对于交通和地形因素，朱德指出："现代化的军队，在作战时如果前后方被隔断，那么，这个军队的作战力量就要大为减弱而不能持久，甚至有全军覆没之可能。所以交通对于现代化的军队，是一个决定胜负的要素。"③ 因此，抗日游击队"在敌人的后方把敌人的交通阻塞，使敌人前线上的部队作战困难，使我军正面作战的部队容易取得胜利。这就是一件大功劳"。在地形方面，"游击队利于在山地、水沟、洼道、断绝地、村落等机械兵种不能行动或难于行动的地方活动。游击队必须尽量利用有利的地形进行战斗，争取自己的胜利。"④

正是在以上分析的基础上，朱德得出这样的结论：抗日游击战争要善于把政治、经济、人员、武器、交通这五个因素"密切联系，配合运用"。因此，他对唯武器论进行了批驳，"唯武器论者的根本错误，是在他们只看见武器一个要素，而完全看不见其他要素。"⑤

朱德在这一著作中还对抗日游击战争的战术原则作了进一步的论述。他指出："一个抗日游击队要怎样打仗呢？简单地说，就是要最热心地、积极地行动，争取主动地位，集中自己的全力，用一切方法向敌人进攻。"

积极行动。朱德对抗日游击队为什么能够积极行动进行了论述。他说：这是因为抗日游击队的活动力量，是以抗日精神为基础，每一个抗日游击队员都是一个自觉的抗日民族自卫战士。"由这种自觉，才能产生战

① 《朱德军事文选》，第 359 页，解放军出版社 1997 年版。
② 《朱德军事文选》，第 360 页，解放军出版社 1997 年版。
③ 《朱德军事文选》，第 360 页，解放军出版社 1997 年版。
④ 《朱德军事文选》，第 361 页，解放军出版社 1997 年版。
⑤ 《朱德军事文选》，第 348 页，解放军出版社 1997 年版。

斗的积极性。就凭这种积极性，才能克服困难，在最艰苦的环境中也能积极活动。"抗日游击队又为什么一定要积极地行动呢？朱德说："因为游击队多种条件处在劣势，积极正可以补救自己的弱点，且可寻求敌人的弱点。"游击队"更不能游而不击，避免战斗。只要有机会可以打，立刻就要打；屡次错过机会，必然会造成游击队恶劣的环境，消磨了游击队的英勇气概。专门防御的、专挨打的游击队，不但不能取得胜利，反而要处处吃亏。因为抗日游击队具有这种积极性，又必须用积极的打法才能取得胜利，所以，它一定要争取积极。"①

主动地位。朱德指出："什么叫做主动呢？主动的意义，无非是无论敌人有多少，依据当时的敌我位置、数量、质量和武器及时间等条件，抗日游击队要不断地扰惑、破坏、疲劳和消灭敌人，使敌人不愿和我们作战而又不得不和我们作战。"

集中全力。朱德认为，游击队的人数，经常并不很多，武器又劣，训练也差，如果老是分散各地，不但难于给敌人以打击，反而阻碍自己的进步。所以，游击队"应当随时集中力量，不但要扰惑敌人、破坏敌人，而且要随时以突然的动作打击敌人一点，消灭一部分敌人，这才是有效的战术"。②

进攻敌人。朱德指出："抗日游击队战术的基本形式不是别的，而是突然袭击的进攻。非袭击不能取得胜利，非袭击不能培养游击队员的胜利信心，不能适应抗日游击队的主观的需要。"针对当时有人认为游击队既然没有优良武器、人数经常不多，怎么能够采取进攻的方法的看法，朱德说："殊不知正因为敌人较我们装备好，人数多，所以我们才采取进攻的方法。"③ 朱德主张，游击队的进攻不是采取阵地攻击，而是着重于突然的袭击，乘敌人火力还没有展开、大炮不能发挥威力、队伍密集的时候，出其不意地进行袭击。"游击队的每一次动作，都是突然的奇袭。即使袭击造成敌人的物质损失有限，甚至是一次失利的袭击，然而就其动摇敌人的

---

① 《朱德军事文选》，第365页，解放军出版社1997年版。
② 《朱德军事文选》，第366页，解放军出版社1997年版。
③ 《朱德军事文选》，第366页，解放军出版社1997年版。

军心与挫折其胜利意志而言，却有很大的影响。在敌人没有防备、相信自己安全的时候，他们却突然出现；在敌人有了准备、小心谨慎、辛苦提防的时候，他们又偏偏不来。在这种出没无常的活动与威胁之中，无论敌人有多少都会震恐。"① 相反，"如果不积极采取进攻动作，争取主动地位，游击队最容易气馁"。"不积极采用袭击的办法，而用消极的战术，是要不得的。" 当然，这种进攻并不是拼命蛮干，冒险打硬仗。如果是这样，"这不是进攻，因为这样的打仗法，缺乏积极主动的条件。在处于敌逼迫时，无条件乱打一阵，反而是帮助敌人消灭自己，这也是要不得的。"②

那么，在实际作战中，抗日游击队怎样才能充分发挥自己的积极性，争取到主动地位，集中一切力量向敌人实行有效的奇袭呢？朱德又提出了迅速、秘密、坚决抗日游击战术的三原则。他说："迅速、秘密和坚决，是抗日游击战术的基本原则。一个抗日游击队的行动，如果经常能合乎这三个原则，它才能胜利，才能生存，才能扩大。相反，如果违背了这三个原则，它必然地将要失利，将要被削弱，被消灭。"③

迅速原则。朱德认为："迅速不单指高度的运动性，而且也包含灵活巧妙的意义。" 一个抗日游击队的行动，固然都要快，不但行军、袭击、进击、退却、宿营要快，就是其他一切行动都要迅速。"但单是快还不够，更需要经常地移动位置。"④ 也就是要能够出敌意料之外随时破坏、扰乱和消灭敌人。

秘密原则。朱德指出："秘密是保护抗日游击队安全的护符，它和迅速一样，是游击队活动的必要条件。"⑤ 一个抗日游击队要能够经常地出没无常、声东击西，使敌人不知道我们究竟在什么地方，要能够在一段短时间内出现于几个不同的地点，并且在每一个地方完成任务，使敌人感觉到处都是游击队，增加敌人行动和进攻的困难。"在广大的群众拥护之下，秘密并非一件困难的事。" 游击队要经常能够做到"游"而不让敌人知道

① 《朱德军事文选》，第370～371页，解放军出版社1997年版。
② 《朱德军事文选》，第367页，解放军出版社1997年版。
③ 《朱德军事文选》，第367页，解放军出版社1997年版。
④ 《朱德军事文选》，第367页，解放军出版社1997年版。
⑤ 《朱德军事文选》，第367页，解放军出版社1997年版。

到哪儿去，"击"而不让敌人知道什么时间来，"不够迅速、不够秘密的游击队，是不能争取主动的"，如果这样，"不但要挨打，而且根本影响到游击队的生存。"①

坚决原则。朱德把坚决作为保障游击队胜利的必要条件。他认为，一个抗日游击队经过周密的考虑，拟定一个计划，明确地规定了任务之后，"就应当立刻坚决地去执行，干脆地消灭敌人的一部，或是迅速地破坏目的物。如果不够坚决，在略一犹豫之间，危险之际，就会改变了企图，在胜利前的一瞬间发生了动摇。"只要我们行动坚决，即使处在敌众我寡、于我极不利的生死关头，也能够征服敌人，打破敌人的抵抗。"稍微迟疑一下，就错过了良机，在紧张的一刹那，给敌人以时间准备，得以从容镇定。结果，我应当成功的都不能成功。"②

朱德还强调游击战和运动战的配合问题。他说："一般游击战也可以说是小的运动战，而且，事实上几个游击队也常常联合起来，在敌人进攻时或运动战时，突然集中力量消灭其一股。这种打法，实际就是运动战。"因此，"打游击战需要运动战配合，打运动战也需要游击战掩护。在二者之间，并没有一道长城把它们间隔开来。"③

对于抗日游击队的活动方针，朱德主要从破坏敌人后方交通、仓库，袭击飞机场；暴露敌人的企图；震恐敌人的军心；破坏敌人政权，恢复自己的政权；分散敌人兵力；破坏敌人的经济、给养；消灭敌人的有生力量这七个方面进行了论述。

《论抗日游击战争》是朱德的一篇重要军事著作。然目前收入《朱德军事文选》的还只是该文的第一章和第三章的前两节，只占小部分，大部分尚未公开发表过。在这未公开发表的部分中，有相当的篇幅是阐述抗日游击战争的，特别是关于抗日游击战争的袭击战术的。现摘录有关论述以飨读者：

"抗日游击队唯一的进攻战术，就是袭击。袭击有二种，一种是对敌

---

① 《朱德军事文选》，第368页，解放军出版社1997年版。
② 《朱德军事文选》，第368页，解放军出版社1997年版。
③ 《朱德军事文选》，第368页，解放军出版社1997年版。

人的静止部队，即普遍的袭击；一种是对敌人运动的部队，即所谓伏击。在实际战斗中，这二种常常是互相连系的。"

"袭击之前规定详细进攻计划，选择有利条件，乘敌人不备向敌人力量薄弱的一点突然进袭。如果当时没有这种条件或是条件不够，就要设法创造，设法补足。根据敌人的素质、指挥者的个性以及战术等，创造这种条件是可能的，只要抗日游击队能根据争取主动的原则随机应变，例如声东击西、忽南忽北、虚张声势、散播谣言、围村打扰、清野空舍、利诱敌人、激怒敌人等，总可以找到一个非常好的袭击机会。"

"袭击静止之敌的时间主要有四种，即夜间、拂晓、黄昏、白昼。"

"夜间——利用夜间，既可以乘黑夜隐蔽接近敌人，又能扩大自己声势，迷惑敌人，陷敌人于恐慌错乱之中，并且还使敌人难于增援。所以，夜袭是游击队惯用的时机。"

"拂晓——利用夜暗接近敌人，在拂晓时实行袭击，通常是从远道来袭的游击队和没有夜袭经验的游击队所采取的办法。不过要注意，突袭最好是在敌人未起床前，袭击完成后刚刚天亮，是最有利的。"

"黄昏——敌人在黄昏，大致疏于警戒。如果沿途有良好的隐蔽，游击队不妨在黄昏实行袭击。这种袭击，常能出人意料地获得胜利（自然这时要特别注意袭击前的侦察），即使不成功，也可以利用夜暗退却迅速脱离战斗。"

"白昼——游击队很少在白昼袭击敌人，但在下列条件下白昼的袭击也是可能的：（1）敌人素质甚差，腐弱无备，没有防御工事，又不机警；（2）孤立无援的敌人，如汽车、火车运送的；（3）敌人骄傲轻人，对于游击队的行动一无所知，又毫无防备；（4）大风、大雨、大雾，易于隐蔽而接近敌人。"

对于袭击运动之敌，朱德指出：

"从隐蔽配置中，突然动作向正在行动之敌施行袭击，就叫伏击。伏击通常是在白天，伏击汽车、火车时，夜间亦可。目的在于打击或消灭敌人的炮兵、运输队、征发队、汽车、火车、船舶等，并也截击败退的敌人，捕捉单独的兵士、通信员、采买等，有时也可以伏击少数步兵和骑兵。游击战争获得最大的胜利的时候，还是以袭击行动中的敌人为多。所以抗日游击队决不可轻易放过埋伏的好机会，只要条件具备，可以打就应当打。"

"就袭击行动中之敌的性质而言，都属于遭遇战，有预期的、不预期的二种。预期的采取埋伏的形式，不预期的采取急袭的形式。"

可以看出，朱德的《论抗日游击战争》与毛泽东的《抗日游击战争的战略问题》、《论持久战》等著作中的思想是完全一致的，并有所丰富和发展，自然成为八路军、新四军和全国抗日军民坚持抗战、战胜日军的重要思想武器。

十九、战斗在太行山上

反"第一次九路围攻"

> 仁马太行侧，
> 十月雪飞白。
> 战士仍单衣，
> 夜夜杀倭贼。

　　这是朱德在 1939 年写下的一首题为《寄语蜀中父老》的诗，描述了他率八路军广大指战员战斗在太行山区的艰苦岁月。

　　1938 年 3 月以后的两年多时间里，朱德率八路军总部一直转战在太行山区，并指挥着整个华北敌后抗日军民同日军进行艰苦卓绝的斗争。

　　太行山，位于晋冀豫三省边界，海拔 1500 米以上，纵贯南北，北起滹沱河，南抵黄河，绵亘在山西、河北两省之间。它居高临下，地形险峻，向东可以控制河北、山东；向西同太岳山相接，中间的盆地是晋中富饶之地；北面同晋察冀抗日根据地为邻，是开展抗日游击战争的极好战场。

　　1938 年春，八路军第一二九师、第一一五师等部在正太铁路和邯（郸）长（治）公路上连续打击侵入晋南的日军，给日军后方补给线造成了严重威胁，也引起了敌人的更大恐慌。

　　晋东南是日军的一个心腹大患。自从八路军第一二九师于 1937 年 10 月进入这个地区，这里的群众性游击战争被广泛地发动起来，并建立了同蒲路以东、黄河以北、正太路以南、平汉路以西的晋冀豫抗日根据地。从

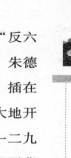

1937 年底以来，第一二九师先后取得了凤凰山、长生口、神头岭、"反六路围攻"和响堂铺战斗等一系列的胜利，搅得日军坐卧不安。现在，朱德又指挥东路军在晋东南敌后建立了新的抗日支点，它犹如一柄利刀，插在了日军的后心。日军华北方面军为了解除后方的威胁，实施了"广大地开展，压缩地歼灭"的作战方针，准备孤注一掷，将八路军总部、第一二九师及部分国民党军队围歼于辽县、榆社、武乡、襄垣地区，一举摧毁晋冀豫抗日根据地。4 月 4 日，日军以第一〇八师团为主力，调集三万以上兵力，开始南自邯长公路、北自正太路、西自同蒲路、东自平汉路分九路向晋东南抗日根据地分进合击，发动规模空前的九路围攻，史称"第一次九路围攻"。企图把八路军总部逼到辽县、榆社、武乡、襄垣地区加以消灭。

对于日军准备对晋东南发动九路围攻，朱德在 3 月底就已经有所觉察了。特别是在第一二九师缴获的日军文件中，又发现一张日军九路围攻晋东南的作战计划图。

为了做好粉碎日军九路围攻的准备，朱德一方面要求刘伯承、邓小平、徐向前立即率领第一二九师转入外线，隐蔽集结，寻机歼敌。另一方面发动群众，坚壁清野，要地方游击队和自卫军不断扰袭日军，破坏道路，捉拿敌探，肃清汉奸，并帮助八路军和友军搬运伤病员，进行联络、筹粮、运输，配合作战。由于事前已有准备，晋东南军民面对即将到来的日军的大规模围攻并没有慌张，而是沉着应付。正如朱德所说："当时敌人的九路围攻，当敌人追到我们，近起来了，可是我们没有一个人是惊慌的，这是在第一期抗战中是不同的地方。""从前他们说山西的民众是顺民，现在估计起来，从前因为他们没有枪；现在有了枪，经过了我们的组织，山西民众已经不是顺民了，也能够起来干，打仗。"①

就在八路军各部队都做好了迎击日军的准备之时。但是，到了 4 月 6、7 日，却发现各路日军放慢了进攻的速度，南面日军停止了北进，进犯阳城；另一路日军转向河南，进占该省的温县、孟县。根据这一情况的变化，朱德决定暂时不发布已经起草好的动员和部署反围攻的训令。

日军为什么要改变围攻部署呢？原来日军错误地认为刚从晋南脱险进

① 朱德：《华北抗战战略战术的变迁》，记录稿，1938 年 9 月 7 日。

十九　战斗在太行山上

MILITARY STRATEGIST

ZHU DE

入陕西的卫立煌部将从垣曲渡过黄河返回到山西，所以他们便重新调动部队，准备再次截击卫立煌部队。事实上，卫立煌率部退到陕西以后，当他接到蒋介石要他到洛阳开会的通知时，便决定乘机绕道延安，拜访中共中央领导人毛泽东等后再去洛阳。此时正在去延安的路途中。当日军发现真实情况后，便又重新发动向晋东南的九路围攻。

为了粉碎日军的这次九路围攻，八路军总部决定在战术上以一部兵力钳制各路进攻的日军，集中主力相机破其一部。朱德、彭德怀命令左权、刘伯承指挥各部以机动、坚决、勇敢的精神，乘日军分进合击之际，集结优势兵力，从侧面给日军以各个打击。

4月8日晨，日军2000余人占领沁源。当日20时，朱德、彭德怀给八路军副总参谋长左权、第一二九师师长刘伯承发出一份电报，对粉碎日军第一次九路围攻作了具体部署：

左、刘：

甲、各兵团以机动、坚决、勇敢，乘敌分进之际集结优势兵力，从敌侧背给敌以各个打击与歼灭，以粉碎敌之围攻部署：

一、曾（万钟）军主力应隐蔽集结于东田镇、西营镇、上北漳地区，待敌进至襄垣以北侧击之，一部仍在虒亭、夏店、甘村、五阳去积极迟滞敌进，如日军猛攻时节节抗击攻击。

二、刘（伯承）师以协助曾军及适时打击由涉县向辽县前进之敌，应即集结西井镇附近机动位置。

三、徐（海东）旅及决死第一纵队或打击或消灭由沁源东进之敌后，准备转至屯留以北，配合曾军、刘师作战。

四、朱（怀冰）师长原属之两师主力，仍应集结马陵关、白壁及其以西地区，待机以小部配合游击队积极向祁县、太谷、寿阳之线活动，扰敌、毁路。

五、曾（国华）支队、陈锡联旅积极向石家庄、娘子关及平汉线袭扰。

乙、一二九师政治部应尽一切努力，动员群众参战。

综合各方敌情：

一、一○八师团步兵两联队及工兵、炮兵各一联队及辎重联队多部，集结长治、潞城地域，一部约千余人于八日十二时向虒亭前进，至黄昏时进抵虒亭，仍与我曾军一部对战中。该敌主力仍在长治以北地区，有经襄垣向武乡前进可能，一部沿虒亭公路进占沁县与沁源之敌会合。

二、由安泽东进之敌，于八日晨占沁源，有东进模样。

三、平遥、祁县、太谷之线，近日向南集结约四千余人，可能向分水岭前进。

四、据刘师报，涉县日前由平汉线增敌二千余，共约三千，似十六师团之一部。该敌有向辽县前进可能。

五、邢台、沙河五日前到敌，似十六师团主力，近日情况不明。

根据上述情况判断，第一步敌向辽县、榆社布置围攻，已就预定位置，如其完成其计划，第二步必向太岳山脉围攻，以巩固白晋路、平汉线交通。

朱彭

八日二十时[1]

4 月 10 日，南路日军先头部队进占了沁源、虒亭、襄垣一线，即将向北发动进攻。这一路日军是这次围攻的主力，由骄傲的"反游击战专家"步兵第一○四旅团旅团长苫米地少将指挥。苫米地在日军中是一员善战的猛将，他曾经仔细地研究过八路军的游击战术，他根据八路军"敌退我追"的战术原则，发明了一种叫作"拖刀计"的战法。以往，日军每到一处，撤走前都要放火烧房子。游击队看到火起，一般就认为日军已走，或是追击，或是赶到村庄救火。苫米地的"拖刀计"，就是以烧民房伪装撤退，当游击队回来时，他突然回头，围击或是于途中伏击正在追击的游击队，使一些游击队深受其害。苫米地因此受到日军大本营的赏识。这一年

---

① 《朱德军事文选》，第 331～332 页，解放军出版社 1997 年版。

的 2 月间，朱德在临（汾）屯（留）公路上就曾同他交过手。他因比北路日军先攻入临汾，曾得意地写信给他女儿说："天皇因我先入临汾，赐了我一个勋章，我已挂在左胸前，我的右肩也高了起来，你看我像不像墨索里尼？"得意之情溢于言表。这次围攻，苫米地部又成了其中最精锐、最骄纵的一路。①

这一天，朱德率八路军总部来到武乡县马牧村。当天，和彭德怀给东路军的国民党军队的曾万钟、朱怀冰、武士敏发出《粉碎日寇围攻战役战术的指示》，指出，根据敌情判断，似日军即日围攻我太行山脉之东路军。考虑到国民党军队不善于打游击战和运动战，因此，要求他们："应乘其进攻我军时，采取灵活的、运动的游击战术，在敌未进入利害循环变换线时，采内线作战方式，以优势兵力各个击破其一路，余路钳制之。如已进入我利害变换线内，则应由间隙中转入外线，袭击敌后侧，仍以各个击破之。""敌之任何一般前进时，我军应以小部，以一连或一营为单位，采取运动防御之姿势，配合本地自卫军、游击队，昼夜袭击，疲惫敌人，分散敌人，迷惑敌人主力，出敌不意，突然袭击，而消灭其一部。各路前线指挥官应发动当地自卫军，并统一指挥而配合作用。各军、师应加紧部队政治动员，提高战斗力。供给应随时携带一部，临时就地补充，不宜囤积一地，切忌资粮与敌，伤病员严防被敌屠杀，应分散在偏僻地区，并临时转移。"

接着，朱德又给周恩来、叶剑英转蒋介石并转阎锡山、卫立煌发出一份电报，表示，东路军决于太行山脉坚决粉碎敌之围攻，创造巩固抗日根据地，抑留华北敌之主力。现正努力做一切动员。提出，在目前敌人已开始向晋东南区域大举围攻的紧急形势下，东路军须立即动员民众配合军队作战，彻底粉碎敌人围攻。本部现颁布两种有关部队和民众动员的工作纲领，请转饬所属，依照其内容办法切实动员。②

4 月 11 日，苫米地部向北进至下良镇。朱德早已判断这一路日军有经沁县、武乡进攻榆社的可能。果然，日军在进占沁县后便立即向武乡进攻，并于 4 月 13 日占领了武乡县城。

---

① 《抗日战争时期的中国人民解放军》，第 45 页，人民出版社 1953 年版。
② 《朱德年谱》中，第 784 页，中央文献出版社 2006 年版。

苦米地部进抵武乡后，一通烧杀，这座依山傍水、历史悠久的古城顿时陷入一片刀光火海之中。之后，日军又窜往榆社，企图与太谷、榆次南犯之敌会合。朱德准备在武乡、榆社间突击消灭这股日军。

沁县和武乡县城失陷后，八路军总部的处境相当艰难，经常处在日军的包围之中，需要不断地移动驻地。这时，朱德身边只有一个警卫排，再也没有什么其他部队了。在一次转移中，朱德率八路军总部来到漳河边的一座小山上，发现三面都是日军，一面又是漳河，情势万分危急。朱德立即决定把八路军总部转移到漳河对岸去。当时天正下着雨，千山万壑都被笼罩在黑灰色的浓云雨雾之中。沟沟岔岔里涨出来的洪水，都汇入了横在面前的漳河里。河水猛涨，水击山石，发出雷鸣般的巨响，渡河很困难。面对困难，朱德对大家说："同志们，我们工农红军从南方打到北方，在雪山、草地、腊子口冒着炮火照样走，今天遇上这小小的漳河水，难道能让它挡住我们前进的道路吗？"朱德说完就身披着雨衣，冒雨亲自来到漳河边察看水势。然后，他决定让水性较好的孙泱泅渡过河去联络部队，还要他带过去一根大绳子，固定在河对岸。孙泱终于泅渡成功了，他把绳子紧紧地固定在漳河的对岸。这时，警卫人员要背朱德过河，但是，他无论如何不肯，径直下了河，一手紧抓住马尾巴，一手紧抓住绳子，和其他人一起渡过了漳河，脱离了危险，并同附近部队取得了联系。

渡过漳河后，朱德立即进行战斗部署，他命令朱怀冰部集结在榆社、武乡一线两侧的云簇镇附近；武士敏部除在驻地阻击日军外，以一部向沁县方向游击；曾万钟部以一部向武乡以北边战边退，而将主力隐蔽集结在附近山地，待日军通过武乡后，立刻猛烈尾攻，同朱怀冰部夹击日军。同时，命令八路军第一二九师主力及第三四四旅一部迅速赶到战地参加作战。

可惜的是，由于有的友军没有按照朱德的部署行动，致使这次作战计划没有能实现。日军苦米地部进抵榆社后，因为群众空室清野，破坏道路，又退回到了武乡。

4月14日，朱德、彭德怀给已经跳出日军合击线外隐蔽待机的八路军第一二九师及第三四四旅的领导人发出了一份电报，指出从榆社退回武乡的日军，下一步行动可能有两种可能：一种可能是退回长治；另一种可能是去子洪地区救援被友军武士敏部包围之敌。于是命令他们迅速向武乡靠近，寻机打一个歼灭战。

4月15日傍晚，在刘伯承、邓小平、徐向前的率领下，第一二九师主力及第三四四旅的六八九团飞速赶到了武乡县城西北地域，发现原在武乡的日军刚从这里带了辎重骡马弃城沿漳河向襄垣方向退去。刘伯承立即下令分左、右两路纵队迅猛追击。第二天拂晓，左、右两路纵队超越日军并把他们夹击在武乡以东的长乐村地区。日军被截为几段，困在狭窄的河谷里无法展开。已通过长乐村的日军回头救援，又遭到了八路军的顽强堵击。激战至黄昏，共歼灭日军2200余人，击毙战马五六百匹，并缴获一部机枪和其他军用品。曾经骄横不可一世的苦米地因这次战斗失利而受到处分。

在这次战斗中，八路军打得也很艰苦，并付出了相当代价，伤亡800余人。年仅25岁的第一二九师第三八六旅七七二团团长叶成焕在战斗中负重伤后牺牲。朱德得知这一消息后，十分悲痛，亲自前去武乡县合壁村向叶成焕的遗体告别。

4月16日，《新华日报》发表了安娜·路易斯·斯特朗回国临行前写给朱德的一封信，以表示她对八路军和朱德的钦敬之情。信中这样写道：

敬爱的朱德先生：

现在已经是深夜二时，我这几天都是夜晚二点睡觉，早上七点起床。明天早上我又要赴香港，我太疲倦了，不能给你写封长信……但是，在我离开中国武汉之前，我不能不给你说几句话，以表示我对八路军同志们为我们共同的目的而献身的事业的敬佩，为着中国的自由，也为着全世界的自由……中国的同志有一种艰苦奋斗的真诚，有一种对同志炽灼的热情……这在世界上其他地方是无法得到的。

我很幸福，因为我在一个世界上，在一个世界的运动之中，那中间，有中国的同志们，也有你……

4月19日，朱德抵达武乡县合壁村。这时，由于南路日军在长乐村战斗中遭到严重打击，使得其他各路日军也不敢继续前进，只好纷纷后退。接着，朱德指挥八路军和友军部队又连克榆社、辽县、武乡、沁县、沁源、壶关、安泽、屯留、黎城、潞城、长子、阳城、沁水、长治、高平、晋城和河北涉县等 10 余座县城，巩固并扩大了以太行山为依托的晋东南即晋冀豫抗日根据地，从而彻底粉碎了日军对晋东南的第一次九路围攻。

坚持华北抗战

粉碎日军对晋东南的第一次九路围攻，为八路军在山西抗日敌后站稳脚跟，进而向河北、山东和豫北平原地区发展抗日游击战争，创造了重要条件。

河北、山东和豫北平原，人口稠密，物产丰富，战略地位很重要。抗日战争全面爆发后，由于这些地区中国共产党组织的领导，并得到八路军派出的先遣部队和军事干部协助，群众性的抗日游击战争已经发展起来。朱德并已命令晋察冀军区部队积极向平汉、津浦铁路北段扩展。

还在晋东南粉碎日军第一次九路围攻的战役还没有完全结束的时候，1938 年 4 月 21 日，毛泽东就给朱德、彭德怀等发来了一份电报，提出了在河北、山东和豫北地区开展平原游击战争的问题，指出："根据抗战以来的经验，在目前全国坚持抗战与正在深入的群众两个条件之下，在河北、山东平原地区广大地发展抗日游击战争是可能的，而且坚持平原地区的游击战争也是可能的。"并指出："党与八路军部队在河北、山东平原地区，应坚决采取尽量广大发展游击战争的方针，尽量发动最广大的群众走上公开的武装抗日斗争。秘密的抗日斗争只有在敌人统治的城市与铁道附近才成为主要的方式。""根据上述方针，应即在河北、山东平原划分若干游击军区，并在各区成立游击司令部，有计划地系统地去普遍发展游击战争，并广泛组织不脱离生产的自卫军。"[①]

毛泽东来电的第二天，朱德不失时机地命令第一二九师及第一一五师第三四四旅迅速派兵从太行山区向冀南、豫北平原及铁路沿线展开。4 月

---

① 《毛泽东军事文集》，第 2 卷，第 217 页，军事科学出版社、中央文献出版社 1993 年版。

下旬，先后成立冀南军区和晋冀豫军区，由宋任穷和倪志亮分别担任司令员。以后，徐向前和刘伯承、邓小平也先后来到冀南，加强对这一地区的领导，并积极向山东发展，逐步形成横跨山西、河北、山东、河南四省的晋冀鲁豫抗日根据地。被日军看作后方交通动脉的同蒲、正太、平汉、津浦、德石、陇海等铁路线和华北各地的战略要点都处在晋冀鲁豫抗日根据地的直接威胁下，成为坚持华北敌后抗战的中枢。

除积极向东部平原地区发展外，朱德还命令第一二〇师的宋时轮支队和晋察冀军区的邓华支队组成八路军第四纵队，进据冀东、热（河）南、察（哈尔）东北地区，创建冀热察抗日根据地；派第一二〇师李井泉率骑兵支队，北上绥远大青山地区建立抗日根据地。

5月19日徐州失陷后，日军把下一步主攻目标指向了武汉，暂时不能抽出更多的兵力到华北战场上对付八路军，朱德充分利用这个难得的时机，扩大敌后抗日根据地，发展八路军，使敌后抗日根据地得到迅猛发展，华北八路军也已发展到13万多人。

但是，就在这时，朱德和八路军又遇到了新的困难。在经济上，由于国民党当局不断地限制八路军的发展，仍按四万多人的编制发给经费；与此同时，日本侵略者在抗日根据地也进行严密的经济封锁和军事破坏，从而使八路军各部队的物资、经费、弹药等供应都异常困难。为克服经济上的困难，坚持长期抗战，5月21日，朱德、彭德怀等给八路军各兵团首长发出一份电报，指出：由于敌人对抗日根据地进行经济封锁和军事破坏，加以中央政府对我军之限制，我军经费弹药均异常困难。解决困难的方针是：发展生产，有计划地经营和统制公私贸易；在改善贫苦人民生活的原则下，整理税收、田赋；加强敌占区的工作，争取运入根据地缺乏的物质；通过政权和民众团体，开展自愿献金、献粮；有计划地建设军事工业。因此，我军必须自力更生，不依赖国民政府的接济，坚决打破敌人的经济封锁和国民党限制我军发展的阴谋。①

在政治上，当日军在华北大举进攻时，蒋介石、阎锡山放弃了大片国土，而当八路军赶走日军，在敌后艰苦地创建起大块抗日根据地后，他们

---

① 参见《朱德年谱》中，第802页，中央文献出版社2006年版。

却企图从八路军手中来"收复失地"。对此，朱德说："这是意料中的事。"他提出：加紧发动民众，建立巩固的抗日根据地；说明日军随时有可能转移兵力来华北，从积极方面去转变或减少那些来争夺地盘的人的军阀割据和偏安一时的心理；强调团结，在群众中造成反对破坏统一战线的舆论，揭破挑拨离间者的阴谋，肃清汉奸。并发出训令，要求各部队加紧训练干部，加强政治工作和党员布尔什维克意识的锻炼。

5月23日，朱德率八路军总部到达沁县南底水村，住在一位老百姓家里的一间又简陋又阴暗的房子里。后勤和警卫人员考虑到朱德看文件、写材料、批阅文件和召开会议不方便，想挑一间宽敞亮堂的好房子，朱德立即制止，并严肃地说："这房子就好嘛！你们看，这家老乡有老人，有小孩，还有一个媳妇快要生小孩了，住房并不宽裕。我们住了这间房子，比当年过雪山草地时睡在野外就好多了。咱们部队对老乡不能要这要那，要时刻想着为人民谋福利。"

6月2日，朱德在沁县西林村对山西青年抗战决死队游击干部训练队讲话，指出：坚持华北抗战，广泛地开展游击战争，要有大量的游击队。游击队的存在和发展，需要得到广大群众的支持和拥护。这就要求游击队有良好的纪律。纪律是游击队的生命。[①]

为了更好地坚持华北抗战，不断壮大抗日力量，打击来犯之敌，朱德提出八路军的今后任务：

> "第一，发动广大的民众；第二，广泛开展游击战运动战；第三，巩固和扩大现有的抗日根据地（如冀察晋边区、晋西北区、晋东南区、以南营为中心的冀南区等）；第四，与各方友军更加亲密团结，共同坚持华北抗战；第五，坚持华北抗战，抑留华北敌人，把华中、华南的敌人调动到华北来，以保卫武汉、保卫西北、保卫华南；第六，积极行动，抓住一切机会打击敌人，消灭敌人，以求改变敌我形势，聚集许多大小的胜利，最后达到全国战略上的反攻，把日寇赶出中国去。"[②]

① 《朱德年谱》中，第805页，中央文献出版社2006年版。
② 《朱德传》（修订本），第572页，中央文献出版社2000年版。

转眼间，中国人民全面抗战已经一年时间了。为了纪念即将到来的抗日战争一周年，6月8日，朱德、彭德怀、任弼时、傅钟发出关于纪念"七七"抗战一周年的训令，确定自7月1日至7日为纪念周，拟举行盛大的宣传纪念，以检阅我军抗战一年来之军事政治工作成绩和经验教训，扩大宣传中国共产党的民族统一战线政策和八路军及友军抗战胜利的事迹，以提高军民的胜利信心和推动部队各项工作。规定工作检查以下几个方面：（一）军事战术方面的学习与进步情形；实战指挥的优劣点；何部伤亡少而胜利大；何部能经常袭灭敌人而自己未遭敌人袭击；对敌战术研究情形；对敌人技术兵种之战斗方法与认识；我军传统的优良战斗作风是否有继续发展与新的创造；夜战等。（二）作战的英勇战例与各部伤亡、缴获统计。（三）军事教育方面的教育科目、进度及结果；是否不间断地进行教育；是否联系实战经验作教育；教育方法，干部教育能力是否提高等。（四）各种制度建立情形。（五）政治工作检查。训令要求在部队中对干部战士专门进行一周的共产党抗日统一战线的主张与争取持久战及抗战经验教训的教育，同时要开展纪念大会、举行阵亡将士追悼大会、慰问负伤将士和阵亡将士家属等活动。6月15日，朱德、彭德怀再次发出关于纪念抗战一周年的补充指示，要求各部队和晋察冀军区在"七七"纪念周中，向平汉、平绥、同蒲、正太等铁路沿线之敌作大规模的进攻和破坏，特别是在北平、天津、大同、保定、卢沟桥等处打一两个较大的胜仗，以振奋全国军民，保卫武汉，扩大八路军的影响。

为纪念抗战一周年的到来，朱德带头撰写了《八路军抗战的一周年》一文，于7月1日发表在《解放》第43、第44期合刊上。在这篇文章中，他指出：八路军一年来已在晋西北、晋绥边、晋东北、冀察晋边、晋东南、晋鲁豫边等地建立了战略支点，并依托这些战略支点，有阵地地向前发展，东面已跨过平汉线，东北面已达北平附近的门头沟、昌平、丰台等地，北面已靠近平绥路，深入了敌人深远的后方和交通枢纽。还指出：在敌人后方及其翼侧建立许多的支点和根据地，应当成为战略指导中重要方针之一。"坚持华北的游击战争，努力创造和扩大抗日根据地，是整个战略问题中的主要任务"。

7月2日，朱德到达山西沁水县，住在东古堆村。在端氏庙召开八路军第三四四旅营以上干部会议，结合该旅抗日战绩，宣讲毛泽东的《论持久战》，详细分析国内外形势，结合粉碎日军对晋东南抗日根据地反"九路围攻"的典型战例，指出该旅在战术上不灵活的缺点，强调要贯彻执行以游击战为主的方针。从而使第三四四旅广大指战员加深了对"基本的是游击战，但不放松有利条件下的运动战"战略方针和持久战的理解。第二天，朱德又在八路军总部直属干部会上作了《八路军抗战一年》的报告，以总结抗战一年来的经验教训，并对八路军为什么能坚持并发展敌后作战作了说明，指出："我们在敌后方已立定脚跟了，建立了支点，我们在吕梁山、恒山、五台山等建立了根据地"，从而使"华北抗战由混战转为坚持局面"。"共产党的真诚，在一年以来，推动大家走上真正团结的道路"。"有人说主义、阶级、党派的冲突不可避免，但在世界大潮中，民族的冲突大于阶级的冲突"。"今后的中心工作还是统一战线"，"要用一切方法巩固统一战线，才能胜利。"①

第一次回延安

在新的形势下，中共中央为了总结抗战一年多来的经验，统一全党思想，以便更好地指导抗日战争，决定召开中共六届六中全会，通知朱德回延安参加这次会议。

接到通知以后，1938 年 7 月 5 日，朱德离开沁县南底水村八路军总部，向延安进发。

自从一年前东渡黄河奔赴抗日前线，朱德就一直坚持战斗在抗战第一线。在回延安的途中，他的心还是在一直想着八路军和抗日根据地的建设工作。7 月 9 日，当他到达安泽县马壁村，途经沁河流域时，感到这里土地肥沃，物产丰富，是创建抗日根据地的好地方，就立即给彭德怀、左权发了一份电报，要求他们派人来到这个地区加紧工作。7 月 12 日，他到达八路军第一一五师第三四四旅驻地——沁水县端氏镇，应邀参加了这个旅的连以上干部会议。

---

① 《朱德年谱》中，第 814 页，中央文献出版社 2006 年版。

华北的 8 月，天气还很炎热。火辣辣的太阳直射在大地上，随风一吹，不时地腾起一阵阵热浪。朱德顶着灼人的阳光，冒着炎热，于 8 月 13 日到达了卫立煌的驻地——山西垣曲辛庄村。

卫立煌听到朱德途经这里的消息后，早就带着他的前敌指挥部的人员在辛庄村口待候了。

不多时，朱德来到了卫立煌的面前，卫立煌紧紧地握着朱德的手，看着他说："听说玉阶兄沿途多次遭到日军飞机的轰炸，险情叠出。"

朱德笑着回答说："只不过是让鬼子白忙一场，我这是有惊无险啊！"

"玉阶兄，上次多亏你派人来救我。"卫立煌又说。

"你这话就见外了，一家人哪有见死不救的道理嘛！"朱德说。

说罢，两人哈哈大笑起来。就这样，朱德和卫立煌边说边向辛庄村里走去。

当天晚上，卫立煌在辛庄村的麦场上召开了欢迎大会。朱德身穿灰色粗布的单军装，腰间紧紧地束着皮带，显得刚毅朴实。当他在卫立煌的陪同下来到会场时，全场响起了热烈的掌声。朱德态度从容，精神饱满地发表了演讲。他说，八路军在阎锡山、卫立煌司令长官的领导下和中央军、晋绥军共同作战，取得了相当大的成绩，比如最近在晋东收复了十几个县城，在那里建立了抗日根据地，并向热河、察哈尔发展，为将来伸入东北三省作了准备。9 个多月来，八路军大大小小和日军打了 570 多个仗，平均每天要打两个仗，打死打伤日军 3.4 万余人，我们自己也有两万多将士鲜红的血迹染在华北大地上，开放着自由之花。这 2 万多人的伤亡中，共产党员就有 7000 多名，他们在日军的刀枪炮火之下为中华民族的事业流尽了最后一滴血。接着，他又说，一年来的抗战，我们取得了成功的经验，也有不少的教训。要战胜强大的日本帝国主义，没有全民族进一步的团结是不可能的，军队与军队之间，一定要互相勉励，互相帮助，化除畛域界限与部落观念，一切挑拨离间，造谣中伤，或互相诋毁倾轧的行为，不管用意何在，结果都是帮了日本帝国主义。现在大江南北两岸的日军正纷纷西调，企图截断平汉路，侵占广州，直捣武汉中心。我们必须打破和平停战的幻想，坚定胜利的信心，在保卫西北、保卫全国的总任务下，坚持华北抗战，配合全国友军作战，并准备力量举行反攻，收复失地，把日本帝国主义葬送到东洋大海里去。①

朱德的演讲，博得了阵阵掌声。

夜已经很深了。卫立煌住处的灯火还是一片通明。朱德和卫立煌正在屋里促膝交谈。朱德说："八路军在这一年的抗战中，已经比以前大大扩充了，我准备向蒋委员长要求增编三个师。"卫立煌说："对此，我也有耳闻，真心希望蒋委员长能够同意你们的请求。"

"抗日的队伍扩大了，但补给仍是那么点点，还时时领不到，真难啊！"朱德又说。

"玉阶兄，你放心，我会尽快想法子拨调给你们，补充一些枪支、弹药和炮弹。若要成其事，必先利其器嘛，没有武器怎么打小日本呢？"卫立煌说道。

朱德连忙说："那我代表八路军的指战员，先谢谢你了。"

就这样，朱德和卫立煌两人单独长谈了整整两天。朱德离开后，卫立煌对人说："朱玉阶对我很好，真心愿意我们抗日有成绩。这个人的气量大，诚恳，是个忠厚长者。"②

在垣曲期间，朱德还给四川省政府主席王缵绪写了一封信，勉励他为巩固和扩大抗日民主统一战线，为抗战建国大业奋斗到底。在这里，朱德致电中共中央书记处、张闻天、毛泽东、王稼祥并告彭德怀："（一）我已见卫立煌，他对我们极表同情。我们提出增三个师，他意可以，但由于上级现时对我们实行紧缩政策，如以周恩来直接交涉稍见效时提出，而可促成，否则，反而无效。（二）委任司令部名义问题，卫立煌表示他可负责下令委任或呈报上级加委，均可；在河北地区由程潜委任或由他委任，均可。但在经济方面他无法为力。（三）程潜在洛阳。我拟去见他一次。（四）卫立煌接济弹药及炮弹，将口径查明可大量接济。（五）我见卫、程后，即以见阎锡山名义经西安来延安。"③

离开垣曲后，朱德一行从渑池渡过黄河，来到第一战区司令长官部所在地河南洛阳。在这里，他会晤了第一战区司令长官程潜，向他详细介绍

① 赵荣声：《回忆卫立煌先生》，第122～123页，文史资料出版社1985年版。
② 赵荣声：《回忆卫立煌先生》，第126页，文史资料出版社1985年版。
③ 《朱德年谱》中，第823页，中央文献出版社2006年版。

了八路军和其他国民革命军在山西与日军作战的情况，并建议第一战区的国民党军队与河南的八路军部队靠拢，使两支部队联合起来一起打击日军。

8月中旬，朱德到了古城西安。在西安，朱德多次应邀给学校、抗日团体及八路军办事处人员作报告，出席座谈会，还拜访了西安行营主任、陕西省政府主席蒋鼎文。在接见《西北》杂志记者时，朱德回答了有关华北抗战的一些问题，指出：一年来华北的抗战，获得了不少宝贵的经验和教训，使每个士兵，每支军队都懂得在怎样的条件下袭击、伏击、侧击，利用敌人的弱点来消灭它。并说，河北平原游击战发展很快，力量隐藏在群众之中，战略战术要异常灵活，敌人想肃清游击队不可能。争取华北的胜利，最主要最中心的任务是组织广大民众，开展统一战线工作。只要有团结，胜利就有保障。他还在《西北》杂志发表题词："精诚团结，巩固后方。"

当朱德得知原来在云南陆军讲武堂时老师李根源正在西安养病时，便前去看望。师生相见，感慨万千。朱德把一本刚出版不久的由毛泽东亲笔签名的《论持久战》送给李根源。知道李根源近日将取道成都去昆明，朱德就把已经写好的给王缵绪的信托他带去。同时又写了两封信，一封写给云南省政府主席龙云，另一封写给四川绥靖分署主任邓锡侯。这两封信也托李根源一并带去转交。

在给龙云的信中，朱德写道："在将来抗战中，在争取最后胜利的搏斗中，云南将肩负更大责任，成为抗战的一个重要根据地。"希望他"坚持长期抗战精神，发动民众，巩固其爱国热忱，发挥其救亡伟力，同心协力，缔造独立自由幸福之新中国，以符合著名革命发祥地——云南之光荣传统"。"抗战以来，虽敌寇内部危机加剧，国际地位愈陷孤立，但其在华冒险图逞之野心，将有加无已。更艰苦而光荣之历史任务，落在吾人之肩上。吾民族之解放，全世界之和平，皆有赖于此一战。抗战无论如何，必须坚持到底；团结无论如何，必须巩固扩大；全国同胞抛却过去旧嫌宿怨，合亿万人之心为一心，本抗日高于一切之原则，努力去做，则胜利自然在危难险阻中获得。"①

---

① 《朱德年谱》中，第825、825～826页，中央文献出版社2006年版。

在给邓锡侯的信中，朱德写道："一年抗战，已使敌人内部危机加剧，国际困难日增，其人力亦渐趋枯竭。故今后坚持持久战抗战，争取最后胜利，虽其条件更艰苦，其负责任更重大，而距离胜利则更迅速。争取抗战胜利之首着，在于持久战；进行持久战之必要条件，则为巩固扩大统一战线。年来日寇侵略，虽予吾人以不小损失，但吾人仍拥有广大之领土，众多之人民，充足之富藏与无限潜在抗战力量，诚能发挥此种力量，实行军民一体，上下一致，各党各派弃旧嫌，抛宿怨，结四万万之心为一心，凝四万万人之力为一力，变敌人后方为前线，加强各战场之战略配合，则驱逐敌虏，收复失地，建设独立自主幸福之新中国，当指日可期。目前四川已成抗战的重要根据地，其丰厚之富源，英俊之人才，正大显身手之时。"最后，鼓励他发扬民气，组织民力，在民族解放斗争中起模范作用。①

快要离开西安了，朱德又一次前去看望李根源，祝愿老师早日康复，期望师生能再相见。师生的这次相见，给李根源留下了深刻的印象。两年后的1940年，在抗战三周年之际，李根源感动于八路军将士英勇抗战，写下了七绝五首《"七七"三周年纪念赠抗战将士》诗发表在重庆《大公报》上。读到李根源的这五首七绝诗后，朱德十分感动，他和作了五首七绝诗，并写了一封信寄给李根源老师。朱德在诗的序中这样写道："读《大公报》载印师'七七'三周年纪念赠抗战将士七绝五首，民族正义，溢于同章，拜读之下，莫名欣感，谨和原韵，邮呈指正。"诗文如下：

败不馁兮胜不骄，荡平倭寇气犹高。
军民一致复华北，铁臂齐挥伏海鳌。

法军将帅枉称强，反共仇苏自取亡。
新史当为吾国鉴，运筹决胜在庙堂。

报国仇同志亦同，精诚团结伏强戎。
新师少壮身犹健，扫寇归来唱大风。

---

① 《朱德年谱》中，第825、825～826页，中央文献出版社2006年版。

苦战三年春复秋，山河还我慰同仇。

他年痛饮龙江外，长戍边疆卫九州。

当年父老授旗旌，诲我谆谆将寇平。

前线后方齐努力，定驱暴日返东京。

在信中，朱德向老师表示了誓将抗战进行到底的坚强决心。他写道：

印泉吾师钧鉴：

西安拜别，瞬经两载。犹记病榻之侧，谆谆训示，受益良多。三年以来，德转战华北，坚持敌后，虽不敢自言有功，幸尚未辱钧命耳。倭寇进占越南，威胁滇中，西南局势紧张万分。德等已于八九月间发动百团之兵力，大战于平汉、正太、同蒲、平绥、津浦铁路主要交通线上。赖军民一致，稍有成绩。正太铁路全部破坏，井陉煤矿亦被炸毁。寇之随营商业，皆受重大打击。非得交通战得到胜利，即经济战亦大有成功。且予敌进攻我大后方之战略企图，牵制不小。此次战绩聊可告慰国人，亦可告慰吾师也。越南为西太平洋之战略要地，若为敌占，荷印形势，自必日益严重。日美矛盾亦将更形尖锐。此次大战不仅将及于美、澳、非洲，更将及于全亚。战事绵长，已可决言。我国抗战，处此环境，唯有全国团结一致，发动广大民众共同奋斗，德深信抗战建国之大业必能完成，吾师遍处南滇，日寇威胁昆明，当有制敌良策。德为防滇计，尚请吾师设法发动帮助越南、缅甸、印度之广大民众起来抗战。吾师以为然否？

专此敬颂勋安。

朱德在从西安往延安的途中，特地从洛川转道到晋西吉县古贤村会晤了阎锡山，鼓励他坚持抗战，还商定加强八路军总部同第二战区司令长官部联系的办法，成立了"第十八集团军驻第二战区司令长官部办事处"，并出席了阎锡山召开的孙中山总理纪念周会，在会上讲了话，指出，只要坚持抗日民主统一战线，团结一致，就一定能打胜利仗，日本侵略者是注定要失败的。

8月25日，朱德终于到达了延安。这是他在抗日前线一年后第一次回到延安，受到了延安军民的热烈欢迎。当天，延安各界召开万人欢迎大会。朱德在会上介绍了华北抗战的形势，揭露日军对中国采取亡国灭种的政策，并要求后方把书报刊物大批地输送到前方去，后方的干部与学生也要大批地涌到前线去工作。

到延安后，不断有单位邀请朱德去作报告，朱德总是尽量满足他们的要求。在这些报告中，他除了总结抗战一年来的经验、分析日军战略战术的变迁外，着重讲了华北抗战的情况和所取得的胜利。8月28日，朱德在中共北方局党校作报告说："我八路军可使敌后方变前方"；"游击战的应用，牵制了敌人，且巩固了自己"；"游击队约有十几万人，要给养、伤兵等等，所以建立根据地是重要问题，五台山根据地现已发展到五十余县。"① 8月29日，他又在延安抗日军政大学作了《一年余来华北抗战》的报告，在畅谈一年多来在华北敌后开展游击战争、建立抗日根据地的情况后，指出："华北抗战能够取得这些胜利，主要是忠实执行了民族统一战线的结果。抗日民族统一战线的扩大和巩固，是争取抗战胜利的主要条件。""今后我们还要动员更多的力量参加抗战"。②

9月7日，朱德在延安干部会议上又作了《华北一年来抗战的战略与战术的变迁》的报告，指出："日本侵略者根据他们的条件，订出速战速决的战略和采取中间突破的战术。中国根据自己的条件，战略上应是持久战，战术上应是运动战、游击战，并辅之以阵地战。华北抗战开始时，国民党军队没有采取正确的战略战术，而是在日军进攻面前节节抵抗，结果防线很快被日军突破了。直到八路军奔赴敌后，消灭了大量敌人，解放了大片国土，日军的战略战术才开始有了改变，采用'以华制华'的办法，注意运用伪政权，在军事上也不得不用迂回和包围的战术。但不管敌人的战略战术怎样改变，由于它得不到人民群众的支持，是不会有什么效果的。我们广泛地发动群众，建立抗日根据地，又灵活地运用我们的战略战术，必能最后战胜敌人。"③

---

① 《朱德在北方局党校的报告》，记录稿，1938年8月28日。
② 《朱德年谱》中，第196页，中央文献出版社2006年版。
③ 《朱德年谱》中，第827~828页，中央文献出版社2006年版。

9月14日至26日，朱德参加了中共中央政治局会议。会上，朱德作了八路军工作报告，谈了五个问题：八路军抗战的经过；敌人战略战术的变迁；抗日根据地的建立；八路军本身的问题；一年来抗战的经验教训。

9月29日，中共六届六中全会开幕。这次会议批准了以毛泽东为核心的中央政治局的路线，批判了在统一战线问题上只讲联合不讲斗争的右倾路线，提出了党加强对抗日战争领导的战略规划。

10月2日、3日，朱德在会上以一天半时间作了关于华北八路军的报告。他详细地总结了八路军一年来在华北广泛开展游击战争，开辟敌后抗日根据地的经验教训；分析了抗日战争进行到现阶段的政治、军事形势和敌我战略战术的变迁；指出八路军今后的主要任务是："继续坚持统一战线，坚持抗战，坚持根据地，争取友军，巩固本身"，"眼前的任务就是发展华中，也要八路军担负一部分的作用"。并提出了为实现这个所应采取的措施。[①]

10月19日会议继续进行，朱德在会上发言说：抗日战争是持久战，号召全党全军要进一步加强团结，以渡过目前的困难时期。

在这次会议期间，由于日军大举进攻，武汉危急。中共中央决定由朱德到武汉去了解情况，并鼓励蒋介石继续坚持抗战。那时，日军的飞机经常空袭武汉，朱德冒险在10月22日搭乘战斗机飞抵武汉。随即由周恩来陪同去见蒋介石。朱德向蒋介石报告了八路军一年多来的战绩、敌后抗日根据地建立的情况以及取得这些胜利的原因；并强调：只要发动群众、武装群众，即使退到重庆也不要紧，日寇是一定能够打败的。并向蒋介石报告了八路军人数已达12万及其分布情况，要求准予改师为军。还要求成立八路军总部直辖炮兵营，增发八路军的经费和弹药。

当天晚上，朱德住在武汉鄱阳街一号郭沫若家里。他俩都是四川人，早在大革命时期就相识了。1927年3月底，时任国民革命军总政治部副主任的郭沫若来到南昌，住在朱德的寓所。随后，两人又在白色恐怖的腥风

---

① 朱德在中共六届六中全会上的报告，记录稿，1938年10月3日。

血雨中，一起参加南昌起义，后随朱德率领的第九军南下，起义失败后，郭沫若流亡到日本生活了10年，这时，正担任军事委员会政治部第三厅厅长。战友重逢，格外欢欣。郭沫若作了一首白话诗相赠。朱德也和了一首题为《重逢》的白话诗，作为纪念：

> 别后十有一年。大革命失败，
> 东江握别。抗日战酣，
> 又在汉皋重见。你自敌国归来，
> 敌情详细贡献。我自敌后归来，
> 胜利也说不完。寇深入我腹地，
> 我还须坚持华北抗战，
> 并须收复中原，你去支持南天。
> 重逢又别，再见必期鸭绿江边。①

10月23日，朱德匆匆从武汉飞回延安，继续参加中共六届六中全会，并向全会介绍了在武汉了解的情况。他认为，军队中对局势悲观失望的人比较少，而在政界比较多，特别国民党副总裁汪精卫一再放出"和平"空气，但国共关系还不至于破裂。

朱德回延安后两天，汉口就失守了。

11月6日，中共六届六中全会闭幕。这次会议基本上纠正了王明右倾投降主义错误，统一了中国共产党内的步调。11月9日，中共中央政治局决定，以朱德、彭德怀、杨尚昆、聂荣臻、关向应、邓小平、彭真、程子华、郭洪涛为中共中央北方局委员，朱德、彭德怀、杨尚昆为常委，杨尚昆任北方局书记。

在中共六届六中全会期间，冀中、冀南、豫北、鲁西北等地的顽固分子无理地不断进攻八路军创建的敌后抗日根据地。朱德、彭德怀在延安致电驻守在这些地区的八路军指挥员，要他们动员群众，破坏顽固分子联合进攻的阴谋；并命令第一二九师立刻派遣有力部队进入河北南宫县城及近郊，第三八六旅旅长陈赓率领两个团进抵鲁西北聊城；而在豫北方面实行

---

① 《朱德诗词集》（新编本）上，第57页，中央文献出版社2006年版。

必要的让步，对顽固分子的进攻，总的仍采取"防御斗争原则"。

中共六届六中全会结束后，朱德便动身返回华北抗日前线。11 月 13 日，到达西安，在这里稍作停留后，在这个月下旬渡过黄河来到吉县又一次会晤阎锡山，进一步鼓励阎锡山坚持抗战，指出：悲观的亡国论是不对的，盲目乐观的速胜论也没有根据。只要全国人民团结起来，有钱出钱，有人出人，打败日本侵略者是一定能办到的。

在吉县，朱德还应邀在晋绥军校尉级军官训练团作了题为《抗日的战略战术与建立新军问题》的讲演。他先从战略讲起。首先是持久战的问题。他回答了这样一个问题："持久战是否能够得到最后的胜利呢？"朱德说："也许有些人还在怀疑着，其实这是多余的，我们对这一战争性质有正确的认识和信心，认为取得最后的胜利，是有充分把握的。无可否认，敌国地小人少，但因有数十年的准备，故企图用速战速决的战略，早些解决战局。而我们相反，地大物博，人口众多，适于用持久战的韧性战斗，以打破他们的计划。并且我们是民族革命战争，一面生产，一面作战，同时建设新国家，除去以前的弊端，使经济、政治步入正轨，在艰苦困难中，改良我们的军队，加强我们的武力。我们坚决地相信，持久战是可以战胜敌人的，最后胜利是有把握的。"①

接着，朱德又从中日双方的人口、经济、政治、武器、交通等方面进行了对比分析，指出："以上五项比较看来，持久战之成为我们的胜利之途，当之无疑。"②

战略的第二个问题是全面抗战。朱德强调说："全民的全面抗战，过去没有做到，现在已经逐步地向着这条路上走了。广大民众的组织的发动，军民打成一片等现象的形成，这都是走上全面抗战的基础。这种形势，完全是由于民众保卫他们的家乡的动机促成的。因此，我们的队伍越打越多，越打越强，运用敌进我退、敌退我进、敌疲我打的各种方法去对付并打击敌人，陷敌于疲于奔命的状态。自然，这种成果，不单是靠我们的武力，而是用各式各样的方法争取到的，如利用良好的地形，建立游击根据地，把当地的党政军民组织起来，作为坚强的堡垒，使敌人机械化的

---

① 《朱德军事文选》，第 334 页，解放军出版社 1997 年版。
② 《朱德军事文选》，第 335 页，解放军出版社 1997 年版。

武器完全失效。在这种条件下，使我们全国的人民，打仗的打仗，种地的种地，生产的生产，敌来就打，打回来就休息。这样坚持下去，建立许多抗日的根据地，不用说，我们的国家将会在持久抗战中，一步步地健壮起来。"①

朱德又提出"怎样争取主动"的问题。他说："过去的战争，都是摆开架子打，敌攻我守，陷我们于被动地位，所以，我们吃了亏。经验教训启示了我们，现在已由被动变为主动，使我们知道在战斗中，不固守一点，专找敌人的弱点和空隙，也就是它打我不打，它不打我打。……这样，自然就能争取到主动。""我们有广大的土地和人民，到处都可以建立我们的根据地，使游击战、运动战配合起来，则侧面、背面固可主动，而正面亦可依山势或别的有利形势，成为主动。"②

朱德还讲到了抗日战争的战术问题，提出抗日战争的战术原则主要是：（一）指挥的机动性。"指挥官下达命令，以具有命令的机动性为原则，对下级不下死命令，处处给下级指挥官留活动余地。然后，各级指挥官依据指挥的机动性，详察上级指挥官的意旨与企图，随机应变，因时制宜。……无论进攻或退守，都要机动，都能机动，才有战胜敌人的把握。"③（二）秘密是保持机动的要着。朱德指出："因科学的进步，我们的有线电、无线电均随时有被敌人窃知的危险，尤其因为汉奸、敌探、间谍密布，消息很难封锁。因此，我们必须认真保守机密，使敌无法察知我们的行动，自然，我们可以运动自如了。"（三）迅速为游击制胜之要诀。"一个战役的结束要快，行动要敏捷，迅速确实，飘忽无定，使敌不知我之主力所在，我们的运动自如，才有歼灭敌人的把握。"④（四）坚决为各级干部必须具有的条件。"一个战役须速战速决，处置果断。千万不要游移不决，对于敌人不能取全部的胜利，亦必须保持战役中一部分的胜利。"⑤（五）突击。"战略是守，战术是攻。运动游击是进攻的战役战斗，这种战斗要以攻为守，处处争取主动，在敌人未展开以前，实行突然袭

① 《朱德军事文选》，第 336 页，解放军出版社 1997 年版。
② 《朱德军事文选》，第 336～337 页，解放军出版社 1997 年版。
③ 《朱德军事文选》，第 337 页，解放军出版社 1997 年版。
④ 《朱德军事文选》，第 337～338 页，解放军出版社 1997 年版。
⑤ 《朱德军事文选》，第 338 页，解放军出版社 1997 年版。

击，是战胜敌人的第一要诀。"（六）实行运动防御。（七）进击。（八）退却。"我们的退却却要走小路、爬山，绕到敌人的后方，把退却变为进击敌人，打敌人的后尾。"①

　　关于怎样建立新军问题，朱德说："新军是打仗练出来的，就是营盘里的训练也必须与实际战争相联系，尤其处在民族革命战争的现阶段，建立新军，必须发动广大民众参加，组织自动为抗日而来的积极分子，造成抗日的武装部队。"

　　朱德的讲演无疑给晋绥军的军官们受到很深的教育。

　　12 月 1 日，朱德回到了晋东南八路军总部。

①《朱德军事文选》，第 338 页，解放军出版社 1997 年版。

军事家朱德

二十、在反摩擦斗争中

摩擦之初

　　1938 年底，当朱德从延安回到八路军总部时，华北敌后抗战的局势已日趋复杂。自武汉失守后，中国的抗战形势发生了重大变化，抗日战争逐渐进入战略相持阶段。日本侵略者在继续坚持灭亡中国的总方针之下，对其侵华的战略和策略进行了一些调整。在政治上，把对国民党政府以军事进攻为主、政治诱降为辅的方针，转变为以政治诱降为主、军事打击为辅的方针。在军事上，日军基本上停止对正面战场的大规模进攻，而逐渐将其注意力集中于打击和消灭共产党领导的八路军和新四军，尤其是把进攻的重点转向敌后游击战争发展最迅速最广泛的华北各抗日根据地。在这种情况下，蒋介石虽然仍然继续抗日，但是，对中国共产党及其领导下的八路军、新四军的态度却发生了很大的变化。

　　在这之前，蒋介石尽管从未放松过对中国共产党的防范，但在日军大举进攻面前，他对抗日的态度还是比较积极的。同时，他在正面战场的部队一再败退，也需要八路军在敌后帮他拖住日军的进攻，所以，他那时不反对，还多次主动要求八路军深入敌后积极活动。可是，当正面日军压力减轻以后，特别是看到八路军在敌后迅速发展和壮大，中国共产党的影响也迅速扩大，他的态度就发生了急遽的变化。对于这一点，朱德后来曾作过生动的说明。他说：开始时，蒋介石让共产党、八路军到敌后去是想借刀杀人，像把孙猴子放在太上老君的八卦炉里烧，看你活得成活不成。可是，他没有想到，共产党、八路军在敌后不但没有被消灭，反而迅速发展壮大起来，这下把他吓死了。武汉失守后，他认为这样下去，抗战胜利了，中国是共产党的；抗战失败了，中国是日本人的。① 敌后抗日民主政权像雨后春笋般地兴起，也出乎蒋介石的意料之外。他不愿意看到以前的旧政权被抗日根据地民众选举产生的新政权所代替，想把它重新夺回来。于是，他就设法派大批人员到华北敌后来"限共"、"溶共"，不断挑起摩擦，这就严重恶化了抗战初期国共两党之间那种团结抗日的良好气氛。

在朱德从太行前线返回延安这段时间，国民党最高当局任命鹿钟麟为河北省政府主席兼河北省保安司令，到河北来同共产党、八路军争夺领导权。鹿钟麟原是西北军冯玉祥的部下，是一个同共产党有过合作关系的中间派人士。但蒋介石知道鹿钟麟在当了省主席后，一定会尽力把共产党、八路军挤出河北，他可以坐收渔人之利。如果鹿钟麟同共产党发生矛盾，那就可以使人以为是共产党容不得中间派人士，而不是他蒋介石容不得共产党。为了保证这一意图的实现，蒋介石还在河北省政府领导班子中安插了一批坚决反共的顽固分子，以控制和影响鹿钟麟的行动。其中，省政府委员、民军总司令张荫梧在抗战前就是河北的一霸，是河北博野一带地方反动势力的头子。日军侵占冀中前，他随国民党军队一起逃跑了。八路军从日军手中收复失地后，他又回到博野，发展武装，成立民军司令部，自任民军总指挥，是一个积极反共的"摩擦专家"。尽管这样，在鹿钟麟、张荫梧任命以后，中国共产党从巩固抗日民族统一战线的大局出发，还是表示欢迎，同时也保持必要的警惕。②

鹿钟麟接受任命以后，渡过黄河，到长治访问八路军总部。这时，朱德、彭德怀已先后动身回延安，由刘伯承出面同他商谈在河北合作抗日的问题。但是，鹿钟麟并没有完全接受，当他到达冀南南宫地区后，就开始排挤共产党和八路军。张荫梧更是强行向晋察冀抗日根据地的平山、行唐、阜平插手。

在国民党当局如此步步进逼的情况下，1938 年 9 月 7 日，朱德、毛泽东等致电聂荣臻，指出：边区各军政机关，如果没有得到边区政府和军区司令部的指示，拒绝服从任何人的命令，并禁止任何其他人在边区进行军事、政治行动；如果河北省政府和张荫梧正式派人来交涉，须给以礼遇并

---

① 《朱德在西北局干部会上的报告》，记录稿，1943 年 8 月 18 日。
② 参见《朱德传》（修订本），第 575 页，中央文献出版社 2000 年版。

与之谈判。9月18日，朱德、彭德怀又和八路军总政治部主任王稼祥、中共中央北方局书记刘少奇联名致电徐向前、刘伯承等，指出：看来鹿钟麟似已开始向我方进攻，请你们向鹿提出严重质问，鹿如果能诚恳让步，我们应与之合作建立抗日根据地；如果他对冀南军政系统采取打击和破坏的政策，则不能向他让步，必须坚决防御。

在蒋介石的指使下，国民党顽固分子鹿钟麟在冀南地区不断加紧制造摩擦，并公开宣传反对八路军的言论，散布谣言，破坏抗日民族统一战线；更为严重的是竟悍然宣布取消抗日的冀南行政主任公署，撤换各地抗日县长。

面对国民党顽固派在冀南制造的种种摩擦，朱德仍然坚持把民族斗争放在第一位，不愿意看到抗日民族统一战线发生破裂。因此，他和彭德怀提出冀南反摩擦斗争的原则是：硬不破坏统一战线，软不丧失政治立场。并且指出：冀南是我兵员资材来源和连贯山东的要道，已经取得的抗日民主政权决不可轻易放手。为此，要争取群众的同情和拥护；对鹿钟麟，要避免同他发生武装冲突，如果他先向我开枪，则给以有力的打击。同时，指示收集鹿钟麟破坏抗日民族统一战线的证据，以便必要时加以揭露。12月2日，朱德、彭德怀、朱瑞联名向中共中央书记处及周恩来发出一份电报，向他们报告了鹿钟麟破坏抗日统一战线的情况。当日，中央书记处就发来了回电，指出：鹿本无甚力量，只有省府合法地位。他拟采取排挤八路军而扩充自己的方针，因此估计与鹿合作须经过一般激烈斗争，否则鹿恐难觉悟。我们的基本方针是促其改变态度与我合作，但目前当其无理进攻时，应给以有力反抗。武装冲突应尽力避免，但当其过分无理时，采取自卫并做到使群众、地方名流及中立者觉得鹿太无理，而八路军是不得已。①

12月4日，蒋介石任命鹿钟麟担任冀察战区司令。12日，又决定将原来驻在山东的第十军团石友三部开往冀南，归鹿钟麟指挥。这个月的中、下旬，蒋介石在陕西武功县召开了军事会议。这次会议不再邀请八路军将领参加，这是他对中国共产党、八路军的方针发生变化的明显征兆。

---

① 《朱德年谱》中，第843页，中央文献出版社2006年版。

会议期间，国民党副总裁、国防最高会议副主席汪精卫由重庆潜逃出国投敌。这时，朱德、彭德怀到西安同蒋介石商谈解决河北摩擦问题。12月24日，彭德怀偕同林伯渠、王明会见蒋介石，但是，蒋介石因急于回重庆处理汪精卫外逃问题，约彭德怀去重庆再谈。

彭德怀到重庆同蒋介石会谈时，蒋介石公开采取偏袒鹿钟麟的态度，强调要维持国民党政府原来在河北的行政系统，八路军只能向省府推荐行政人员；同时，提出由程潜、卫立煌派大员同彭德怀一起去河北调查解决问题。因此，彭德怀便来到洛阳去见程潜和卫立煌。程潜原来是第一战区司令长官，这时已决定调任天水行营主任，他的第一战区司令长官的职务则由卫立煌接任。当彭德怀来到了洛阳时，程潜和卫立煌正在忙于交接工作。程潜决定派天水行营高级参议刘古风和彭德怀同去河北，调查处理摩擦问题。①

在战争的烽火岁月中，迎来了1939年。在新年的第一天，朱德在《新华日报》华北版创刊号发表了《迎接一九三九年》的文章，强调："巩固与扩大抗日民族统一战线，这是争取抗战胜利的最重要的保证。"他针对蒋介石、阎锡山压制敌后抗日民众运动的企图，指出，为了在华北长期支持抗战，"今天的问题不是将已有的民众组织加以取消的问题，而是将已有的组织加以培植与扶助，未有组织的，加以组织起来，树立起一支伟大的力量，使他们积极的援助政府与军队的抗战工作，这乃是最迫不容缓的任务。只有这样做去，才有利于国家民族。"他还为《新华日报》华北版题词："坚持华北抗战，保卫大西北。"

这一天，由山西第三、第五行政专署在沁县联合召开有数万人参加的晋东南"扔蒋反汪"大会，朱德在会上讲话，痛斥汪精卫的卖国投降活动，表示支持蒋介石继续抗日，强调巩固和发展抗日民族统一战线，团结一致，共同对敌。1月3日，朱德出席了山西青年抗敌决死队第三纵队在沁县召开的干部会议并发表讲话，指出：要坚持华北抗战，粉碎日军的新进攻，在战略上应是持久战，在战役战术上则是速决战。这就要发动群众，取得群众的配合。中国要真正想把日本侵略者打出去，建立一个新中

---

① 参见《朱德传》（修订本），第586页，中央文献出版社2000年版。

国，没有强大的崭新的军队是不行的。

新年过后，尽管朱德一再派人同鹿钟麟商讨解决河北摩擦问题，鹿钟麟虽在口头上也讲团结抗战，但在行动上却不断制造事端，加剧摩擦，令人痛心的河北摩擦事件不断发生。不仅使问题没有得到解决，反而情况更加日益严重。

面对这种状况，1月7日，朱德给鹿钟麟发出一份电报，指出：

"最近各地发生武装冲突，逼收政权、互相残害之惊人事件层见迭出。""目前一切问题，弟已电令敝部一二九师（师）长刘伯承、（副师长）徐向前、政治部主任邓小平就近与兄相商，共同解决。必须以国家民族为前提，遇事相商，采取互助互让办法，勿使事端扩大，集中力量以对外敌，实为当前之急务。""彭德怀同志此次赴渝谒委座，对华北问题已得面谕，并曾示以各方文电。委员长决定电程（潜）、卫（立煌）司令长官派大员，协彭德怀同志到兄处共同商决办理一切，想必能更彻底解决，精诚一致，共赴危难。"①

但是，这一切的努力都无法改变国民党顽固派积极反共的既定方针。1月10日，国民党当局任命一向顽固反共的石友三为察哈尔省政府主席。11日，国民政府军事委员会发出电报，命令：八路军第一二九师、第一一五师正规部队归还第二战区，游击部队分别归冀察战区及苏鲁战区指挥。这实际上，就是限定八路军不得在河北、察哈尔、山东行动，反而要将这些地区内经过八路军长期艰苦工作所发展起来的游击队，统统划归国民党军队指挥。鹿钟麟又乘机扩充势力，武装接取关卡、政权。②

1月17日，朱德同杨尚昆致电刘伯承、邓小平、徐向前，指出：在冀南地区，应以积极作战求得胜利，粉碎敌人的围攻为主要目的，作战方针是动员民众积极帮助军队作战，做到军政民一致对敌。亦应争取国民党军队与我军共同杀敌，军队各集团应以主力采取主动积极的灵活的运动游击

---

① 《朱德传》（修订本），第589页，中央文献出版社2000年版。

② 参见《朱德传》（修订本），第589页，中央文献出版社2000年版。

战术，求得部分地逐次地消灭敌人。两天后，又给中共中央书记处发出一份电报，指出：国民党对党采取限制政策，华北各地如冀中、冀南、津南、山东的摩擦日渐增加。我们在华北应做以下部署：我正规军及各游击队应积极向敌占区活动，粉碎敌人对冀中、冀南的进攻；一一五师直属队及六八六团拟进入冀鲁边地区，由罗荣桓率干部去山东传达党的六中全会精神，帮助整理山东纵队，六八五团仍留现地区与彭雪枫部配合工作；加紧对整个部队的统一战线及军政教育，调整各新编部队，以增强战斗力；深入与巩固各地党的工作及群众工作；加强各友军的联络工作；纠正统一战线工作中的缺点，反对关门主义。在河北对鹿钟麟准备作某些无害大局的让步，以求得减少摩擦。

1月下旬，彭德怀又到重庆同蒋介石商谈解决河北摩擦的问题。但是，就在彭德怀同蒋介石在重庆商谈的第二天，重庆政府军令部就正式颁布冀察战区的战斗序列，下辖：第九十七军朱怀冰部；第十军团石友三部；河北民军总指挥张荫梧部；豫东游击司令孙殿英部；河北保北保安团及冀察各游击队。这样，把驻在豫北的国民党部队中力量最强的朱怀冰部也列入了冀察战区，将重兵陆续调集到这个地区，这显然是蒋介石想扩大河北摩擦的重要步骤。

1月21日至30日，国民党五届五中全会在重庆召开。这次会议使国内政治局势发生了重大逆转，国民党政策重点逐渐从对外转向对内，实行消极抗战、积极反共的方针。从此全国各地，尤其是河北，摩擦事件日益增多，性质也日益严重。

对此，朱德立即作出反应。1月31日，他和八路军其他重要将领联名致电延安，请转发致蒋介石电，电文说："自防止异党活动办法流行以来，各地摩擦纷起，冲突时有，力量抵消，莫此为甚。"他们要求蒋介石"明令禁止防止异党办法之流行，并对抗日阵营中之矛盾现象作彻底之调整，对暗藏之汪派作彻底之清洗，用以巩固团结，加强抗战力量，则俾益抗战实为多多矣。"①

这时，彭德怀陪同程潜所派的天水行营高级参议刘古风到达八路军总

① 《朱德传》（修订本），第591页，中央文献出版社2000年版。

部。虽然朱德这时正忙于指挥部队准备消灭一股进犯晋东南辽县的日军，军情十分紧张，军务极其繁忙，但他还是抽出时间认真接待了刘古风。他和彭德怀、杨尚昆、中共北方局军事部部长朱瑞等商量了一个同鹿钟麟谈判的纲领，力争在此基础上恢复双方的团结合作，并向中共中央书记处作了报告。这个纲领坚持巩固并扩大抗日根据地、发动民众、武装民众、两党合作、共赴国难、开放民主、改善民生、实行减租减息等原则，提出了合理的财政经济政策；同时，在统一行政、实行合理的统一军事指挥等问题上作了必要的让步。①

2月中旬，彭德怀带着这个谈判纲领同刘古风一起来到冀南找鹿钟麟准备进行谈判。没有想到的是，当他们到达冀南时却怎么也找不到鹿钟麟。原来，当日军开始"扫荡"冀南时，鹿钟麟的部队同日军接触三四次后损失不小，连电台也丢了，便丢下地盘，逃过平汉铁路，躲进了山区安全地带，连个人影也见不着了。没有办法，彭德怀只得留在冀南地区指挥作战，刘古风也只好空手回去了。

虽然鹿钟麟和他的部队对抗日采取了不战而逃的消极态度，但对制造摩擦却十分积极，一时一刻也没有放松过。2月上旬，八路军汪乃贵支队在束鹿附近同日军作战时，乘这个支队第一营第九连失去联络之机，鹿钟麟部队却袭击了这个连，使这个连的政治指导员何宣桥、排长1人、班长4人、战士15人及带路的老百姓2人被杀，长短枪21支被缴。鹿钟麟所属的赵云祥部还活埋八路军通讯员、地方工作人员20余名，到处吊打地方行政人员和医务人员，挖去八路军埋藏的经费、机器多件。但当朱德将这些情况报告给蒋介石、程潜、阎锡山、卫立煌等人，要求他们严厉制止这种破坏抗战的反共罪行时，蒋介石却置之不理。

为了制止鹿钟麟在河北制造摩擦，2月10日，中共中央书记处就河北等地的摩擦日益加剧问题发出指示，指出："敌后抗战形势要求我军、政、党、民之一致，应由当地高级指挥官兼地方行政官。河北之摩擦原因，就在于军政不一致、鹿（钟麟）向八路军抢夺政权与地区所引起。因此，为真正统一指挥及统一行政起见，应坚决要求撤换鹿钟麟，以朱德为冀察战

---

① 《朱德传》（修订本），第592页，中央文献出版社2000年版。

区总司令兼河北主席。"接着，中共中央书记处又一次发出关于对鹿钟麟的政策指示，指出："鹿在河北整个期间之行动，是有害抗战，破坏团结，阻碍三民主义之实施，分离军、政、党、民之一致，制造摩擦，使河北平原抗战根据地之巩固受到重大损害，而在敌人进攻时，鹿即放弃责任率队逃跑。我八路军则与敌血战，坚持河北抗战。彭（德怀）亲赴冀南指挥并求与鹿见面讨论抗战办法，竟无法找到鹿之所在。因此鹿应受到撤职处分，以河北省政交与八路军及其他无恐日病有责任心人员担负，否则河北前途甚为可危。"中共中央的这些意见，通过周恩来、叶剑英等转告国民党当局，但蒋介石不仅根本不听，反而变本加厉地在河北制造摩擦事件。①

针对中共中央提出的以朱德代替鹿钟麟任河北省主席的意见，3月20日，国民党当局任命朱德为第二战区副司令长官。6月间，彭德怀与鹿钟麟又一次进行会谈，尽管八路军作出不少的让步，但是鹿钟麟根本没有诚心，仍然坚持要取消冀南主任公署，结果会谈没有任何效果。朱德后来愤慨地说："河北及各地抗日政权是人民自己赶走敌人、自己选举出来的。行政工作人员个个都不要钱，不怕死，天天背包袱，打游击。""顽固分子一定说他不合法，要取消，另来一套。""事实证明，敌后抗战坚持必须抗日政权的配合，如果把过去那些失职的官僚都搬到河北去当行政人员，成天两台花酒、四圈麻将，那立刻会断送一切。我们八路军对于此问题是当仁不让的。"②

国民党顽固派在河北制造的反共摩擦越来越肆无忌惮了。张荫梧更是公开表示："八路军怕统一战线破裂"，以为无论他们怎样为所欲为，中共方面也不敢进行反击。

对于张荫梧这些国民党顽固分子的反共活动，朱德实在已到了忍无可忍的地步，不得不下令进行反击。6月22日，一举歼灭张荫梧部2000余人。但是，朱德还是很有节制，希望鹿钟麟、张荫梧等能吸取教训，消弭摩擦，共同抗战。当贺龙率领第一二〇师主力到达冀中时，朱德要求贺龙、聂荣臻、刘伯承等加强同鹿钟麟的联络，向他报告冀中、冀南的敌情和对日军作战等情况。朱德指示他们说："加紧各方统一战线工作，团结

---

① 《朱德传》（修订本），第593～594页，中央文献出版社2000年版。
② 朱德在延安干部会上的报告：《华北抗战总结》，1940年6月20日。

抗日力量，克服目前困难；对一切顽固势力必须采取人不犯我、我不犯人，反摩擦亦须适可而止。"①

7月，日军开始对晋东南发动第二次九路围攻，正值河北连降暴雨，水势猛涨，日军乘机掘堤放水，冀中、冀南全部被淹在水中。正当八路军在艰苦环境中同围攻的日军进行生死搏斗的时候，张荫梧又在8月1日从背后袭击，派兵包围八路军驻中马峪村的赞皇工作团，捕杀八路军工作人员10多人，并将该工作团的公私财物及文件抢劫一空。12日，张荫梧部3000余人又一次袭击了八路军赞皇工作团及独立支队第二大队。八路军在反击中缴获了张荫梧部下勾结日军共同向八路军进攻的密信。在这样确凿的证据面前，受害已久的当地八路军广大指战员和民众坚决要求清算张荫梧的罪行，为被杀害的兄弟报仇。

8月13日，朱德在晋东南各界纪念"八一三"暨追悼平江惨案殉难烈士大会上的讲话中，强烈谴责国民党顽固派制造摩擦的行为，指出，这是为日寇灭亡中国的反动目的服务的。他严正提出：政府要继续领导抗日，就要严厉制止这类投降派的活动。15日，朱德和彭德怀联名致电蒋介石，义正词严地指出："查张荫梧部已屡次肇祸于冀中、冀南，今值敌寇大举西犯时，又复迭次扣留、杀害、诬蔑职部"；要求蒋介石"迅予制止，彻底解决"。同日，他们又致电刘伯承等并毛泽东、王稼祥，提出对河北国民党顽固派进行斗争的方针和部署，指出：对张荫梧这样的顽固分子要加以打击并全部歼灭之。这个意见得到了中共中央的同意和批准。刘伯承接到电报后，在8月24日一举将张荫梧部大部歼灭。27日又全歼他的残部，张荫梧只身逃跑了。②

12月11日，朱德、彭德怀致电程潜，向他报告了张荫梧破坏团结进攻八路军的情况，电报全文是：

天水行营主任程钧鉴：

前河北民军总指挥张荫梧，在冀中、冀南一带屡向职部军事进攻，阴谋诬陷、破坏团结、违抗法纪，业经职等据情呈报，并

---

① 《朱德传》（修订本），第596页，中央文献出版社2000年版。
② 参见《朱德传》（修订本），第597页，中央文献出版社2000年版。

经国民政府予以惩处在案。职等对政府之公允处理，本不容再行置喙，乃读据职一二九师师长刘伯承呈称：'近又获得张荫梧文件九种，除证明该张荫梧蓄谋向第十八集团军进攻外，并有捏造中国共产党文件及通敌证据。似此谬行逆迹，绝非止于破坏团结，进攻友军。谨查呈原件伏祈鉴核，转呈查究'等情。据此，望令检阅原件，照片及原文附呈，伏祈鉴核。

职

朱德彭德怀叩

民国二十八年十二月十一日

粉碎第一次反共高潮

在河北反共摩擦愈演愈烈的同时，国民党顽固派军队在山西的摩擦活动也开始日益加剧。

山西的情况和河北有所不同。八路军是在阎锡山处境十分困难的时候应邀开赴山西抗日前线的，并在晋西北、晋东北、晋东南、晋西南建立了抗日根据地，拖住日军的凌厉攻势，使山西境内的国民党军队得到重新整理和补充的机会。八路军又是正式列入第二战区序列的。山西的群众基础也比较好。因此，国民党在山西反共摩擦的重点不便直接指向八路军，而是主要针对山西新军决死队和牺盟会。①

国民党五届五中全会后，1939 年 3 月下旬至 4 月下旬，阎锡山在陕西宜川秋林镇召开了一次山西军、政、民高级干部会议，史称"秋林会议"。正是在这次会议上，阎锡山公开宣扬同日军和平妥协和反对共产党、八路军的言论；并企图取消山西新军的政治委员制度和新军里的共产党组织，由旧军来吞并新军。由于进步势力的抵抗，阎锡山的企图没有能实现。但是，山西的政治气氛从此大变，摩擦事件也不断发生。

---

① 参见《朱德传》（修订稿），第 597 页，中央文献出版社 2000 年版。

当时，山西的国民党顽固派制造一种舆论，说共产党、八路军力量的不断发展壮大是一种威胁，因此，必须进行"限共"、"防共"。朱德在一次公开会上回击了这种论调。他说：我认为共产党、八路军的力量还是太小了，还不能打败日本帝国主义。抗战两年来，共产党、八路军的确有相当的发展；但是，受到威胁的只是日本侵略军。如果以为共产党、八路军的力量太大了，要想"限共"，那就是限制抗日力量，帮助日本帝国主义，一定要遭到全国人民的反对。"①

到11月间，中国国内的形势愈益严重。这个月的中旬，国民党召开了五届六中全会，由过去以"政治限共为主，军事限共为辅"，改变为以"军事限共为主，政治限共为辅"，并发布了《处理异党问题实施方案》。这次会后，就立即调兵遣将，加紧对陕甘宁边区和八路军、山西新军的军事进攻，掀起了第一次反共高潮。

鉴于险恶的风暴即将来临，彭德怀在10月中旬受命去延安向中共中央汇报情况，商讨对策；并在沿途视察八路军各部的准备情况，访问国民党军政大员程潜、卫立煌等。12月4日，彭德怀在途中接到朱德、杨尚昆的来电，告诉他说，国民党五届六中全会后，"在华北重新调动力量与布置主力，企图限制我党、我军发展，估计今后摩擦将有更尖锐的展开"。电报中也告诉彭德怀，八路军总部针对这种情况所进行的部署。

当彭德怀途经陕西宜川同阎锡山谈判的时候，阎锡山发动了进攻山西新军的"十二月事变"。因此，彭德怀在延安只匆匆停留了几天，就赶回山西。根据八路军总部的部署，在晋南的阳城等斗争最激烈的地区，组织当地新军和八路军反击旧军的进攻②。

12月25日，朱德、彭德怀、林彪、贺龙、刘伯承及八路军后方留守处主任萧劲光，陕甘宁边区政府主席林伯渠等联名通电全国，沉痛地指出："当此在我则抗日第一，团结为先，在敌则政治诱降、反共为亟之际，稍有人心，诚不应挑拨争端，制造摩擦，更不应枪口对内，遗笑友邦。"电文呼吁团结抗战，消弭内争。

12月31日，朱德在接见《新华日报》华北版记者时，对山西"十二

---

① 参见《朱德传》（修订本），第597~598页，中央文献出版社2000年版。
② 参见《朱德传》（修订本），第598~599页，中央文献出版社2000年版。

月事变"发表公开谈话,指出:"在此被害之进步分子中,亦有共产党员及八路军工作人员,八路军对此亦不能漠不关心。八路军对少数阴谋分子之危害中国共产党及八路军之言论,正在密切注意中。"①

在朱德、彭德怀的统一部署下,八路军有力地支持山西新军进行自卫抵抗。为了避免国共合作的破裂,根据中共中央的方针,在山西仍对阎锡山作了一些让步,把吕梁山的大部分地区让给了他,八路军只控制一小部分地区和一条通道。这样,山西的矛盾暂时缓和了下来。②

就在山西的矛盾暂时得到缓和之时,河北的摩擦却又进一步升级了。

由于八路军第一二九师对张荫梧部的有力打击,加之张荫梧通敌有据,蒋介石不得不把他撤职,改由第九十七军军长朱怀冰兼任冀察战区政治部主任和河北省政府民政厅长,由乔明礼接任河北民军总指挥。蒋介石又准备从黄河以南增调第四十一、第七十一两军到河北,以增强在河北的反共军事进攻的力量。

从当时的情况来看,河北摩擦的重心还是在冀南地区。朱德考虑到,如果单独由八路军第一二九师来打退这次规模很大的反共军事进攻,困难很大。因此,他决定从晋察冀抗日根据地抽调一部分兵力南下,支持晋冀鲁豫抗日根据地的斗争。

朱怀冰在奉调列入冀察战区序列后,立刻从豫北率部北上,成为同八路军在河北搞摩擦的主力。他进到晋西后,就抢占战略要地,指挥早已通敌的别动总队第四纵队侯如墉部及河北民军乔礼明部向八路军进攻,朱德当机立断,下令歼灭这两支已无争取可能而又向八路军发动新的进攻的顽固派军队。在八路军歼灭这两部以后,日军出动 2500 多人,以飞机配合,袭击正在乘胜追击的八路军,使侯如墉、乔礼明二人得以各率残部逃到了栾城和石家庄附近公开投敌③。

1940 年 1 月中旬,蒋介石公然命令八路军撤至白(圭)晋(城)路以东,邯(郸)长(治)路以北,随即调动国民党军队向太岳、太南地区推进,企图把八路军排挤出这两个地区。朱德断然拒绝了蒋介石的这个

---

① 参见《朱德年谱》中,第 927~928 页,中央文献出版社 2000 年版。
② 参见《朱德传》(修订本),第 601~602 页,中央文献出版社 2000 年版。
③ 参见《朱德传》(修订本),第 602 页,中央文献出版社 2000 年版。

错误命令，并令陈赓率第三八六旅主力及八路军总部特务团移驻太岳区，同山西青年抗敌决死队第三纵队会合，在临（汾）屯（留）公路一线集结，和薄一波统一指挥这个地区的八路军和决死队，保卫太岳抗日根据地，挫败了蒋介石的阴谋。

由于侯如墉、乔礼明两部被歼，晋察冀南下增援部队又到达太行，朱怀冰部孤悬冀西，不免胆怯。2 月初，根据蒋介石的命令，朱怀冰、鹿钟麟一起撤至冀豫交界处的磁石、武安、涉县、林县一带，同冀南一带的石友三部、豫北的丁树本部和山东的沈鸿烈部相呼应，等候从黄河以南增援的两个军到太原，准备会合后再向八路军发动进攻①。

1 月 30 日，毛泽东为中共中央书记处起草了一份给朱德、彭德怀、杨尚昆、刘伯承、邓小平等人的电报，要求他们在自卫原则下给进攻者以彻底打击，电报指出："对河北与山西境内的任何军队，不论是中央军、晋绥军及石友三，如果他进攻八路地区，我应在自卫原则下，在有理有利条件下，坚决反抗并彻底消灭之。应号召我八路全体军队，号召两省全体人民，坚决打击一切从抗日阵线后面进攻者，应公开普遍宣传'从抗日阵线后面进攻的就是汉奸'，'打倒进攻八路军的汉奸'，'打倒进攻决死队的汉奸'，'打倒破坏抗日根据地的汉奸'。只有造成全体军民反汉奸、反进攻的热潮，并给实行进攻者以彻底打击，才能停止那些阴谋家、冒险家的诡计，才能分化他们内部，才能使动摇的军队不敢参加进攻，才能与努力进行军队中统一战线工作（此工作要十分加紧）作有效的配合。此方针同样适用于山东，望山东亦坚决这样做。"②

在晋察冀抗日根据地一部分部队南下时，聂荣臻和冀中军区负责人吕正操也随军南下。此外，罗瑞卿率领的抗大总校准备迁到晋东南，也随南下部队同行。南下部队到达冀南后不久，朱德就在黎城桐峪镇召开作战会议，作出反摩擦斗争的新的部署。

在反摩擦斗争中，朱德提出对顽固派军队要利用矛盾，区别对待，集中力量彻底解决其中的一股或数股。他感到八路军在山西的兵力还比较

---

① 参见《朱德传》（修订本），第 602～603 页，中央文献出版社 2000 年版。
② 《毛泽东军事文集》，第 2 卷，第 513 页，军事科学出版社、中央文献出版社 1993 年版。

579

弱，又有分散兵力的缺点，以致未能给某些反动力量以严重打击，今后要注意改进；同时，他又提醒处于反摩擦斗争前线的各部队指挥员，不应忽视主要敌人仍是日本侵略者，不要放过一切有利时机给予日军和伪军以沉重打击。

这时，八路军掌握了石友三勾结和准备投降日军的证据。2月3日，毛泽东、王稼祥致电朱德、彭德怀等，指出：对石友三已不适用争取方针，应坚决、彻底、全部、干净消灭之。10日，中共中央、中央军委发出关于战略方针的指示，指出：八路军、新四军的当前任务是在粉碎敌人"扫荡"、坚持游击战争的总任务下，反击一切投降派、顽固派的进攻，将整个华北直至皖南、江南联成一片，化为在共产党领导下的抗日民主根据地；同时，极大地发展鄂中、鄂东，以便与全国形势相配合，坚持华北、华中抗战，稳定全国抗日民族统一战线，争取时局好转①。

2月18日，朱怀冰部突然袭击冀南磁县西贾壁村、大湾村八路军驻地，杀害八路军指战员100多人。21日，朱德、彭德怀就如何消灭朱怀冰部的准备工作致电左权、刘伯承、邓小平等，并报告毛泽东、王稼祥，得到了毛泽东等人的同意。

一场反击反共顽固派军事进攻的激烈战斗即将开始。

朱怀冰在东路军时期曾受朱德指挥，这时竟气势汹汹地来到八路军总部，打着"军令政令统一"的旗号，要八路军把河北让给他。朱德后来在谈到这次经过时这样说道：朱怀冰蛮横地问，究竟是让还是打？我就对他说，我们建立根据地是为了抗日，为什么要让？再说，大革命时期我们让过一回，让坏了。大革命一失败，国民党右派来了，要杀我们，我们那时候没有军队；领袖陈独秀又是一个机会主义者，只能让他杀。现在我们有八路军；我们的领袖是毛泽东，不是陈独秀，为什么还要让！朱怀冰威胁要打。我就对他说，你要晓得，我们改编为八路军以来，没有打过内战；但是，你要打，我们一点也不怕。②

为了有力地反击反共顽固派军队的进攻，朱德和彭德怀等进行了认真研究，他们根据当时的实际情况，确定先打石友三、再打朱怀冰、争取丁

---

① 参见《朱德传》（修订本），第603~604页，中央文献出版社2006年版。
② 《朱德传》（修订本），第604~605页，中央文献出版社2000年版。

树本中立的作战方针，并进行了作战部署。

3月4日，朱德、彭德怀指挥八路军发起了打击石友三部的卫东战役，战斗进行了8天时间，到11日结束，共毙、俘石友三部3600余人。3月5日，又发起了磁（县）、武（安）、涉（县）、林（县）战役，反击朱怀冰部。战役开始后，朱德得知第四十军庞炳勋部正向林县开进，立刻给庞炳勋发出一份电报，指出："贵部骑兵张旅开林县，当饬本军予以方便，惟林（县）、武（安）、涉（县）地区朱怀冰军现在与本军摩擦甚烈，希贵部开抵该区，勿加摩擦，免生误会。"① 庞炳勋慑于八路军的威力，为保存自己的实力，没有敢继续东进。孙殿英部也不敢介入，使八路军得以集中力量打击朱怀冰部。

3月9日，朱怀冰部被打垮。朱德立即下令停止进攻，并主动后撤，准备同国民党当局谈判。这次战役共歼灭朱怀冰部第九十七军及游杂武装一万余人，俘虏朱怀冰部第九十四师参谋长蒋希文、鹿钟麟部参谋长王斌、武安自卫军军长胡象乾等。当时有人还想活捉鹿钟麟，朱德说：不要捉，捉到了又怎么放呢？因此，故意让开一条路，放他逃走了。

3月13日，朱德、彭德怀致电八路军将领阐述了反摩擦斗争的方针："今天中国人民的主要敌人是日本帝国主义，主要的斗争方式是对日寇的武装斗争，这是丝毫不能放弃的。在抗日民族统一战线中也是用武装斗争方式，这是统一战线的不幸。但为着争取坚持抗战、团结、进步政治路线的胜利，这是必要的，这是要由上层资产阶级负责的。""倘若没有今天反摩擦的局部的武装斗争，就必然会分裂，而发展为全部的武装斗争，那是我们不希望的。"②

从击退石友三、歼灭朱怀冰部后，国民党顽固派在华北再没有力量可以同八路军闹大规模的摩擦了。所以，毛泽东后来说：打朱怀冰是华北根据地的一个决战。③ 后来，朱德也这样说：自打了朱怀冰，便确定建立华

---

① 《朱德传》（修订本），第605页，中央文献出版社2000年版。
② 《朱德传》（修订本），第606页，中央文献出版社2000年版。
③ 毛泽东在中共中央政治局会议上插话记录，1943年9月9日。

北政权，实行独立自主，从此形势反而好转了。①

　　河北这一仗，结束了国民党反动派的第一次反共高潮，同时仍坚持了抗日民族统一战线。朱德说：蒋介石有个好处，你把他打赢了，他就不开腔了，这一点确是一个好处；假如他打赢了你，那你就不得不下台；你打赢他，他一点腔也不开②。

---

①　朱德在中共中央政治局会议上的发言记录，1943 年 9 月 9 日。
②　《朱德传》（修订本），第 607 页，中央文献出版社 2000 年版。

二十一、反敌"扫荡"

坚持平原游击战

在国民党顽固派不断同中国共产党、八路军制造摩擦的同时，日军也乘机加紧不断对敌后抗日根据地发动进攻：从 1938 年 9 月开始，再次对晋察冀进行"扫荡"；11 月开始对冀中"扫荡"；12 月对冀南和绥北"扫荡"；12 月至 1939 年 1 月对晋西"扫荡"；1 月对冀鲁边"扫荡"；2 月对晋西北"扫荡"；3 月对平西"扫荡"……这一时期是坚持华北抗战最复杂、最艰苦的时期，但是，朱德对抗战仍具有坚强的信心。1939 年 2 月 17 日他在给友人张从吾的一封信中说："近来华北抗战较去年更为艰苦，日寇以占领中国，近以进攻西北必先'扫荡'我华北抗日根据地"；"日寇恨我们刺骨，我们也（以）得日敌之深恶毒恨为无上光荣。坚持华北抗战，当能持久。德虽才薄能鲜，爱国当不敢后人，以慰故人之希望。"[①]

1939 年春天，朱德又写下了《太行春感》诗一首，表达了他坚持抗战的决心和信心：

> 无望春光镇日阴，太行高耸气森森。
>
> 忠肝不洒中原泪，壮志坚持北伐心。
>
> 百战新师惊贼胆，三年苦斗献吾身。
>
> 从来燕赵多豪杰，驱逐倭儿共一樽。

---

① 《朱德年谱》中，第 865 页，中央文献出版社 2006 年版。

这一年，日军对敌后抗日根据地"扫荡"的作战步骤是：先集中兵力"扫荡"冀中、冀南、冀鲁边等平原地区，然后再对晋西、晋北、五台、太行、鲁中等山区进行大规模"扫荡"。在对冀南、冀中进行的残酷的"扫荡"中，日军不断发动对抗日根据地的进攻，企图在青纱帐起来以前消灭河北平原地区的抗日游击队，然后转向山地进攻，从而完成巩固华北占领区的任务。

针对日军这一企图，朱德提出坚持平原以巩固山区，巩固山区以支持平原，坚持游击战为主，削弱与疲惫敌人，相机集结主力实行反击，以粉碎日军之"扫荡"的作战指导原则。1939 年 1 月 11 日，朱德以八路军总部的名义发布了政治工作任务的训令，指出："一、目前华北已进入严重的战斗状况，我们的任务是战胜困难，坚持华北抗战。二、必须立即在部队和群众中广泛、深入坚持华北抗战教育，一方面要指出有胜利的可能，要提高信心，反对悲观失望；另一方面反对骄傲自大，充分估计到敌之进攻的严重性、战斗的长期性、残酷性。三、政治任务：（一）坚持党的工作。提高士气，巩固部队及党、政、军、民一致。（二）密切军民关系。（三）派得力干部加强游击军区。（四）团结友军。（五）准备敌占区及伪组织、伪军中长期潜伏的工作。四、保证整军任务的完成是坚持抗战的关键。五、紧密组织，提高战斗的紧张工作作风，严格监督实际任务的执行。"①

与此同时，朱德还对粉碎日军的"扫荡"作出了部署。2 月 11 日，朱德和彭德怀给各部队发出电报，指出："判断敌军在青纱帐前企图'扫荡'河北及山东平原地带，巩固交通线，沿铁道筑垒，扩张其占领区，然后相机以主力进攻山岳地带，摧毁我根据地。我们必须以最大毅力克服困难，坚持华北持久抗战，不断粉碎敌人之围攻。基本指导原则是：坚持河北、山东平原地带之游击战，巩固山岳地带之根据地，以围攻与反围攻配合起来不断粉碎敌之围攻合击；在抗日民族统一战线下，做到军民亲密结合，以游击战为主，削弱疲惫敌人，争取收复平原已失城市。还指出：要立即健全冀中、冀南各军分区和政府机关之领导，在组织上必须短小精干，适合游击战争环境，健全与加强各军分区之各若干游击队；必须以一二九师

---

① 《朱德军事活动纪事》，第 476 页，解放军出版社 1996 年版。

军政首长以各种方式建立与健全鲁西北的军分区，待陈光、罗荣桓到后移交。整训之部队应移到平汉铁路以西，与靠山地进行整训。为统一冀中指挥，任命贺龙为冀中总指挥，关向应为政治委员，吕正操为副总指挥，但仍各兼原职。平汉线铁路以东的重要资材，尤其是冀中兵工厂及器材，应设法搬运到路西山地，晋察冀军区须储备大量粮食、医药、交通器材极其他军用品，准备供给第一二〇师和第三纵队。平汉路以东之贺龙部、吕正操部及一二九师主力，在不得已时转移至路西，其指挥机关在某种情况下，亦应移至路西指挥。"①

2 月 23 日，朱德和左权在给彭德怀等的一份电报中，进一步对粉碎日军分割"扫荡"提出了对策：

> 彭并报毛（泽东）、王（稼祥）、滕（代远）：
>
> 　　甲、敌陷和顺后，南面敌继陷翼城，现和顺有敌千余，继续大批屯积粮弹。临汾敌十八日进陷浮山、洪洞、赵城。敌前、昨两日，分三路东犯，已占苏堡，有犯安泽模样，灵石敌亦不断东犯，已占静升。据卫（立煌）通电，敌二十师团陆续向横岭关、伯马集结。平汉南段敌向安阳集结。
>
> 　　乙、敌"扫荡"华北作战，除晋东南、晋西北外，均已进行"扫荡"，虽未达成其目的，但可告一段落。目前将转达向晋东南，但以晋东南地区庞大，地形复杂，交通不便，我军、民、政各种工作之进步，敌可能首先采取局部的逐渐分割、逐渐缩小围攻圈等方法。现和顺、翼城、浮山已失，安泽危险，沁县、沁水、辽县、晋城、林县可能成为敌之最近攻夺目标，因此反对敌对晋东南地域之进攻，已成为今日的最具体的任务与工作。
>
> 　　丙、为确保山岳地带，为利用晋东南各种有利条件，求得适时的给进犯之敌人以打击，就必须立即有确实的准备。除晋东南我军及高武决死队等，仍以现有姿势，一方面整理，一方面抗击进犯之敌，并呈报蒋（介石）、程（潜）、阎（锡山）、卫（立

① 《朱德年谱》中，第 862～863 页，中央文献出版社 2006 年版。

煌），联络晋部、卫部各军有力增援外，我还必须：（一）一二九师应整理之各部迅速西移整理，以便不失时机打击敌人。（二）冀中、冀南继续坚持作战拖住敌人外，并拟各以有力部队向平汉线活动威胁，以有力部队向正太路及其以南活动，同蒲路以西部队及时策应作战。

　　各节请考虑即行。

朱左

二十三日①

　　在反"扫荡"作战中，晋察冀边区军民团结一致，有力地打击了日军的进犯，始终起着先锋模范作用。3 月 10 日，朱德为聂荣臻所著《抗日模范根据地晋察冀边区》一书写了序言。朱德写道："晋察冀边区的创造、巩固与发展，对于我们的抗战，有着重大而深远的意义：首先它给全国军民以坚持敌后抗战之信心与模范的榜样；同时它给日寇以无穷的打击与深痛的隐忧；再有，它给汉奸伪组织予以无情的扑灭与摧毁，使丧心病狂之败类不无顾忌，使敌后伪政权难以组成，及无法巩固其统治；还有，它也给全世界先进人士以正确的启示，在国际人士面前宣告：中华民族是不可侮的，因而增强了我国之外援。凡此种种，它起着在今天配合全国军队之英勇战斗，去停止敌之进攻；在将来配合全国主力之出击，成为反攻敌人之最前线的有力阵地之伟大作用。"

　　3 月 20 日，朱德被国民政府军事委员会任命为第二战区副司令长官。26 日，朱德在就任第二战区副司令长官大会上发表讲话，强调中国共产党、国民党、牺牲救国同盟会及其他抗日党派、中央军、晋绥军、八路军以及华北地方政府和各界同胞，必须加强团结，担负起坚持华北抗战的使命。

　　冀中抗日根据的建立，直接威胁着日军在华北的指挥中心北平，日军为摧毁冀中抗日根据地，从 1938 年 11 月至 1939 年 4 月初，对冀中进行了

---

　　① 《八路军》（文献），第 304～305 页，解放军出版社 1994 年版。

五次"扫荡"。

为彻底粉碎日军对冀中抗日根据地的"扫荡",朱德指出,除以最大决心坚持平原游击战争外,应该采取以下对策:冀中、冀南部队分为三四个集团,分别阻击当面之敌;开展敌侧后及纵深中之游击战争,切断敌军后方联络,分散敌之兵力;我平汉路以西之部队,向平汉路作宽正面的袭扰,破坏铁路,并尾击东进之敌,配合平汉铁路以东之部队,对其夹击;派贺龙率第一二〇师一部,加强冀中作战与指挥;继续动员广大群众和团结一切抗战力量,坚持河北平原抗战①。

日军在对冀中进行"扫荡"的同时,又对冀南进行"扫荡"。朱德指示刘伯承、邓小平、徐向前:在冀南地区,应积极作战求得胜利,粉碎敌人的围攻为主要目的,作战方针是动员民众积极帮助军队作战,做到军政民一致对敌,亦应争取国民党军队与八路军军队共同杀敌。各个部队应以主力采取主动积极的灵活的运动游击战术,求得部分地、逐次地消灭敌人②。

根据朱德的指示,刘伯承、邓小平针对日军在平原地区行动迅速的特点,确定主力分为几个作战集团,结合地方部队,分区活动,寻机歼敌。同时派出小部队,广泛开展游击战,疲惫、消耗日军,限制日军于少数"点"、"线"之内,以控制广大乡村,坚持冀南平原抗日根据地。

山东,背靠中原,面临渤海、黄海,南接江淮,北迫平津,是联结华中和华北的纽带,可以南下华中,北迫平津,且与晋察冀和太行抗日根据地成鼎足之势,具有非常重要的战略地位。巩固和发展山东抗日根据地,对坚持敌后抗战具有重大的战略意义。1938年12月,八路军第一一五师主力一部开赴山东。这一年的12月2日,朱德、彭德怀在给第一一五师代理师长陈光、政治委员罗荣桓等的一份电报中,要求他们以第一一五师主力东进苏鲁皖地区,指出:"一、一一五师直及三四三旅之六八五、六八六两团,由你们率领开赴新、老黄河间苏鲁皖地区内开展工作,六八五团拟于本月十日以内由此先行出动,陈(光)、罗(荣桓)率师直及六八六团,应即先开晋东南总部附近。二、补充团及晋西游击队第一、二、三3个大队,合编为一一五师独立第一支队,由陈士

① 《朱德军事活动纪事》,第480页,解放军出版社1996年版。
② 《朱德军事活动纪事》,第476页,解放军出版社1996年版。

桀同志任该支队支队长，统一指挥，暂留吕梁山脉活动。三、晋西游击第一、二、三大队即合编为一个团，并任杨尚儒同志为该团团长。四、由陈、罗负责配一适当干部，任独立一支队政治委员，并配备干部，组织该支队司、政、供、卫等机关。"① 12 月 7 日，朱德和左权亲临晋东南长治县，看望已先期来到这里、此时正在休整的第一一五师先遣部队第六八五团，宣布中共中央派第一一五师去山东的命令，并作了东进动员，同时交代行军途中注意事项。

随后，第一一五师师直和第六八六团在陈光和罗荣桓率领下由晋西南出发，冒着纷纷大雪，越过敌人的封锁线，于 1939 年元旦到达八路军总部驻地附近整训，受到朱德、彭德怀、左权的亲切接见。

1939 年 3 月 1 日，陈光、罗荣桓率师部，到达鲁西地区，为迅速打开鲁西地区的抗战局面奠定了基础。4 月 13 日，朱德、彭德怀给陈光、罗荣桓、山东纵队司令员张经武、中共山东分局副书记黎玉发出电报，对创立鲁西抗日根据地作出指示：

> 陈罗张黎：
>
> 关于鲁西抗日根据地的创立，须确立在较长时期地坚持斗争中去获得。应估计到你们初入鲁西地区，虽已给民众最大兴奋，但该地民众的发动、组织以及我党的力量尚属薄弱，军队与民众的结合仍然不够，而敌人对你们的行动，已引起很大注意，并正向鲁西地区作"扫荡"战中。目前你们必须把握下列方针：
>
> （一）广泛地开展游击战争。在敌人进攻之下，不应束缚于狭小地区以内，应向四周发展，寻求优良机动，进行有胜利把握的战斗。注意不损害原有基本部队之原气，注意保存干部，壮大本身，繁殖新游击队，从战斗中去锻炼新游击队，扩大我之影响，求得在坚持游击战中去退敌人。
>
> （二）正确开展统一战线工作。与附近友党、友军、政府及社会各阶层抗日民众团体等取得密切联系，帮助其进步、团结，取得

---

① 《八路军》（文献），第 265 页，解放军出版社 1994 年版。

开展民众工作及解决本身物质供给之方便。请考虑按情实施之。

朱彭

十三日①

为了巩固和扩大鲁西抗日根据地，朱德还建议扩大中共北方局山东分局为苏鲁皖分局，由郭洪涛、朱瑞、徐向前负责，以彭雪枫、陈光、黎玉、张经武为委员，由郭洪涛、朱瑞、徐向前、黎玉为常委，在徐向前、朱瑞确立对全区之领导后，再组织军政委员会，由朱瑞负责。

4月26日，朱德又给陈光、罗荣桓发出一份电报，对坚持平原游击战作出指示：

陈罗：

（一）坚持平原游击战争，是我坚持华北抗战与争取政治影响的重要方针之一。估计此次敌对华北各地区之"扫荡"气势逐渐发展，平原各城镇驻敌较前减弱，但敌可以城镇为据点，继续四周"扫荡"，以图根本肃清我军或根本危害我之存在与活动。估计此种毒计实现不可能。我以较多兵力继续在平原坚持游击战仍有可能，亦为必须。萧华处似亦同此情况，因此非万不得已时，我各区部队不应轻易离开根据地。

（二）在平原游击战争中，特应注意秘密机动，依靠地方党、救亡团体、政权、部队、政治工作与民众密切合作。加强平原游击战术，加强侦察、警戒不受敌袭，加强团以下部队单位之领导，以便时分时合，并尽量利用一切间隙时间进行整理，不得因专为整理部队而调离根据地。

如何？望考虑之。

朱德

十六日②

---

① 《朱德军事文选》，第379页，解放军出版社1997年版。
② 《八路军》（文献），第333页，解放军出版社1994年版。

为了把坚持平原游击战争的经验介绍给友军，4月28日，朱德给卫立煌发出一份电报，向他介绍了平原挖沟之办法：

长官卫：

翼南、翼中将原有平原大路普遍挖成纵横交通沟，以便隐蔽运动作游击战。

其办法：

甲、挖成缓弯的交通沟，使敌不能通射。宽仅容大车能通过，以阻汽车通行。沟的两旁作六寸宽的踏垛，沟深约五尺，站踏垛为立射，每五里有让来往车错通的车站，每一里有上地面斜短沟，为人之待避所，以便游击队出入。无通排水沟渠者，则在待避所侧挖排水井。村落周围多挖出路。

乙、由政府驻军动员民众，挖沟时要说明战争需要与农民本身利益。

（一）排水沟可免水灾。

（二）能通大车，只便我之交通，不便敌之交通。

（三）人行深沟免踏地面禾苗。

丙、山路则在悬岩处削岩，仅能为人之通过，必要时只在一切险处破毁之。

朱德

二十八日

八路军第一一五师主力进入鲁西后，使抗日根据地迅速扩大，直接威胁日军的重要交通线津浦路。日军调动大量兵力对鲁西进行"扫荡"，但在第一一五师主力的打击下，粉碎了日军的多次"扫荡"，对坚持山东敌后游击战争起了重要的作用。

反"第二次九路围攻"

1939年4月，日军对晋察冀敌后抗日根据地的"扫荡"，由冀中平原转向北岳山区。日军制定了从 5 月上旬至 6 月下旬对五台地区的"扫荡"计划，确定从 5 月 8 日开始，先以一周时间，围歼五台以南地区的八路军部队，再合击五台山以西地区的八路军部队。然后，再进一步进行"扫荡"，彻底摧毁北岳区抗日根据地。

当时，八路军第一二〇师三五九旅正在晋东北的恒山及五台地区开展游击战争，先后取得了神堂堡战斗、大龙华战斗、黄土岭战斗的胜利，粉碎了日军对晋察冀抗日根据地北岳山区的大规模"扫荡"。

6 月 25 日，朱德在《八路军军政杂志》第 1 卷第 6 期上发表《我们一定要胜利》一文，指出：日本法西斯原来打算用二三十万军队在三个月内灭亡中国，这个计划完全失败了。他们失败的原因，是中华民族的团结，是我们的抗日民族统一战线，是国民党、共产党的亲密合作。两年来，中华民族愈战愈强，特别是表现在华北的抗战中。当日本法西斯侵入长城以后，以为再无第二道长城可以阻挡他囊括华北的企图了，但是，在华北又出现了一座用广大的游击战争建筑起来不可逾越的新长城。伟大的中华民族是能够而且敢于胜利的①。

7 月 1 日，为纪念抗战两周年，朱德在八路军总部出版的《前线》半月刊上又发表了《八路军抗战二周年》一文，对八路军抗战两年来的经验教训进行了总结。他在文中首先写道："八路军抗战两年来，我们得到了一些什么经验教训呢？"

接着，朱德从几个方面进行了总结：

第一，凡是在党政军民团结一致的地方，我们就能胜利；凡是在发生摩擦的地方，我们就要遭受不必要的挫折。冀察晋边区之能连续粉碎敌寇数度疯狂的围攻，晋冀豫边区之能成为华北抗战最坚强的铁的堡垒，晋西北根据地之能继续巩固与发展，这是靠了什么呢？就是靠着党政军民的坚强的团结。在这些抗日根据地中，各党各派过去和现在都能互助互让，大多成立了比较民主的抗日政权，部分地改善了人民的生活，帮助民众成立了抗日救亡团体，给予人民以各种抗战的便利。政府爱护人民，人民尊敬政府，政府帮助军队，军队也保卫了政府，军政民之间打成了一片，军队

---

① 《朱德年谱》中，第 893 页，中央文献出版社 2006 年版。

之间化除畛域，党派之间推诚相见。这一切保障了我们的铁的团结，使我们得到了胜利。在新阶段中，华北将转入更苦战的环境。只有党政军民的团结一致，才能够巩固抗日根据地，坚持抗战到底。

相反地，如果不积极去巩固与扩大抗战的力量，反而作日寇的应声虫，提出"溶共""限共"的口号；如果歧视抗日政府，忽视他们过去和现在的伟大作用，而加以撤除；如果不去积极动员民众，反而去限制抗日的自由；如果纵容一些军队不守群众纪律，甚至在友军将士前线喋血之际进攻其侧背；这些就无异于放下自己最锐利的武器，用自己的刀砍去自己的手，怎能令全国人士不怀疑这些人是急于私利、忘却公义的分子呢？华北的某些地方，就是因为发生了这种问题而遭受了不必要的挫折。这就是说，只有全民的更加进步和更加团结，才能坚持持久战，才能争取最后胜利。一切落后的现象必须克服，一切不团结的现象必须铲除，一切错误思想必须纠正，一切摩擦现象必须消灭。

第二，凡是在民众运动有成绩的地方，游击战争就能展开，抗战就能胜利地坚持；凡是在民运落后或受挫折的地方，抗战一定要遭受不必要的困难。想要动员民众，必须适当改善人民生活，实行民主的政治。冀察晋的民众在粉碎敌寇进攻之中，发挥了最伟大的作用，使军队能不断地取得胜利。冀南的民运因为受到了限制，人民没有抗日的自由，所以在敌寇进攻时，我们不免遭受了不应有的损失。这就是说，只有把全国一切生动力量动员起来，只有广泛开展游击战争，才能在基本上改变敌强我弱的形势，熬过相持阶段，转入反攻。所有的民众必须动员起来，所有的智力和体力必须用到抗战中去。

第三，凡是采用灵活的战略战术的战役和战斗，我们大致就能胜利；凡是单纯防御或盲目进攻，就会遭受失败。事实完全证明，只有争取主动就利避害的机动战才能置敌人于死地。在抗日根据地的机动战的原则，就是小股进退，分支袭扰，集中主力，乘弱伏尾，昼伏夜动，声东击西，有意暴露，及时隐蔽，利害变换，毫不犹豫，拿定火色，转入外线。在全国范围的机动战的原则，应当是在敌寇外线包围中寻求机动，在不利情况之下毫不恋战，由单纯防御转到攻势防御，由被动转到主动，由散漫的队伍转到正规化和机械化的队伍。而这种机动战的运用，必须有民众的有力的配合才能发挥它的伟大的作用。这就是说，只有加强我军的指挥艺术，大大提高军队的素质，才能战胜敌人。也就是说，我们不仅要依靠政治的进步，而且要依靠军事的进步。军事的进步，又需要政治的进步作为保障。我们一定要加强政治的进步，来保证战略战术的提高，一定要争取全国战略的主动，一定要大大地加强全国军队的机械化。①

就在这时，日军又纠集五万余兵力在第一军团长梅津指挥下，同时从同蒲、正太、平汉、道清几条铁路线发兵，对八路军总部所在地晋东南发起大规模"扫荡"，即"第二次九路围攻"。这是日军集重兵对太行山发动的最大规模的一次"扫荡"，企图打通晋冀豫的交通线，将抗日根据地分割，然后逐步压缩摧毁，太行山抗日根据地军民的处境变得越来越严酷。

7月9日，朱德、彭德怀给八路军第一二九师师长刘伯承、政治部主任蔡树藩等人发出电报，提出巩固太行山抗日根据地的基本作战方针，指出：

（一）敌占当地四周山隘后，以主力迅速贯通白晋公路及修复武涉、黎潞公路以及长屯公路，然后分区围攻"扫荡"之企图，进占辽县而南出之敌仍系敌之佯动部队。

（二）我以巩固太行山脉根据地为基本作战方针，目前以削弱敌主力，阻拦与破坏敌人之修路筑堡计划，坚决打击与歼灭深入山地之小部队（一个营），隐蔽主力于机动位置：

甲、第三四四旅主力两个团进至响堂铺以南、东阳关东南之宋家庄与响堂铺以北之西庄，与一二九师部队联络，相机夹击由涉县西进之敌，该旅留六八七团暂在高平，准备博爱之敌北犯时，背靠陵川，相机侧击之。

乙、以一二九师之三八五、三八六两旅，应以有力部队在分水岭、沁县之线，不断袭扰敌之交通并破路。其余主力集中襄垣以东及马厂以北适当地区，然后随时以两旅主力协同打击榆社、武乡移动之敌及出扰"扫荡"部队。

丙、特团尹团长所率之营应布置于虒亭、沁县线公路附近，

① 《朱德军事文选》，第384～386页，解放军出版社1997年版。

不断袭扰沿公路之敌。

（三）桂（干生）支队应加紧在辽县和昔阳沿线积极活动，加紧破坏该路。

（四）盂县、平山一带之军分区部队，应向正太路沿线袭扰，冀南应乘敌进攻太行山时，选择弱点，夺取可能收复的城市。

（五）冀西应加紧向邢台、沙河、武安、涉县之线的铁道、公路积极活动。

（六）下大雨时，应利用堵塞山水冲路、冲桥。①

7月15日，朱德率八路军总部突破漳河，摆脱日军的包围，到达武乡县砖壁村，与彭德怀、刘伯承、邓小平指挥的第一二九师主力会合，进行反"扫荡"作战，先后作战70余次，歼灭日军伪军2000余人，收复了一些县城，粉碎了日军对太行山根据地的第二次九路围攻。

在这种情况下，为更好地巩固敌后抗日根据地，7月21日，朱德、彭德怀、杨尚昆给贺龙等发出电报，对如何巩固抗日根据地的问题提出意见："目前战争形势处在新时期，敌后战争益见严重与艰苦，必须准备长期的与不断地粉碎敌之围攻'扫荡'，且一次比一次严重。敌我消耗也就一次比一次大。敌经无数次的'扫荡'而失败，将被迫而停止全国战略进攻，相持阶段才能确切地到来。战争重心转入敌之后方，在长期艰苦的血战中成为考验华北抗日军的优劣与鉴定政策与政党的尺度。我们必须克服困难，以一切努力巩固各个抗日根据地。我们提出以下意见，请考虑执行：（一）用一切努力深入群众工作；（二）建立群众武装（村乡游击小组、区县基干队）由群众游击队发展为正规军，同时繁殖游击队，这些武装党须确切掌握；（三）五台、盂县、代县、崞县、繁峙、灵丘、广灵等县原无地方群众武装（山东均无地方武装），必须深切注意建立地方游击队，如无枪支，应在河北平原设法抽调适当数目枪支发给群众。要认识巩固山岳地带的根据地与坚持平原游击战是不可分离的任务；（四）估计在青纱帐时，同时敌人正在大举进攻晋东南（六个师团以上，四条铁道防守部队在外）及

---

① 《朱德军事文选》，第387～388页，解放军出版社1997年版。

山东时，冀中形势不会有特殊严重，目前应将一二〇师主力移至路西适当地区加紧训练。第三纵队主力暂留路东，到十月中青纱帐过去后，敌'扫荡'平原更可能严重，那时一二〇师应换出第三纵队训练。目前一二〇师训练地区请聂（荣臻）、彭（真）、关（向应）、程（子华）同志商决，如何？望复；（五）给贺（龙）、甘（泗淇）、周（士第）电建立与巩固北平西山根据地与萧克部向北发展，究竟如何执行，至今未见电告。"①

7月24日，朱德和彭德怀、左权、罗瑞卿、陆定一联名给萧华、杨勇并晋西军区军政委员会写了一封信，对开创鲁西北抗日根据地的成绩给予了充分的肯定，同时指出：（一）目前鲁西北军队工作的方向，一般的是巩固而不是发展。巩固军队的第一等重要问题是加强军队中党的建设。要吸收优秀的觉悟分子入党，清洗不良分子；保持党员人数占部队人数的三分之一；把支部建在连上，小组建在排上，党员分配在班；强调党员的模范作用，建立政治委员制度。（二）大胆吸收革命的知识分子，以提高军队的文化政治水平；培养地方干部，使军队更易生根；提高在职干部的文化政治水平，严防在少数干部中发生的贪污腐化行为。（三）不仅要会创造根据地，还要以长期支持战争为着眼点，使根据地成为抗战和抗战以后建立三民主义新中国、将来建立社会主义的永久托足之地。要很好执行中央政策，加强纪律，加强军队与地方党、政、民的团结，建立好军区。同时强调指出："应该知道，没有军队就没有根据地，但如果没有根据地，军队就不能生存，二万五千里长征中没有根据地的痛苦经验应该深刻记住。""应当在干部中提出创造大批模范指导员的运动，要求每一个干部都为着模范指导员的方向而进行极大的努力，大批模范指导员的养成，这是铁的党军的一个重要条件。"而要做到这一点，就必须提倡学习②。

这一时期，朱德十分繁忙。他既要指挥部队反对日军的"扫荡"，又要指挥部队反击国民党顽固分子挑起的摩擦。10月11日，朱德率八路军总部到达武乡县王家峪村。

王家峪是个上百户人家的村庄，位于武乡县城东约30余公里处的丘陵地区，坐落在一个狭长的山沟里，周围有众多的沟岔分布。村前是一条

---

① 《八路军》（文献），第364页，解放军出版社1994年版。
② 《朱德年谱》中，第901页，中央文献出版社2006年版。

季节性小河，雨季有清澈的河水缓缓流淌。村后的落凤坪是座小山，因为不高，远远看去就像是河流的堤岸。不走到村口，很难看到这里还有一个村庄。在这里，朱德继续指挥反"扫荡"作战。

为了做好反"扫荡"作战中的情报工作，11月26日，朱德、彭德怀给八路军各部队发出通令，要求加强谍报工作：

各师：

了解敌情是作战指导、战胜敌人的重要基本条件之一。各级司令部应把谍报工作看成同战略战术一样重要，有系统的进行才是。现本军对于这一工作一般的做得还很不够，兹特摘要规定办法数项，望各级司令部确实研究，努力具体实行，以推进加强这一工作为要。

（甲）高级司令部应经常注意于战略的侦察。

（乙）各战斗部队应经常注意努力于当面敌情之侦察。

（丙）侦察在一般手段无效时，必须派遣有力之侦察部队进行武力侦察，或派潜伏侦探，专事捕获敌人及敌文件，以求得了解敌情。

（丁）如利用汉奸、维持会谍报时，必须经常指示我们所要事项，使其执行。如利用地方群众及政府机关时，应经常指示及教导侦察应注意之事项及办法。

（戊）对于敌情要了解的第一是部队番号，第二是兵力、兵种、企图，第三是在地方上一切军事、政治的活动。

（己）对敌情的报告，（一）要详细有系统；（二）要敌情稍有变化即报告；（三）要敌情无变化数日内亦须报告；（四）要迅速报告。

（庚）各级司令部接此通令后，限一周内将各部队当面之敌军番号报告为要。

朱彭

宥戍

12 月 27 日，朱德、左权、杨尚昆在给陈士榘、林枫并报中共中央书记处的电报中，对坚持晋西南抗日根据地作出部署：

陈林并报书记处：

晋西南战况愈趋严重，新军几次作战均未能取得较好胜利，致使转入被动地位，增强困难。为坚持晋西南阵地，必须沉着坚忍，把握正确的指导战争的原则，巩固内部团结，坚持反对叛军，以争取战况的好转。为此必须：

（一）把握游击战、运动战的原则，要主动、灵活、适时的进攻敌人。

（二）不要进攻已占领阵地或立稳的敌人，寻求在运动中逐渐地消灭敌人。

（三）应乘隙转移兵力于敌人的侧翼及改变我之不利局势。

（四）准备立即分散游击，分袭敌之薄弱部分，来打击敌人电台，隔断敌之联系。

（五）保证各个分散部队能独立行动与作战，准备相当长时期的支持。

（六）后方机关如必要时可妥送来，对行政、区委我们的部队在任何设备下均应以积极态度掩护、保护新的力量，但应设法避免暴露自己的面目。

（七）如连级干部缺额，应大胆地提拔新干部。

朱左杨

二十七日

在反"扫荡"作战的紧张时刻，1939 年即将过去，12 月 1 日，一个普通的日子——朱德的生日来到了。这一年，朱德虚岁 54 岁，周岁 53 岁。朱德一向反对为自己祝寿。但是，广大干部群众在内心里激荡着一种对自己总司令热爱的激情，纷纷写来贺信为朱德祝寿。朱德所在的党支部，还送给他一面写有"模范党员"的贺幛。

由于朱德本人坚决反对，八路军总部也尽力劝阻各地军民不要派人来祝寿，一再压缩庆祝规模，最后只在八路军总部内开了个小型庆祝会。八路军总部在驻地的广场上搭起了一个席棚，席棚的四周贴满了贺电、贺信、贺幛和祝辞，这是各部队和地方党政机关、抗日团体发来的，大家都把真挚的祝福和无限的敬意融入这些贺电、贺信、贺幛和祝辞中。有一位青年战士在贺信中，写下了这样一句充满深情的话："我对父亲的爱是和他属于那革命的事业结合着的。"

像太行山军民一样，康克清也写来了贺信。她在贺信里真诚地写道：

> 我和你相处十多年了，觉得你无时不以国家和革命为重。凡事不顾自己的利益。人们不能忍受的事你都能忍受，人们所不能干的事你去开辟。还有，你见书便读，学而不厌，总是前进着，提醒同志，督促同志，爱护同志。

这简短的文字表达了康克清心中不尽的祝福。当天的《新华日报》华北版发表了陆定一写的《贺朱副司令长官五十四寿诞》的长文。文章以饱满的革命激情，热情赞颂朱德的功绩。《新华日报》华北版同时也发表题为《庆祝朱副司令长官五十晋四诞辰》的社论，热情洋溢地指出：

> "朱副司令长官及其统率下的第八路军，在华北敌后两年来的奋斗，已经获得了一万万民众的拥戴，也引起了日寇、汉奸及一切民族危害分子的惧怕和仇恨。每一个爱国人民都在热烈拥护朱副司令长官及其统率下的八路军，而日寇、汉奸及一切民族危害分子，则以危害朱副司令长官及其统率下的八路军为快。"

> "华北军民在今日热烈庆祝朱副司令长官的五十晋四诞辰，其真正的意义，不仅仅在于表示华北军民对朱副司令长官的衷心爱戴，而且在于，这一次的庆祝表示了华北军民对于中国共产党'坚持抗战、团结、进步，反对投降、分裂、倒退'的政治路线的热情拥护，表示了华北军民对于八路军的兄弟的友爱，表示了华北军民在新的艰苦环境中衷心接受朱副司令长官的领导，赞助

八路军与中国共产党。"①

当时正在太行山区的作家访问团的杨朔写了两首诗表示祝贺。第一首是《寿朱德将军》：

> 立马太行旗毡红，雪云漠漠飒天风。
> 将军自有臂如铁，力挽狂澜万古雄。

这首诗写出了朱德立马太行，力挽狂澜的英雄气概。朱德读后写了一首《和杨朔作学原韵》诗：

> 北华收复赖群雄，猛士如云唱大风。
> 自信挥戈能退日，河山换尽血流红。

后来，这首诗以《赠友人》为题于1941年公开发表时，将末句改为"河山依旧战旗红"。②

杨朔写的第二首诗是《代寿朱德将军》：

> 抚循部曲亲如子，接遇乡农霭若风。
> 谈笑雍容襟度宽，最从平淡见英雄。

在人们的祝福声中，1940年元旦来到了。此刻，令朱德感到欣慰的是，平原和山区各抗日根据地军民紧密配合，互相策应，终于粉碎了日军先平原、后山区的"扫荡"计划。在《新华日报》华北版，朱德发表了《迎接一九四〇年》一文，指出："敌寇一九四〇年，将会更加加紧其对华北敌后的军事'扫荡'"；"然而当这严重关头，一部分旧中国的残余、旧的力量、旧的人物、旧的制度和旧的思想，却在拼命地阻碍着新的力量、新的人物、新的思想和新的制度之发展"；"摆在我们面前的任务，是大大开展反对汪精卫及抗战营垒内部的投降派的斗争，是拥护蒋委员长坚决抗

① 《朱德传》（修订本），第599~600页，中央文献出版社2000年版。
② 《朱德传》（修订本），第600页，中央文献出版社2000年版。

战到底，制止一切投降派的言论和行动，是公开击破反共、反八路军、反新四军、反陕甘宁边区、反进步力量的言论和行动的投降本质。"①

打破敌经济封锁

日军在对抗日根据地进行大规模的军事"扫荡"的同时，又对各抗日根据地进行严密的经济封锁，妄想把八路军困死、饿死在太行山上。与此同时，国民党政府又对八路军在经济上进行限制，不配发应有的物资，从而使抗日根据地和八路军的经济十分困难，几乎到了没衣穿、没粮吃、没日用品用的地步。但是，朱德并没有被这些困难吓倒，而是想尽一切办法，克服经济上的困难，以打破敌人的经济封锁。他曾满怀豪情地写下诗一首：

> 黄河东岸太行陬，封锁层层不自由。
> 愿与人民同患难，誓拼热血固神州。

1939年2月14日，朱德、彭德怀发布了关于取消勤务员的训令：

各兵团首长：

为节约人力、财力，严密部队编制，培养青年干部，兹规定：（一）各级首长人员，凡有特务员的，一律取消勤务员。（二）连队中逐渐取消勤务员制度，其勤务工作，改为全连战士轮流派三人值星，值星勤务员仍携带武器，作战时参加战斗。（三）各处、各级机关之勤务员，应严守编制规定，不许滥行增加。（四）现有之勤务员，年龄在十三岁以下者，应逐渐取消，以后补进之勤务员，严格禁止用十七岁以下之青年。（五）以后扩兵中，严格禁止滥收十七岁以下幼小者青年，违者处罚。（六）上列抽出之勤务员或可以抽减之勤务员，应以各师、纵队或旅为单位，组织青年教导队，或附于地方组织中设立青年学校，给以较完善之教育，分配儿童工作或分给卫生部门，学习卫生员亦

---

① 《朱德传》（修订本），第601页，中央文献出版社2000年版。

可，以上各项，各级首长人员，特别是政治委员、机关保证执行为要。

朱彭
十四日

为了战胜严重的生活困难，3月15日，朱德以八路军总部的名义给八路军各部队发出电报，指出："为了坚持华北抗日，克服困难，准备到更困难时以自己劳动所得解决必须给养，各部队须发动热烈的生产运动。"4月21日，朱德、彭德怀在给陈士榘等的电报中，对如何克服财政经济困难提出了具体的办法，指出：由于军队在数量上的发展、敌人的进攻和顽固分子的限制，使我财政经济走到极严重的困难。我们如不能克服这一困难，就不能发展，也就不能使统一战线更进一步的强固与发展。因此，为着战争的胜利，必须克服财政经济困难。华北所有军队依靠着现在统战工作与基本群众工作，逐渐做到完全自给，节省一批经费发展华中是有重要的战略意义。总部对你们的财政帮助从五月份起应逐渐减少。陈（光）、林（枫）处只能发一万元（减少五千元），彭（绍辉）、罗（贵波）二万五千元（减少五千元），以后还需逐月减少，望以布尔什维克的计划性早做准备。我们建议以下办法：（一）不妨碍群众利益与取得各方同情，垦荒多种瓜菜粮食。（二）开办各种手工厂。（三）开办营业合作社，将敌后比较便宜的必需品有计划的贩运至陕北转销西北。（四）争取各级政府中同情分子秘密帮助。（五）开展伪组织的统战工作，争取捐款。（六）在敌占平原地带积极的灵活打击敌人，争取地主、商人及其富有者乐捐。（七）要十分节省，一文钱不浪费①。

5月7日，朱德、彭德怀、杨尚昆、傅钟、左权又给各兵团首长、贺龙、关向应、吕正操、程子华发出一份电报，要求自力更生，克服经济上的困难。电报全文是：

---

① 《朱德年谱》中，第879～880页，中央文献出版社2006年版。

各兵团首长、贺关转吕程：

甲、支持华北长期抗战，部队日益发展。敌人对我经济封锁与军事破坏，尤其平原富源地带城市之失掉，顽固分子从中多方阻碍，中央政府对我军之限制，呈请改师为军、增加经费至现在无着落，致造成困难。呈蒋批，以我军不听指挥为借口，过去原有之经费亦将完全停止发给。屡电取消边区银行，并责以影响法币跌价。不特财政经济受各种限制，增加困难，且弹药供给亦异常困难。前呈请发子弹六百万发，仅批二十五万发。尤其经费一项异常困难。蒋即不停止过去四万五千人之经费，除陕北留守兵团（十二个团）巩固边区政权及河防所必须之经费外，剩余给前方款暂兑三十一万八千元。以华北现有军队之兵站运输、抚恤费、交通器材、医药及自造手榴弹等费用，以上三十一万八千元现有之款也尚不好开支。蒋为限制与排斥我苏鲁皖豫之各军（蒋密电朱、彭调往北宁路作战），威胁我方，不合理地解决河北问题以及交出其他已得之地方抗日政权，可能停止原定之四万五千人经费。

乙、一切必须建筑在自力更生，不依赖国民党政府的接济，坚决与敌人作经济封锁斗争，打破国民党物质限制我军发展的阴谋，使共产党力量的不平衡逐渐走向平衡，不但是战胜日本帝国主义的重要步骤，而且是打击资产阶级现在和将来独裁的思想。在民族统一战线中，无产阶级的任务是战胜日本帝国主义，争取民主共和国的实现和社会主义的前途。而资产阶级相反，企图保持在民族统一战线中的独裁和资本主义的前途。这是限共、溶共的基本出发点。因此，摩擦丛生，而且是长期斗争着的。

丙、坚持统一战线的原则下克服物质困难。

（一）努力发展生产运动（包括农业及手工业和营业），多种瓜菜、粮食，自做鞋袜、手巾、布匹、缝衣，特别是机关人员应大大动员并有计划地营业，统制公私贸易。

（二）在改善贫苦人民生活原则下，整理一切必要的地方税收及田赋制度。

（三）加强敌占领区（交通线城市）伪组织中的工作，争取物质帮助来源。

（四）运用经过政权与群众团体，在自愿的原则下，进行献金、献粮运动。

（五）晋东南、五台山、山东有计划地建设军事工业，收集弹壳，自造子弹、手榴弹，及注意收集购买上述机器、铜铁及其他原料，求得仿造轻机关枪。质量必须精确。

（六）严格建立预算、决算制度，克服相当严重存在的贪污浪费、吃空粮、以少报多的犯法现象。

（七）以军事战略意义划分的区域，建立专门委员会，研究指导、监督执行上述任务。总部、北局拟在晋东南组织华北一个总的财政经济委员会，并指导与调节各区财政经济。

上述各节是我军的战斗任务之一，必须具体计划，督促执行。

朱彭杨傅左

七日

9月3日，朱德、彭德怀又在给刘伯承等的电报中，提出在不妨碍战斗的情况下注意开荒生产的问题："晋东南受旱灾水灾、敌人摧残，秋收大减产。且冀中、冀南又大水灾，五台山边区水灾亦不少。陕北受顽固分子封锁，抗大、陕北公学均须移迁来此，来年春夏粮食必成大问题。""在不妨碍战斗情况下，注意开荒种冬麦，尤其非战斗部队。"

朱德不仅提出开荒生产的号召，而且亲自带头积极参加开荒种地。八路军总部驻在砖壁村时，在玉皇庙召开了驻在附近的各直属部队的生产动员大会。朱德在会上讲了话。他说："同志们，敌人想把我们困死在太行山上，我们的回答是：不可能，绝不可能！有党中央、毛主席的英明领导，有敌后广大民众的全力支持，只要我们继承井冈山工农红军战胜天灾敌祸的老传统，发扬长征路上爬雪山过草地的艰苦斗争精神，军民团结，英勇奋战，就可以立于不败之地。"他看到会场里指战员们充满信心的表情，更加激昂地挥动着手臂说："眼下我们要响应毛主席发出的生产自救，战胜困难的战斗号召，自力更生、发展生产，战胜前进路上的一切困难，彻底粉碎敌人的种种阴谋。"当天下午，朱德就邀请了村干部和八路军总部各直属单位的负责人，爬上砖壁村东南的小松山老坟边一带，找到了大片大片可以开垦的荒地，并按单位划分了开荒地界。晚上回来，又忙着和警卫战士们一起修理铁镐、锄头等工具，一直到深夜才休息。

第二天一大早，朱德就和大家一道沿着弯弯曲曲的盘山小路向荒地进军。战士们边走边唱着自编的小调。

到了荒地边，朱德立即挥起镢头，干了起来。在朱德的带动下，八路军总部在小松山开出了上百亩的土地，种上了庄稼。

由于国民党政府对八路军在作战物资上的限制，当时，八路军的枪支弹药十分奇缺。为了解决这一问题，在极其艰苦的环境中，朱德还积极创办了黄崖洞抗日兵工厂，为抗战提供必需的枪支弹药。

黄崖洞兵工厂建成后，为了防止敌人袭击，朱德不仅把八路军总部特务团主力调去保卫兵工厂，还责成军工部组织工人武装自卫队进行保卫。

1939年的农历10月，太行山上一连下了几场大雪，寒风刺骨，积雪没膝。朱德为了慰问在冰天雪地的深山沟里坚持军火生产的工人和日夜爬冰卧雪守护工厂的特务团战士，特地从八路军总部驻地武乡王家峪动身，骑马踏雪向距八路军总部驻地近百里的黄崖洞进发。一路上顶风冒雪过了蟠洪滩，拐进窑湾沟，又沿着崎岖跌滑的山路爬上扁山垴，徒步下到黄崖洞兵工厂。

朱德一到黄崖洞，没顾得上休息，就走进工房，亲切地问工人们："天冷啦，你们的衣服行不行？"

当听到工人们回答说"行，行"时，朱德看了看大家身上穿着的新棉衣，满意地点了点头。他又对身边的修械所所长和特务团团长说："老战士们有锻炼，对不习惯山区高寒气候的新工人同志要多照顾些！"接着对特务团团长说："鬼子来'扫荡'，你们要紧密配合工人自卫队保卫兵工厂，万不得已时，宁可舍掉一点物资材料，也要保证每个技术工人的安全，我们培养一个技术工人太不容易了。"

中午时分，大家聚集在一间大工房里，听朱德讲话。

朱德走到石砌的讲台上，向大家挥了挥手，说："同志们，你们辛苦了……"会场上立即响起了热烈的掌声。朱德接着说："我们敌后抗战，现在处于困难的时期，工厂缺机器、少原料，工人吃不饱、穿不暖，敌人还经常来'扫荡'袭扰，反共顽固势力又进攻我们，使我们不能安心工作。但是，对这暂时的困难要忍受一下，黑暗总会被光明代替。因为我们的抗日战争是正义的战争，正义的事业一定会胜利。日伪顽再猖狂也是非正义的，是全国人民所反对的，是终究要失败的。"接着，朱德又从华北抗战说到世界反法西斯斗争，对国内形势作了精辟的分析。大家听了朱德的讲话深受鼓舞，更增强了战胜困难、坚持军火生产的勇气。

下午，朱德要特务团团长和修械所所长带他察看一下黄崖洞山上的防卫部署。他们觉得积雪太厚，山道太滑，上山不安全，提议在下面看看黄崖洞山地的军事部署地图就行了。朱德听后笑着说："我看比长征时的大雪山好爬得多了！"一定要上山亲眼看一下。

黄崖洞本来山高路险，沟壑纵横，最高的山有 2000 多米高，眼下大雪封山，要上去就更加困难了。可是，朱德却踏雪顶风，步履稳健，爬上了山巅。他把军帽往后掀了掀，拿起胸前的望远镜，环视了一阵黄崖洞白茫茫的山岭沟岔，慢慢地对特务团团长说："这地方地势确实险要哪，真是易守难攻。只要我们守备部队作好准备，日寇是轻易进不来的。但也不能凭险疏忽，要时刻提高警惕，要做好防特除奸工作。"

朱德又走进了高山哨堡，看望守卫战士。从哨堡出来，朱德和特务团团长商量了如何进一步加强防卫的问题。

正是在朱德的关心和指导下，黄崖洞兵工厂在抗日战争中发挥了重要的作用。朱德不愧是黄崖洞兵工厂的创始人。

二十二、重返延安

出太行

1940 年 4 月 2 日，毛泽东在给彭德怀的一份电报中说："七大决定快开，你大概难于出席。""朱总能早来否？" 4 日，毛泽东又在给彭德怀的电报中说：蒋介石召周恩来、朱德谈判，主要是华中问题。"周定十号前出发"，"朱先来延安，必要时去渝，或者不去"。12 日，毛泽东在给朱德和彭德怀的一份电报中说："朱总能否与卫（立煌）一晤？"

4 月 12 日，朱德接到了中共中央书记处发来的一份电报，要他在见卫立煌后即经西安返回延安。电报中说：（一）七大快开，请你于见卫立煌后即经西安来延安。（二）见卫谈话中心，在于强调团结抗战，缓和中央军中一部分顽固派的反共空气。向他们声明，只要中央军不打八路军，八路军决不打中央军，决不越过汾（阳）离（石）、临（汾）屯（留）、漳河之线以南，要求他们也不越过该线以北。（三）"何时可去见卫？中央军内部情形如何？盼告。"[①]

这一次，毛泽东为什么要朱德去见卫立煌呢？原来，当朱怀冰部被八路军击败后，蒋介石下令把胡宗南的第九十军调到晋西，命令庞炳勋、范汉杰、刘戡、陈铁各部主力集中到太南周围，还准备再增调六个师渡黄河北上，摆出一副准备大打的架势。但蒋介石也知道已不可能再从八路军手中把已经建立起来的河北敌后抗日根据地夺过来了，因此下令："冀察战区鹿（钟麟）总司令所属庞炳勋军、石友三军、朱怀冰军、孙殿英军、孙

---

① 《朱德年谱》中，第 956 页，中央文献出版社 2006 年版。

良诚游击队，河北民军乔明礼部及其他游击队、地方团队等概归第一战区司令长官卫立煌统一指挥。"这实际上是被迫撤销了原有的冀察战区①。

在这种情况下，卫立煌的处境却非常困难。他是蒋介石的部下，又是朱德的挚友。当国民党顽固派军队同八路军打起来以后，他非常焦急和为难。他致电朱德，希望适可而止，通过谈判来解决问题。他这个意见符合中共中央和八路军总部对反摩擦斗争的方针，因为进行这样的反摩擦斗争本来是不得已的，中共中央和八路军总部决不希望抗日民族统一战线破裂。在接到卫立煌的来电后，朱德就下令部队停止追击，适当后退，准备谈判。但是，蒋介石仍一再命令卫立煌调兵向八路军进攻，并要他去重庆汇报。这使卫立煌焦虑万分。1940年3月14日，他匆匆从洛阳北上渡过黄河来到山西晋城，表面上是前来部署向八路军进攻事宜，实际上却是希望同朱德会晤②。

卫立煌离开洛阳时，曾向驻当地的八路军办事处负责人表示希望同朱德、彭德怀会谈。中共中央书记处接到这个报告后，立即致电前方，表示"朱德同志应即赴晋城与卫立煌会见"，并提出了谈判要点，除重申团结愿望、划分作战区域等外，还提出八路军增饷、扩编等要求。

但是，由于朱德忙于指挥对日军的反"扫荡"，一时无法抽身前去同卫立煌会面，而晋城又遭到日军的攻击，卫立煌也不得不从晋城回到洛阳。

还在卫立煌在晋城时，朱德把八路军各部最近同日军作战情况和取得的胜利，给他送去报告。卫立煌将这些报告转报给了蒋介石，还报告了八路军主动后撤等情况。

卫立煌还派一个少将高级参议申凌霄带着他的亲笔信去找朱德，但从晋城到八路军总部驻地需要经过日军的封锁线，交通很不方便。申凌霄在4月17日才到达八路军总部。两天后，国民政府军事委员会战地党政委员会冀察战区分会副主任委员王葆真一行也来到八路军总部，为国内和平，共同抗日的问题进行商讨。就在这时，朱德接到了中共中央书记处要他回

①《朱德传》（修订本），第609页，中央文献出版社2000年版。
②《朱德传》（修订本），第609～610页，中央文献出版社2000年版。

延安的电报①。

朱德很快安排好了前方的工作，准备南下。他决定先去洛阳会见卫立煌，然后经西安转回延安，再去重庆。

临去洛阳前，朱德先来到了第一二九师司令部驻地潞城北村，同刘伯承等研究了前方工作。4月25日，王葆真一行来到了北村，他们从北村出发，离开太行山前往洛阳，随行的有康克清及八路军总部供给部政治委员周文龙等人。左权抽调了非常强的红三连，作为护送朱德去洛阳的随行卫队。

对于朱德这次去洛阳同卫立煌会晤，中国共产党和国民党两方面都十分重视，并寄予很大的期望。中共中央期望朱德同卫立煌的谈判不仅能够解决划分防区、停止国共之间的军事冲突、继续团结抗日的问题，还能解决八路军的扩编、增饷等问题；蒋介石则希望朱德在谈判中能再作让步，并要求朱德在洛阳会谈后经西安去重庆向他"述职"。卫立煌更盼望朱德前去，商量解决军事冲突和共同抗日的问题②。

朱德此次前去洛阳也带有很大的危险性，因为，他在途中不仅要经过日军的封锁线，而且还要经过某些对八路军对立情绪仍很严重的国民党军队的防区。但是，朱德却从容沉着地对待这一切。

4月26日，朱德一行到达壶口关附近的龙溪镇宿营时，正好赶上驻在这里的第一二九师暂编新一旅旅长韦杰结婚。韦杰曾担任过八路军总部特务团团长，朱德对他很了解，因此，便参加了他的婚礼。在婚礼上，朱德除了风趣地讲了些祝贺喜庆的话，还讲到坚持抗日民族统一战线问题。他说，范汉杰、孙殿英等国民党军队就在你们周围，要加强统一战线工作。同他们交往中要注意又联合又斗争，决不先打第一枪。同时要深刻领会独立自主的游击战争的战略战术原则，要根据作战对象的变化和敌人的特点运用过去的作战经验。游击游击，不要只游不击，也不要只击不游。要善于针对不同条件，灵活运用战略战术，适时抓住有利战机消灭敌人③。

4月27日，朱德一行经过新一旅和国民党第二十七军第四十六师防区

① 参见《朱德传》（修订本），第610～611页，中央文献出版社2000年版。
② 参见《朱德传》（修订本），第611～612页，中央文献出版社2000年版。
③ 参见《朱德年谱》中，第959页，中央文献出版社2006年版。

的交接地带。知道朱德一行要来，第二十七军军长范汉杰派部队前来迎接。28日，他们到达范汉杰驻地附近宿营，随行卫队加强了警戒。

再向前走就要通过日军的封锁线了。4月29日，为了探清前进路线并和范汉杰商谈解决新一旅同范部冲突的问题，朱德在这里停留了一天。30日，范汉杰加派一个连护送朱德离开这里继续前进。

5月1日，朱德一行到达第四十七军军长李家钰的司令部。李家钰在东路军时期，曾接受朱德的指挥，彼此之间都很熟悉。第二天，因为下雨，朱德在这里停留了一天。他利用这个机会向李家钰介绍了晋东南的敌情，谈了团结抗日的必要性。由于朱德态度诚恳，讲得有理有据，使李家钰很受教育。5月3日，李家钰也派了一个连的步兵护送朱德一行①。

5月4日，又要通过日军的封锁线了，由第九军派人前来迎接。当朱德一行正准备越过封锁线时，日军忽然发来五六十发炮弹，只好停止前进，一直到黄昏才重新前进。当天夜里10时，通过了博（爱）晋（城）公路晋庙铺的封锁线。这里离日军驻地不过五六里路，白天还有200多名日军曾在此停留过。通过封锁线后，由当地群众做向导，走小路西行。一路上，经过高山峻岭，浅溪深谷，月色昏暗，只有星光稀微，隐约照人。凌晨到达了马街，第九军一个营在这里迎接。

5月5日，朱德一行到达河南济源县，夜里在刘坪住了下来。这里已是太行山的尽头，到了黄河边上了。第二天，朱德就要离开太行山区了，望着夜幕中这座浴血奋战近三个年头的太行山脉，想着滚滚的黄河水，他不由得心潮起伏，思绪万千，提笔写下了七绝《出太行》诗一首。诗前题写道："一九四〇年五月，经洛阳去重庆谈判，中途返延安。是时抗战紧急，内战又起，国人皆忧。"

> 群峰壁立太行头，天险黄河一望收。
>
> 两岸烽烟红似火，此行当可慰同仇。

5月6日，朱德一行离开太行。7日，渡过黄河，卫立煌已派参谋长郭寄峤带人在孟津黄河上的铁谢渡口迎接了。下午6时许到达了洛阳。

---

① 参见《朱德传》（修订本），第613页，中央文献出版社2000年版。

　　卫立煌早就盼望朱德来了。故友重逢，格外高兴。为了便于交谈，卫立煌把朱德和康克清安排在自己的驻地住宿，其他随行人员住在第九军军部。当时洛阳的情况很复杂，既有大批国民党特务在活动，又有不少在反摩擦斗争中吃了败仗而又不甘心的顽固派头面人物，他们企图为难甚至加害朱德。但是，卫立煌是当地最高军事长官并兼河南省政府主席。他对朱德热情接待，使这些人不敢轻举妄动。①

　　刚到洛阳，卫立煌就为朱德举行了欢迎会。在会上，朱德致辞，他强调国共两党和全国军队团结的重要性。指出：全国人民需要这种团结，国民党的大多数党员需要这种团结，共产党、八路军坚决要求这种团结。只有日寇、汪精卫等汉奸、投降分子和摩擦专家害怕这种团结。这种团结必须建立在进步的基础上。只有这样，才能克服困难，争取抗战的最后胜利。②

　　在洛阳期间，卫立煌不仅以第一战区司令长官的名义举行盛筵欢迎朱德，召集驻洛阳的国民党军队师以上的将领参加；还以他河南省政府主席的名义，在河南省政府内设宴欢迎朱德，邀请国民党党政及各界知名人士参加，天天晚上都开招待会，著名豫剧演员陈素真、常香玉等都到晚会上进行演出。跟着朱德随行的警卫连战士们，还在他们驻地门前的球场上，和第一战区长官部特务团的士兵们进行了篮球比赛。

　　卫立煌对朱德一行的招待也很好，每天三餐都十分丰盛，到了晚间还开夜餐。朱德身边的随行人员只好对招待人员说："这样的招待我们受不了，还是从简一点吧。"

　　朱德给卫立煌也带来了一些礼物，主要是延安出版的各种书报。卫立煌送给康克清一支自来水笔，和1938年夏天送给朱德的那一支一模一样，在笔套上有一颗白色圆点。当卫立煌看到康克清挂着一支十响的大手枪，感到女士用着不方便，就又送给她一支精致的德国毛瑟小手枪。

　　随朱德来的干部们，原来穿的都是晋南土布做的军装，卫立煌又要第一战区司令长官部副官处找到裁缝师傅，特地为每个干部量了尺寸，缝制

---

　　① 参见《朱德传》（修订本），第613～614页，中央文献出版社2000年版。

　　② 参见《朱德传》（修订本），第614页，中央文献出版社2000年版。

了一套优质斜纹布料的灰色军装。对于朱德带来的警卫连则按第一战区司令长官部特务团的标准每人发了一套新衣新鞋。

这一切，不仅使朱德对卫立煌很感谢，而且看到了争取中间派的重要性。正如他后来在延安向中共中央书记处报告工作时所说：洛阳是国民党特务机关集中的地方，但因为有卫立煌这个中间力量在，情况比西安还要好些。毛泽东非常赞同朱德的这一意见。

朱德同卫立煌的会谈，气氛很融洽。朱德所提出的要求，卫立煌都表示支持和同情，但有些事他也做不了主。他只能在自己的辖区里解决具体的问题。这些问题主要是：

第一，允许八路军在中条山保留一条运输线，并把 3 月里第二十七军在同善镇以及第十五军在垣曲北躁抓到的八路军兵站三四名人员以及在晋南其他地方抓来的八路军人员统统放回。好在这些被抓的人员都关在营房里，由八路军驻洛阳办事处秘书主任王吉仁办理手续，即刻全部领回。

第二，解决了国民党军需机关扣发八路军军饷的问题。为了交谈这个问题，朱德特地把八路军总部供给部政治委员周文龙带到了洛阳，一起同卫立煌进行了具体的谈判，得到了合理的解决。

就在朱德和卫立煌会谈过程中，国民党政府的参谋总长何应钦给卫立煌发来了一份电报，提出种种限制陕甘宁边区活动和八路军发展的意见。朱德把这一情况报告了毛泽东等，指出：这是国民党方面"已经提过的问题，是讨价还价，毫无诚意，难得结果。在华北他们利用中间力量来摩擦"；"我们只有同卫（立煌）弄好关系，注意实际配合，加强争取，同时忠告卫，我们决不与他争。"[1]

从 1939 年冬至 1940 年春，胡宗南侵占了陕甘宁边区的淳化、栒邑、正宁、宁县镇等五个县，使得陕西国民党军队和陕甘宁边区的关系非常紧张。卫立煌本来想乘此机会，请胡宗南到洛阳来同朱德会谈，就陕甘宁边区问题作些调解。但蒋介石知道后，立即给卫立煌发来一份电报，告诉他："这个事你不用管。"卫立煌只好作罢。

---

① 《朱德年谱》中，第 962 页，中央文献出版社 2006 年版。

从这件事中，朱德看到，虽然他在洛阳同卫立煌的谈判比较顺利，但如果到重庆去同蒋介石谈判可能会旷日持久地拖下去，更不会有什么结果。正好这时，到苏联治病的周恩来已回到延安。考虑到这些情况，朱德建议由周恩来去重庆同蒋介石谈判，他在洛阳同卫立煌谈判后就回延安，不再到重庆去见蒋介石。中共中央同意了朱德的这一建议。

5月16日上午，国民政府军事委员会战地党政委员会冀察分会的委员们来看朱德。朱德同他们谈话时，回答了他们提出的不少问题。

在回答最近华北敌人的企图和我们应有的对策时，朱德指出：华北敌军不包括伪军在内约有五六十万，正在加紧修筑堡垒、公路和铁路，同时不断"扫荡"抗日根据地；但八路军、游击队也很活跃，力量相当强大，冀东、平西、门头沟、西山也都是我们的活动地区。现在敌人把利诱和威胁配合起来，除用武力外，还采取以华制华、以战养战的方针。我们的对策就是巩固和发展联合各党、各派、各阶层人民的抗日民族统一战线①。

在回答国共两党如何才能亲密合作时，朱德说：我们共产党当前是为民族解放而奋斗，并没有自己的私利。凡是有共产党的地方，抗战就热烈；抗战热烈的地方，共产党的力量就大。可是，有的人对抗战的兴趣不大，却积极限共、防共、反共，限制八路军发展，不断制造摩擦，甚至利用汉奸队伍来反共，长此下去，国就要亡了。只有解决这些问题，取消妨碍抗战的东西，国共两党才能亲密合作，共同抗日，否则是没有出路的。

5月17日，朱德离开洛阳，乘火车经潼关去西安。他到达西安时，早几天从延安来到西安的周恩来来到车站迎接。自从在延安参加中共六届六中全会以后，朱德和周恩来已快有两年没有见面了。这次两人在西安相见，自然十分高兴。但是，他们却没有时间叙旧，因为周恩来即将要代替朱德去重庆同蒋介石谈判，他们抓紧时间，深入地交谈了有关情况和意见②。

在西安停留期间，朱德也十分繁忙。由于日军飞机经常来轰炸西安，驻西安八路军办事处就在北郊范家村附近挖了几孔窑洞，朱德就和周恩来等常在那里开会，研究、商讨有关去重庆谈判的情况。当朱德了解到八路

---

① 《朱德年谱》中，第964页，中央文献出版社2006年版。
② 参见《朱德传》（修订本），第617页，中央文献出版社2000年版。

军驻西安办事处交通科有一位战士被国民党特务秘密绑架走的消息后，就亲自出面交涉，迫使特务机关把人交了回来。朱德还拜会了陕西省政府主席蒋鼎文、第三十四集团军总司令胡宗南和国民政府军事委员会西安办公厅副主任兼政治部主任、军事委员会西北青年劳动营主任谷正鼎等①。

5月24日，朱德一行离开西安向延安进发。由于朱德是第二战区副司令长官、第十八集团军总司令，他的车队，国民党特务一般不敢盘查和阻拦。为了把一批要去延安而滞留在西安的进步人士和青年带到延安，并把一批国民党当局禁运而延安又急需的通讯器材也带到延安，所以朱德决定，不坐小汽车而乘坐大卡车。

上午8时，由三辆大卡车组成的车队出发了，朱德坐在第一辆卡车的司机旁边。全车队共有四五十人，大多穿了军装，充作朱德的随从，其中就有茅盾夫妇和张仲实等人。

一路行驶，傍晚到了铜川，在这里住了下来。朱德和茅盾的住处很近。吃过晚饭后，朱德前去拜访茅盾。在西安时，他们已第一次见过面了，朱德给茅盾留下的第一印象是："一位话语不多的敦厚长者。"这一次见面，他们侃侃而谈的话题是杜甫和白居易。交谈中，茅盾发现"这位名震中外的将军有很高的文学素养"②。

5月25日下午1时许，朱德一行经过中部县时，朱德提出前去拜谒黄帝陵的建议，大家一致同意。

车队很快在桥山脚下停了下来，大家围住朱德向山上爬去。但是，来到陵前时，驻守黄帝陵的卫兵却说，这里是国防重地，奉命不让参观。后来，黄帝陵管理处的负责人看到是第十八集团军总司令前来，就特别通融，陪同一起参观。

在参观的过程中，朱德请茅盾向大家讲了黄帝的故事后，他自己也讲了话。对于当时的情景，茅盾这样记载道："总司令接着讲话，他很幽默地说，刚才沈先生讲了历史上的黄帝，现在我再讲讲当代的黄帝——我们这些黄帝的裔胄。中华民族有五千年光辉的历史，然而近百年来我们这个民族却遭受了帝国主义的百般欺凌，被称作'东亚病夫'。现在这个古老

①　参见《朱德传》（修订本），第617～618页，中央文献出版社2000年版。
②　茅盾：《延安行——回忆录（26）》，《新文学史料》季刊，1985年第1期。

的民族觉醒了，我们这些黄帝的子孙点燃了民族解放的烽火，全国人民正进行着神圣的抗日战争。抗日战争就是中华民族复兴的战争。我们一定要把这场战争进行到底，我们也一定能取得战争的最后胜利！现在有人想阻挠抗日战争的胜利进行，想妥协投降，这种人是黄帝的不肖子孙！总司令的话不长，却极富煽动力，我才发现总司令还有很好的演说才能。"[1]

当天下午 4 时左右，车队通过最后一道国民党军队的关卡，进入陕甘宁边区。

回到延安之初

1940 年 5 月 26 日，朱德再次回到了延安，受到延安干部和军队、民众的热烈欢迎。本来决定在第二天开欢迎晚会，但是，听说朱总司令回来了，许多机关、学校和群众都自动整队来到南门外操场上，只好临时决定当天先在这里举行一次欢迎大会。

朱德应邀在欢迎大会上讲话。他说：华北广大的抗日根据地已经建立起来，这奠定了华北抗战胜利的基础。尽管敌人"扫荡"、破坏，顽固分子制造摩擦，可是华北广大人民群众已把自己组织成伟大的独立的力量，他们不但不会消灭，而且将日趋坚强。八路军在华北敌后与日军作战近三年，光复了大片国土，建立起晋察冀、冀中、冀南、平西、晋冀豫、晋西北、冀鲁边、冀鲁豫、鲁西北、鲁南、大青山等抗日根据地，八路军自身也从原来的 3 个师发展到有正规部队 22 万人，游击队未计算在内[2]。

第二天，延安各界又在中共中央大礼堂举行欢迎晚会，毛泽东也参加了。鲁迅艺术学院的 200 多名师生演出了冼星海创作的《黄河大合唱》。在欢迎晚会上，朱德兴奋地告诉大家："今天，整个华北到处都是咱们八路军健儿在显身手，北至苦寒的大青山，南接新四军达长江口，东抵海边，西接陕甘宁边区。八路军牵制了敌人 12 个师团又 9 个旅团。两年多来打死、打伤敌人 20 余万，争取伪军十余万人反正，其中还打死了敌酋阿部中将以下少将、大佐多人。八路军在华北唤起了民众，组织、武装了他

---

① 参见《朱德传》（修订本），第 618～619 页，中央文献出版社 2000 年版。
② 《新中华报》，1940 年 5 月 31 日。

们，建立了统一战线的抗日民主政权，维系了华北广大人民的人心。八路军在华北保护了人民和资源，严重打击了敌人'以华制华'和'以战养战'的阴谋；改善了人民生活，发展了生产运动。虽然敌人在华北的守备兵力增多，但它的兵力分散，战斗力减弱，反战、厌战情绪增高。八路军已成为坚持华北抗战主力，散在乡村，同时能掌握战略枢纽（山地）的交通要点，与民众联系加强，战斗力提高。在华北、华中敌后战场上出现'摩擦'，是少数人（大资产阶级与地主）对八路军、新四军、共产党采取破坏政策造成的。我们的态度是一切为着团结，人不犯我，我不犯人，人若犯我，我必犯人。"①

朱德再次回到了延安，但是，在华北抗日前线的八路军总部的同志，包括朱德本人都没有想到，他这次回延安后，中共中央决定让他留在延安协助毛泽东工作，没有再让他回华北抗日前线，一直到抗日战争胜利结束。

作为中央军委副主席和八路军总司令，朱德留在延安仍然主要协助毛泽东分管军事工作。这以后，从延安发出的重要军事文电一般由军委主席毛泽东、副主席朱德和军委总政治部主任王稼祥三人署名。朱德离开华北抗日前线后，八路军总部工作则由彭德怀主持，但八路军总部的重要文电仍由朱德和彭德怀共同署名。因此，在这一时期就出现了这样的现象，有些由八路军总部发出而有朱德署名的电报，收件人中又有"并报朱总"的字样。朱德到达延安后的第三天，5月28日，毛泽东、朱德、王稼祥联名给八路军总部、第一二〇师发出一份电报，指出：（一）阎锡山保留晋西南对我们有利。（二）我们在晋西南不应增兵，若增兵则引起阎恐慌，同时，国民党可借口派中央军到晋西南去，陈士榘支队之行动已引起蒋介石、阎锡山之极大恐慌，正设法缓和。（三）晋西南党的方针是力求隐蔽、埋伏，已公开的党员干部集中到我游击队去，如我游击队在晋西南坚持不了，可转移到晋西北去。（四）我们已电王世英转阎锡山，要他电令制止部属攻打我游击队、捕杀我党员及群众②。

在延安，朱德除主要协助毛泽东分管军事工作以外，还身兼数职，许

---

① 《朱德年谱》中，第 967～968 页，中央文献出版社 2006 年版。
② 《朱德年谱》中，第 968 页，中央文献出版社 2006 年版。

多需要中共中央领导人出面的活动，都是由朱德来承担，以便减轻毛泽东的负担，使他能集中更多精力研究重要问题。

5月29日，朱德出席中共中央书记处会议，报告华北摩擦问题时强调继续争取中间力量的重要性。他说：对中央军，我们经常有人和他们来往。我们和卫立煌的关系很好，使他在国共两党的摩擦中保持中立。蒋介石曾严令卫立煌向我军进攻，后来我们退出白（圭）晋（城）公路，摩擦空气便和缓了。洛阳是国民党特务机关集中的地方，但因为有卫立煌这个中间力量在，情况比西安还要好些。卫立煌表示要坚持进步。我们得到一个大的教训，这就是争取中间力量是非常重要的。对顽固势力也要争取。毛泽东很赞同朱德的意见，插话说：目前时局有拖与好转的可能，当然也要警惕有逆转与发生事变的可能。朱总司令的报告说得很对，我们还要努力争取中间势力。对顽固派也要争取与分化，就是打了他们，也还要争取他们。不要把顽固派当做汉奸打，不能把中间派当做顽固派打。目前顽固势力的削弱，中间势力的增大，国民党军队的多数军官也是中间派。我们要大大组织进步势力和中间势力，这就必须有统一战线的办法，如实行"三三制"的政策等，同时在理论上要多作说明。①

刚回到延安后，朱德一方面忙着向中共中央汇报情况，另一方面还接受了许多单位的邀请，前去作报告。6月20日，朱德在延安干部会议上作题为《华北抗战的总结》的报告。他首先说明了坚持华北抗战的条件和意义。指出："坚持华北抗战，广泛开展华北游击战争，是在敌强我弱的国力对比，我地大物博，并处在进步的时代，以及敌寇之兵力不足、野蛮残暴和战争的长期性的特点条件之下必然发生的问题。"②

接着朱德具体分析了在敌后一般的条件之下，华北抗战更具有它特殊的条件。这主要表现在三个方面：第一，华北首当敌冲，在旧的政治制度下，一时阻挡不住敌人，在很短的时期中丧失了广大土地。但同时，敌人在这广大地区也使得自己的力量分散，控制力量陷于薄弱，留下了很多空隙，使得我们便于在这许许多多空隙中组织力量，建立根据地，以打击敌人，拖住敌人。第二，华北因为首当敌冲，民众历来感受日寇压迫最深，

---

① 《毛泽东年谱》中卷，第191页，人民出版社、中央文献出版社1993年版。
② 《朱德军事文选》，第389页，解放军出版社1997年版。

反日的五四运动和一二九运动，都是首先在北方发动的。这些运动在北方民众中影响很大，特别是一二九运动曾锻炼出了广大的青年民族英雄。在平、津失守后，他们便散布在广大的民间，发动抗战，而成为发展游击战争的有利条件。第三，华北从来是中外民族斗争的主要战场，在人民中养成了一种伟大的民族风格，即"燕赵自古多慷慨悲歌之士"，他们是有很深的民族意识，如义和团运动便是一很明显的例子。对于他们，一经启发便易变成为力量，这种具有很深民族意识的广大人民，便是坚持华北抗战，进行广大游击战争的无限源泉。

根据对这些条件的分析，朱德得出结论："八路军向华北进兵和上述的条件结合起来，因此，便成为百战百胜的力量。"①

朱德在讲到坚持华北抗战的意义时说："坚持华北抗战，在全国战略上不但有重大意义，而且有决定的意义。坚持华北抗战，掩护了整个的大西北，保卫了最重要的国际交通，同时牵制了敌寇半数的兵力，巩固了华中和华南的阵地。没有八路军坚持华北抗战，就不会有今日的抗战局面。"具体地说，坚持华北抗战，"在政治上告诉了全国和全世界，敌人虽然占领华北许多点线，但是，华北究竟是不可灭亡的，我们尽有方法从敌人后方赶走敌人。这点，极大地巩固和提高了全国人民抗战必胜的民族自信心与自尊心。"同时，坚持华北抗战，"使敌人无法开发华北的富源（华北是中国最大的富源所在地），以挽救自己在经济上的困难，削弱敌人的力量，加速敌人在持久战中必然的崩溃过程。这样，我们就可以清楚，坚持华北抗战是中日战争的枢纽的重要构成因素，我们不能抛开它去想象抗日战争的胜利。"②

朱德强调说："八路军是坚持华北抗战的基本力量，没有这个最进步的、与民众有如鱼水关系的军队，没有一个强大的八路军，坚持华北抗日是绝不可能的。"当然，坚持华北抗战有最严重的困难，"但同时我们又具备克服困难的有利条件。我们用什么办法来运用这些有利条件，去克服困难呢？

1. 坚决执行三民主义、抗战建国纲领、总理遗嘱和蒋委员长的指示。

---

① 《朱德军事文选》，第390页，解放军出版社1997年版。
② 《朱德军事文选》，第390页，解放军出版社1997年版。

2. 坚持统一战线，坚持团结，消灭汉奸。

3. 创立敌后抗日根据地，实行民主政治，改革政治机构，使人民自己管理自己和国家大事。

4. 改善人民生活，减租减息，在抗战和人民利益的基础上，调整各阶级的关系。

5. 武装人民，自儿童以至老人都有武装抗日的自由和责任，展开广泛的游击战争。

6. 在战略上基本上是游击战争，不放弃有利条件下的运动战。"①

最后，朱德满怀信心地说道："我坚决相信，有了华北抗战将近三年所奠定的基础，有了全国抗战的配合，特别是有了我们党中央坚强的正确的领导，不管敌人如何三番四复，十次八次进行'扫荡'，不管敌人如何施展其政治阴谋，只要大家努力，我们一定能够坚持华北抗战到底，在长期的拉锯式的'扫荡'与反'扫荡'的严重的斗争中，最后以反'扫荡'的姿态，参加全国的反攻，而一定打到鸭绿江边去，收复一切失地，建立新中国"。②

6月27日，中共中央政治局召开会议讨论时局问题，朱德在会上作了发言。他说：目前我们要加强统一战线的工作，不要把民族利益与阶级利益对立起来。地主、资本家一般也还有民族思想，不要把他们看成汉奸。统一战线工作做得好，地主愿意把粮食供给我们；如果工作做得不好，他们会跑掉。国民党军队在抗战中受了我们的影响，只要我们工作做得好，也会有人转到我们方面来。③

7月5日，朱德在《新中华报》发表《为争取抗战最后胜利而奋斗》一文，指出，抗战三年来，日寇对华北各抗日根据地进行了不间断的、轮番的、残酷的"扫荡"战，企图肃清华北的抗日军队。但是，在华北与人民息息相关的军队非但没有被消灭，反而日益巩固和壮大起来，在反"扫荡"的每次战役中都取得了胜利。文章还总结了华北军民三年来同日本侵略者进行斗争的经验，认为在华北与人民生死攸关时，军队非但没有被敌

---

① 《朱德军事文选》，第391页，解放军出版社1997年版。

② 《朱德军事文选》，第399~400页，解放军出版社1997年版。

③ 《朱德年谱》中，第974页，中央文献出版社2006年版。

寇消灭，反而日益巩固和壮大起来，非但没有被削弱和疲惫，反而在斗争中锻炼得更加坚强、更加英勇了！军队能取得这样的成绩，完全应当归功于民众，归功于民主。因此，要继续发动人民群众，进行人民战争。朱德在文中还写道："我们实行了自卫队、游击队和正规军的配合作战，使这三种武装力量，都能充分地发挥它的作用。我们发动和组织了最广泛的游击战争，疲惫和迷惑敌人，造成正规军最后消灭敌人的机会，最后粉碎敌人的围攻。我们在正规军中，曾适时地调剂了游击战与运动战的分量；我们在游击队中，又曾融合了游击战向运动战发展的连贯性，这就不断地帮助了地方游击队的发展，同时又不断地壮大了正规军。"

为了纪念中国共产党诞生 19 周年，7 月 20 日，朱德在《共产党人》第 8 期上发表了《中国共产党和军队》一文，阐述了中国人民军队的产生和巩固、壮大的历程，并总结了中国人民军队取得巨大成绩的经验：有共产党的正确领导；有广大人民的拥护与爱戴；在军队中建立了各种优良的制度，首先是政治工作和政治委员制度，进行了阶级的、民族的教育，提高了全军的政治觉悟，巩固了纪律和战斗力；锻炼和保存了许多出色的领导者和大批优秀干部；在军队党内进行了坚决的两条路线的斗争；建立和巩固了革命的根据地；有国际革命运动的援助。

8 月 1 日，朱德在延安干部会议上又作了报告，他特别指出：我们发动了华北一切不愿做亡国奴的同胞参加抗战。他们不但已组织起来，而且在近三年的斗争中已锻炼成为独立的伟大力量，成为华北一切抗战工作之基础。我们在广大群众参战的基础上大大地消耗了敌人，同时在战斗中发展了人民武装。我们在群众运动的基础上，建立了华北广大的抗日根据地，它们就是晋察冀、冀中、冀南、平西、晋冀豫、晋西北、鲁南、大青山抗日根据地。

可以看出，朱德重回延安后的最初的几个月时间里是十分繁忙的。但是，他时刻保持着朴实的作风。当时担任中央军委总参谋部资料室主任的雷英夫回忆说："1940 年朱总从前方回到延安后，与叶剑英同住一个院子。当时我在军委总参谋部一局下面的资料室工作，也住在这个院子里，几乎每天都可以见到朱总司令。一次，朱总的秘书通知我前去向总司令汇报。这下我心里发了慌，又高兴又害怕，赶忙到老首长叶剑英和李涛同志那儿去问该怎么汇报。他们说，不用怕，朱总从不随便发脾气，最平易近人了；主要要把材料准备好，沉住气，就像平常开会那样讲就行，并且说他们二人也一起去。一到朱总那儿，情况完全出乎我意料。总司令穿着普通的灰布衣服，还打着补丁。听汇报时一直面带笑容；他作指示也像叙家常一样。以后我有这样的一个印象，他的很多精彩的话就是在叙家常中讲出来的。他作报告，有时离开提纲讲的那些话，往往是最精彩的地方。通过第一次汇报，我原来那种因为要面见总司令而提心吊胆的心情完全打消了。朱总指挥千军万马，碰到的困难和复杂的事情很多；但是，到他那儿，见他总是不慌不忙，笑嘻嘻的。从外表看，总司令与常人没有什么区别，他是平易近人的好领导。朱总自己就曾经说过：总司令的名称无非是个牌子，我当总司令是个代表，不是我个人有什么特别的才干。群众要革命，要打仗，就得有个头，这就叫总司令，叫军长，叫师长、团长，哪个人当总司令有偶然性，他可以姓朱，也可以姓张、姓王、姓赵……关键是看谁能更好地为人民服务，更好地代表人民群众的利益。总司令的牌子只能代表群众的利益，大家才拥护。他反复强调不要突出宣传他个人的作用。朱总有这么大的功劳，这么高的威望，可是，他表现的却非常平凡。这正是他伟大的地方。徐老在一篇文章中说，'朱总的伟大存在于平凡之中'，确实如此。"①

筹划百团大战

朱德再次回到延安以后不久，日军在对华北各抗日根据地进行"扫荡"的同时，又实行了"囚笼政策"，企图"以铁路为柱、公路为链、碉堡为锁"，利用便利的交通条件，发挥他们现代化装备的优势，以消灭八路军，摧毁华北各抗日根据地，巩固其占领区，使中国成为南进的后方基地。

在延安，朱德作为八路军总司令不仅时刻关注着华北抗日战场上的一切，并仍然忙于参与对华北抗日前线的军事指挥。要破日军的"囚笼政

---

① 《话说朱德》，第297页，中央文献出版社2000年版。

策”，关键的就是要开展大规模的交通破袭战。早在抗战初期，朱德就曾指出：“交通对于现代的军队，是一个决定胜负的要素。”“交通并非不可变的，可以修理，亦可以破坏和阻塞。因此我军对于敌人的交通，要经常进行破坏，使敌人的交通由最便利的变为不便利的。”①

为粉碎日军“囚笼政策”的企图，在离开太行之前，朱德就与彭德怀酝酿展开交通破袭战，指出：日军近日“加强铁道线军事封锁及经济封锁”；“强化交通，增修道路”，“且于道侧掘深、宽沟，此不特妨害军事，且妨碍根据地之经济流通”。因此，1940 年 2 月 7 日，他和彭德怀在给八路军各兵团首长的一份电报中指出：“日军自展开‘扫荡’华北以来，到处积极修路，不仅修复中国旧有交通，且增修了不少新路。各部队除破坏敌人的交通，使其不能完成修路计划外，还应确实了解各地区敌之交通，以便研究对策。”从此，一个大规模的以交通破袭战为重点的进攻战役，开始酝酿。

与此同时，朱德、彭德怀要求八路军各部队，要详细侦察日军筑路的起止地点、方法和沿路设施及兵力部署等，下达了破坏日军主要交通干线的命令，规定从 4 月 10 日开始动作，并向毛泽东等人作了报告。但由于需分兵对付国民党顽固派军队的反共摩擦，因而各部分散出击，未能形成统一的战役。

4 月底，左权受彭德怀之托，来到第一二九师司令部驻地山西黎城县谭村，与刘伯承、邓小平和正在这里的聂荣臻等，集中讨论了华北敌后形势，分析了敌情，研究了对策。大家一致认为：横贯在晋察冀和晋冀豫“两区间的正太路是日军控制山西、河北的交通命脉，也是阻隔两区联系的重大障碍。要是切断正太路，既可使日军在山西的运输补给失去可靠的保障，又有利于两区在军事、经济等方面的互相支持和帮助。”② 同时，“提出聂和刘、邓可以一个负责破袭东段，一个负责破袭西段。”

正太铁路，东起河北石家庄，横越太行山，是连结平汉、同蒲两铁路的纽带，也是日军在华北的重要战略运输线之一。当时，平绥铁路到同蒲铁路还不能通车，石家庄到德州的铁路也远未修通。因此，日军把正太铁

---

① 《朱德选集》，第 53～54 页，人民出版社 1983 年版。
② 《刘伯承传》，第 247 页，当代中国出版社 1992 年版。

路看成是连接山西和河北的重要交通命脉。根据这种情况，朱德、彭德怀决定把八路军的交通破击战的重点放在破坏正太铁路上。同时要求对同蒲、平汉、津浦、北宁、德石等铁路以及华北一些主要公路线，也部署适当兵力展开广泛的破击，以配合正太铁路的破击战。

朱德到达延安后，通过同彭德怀、左权往来电报商讨，7 月 22 日清晨，由朱德、彭德怀和左权联名签发的破袭正太路的预备命令，通过无线电波，传给聂荣臻、贺龙、关向应、刘伯承、邓小平，并上报中央军委。电报全文如下：

聂、贺、关、刘、邓并报军委：

甲、情况与任务：

（一）由于国际形势的变动，我西南国际交通路被截断，国内困难增加。敌有于八月进攻西安，截断西北交通消息。似此，一大部分大地主、大资产阶级之更加动摇，投降危险亦随之严重。我军应以积极的行动，在华北战场上开展较大胜利的战斗，破坏敌人进攻西北计划，创立显著的战绩，影响全国的抗战局势，兴奋抗战的军民，争取时局的好转，这是目前严重的政治任务。

（二）敌寇依据各个交通要线，不断向我内地扩大占领区，增多据点，封锁与隔截我各个抗日根据地之联系，特别是对于晋东南，以实现其"囚笼政策"，这种形势日益严重。又选据各方情报，敌寇有于八月间进犯西安企图。为打击敌之"囚笼政策"，打破进犯西安之企图，争取华北战局更有利的发展，决定趁目前青纱帐与雨季时节，敌对晋察冀、晋西北及晋东南"扫荡"较为缓和、正太沿线较为空虚的有利时机，大举击破正太路。

乙、战役组织：

（一）战役目的以彻底破坏正太线若干要隘，消灭部分敌人，收复若干重要名胜、关隘据点，较长期截断该线交通，并乘胜扩大拔除该线南北地区若干据点，开展该路沿线两侧工作，基本是截断该线交通为目的。

（二）基本破坏区为井陉、寿阳等，但对其他各重要铁道线，特别是平汉、同蒲线应同时组织有计划之总破袭，配合正太铁道战役之成功。

（三）战役兵力组成。直接参加正太线作战之总兵力应不少于二十二个团，计：聂区（冀中在内）派出十个团；一二九师派出八个团；一二〇师派出四至六个团；总部炮兵团大部、工兵一部。对其他各铁道线配合作战之兵力，由各区自行规定之。各出动部队之后方勤务，由各区自己布置之。

（四）定八月十三日以前（约八月十日左右）为开始战斗期限。

丙、战役部署另告。

丁、战役准备。在八月十日前完成下列准备：

（一）侦察平定以东至石家庄段由聂区负责。平定（平定城含）至榆次太谷段由一二九师负责。榆次太谷段以西（榆次含）至忻口线由一二〇师负责。侦察着眼点另告，但钳制方面的侦察由石家庄至卢沟桥由聂区负责。由石家庄至安阳、由太谷至汾河、白晋路由刘、邓负责。

（二）粮食准备。各出动部队从出动之日起，应准备一个月之粮食。

（三）破路爆破器材之准备。

（四）出动部队之调动与休整。

（五）对敌伪军及敌占区民众与会门等工作之准备（多制就各种传单、标语）。

（六）地方工作原来之准备调集大批地方工作干部，加以对敌占区各种政策及工作方法方式等之训练。

戊、战役政治保障计划另告。在战斗未发启前严格保守秘密，准备未完毕以前，战役意图只准告知旅级首长为止。

朱彭左

二十二辰

从这个预备命令中可以看出，进行这次战役的目的主要是两个：一个是粉碎日军进攻重庆、西安的计划，打退妥协、投降、分裂、反共之逆流，争取时局和战局的好转；二是打破日军旨在割裂华北抗日根据地的"囚笼政策"，彻底破坏和截断正太路交通，"争取华北战局更有利的发展"。

八路军各部队接到这一预备命令后，在朱德、彭德怀的统一指挥下，立即进行了紧张的战前准备。8月8日，朱德、彭德怀、左权向八路军各部队正式下达了战役行动命令，并对战役部署和作战地区作出了具体的规定：

聂（荣臻）、贺（龙）、关（向应）、刘（伯承）、邓（小平）并报军委：

一、情况、任务与战役组织见七月二十二日辰命令。

二、战役部署及作战区域区分：

（一）聂集团主力约十个团破坏平定（平定县不含）东至石家庄段正太线，破坏重点应在娘子关平定段。对北宁线、德州以北之津浦线、德（州）石（家庄）线、沧（州）石（家庄）路、沧（州）保（定）路，特别是对元氏以北至卢沟桥段之平汉线，应同时分派足够部队宽正面的破袭之，阻击可能向正太线增援之敌，相机收复某些据点。对西、北两面之敌，以适当兵力监视之。另以有力部队向盂县南北敌据点积极活动，相机克复某些据点。

（二）刘邓集团以主力八个团附总部炮兵团一个营，破击平定（含）至榆次段，正太线之破坏重点阳泉张净镇。对元氏以南至安阳段平汉线、德石路、邯（郸）大（名）路，榆次至临汾段同蒲线，平遥至壶关段白晋线，临（汾）屯（留）公路，应同时分派足够部队宽正面的破袭之，阻敌向正太路增援，相机收复某些据点。对辽（县）平（定）公路应派有力部队积极活动，相机收复沿线某些据点。另以一个团主力位于潞城、襄垣间地区。

（三）贺关集团应破袭平遥以北同蒲线及汾离公路应以重点置于阳曲南北，阻敌向正太路增援。该集团原拟一个团在阳曲以南配合作战，兵力较小，应加强之。如汾河可能徒涉时，该集团阳曲以南配合作战部队，应力求以约两个团之兵力进至榆次南北地区，直接加入刘邓集团作战并归刘邓直接指挥之。对晋西北腹地内各个敌之据点与交通路，应分派部队积极破袭，相机收复若干据点。

（四）总部特务团主力集结下良、西营地区。

三、上列各集团及总部特务团统由总部直接指挥之。

四、限八月二十日开始战斗。

五、各集团战役准备、侦察、具体部署即告。

朱彭左

八月八日申

8月20日22时，一颗颗攻击的红色信号弹腾空而起，划破了夜空，各路突击部队简直像猛虎下山，扑向敌人的车站和据点，雷鸣般的爆炸声，一处接着一处，响彻正太路全线。同一时刻，平汉、同蒲、德石、沧石等铁路和公路干线上，枪炮声、炸药的爆破声震撼着华北大地。在八路军总部的统一指挥下，晋察冀军区、第一二〇师、第一二九师等，向日军侵占的华北主要交通干线，展开了全面攻击，一场以正太铁路为重点的、声势浩大的交通破袭战打响了。

就在八路军参战各部队顺利进行交通破袭战时，8月20日夜里24时，朱德、彭德怀等又给八路军各部队发出了关于加强游击队组织和开展敌占区工作的电报，指出："正太路为主的战役计划已开始，为保障该战役胜利后继续开展工作，坚持游击战争，乘着军事胜利兴奋群众，着重注意加紧游击队的组织，派得力政治军事干部领导，认真培养地方干部，准备在敌占区长期生根，要有坚决缩小敌占区，经常危害到敌人交通的决心。只有在敌占区内积极动作，才能巩固基本根据地。要加紧开展敌伪军工作，开展敌占区内游击战。""战役计划完成在适当情况转移主力作战时，沿正太路南北，同蒲路东西，留置各团侦察连交各军分区指挥"。

随着战役的发展和八路军广大指战员积极要求参战，八路军总部原规定参战兵力不少于 22 个团，现在已超过了 100 个团。8 月 22 日下午，八路军总部作战科长王政柱立即向彭德怀、左权报告了这一情况："正太路 30 个团，平汉线卢沟桥至邯郸段 15 个团，同蒲线大同至洪洞段 12 个团，津浦线天津至德州段 4 个团，邯郸至济南公路线 3 个团，代县至蔚县公路段 4 个团，北平至大同线 6 个团，辽县至平定公路线 7 个团，宁武、岢岚、静乐公路线 4 个团……共计 105 个团。"左权听后，脱口而出："好！这是百团大战，作战科要仔细查对确数。"彭德怀接着说："不管是一百零几个团，就叫百团大战好了！"① 后来，朱德、彭德怀、左权等发出指示，正式命名这次战役为"百团大战"，指出："正太战役是抗战以来华北军队积极向敌进攻之空前大战，总合兵力共约百个团，故名'百团大战'，以便向外宣传。"

8 月 23 日，朱德、彭德怀、左权等联名致电聂荣臻、贺龙、关向应、刘伯承、邓小平等，指出：百团大战是抗战以来华北战场上空前未有的主动积极的向敌进攻的大会战，"对于全国抗战与华北整个战局均有极大意义"。"望我全体将士，以无比决心与毅力，发挥最高度之顽强性与机动性，再接再厉，勇往直前，在现有序战胜利之基础上，猛烈扩大战果，完成战役任务。"②

8 月 25 日，朱德、彭德怀、左权等给参战的八路军各部队发出嘉奖电报。为了进一步扩大战果，8 月 26 日，他们又对战役作了进一步部署：

聂（荣臻）、贺（龙）、关（向应）、刘（伯承）、邓（小平）并报军委：

甲、在正太路不能继续坚持作战，或已彻底完成正太战役任务之情况下，我之行动方针应是乘胜开展正太线两侧之战斗，力求收复深入我各该根据地内之某些据点，继续坚持沿正太线之游击战，缩小敌占区，扩大战果，同时以一部兵力进行休整。

乙、具体部署：

（一）聂集团应以不少于四个团兵力进攻芟池镇以北各据点，

---

① 《彭德怀传》，第 218 页，当代中国出版社 1993 年版。
② 参见《朱德年谱》中，第 987 页，中央文献出版社 2006 年版。

力求收复上、下社以北各据点，并向太原、寿阳、盂县以北定襄、忻县以南开展工作。另以约三个团之兵力坚持阳泉、石家庄段正太线南北游击战争。

（二）贺关集团应以适当兵力乘胜拔除根据地腹地内若干据点，另应以不少于五个团之兵力继续开展忻县、太原、文（水）、交（城）段工作，打通与边区及晋东南之交通路。

（三）刘邓集团应以不少于四个团之兵力进击和（县）辽（县）公路而彻底毁灭之，并力求收复辽、和两县，另以两个团之兵力坚持阳泉以西及榆（次）、太（原）地区游击，开展工作，与晋西北打通联系。

（四）各线配合作战兵团之行动由各集团按情况规定之。

（五）前规定刘邓、聂两集团所属各团组织之侦察部队，仍应留正太沿线活动，并使之生根。

丙、目前各集团可向指定区域进行准备工作（如准备粮食），但不要松懈现有任务之执行。

朱彭左

宥日

9月2日，破袭正太铁路的预定计划基本完成，朱德、彭德怀、左权指示八路军参战各部队基本上结束这次战役的第一阶段作战。

但是，日军在华北平原地区推行"囚笼政策"的情况仍很严重，他们通过构筑交通线，准备把冀中、冀南分割成许多小块。如果听任他们继续构筑，将使八路军有"在平原地区无法立足"的危险。因此，9月7日，朱德、彭德怀、左权给冀中、冀南部队领导人吕正操、程子华、宋任穷等发出电报，对在华北平原开展破袭日军交通线进行作战部署：

吕、程、宋并告聂（荣臻）、刘（伯承）、邓（小平）并报军委：

（一）敌在平原地区力谋交通线之构筑，以图进一步封锁与隔绝我各抗日根据地。现卫河已遭封锁，使我与鲁西北、冀鲁豫及津浦线以东交通极感困难。沧（州）石（家庄）路、德（州）石（家庄）路、邯（郸）济（南）路敌正在日夜动作修筑。如该三线能完成，必继续修筑平大（北平到大名）公路。如此则将我冀中、冀南割为多数小块，若再加上各县、镇、市公路，将使我在平原地区无法立足，危险实甚。

（二）我冀中、冀南部队必须最大努力在交通战上取得胜利，基本上粉碎敌修筑沧石、德石、邯济路之企图。过去在交通战上虽取得不少成绩，但仍欠积极性、组织性和确实性，必须知道没有交通上之胜利，坚持平原是不可能的。

（三）因此决定沧石路全线，德石路由石家庄至束鹿段，全由吕、程负责。德石路衡水至德州段，邯济路邯郸至大名段，全由宋负责。必须予以彻底毁灭，并应趁我百团大战之胜利，敌已被调集平汉、正太、同蒲沿线及青纱帐未倒以前完成之。对其他各县、镇、市之公路线，亦应发动民众不断破击，执行进展情形，随时电告。

（四）目前平原地区敌寇兵力并不算多（特别冀南），伪军战斗力弱，在破路中必须配合顽强之战斗，克服某些据点，并发动广大民众参加。已破坏之路线必须派得力干部重复检查，严防下面虚报。

朱彭左

虞辰

当蒋介石得知八路军在百团大战第一阶段作战中取得胜利的消息后，9月13日，他也给朱德、彭德怀、左权等发来了嘉奖的电报："贵部窥破好机，断然出击，予敌甚大打击，特电嘉勉。除电饬其他各战区积极出击，以策应贵军作战外，仍希速饬所部，积极行动，勿予敌喘息机会，彻底断绝其交通为要！"① 但是，蒋介石又害怕由此更扩大中国共产党、八路

———————————

① 《朱德军事活动纪事》，第560页，解放军出版社1996年版。

军在全中国的影响，几天后要侍从室通知国民党中央宣传部：对百团大战"此项名词及有关之新闻，以后应绝对禁止登载，希即饬遵"。

9月16日，朱德、彭德怀、左权对百团大战第二阶段的作战进行了部署。他们在给刘伯承、邓小平、聂荣臻、贺龙、关向应等人的电报中指出："一、百团大战第一阶段以破击正太路之作战，已于九月十日基本上结束，我已取得破击正太路基本成功，敌寇损失极大。该路短期内尚难修复，并已部分调动了敌人，部分错乱敌军之部署。百团大战胜利之政治收获更大，无论在大后方，在友军中，均有极大之好影响，推进了加紧坚决抗战与团结进步，提高了友军之抗战积极性如蒋令各战区积极行动，卫（立煌）令晋南友军向白晋、同蒲两路南段积极进攻，配合我百团大战了。"为扩大百团大战第一阶段之战果，贯彻百团大战之目的，拟定百团大战第二阶段之作战计划。百团大战第二阶段作战基本方针是"继续破击敌寇交通；克复深入我基本根据地内之某些据点"。其具体部署为："1. 一二〇师以截断同蒲路北段交通之目的，集结主力破击宁武、轩岗段同蒲路而彻底毁灭之。2. 冀中、冀南部队以打击敌寇修筑沧（州）石（家庄）路、德（州）石（家庄）路、邯（郸）济（南）路之目的，应集结主力彻底毁灭各该路已修成之部分及全线路基。3. 晋察冀军区以开展边区西北方向工作之目的，应集结主力破坏涞源、灵丘公路及夺取该两城（主要是涞源）。并以有力部队在同蒲路东侧积极配合一二〇师之作战。4. 一二九师以恢复榆社、辽县之目的开展榆、辽地区斗争，并以一部兵力不断破击白晋路北段。5. 晋察冀与一二九师原留正太线行动之部队不变，并须积极阻扰敌之修复该路。6. 挺进军应以有力部队在平汉路北段、平绥路及北平城郊积极活动。冀中应以一部兵力在北宁路及津浦路北段积极活动，不断破路、倾车，扩大影响，阻敌增援。7. 对其余各大小交通线之配属作战部队，由各战略区自行配置。"并要求"第二阶段之作战统于本（9）月二十号开始战斗。"

从9月22日到10月上旬，八路军各部队按照朱德、彭德怀、左权的部署进行了百团大战第二阶段的作战，重点在太行山区的榆社、辽县一带，战斗十分激烈。由于日军已有准备，而八路军在连续作战中过于疲劳，伤亡较大。10月5日，朱德、彭德怀、左权下令基本结束这个阶段的作战，并指

出："战役结束后，各兵团则应适当集结主力，进行战后整理，努力整训培养体力，总结百团大战经验教训，准备结冰以前再进行一次大规模之交通破击战。但各个区域均应以有力部队领导地方武装积极开展游击战争，特别在已被我破击之各交通线上阻敌修路和掩护主力休息。"根据百团大战初步总结之经验教训，电报进一步指出："1. 敌控制山岳地带是有坚定决心的，我必须拔除之据点之作战，就必须同时在敌之主要交通命脉上大规模之破击，使敌无法增援山地。2. 我军之顽强性，白刃搏斗之精神仍不够发扬，在战术上，战斗发起之突然性，运动与火力之配合以及冲锋艺术等缺点，仍多在部队，集结休整中应加强这方面之教育与锻炼为要。"

当八路军在百团大战中取得初步胜利的消息传到陕甘宁边区后，各界人士高兴万分，纷纷举行庆祝大会。9 月 19 日，鄜甘警备区在陕西鄜县（今富县）召开庆祝百团大战胜利、纪念"九一八"大会。正在那里工作的朱德应邀参加了这次会议。他在会上赞扬百团大战取得的胜利。第二天，延安各界也举行了有两万余人参加的庆祝百团大战胜利暨纪念"九一八"大会，毛泽东和朱德被推举为大会主席团成员。朱德刚从鄜县回到延安，就匆匆赶到会场，受到了热烈的欢迎。他在大会上讲话时指出：百团大战是我们对付敌人"囚笼政策"的办法，这个办法还能拖住敌人，延缓他们进攻我大后方的计划。

几天后，9 月 26 日，朱德又为《新中华报》撰写了题为《扩张百团大战的伟大胜利》的代论，对百团大战的初步胜利作了充分肯定。朱德写道："百团大战是我军在敌后方进行的大规模的战役进攻，是我军、政、民共同发动的伟大的交通战和经济战的总攻袭。这一个战役进攻，给华北战局很大影响。它将缩小敌占区，扩大我占区。打破敌后抗战的严重困难，造成华北抗战的新局面。目前大战仍在继续中，但初步战果已经表现出空前伟大的收获，而为全国同胞所同心庆祝。八路军的全体将士，华北的许多游击队以及广大人民，正在再接再厉，浴血奋战，扩张这一伟大的胜利，告慰全国同胞而继续斗争。"①

接着，朱德明确指出了百团大战的战略意义。他写道："在目前的形

---

① 《朱德军事文选》，第 416 页，解放军出版社 1997 年版。

势之下，百团大战虽然是胜利的游击战争的战役进攻，但它带有全国性的伟大的战略意义。首先，它牵制了敌人进攻我大西北后方及进攻西南的企图。最近敌谋南路由越南进攻昆明，中路由宜昌进攻重庆，北路由洛阳进攻西安，以威迫我全国屈服，而我百团大战的伟大胜利就部分地错乱了敌人的部署，至少要迟延敌人的进攻。同时，更加强了全国同胞的胜利信心，促进了全国的团结，使敌人难以实现其威迫利诱之阴谋。其次，这一胜利的战役进攻，打破了敌人对付我抗日根据地的'囚笼政策'。敌人企图利用它的铁路、公路、据点和碉堡封锁我抗日根据地，陷我于绝境。而我们则必须切断敌人的交通命脉，以制敌之死命。因此，敌后战争的斗争形式主要的是交通战争。此次巨大的交通总攻击战，不但严重地打击了敌人对我的军事封锁，并陷敌人军事行动于非常的困难之中，我们更克服了许多碉堡和据点，缩小了敌占区，扩大了我占区，使许多沦陷已久的地方，重新飘扬起青天白日满地红旗。这就更鼓舞起沦陷区同胞的斗争勇气，加深了敌人的困难，促进了敌国的矛盾。这也就更增加了我国抗战胜利的因素。最后，这个胜利的战役进攻严重地打击了敌人的'以战养战'的阴谋。我们不但打破了敌人对于抗日根据地的经济封锁，而且还切断了敌人的经济运输，破坏了敌人的经济开发，特别是破坏了井陉煤矿，使敌人不能利用我华北的最大的煤矿出产，这无疑是对敌人的一个极严重的打击。"[1]

在文章中，朱德还分析了八路军之所以能取得百团大战的初步胜利的原因。他说："八路军能够取得这样伟大的胜利，是有它的历史根据的。首先，在抗战开始以后，敌人挟其优越的武器和兵力，向我内地长驱直入时，八路军曾奉蒋委员长的命令，首先以英勇的姿态和敌人采取正相反的方向，向敌后深入挺进，配合了华北广大人民，创造了华北广大抗日根据地，壮大了人民抗日的武装力量。没有这个时期八路军的英勇和艰苦的奋斗，就不能够有今日百团大战的伟大胜利。其次，在武汉失守以后，敌人曾抽调一部精锐，对华北各抗日根据地进行轮番的'扫荡'，从军事、政治、经济和文化各方面，对我加紧进行残酷的进攻，企图摧毁我抗日根据地。而我华北广大军民，则对敌人展开最热烈紧张的、胜利的反'扫荡'战争，巩固了华北各抗

---

[1] 《朱德军事文选》，第416~417页，解放军出版社1997年版。

日根据地，锻炼和加强了抗日的武装力量。没有这个时期八路军的英勇和艰苦的斗争，也就不能够有今日百团大战的伟大胜利。

"正因为八路军具有这样历史的根据，所以才能够造成我今日战胜敌人的条件。这个条件是什么？这个条件就是我们能够以人民为基础，依靠发动华北千千万万广大人民的人力、物力，团结一致，自力更生，来对付敌人。百团大战的胜利又重复证明：只有坚持团结进步的方针，只有坚决执行三民主义，才能发动群众，才能取得胜利。我们要取得抗战胜利，就必须敢于发动群众和依靠群众，否则，就只有失败。"①

朱德继续写道："百团大战的初步展开，虽然已经取得伟大的胜利，然而检阅这一次战役经过，我们仍然深感成绩的不够。我们虽然彻底地破坏了正太路，切断了同蒲路和平汉路的北段，破坏了许多其他的铁路和公路的交通，但是，对于津浦和平汉路的南段，对于胶济路，对于长江两岸的敌人的交通网，我们还不能够进行最有效的、大规模的破坏。"朱德在分析其原因时指出："因为在这些地方，我们还未能积极发动民众，依靠民众。因此，我们迫切地希望上述的许多地方，能够大胆而迅速地把民众发动起来，只有这样，才能将百团大战的伟大胜利，扩大到敌后方的各条水陆交通的战线上去，才能配合正面的抗战，更有效地打击和消耗敌人，争取反攻阶段的迅速来到。"②

朱德在文章的最后写道："百团大战虽然已经取得了伟大的胜利，但我们决不能因此而自满。我们必须估计到敌后抗战的坚持仍然还存在着严重的困难，这主要的就是弹药和给养的困难。因此，我们热烈地希望我最高军政当局，全国一切抗战的同胞们及海外侨胞，予我们以源源的资助。我军的全体指战员和政工人员，须更加发扬我艰苦奋斗的模范精神。同时，力求自力更生，以做到给养的部分的解决。只有这样，敌后抗日武装才能继续坚持，才能扩张已得的胜利。"③

百团大战的初步胜利，使日军华北方面军深感不安。从 10 月 6 日起，日军从华东、华中抽调兵力回援华北，以两万多日军加上大批伪军，开始

---

① 《朱德军事文选》，第 417 ~ 418 页，解放军出版社 1997 年版。
② 《朱德军事文选》，第 418 页，解放军出版社 1997 年版。
③ 《朱德军事文选》，第 418 ~ 419 页，解放军出版社 1997 年版。

对八路军及其华北敌后各抗日根据地进行疯狂地报复"扫荡"。

日伪军的这次"扫荡"是从晋东南开始，然后扩大到平西、北岳和冀中，所到之处实行杀光、烧光和抢光的"三光政策"。

10月19日，朱德、彭德怀和左权签发了反击日军报复"扫荡"的作战命令。

在八路军总部统一指挥下，来不及进行休整的八路军立刻投入到反"扫荡"作战之中，在各个战场上与日军进行英勇的战斗，直至12月上旬粉碎了日伪军对抗日根据地的这次"扫荡"。

至此，历时三个半月的百团大战宣告结束。12月2日，朱德、彭德怀、左权等在给八路军各兵团及政治机关并报中央军委总政治部的电报中正式宣布百团大战结束，指出："百团大战自八月二十日开始，迄今已历三月有余。其中经过第一阶段之交通总破击战；第二阶段的消灭敌寇据点与破击交通战之继续；第三阶段反'扫荡'战。各个阶段中我不仅取得军事上之巨大战果，在政治上我更获得巨大之成绩。现在日虽仍在晋察冀边区，但敌寇之冬季'扫荡'一般的已告结束，百团大战战绩即日公布。"

史沫特莱在《伟大的道路》一书中，在谈到百团大战时这样写道："经过长时间的筹划，朱德和彭德怀在一九四〇年八月初发布最后命令，对日军展开百团大战。……参加这次惊人攻势的八路军一百个团，都是挑选出来的志愿队，因为人人都要求击败日本在华北采用的围剿战略。八路军的每一个部队都参加了战斗，但只有那些身强体壮的志愿队才能挑选到百团里。整个华北地区，从晋北山区到东海岸，从南面的黄河到北面的长城，都成了战场，战斗日以继夜，一连厮杀了五个月。一百团人打击了敌人的整个经济、交通线和封锁网，战斗是炽烈而无情的。敌人占有的煤矿、电厂、铁路、桥梁、公路、车辆和电讯都遭到破坏。"[1]

百团大战确如朱德所说的那样，是抗战以来华北战场上空前未有的主动积极向日军进攻的一次大会战，具有重要的意义。在华北前线直接指挥这次战役的彭德怀后来说："此役胜利的消息传到延安，毛主席立即给我来电说：

---

① 艾格妮丝·史沫特莱：《伟大的道路——朱德的生平和时代》，第430～431页，三联书店1979年版。

'百团大战真是令人兴奋，像这样的战斗是否还可以组织一两次'？"①

在"皖南事变"前后

1940 年 11 月 3 日，正在第三五九旅视察工作的朱德，突然接到了毛泽东发给第三五九旅旅长王震并转告他的一份急电："因有要事待商，拟派汽车来接，请准备回延。"②

毛泽东如此急迫地要朱德赶回延安商议的究竟是什么要事呢？

原来，正当百团大战激战正酣之时，1940 年 9 月 27 日，德、意、日在柏林签订协定，正式结成三国同盟。他们要求国民党政府放弃抗日，加入他们的同盟。英、美两国也愿以种种条件争取国民党政府加入他们的同盟。与此同时，蒋介石还继续得到苏联的援助。在这种形势下，蒋介石认为时机对他有利，可以为所欲为，于是便将反共重心由华北转向华中，掀起第二次反共高潮。

1940 年 7 月 1 日至 8 日，国民党召开五届七中全会。会后，蒋介石指派何应钦、白崇禧同周恩来、叶剑英谈话，提出八路军和新四军的作战地域问题，并于 16 日向中共方面提出所谓"中央提示案"的书面文件，主要内容是：（一）划定陕甘宁边区范围，并改称陕北行政区，暂隶行政院，但归陕西省政府指导；（二）将冀察战区取消，其河北、察哈尔两省及山东省黄河以北地区并入第二战区，仍以阎锡山为司令长官，以朱德为副司令长官，接受军事委员会命令，指挥作战；（三）八路军及新四军于奉命一个月内全部开到前条规定地区之内；（四）八路军准编为 3 个军 6 个师，3 个补充团，另再增 2 个补充团，新四军准编为 2 个师。此外所有纵队、支队及其他一切游击队，一律限期收缩，不准自由成立抗日部队。不得在原驻各地设立留守处、办事处、通讯处，及其他一切类似机关，也不得留置部队或武器弹药于原地，更不得在原敌后组织秘密的抗日民众武装。同时还规定八路军、新四军整编后的师是整编师编制，每一整编师为 2 旅 4 团建制。按照这一编制，当时 50 万人的八路军和新四军，缩编成 8 个整编师，仅 10 万

① 《彭德怀自述》，第 237 页，人民出版社 1981 年版。
② 《朱德年谱》中，第 1002 页，中央文献出版社 2006 年版。

人。很明显，这个"中央提示案"的企图是阴谋缩减八路军、新四军的编制，并全部赶到黄河以北贫瘠而狭窄的冀察地区，然后围而歼之。

对此，中共中央立即举行一系列会议进行研究。7月28日起，周恩来先后同蒋介石、何应钦、白崇禧进行会谈。9月间，又向国民党提出关于调整作战区域及游击部队的三项办法，主要内容是：一，扩大第二战区至山东全省及绥远一部；二，按八路军、新四军及各地游击部队全数发饷；三，各游击队留在各战区划定作战界线，分头击敌。

10月19日，蒋介石以国民政府军事委员会参谋总长何应钦、副总参谋长白崇禧的名义，给朱德、彭德怀和新四军军长叶挺发来一份电报，诬陷八路军、新四军"不守战区范围自由行动"，"不遵编制数量自由扩充"，"不服从中央命令破坏行政系统"，"不打敌人专事并吞友军"，并以最后通牒的形式，限黄河以南的新四军和八路军各部于电报到一个月内全部撤至黄河以北的冀察地区。这就是皖南事变前震动中外的"皓电"，是国民党发动第二次反共高潮的信号。

与此同时，蒋介石又调整其军事部署，将包围陕甘宁边区的军队骤增至40万之多；密令第三战区顾祝同部队从浙赣前线抽调兵力，部署围歼皖南新四军军部及其所属部队；密令第三十一集团军汤恩伯、第五战区第二十一集团军李品仙等部由豫西和鄂东东进，配合鲁苏战区韩德勤部，准备向华中八路军和新四军大举进攻，从而掀起了第二次反共高潮。

中共中央从顾全抗战大局出发，及时提出挽救危局的方针和对策。10月25日，毛泽东在给周恩来的电报中指出："我们要准备对付一切情况，任何一种情况我们都要有办法。目前我们应准备对付最黑暗的局面，我们的对策是稳健地对付国民党的进攻。军事采取防卫立场，他不进攻，我不乱动。政治上强调团结抗日"。[①] 为防止国民党对新四军发动军事进攻，中共中央决定将皖南的新四军撤到长江以北。

11月3日，毛泽东要朱德立即回延安，就是为了商议新四军北撤的问题。

接到毛泽东的电报后，朱德立即从第三五九旅驻地赶回到了延安，同

---

① 《毛泽东军事文集》，第2卷，第567页，军事科学出版社、中央文献出版社1993年版。

毛泽东一道共同商议起新四军撤回到长江北岸的问题。

事实上，早在1939年春，中共中央已委托周恩来同新四军负责人商定"向北发展，向东作战，巩固现有阵地"的方针。在国民党顽固派积极活动时，毛泽东、朱德等十分担心新四军特别是新四军军部的安全。9月6日，中共中央军委电告新四军领导人："据重庆周（恩来）、叶（剑英）报告，确悉军令部已向顾祝同发出'扫荡'江南北新四军之命令，请叶（挺）、项（英）、胡服准备自卫，皖南尤须防备。"10月8日，毛泽东、朱德、王稼祥又向他们指出：蒋介石令顾祝同、韩德勤"扫荡"新四军，大江南北比较大的摩擦是可能的，主力战将在苏北与江南。最困难的是皖南的战争与军部。"我们的意见军部应移动到三支（第三支队）地区，如顽军来攻不易长期抵抗时则北渡长江，如移苏南尚有可能，也可移苏南。向南深入黄山山脉游击，无论在政治上、军事上是最不利的。"10月12日，毛泽东、朱德、王稼祥再次指出："蒋介石在英美策动下可能加入英美战线，整个南方有变为黑暗世界的可能。但因蒋是站在反日立场上，我不能在南方国民党地区进行任何游击战争"。有的部队就是这样在东江失败的。"因此军部应乘此时迅速渡江，以皖东为根据地，绝对不要再迟疑。皖南战斗部队，亦应以一部北移，留一部坚持游击战争。""新四军皖东部队应迅速部署向西防御，坚持皖东根据地。皖东决不可失，如失皖东，则蒋介石必沿运河、淮河构筑封锁线，断我向西之路。"①

情况已经越来越严重了。离蒋介石"皓电"规定的八路军和新四军撤至黄河以北的时间只有十几天了。眼下最重的是如何答复"皓电"，这涉及到整个形势的估量和斗争的策略。

对于蒋介石的"皓电"，毛泽东开始并没有匆忙作出答复，这是因为，一方面他认为时局还在变化之中，蒋介石现在仍是动摇的；另一方面，他认为对这个问题如果操之过急，可能导致同国民党决裂，"此次决裂即有和大资产阶级永久决裂之可能，故政治措词容易，军事部署困难"②。

由于考虑到可能出现最危险最黑暗的局面，毛泽东曾设想了两种方案：一种是政治上进攻，军事上防御，也就是只在反共军队进到八路军、

---

① 《朱德年谱》中，第996~997页，中央文献出版社2006年版。
② 《毛泽东年谱》中卷，第217页，中央文献出版社1993年版。

新四军的根据地时再反击，八路军、新四军不打入后方；另一种是政治和军事上同时进攻。毛泽东认为这两种方案各有利弊，采用前一种方案，政治上占上风，但军事上将被国民党构筑的纵深封锁线围攻，将来可能受日、蒋两军严重夹击，危险也是很大的。采用后一种方案，军事上能制先机，不被封死，但是，人民不了解，政治上不利。究竟采取哪一种方案？毛泽东一时没有立即下最后的决心。

11月2日，毛泽东在给周恩来的一份电报中指出："中央几次会议都觉此次反共与上次不同，如处理不慎，则影响前途甚大。故宣言与指示拟好又停。"同时，他又指出："我们现在是两面政策，一面积极争取好转避免内战，一面准备应付投降应付内战，而把重点放在应付投降应付内战方面，方不吃亏，方不上蒋的当。立即准备对付黑暗局面，这是全党的中心任务。有了这一着，就不会重蹈陈独秀的覆辙了。"①

毛泽东把自己的想法全部告诉了朱德，他们经过反复研究后，11月9日，决定以八路军总司令朱德、副总司令彭德怀、新四军军长叶挺、副军长项英的名义给何应钦、白崇禧发出复电，这就是"佳电"，以答复他们的"皓电"。电文态度严谨而坚决，措词委婉而诚恳。首先叙述了八路军和新四军在抗战中取得的战绩，以表明"遵循国策、服从命令为捍卫民族国家奋斗到底之决心"。然后就行动、防地、编制、补给、边区、团结抗战之大计等六个方面，对"皓电"的无理指责作出明确答复。

"皓电"的中心内容是防地问题，强令八路军和新四军限期北移。"佳电"将新四军区分为江南、江北部队。江南确定主力北移，以示让步。对华中敌后各部请求免调，并列举了理由。因此，"认为执行命令与俯顺舆情，仍请中央兼筹并顾"。接着表示，在不得已情况下，准备对江南和江北的部队采取不同的处理办法："对于江南正规部队，德等正拟苦心说服，劝其顾全大局，遵令北移。仍恳中央宽以限期，以求解释深入，不至激生他故"；"对于江北部队，则暂时拟请免调"②。

毛泽东在当天给周恩来的一份电报中说："佳电""明确区分江南江北部队，江南确定主力北移，以示让步，江北确定暂时请免调，说暂时乃给

① 《毛泽东年谱》中卷，第219页，中央文献出版社1993年版。
② 《毛泽东传》，第588～589页，中央文献出版社1993年版。

蒋以面子，说免调乃塞蒋之幻想。"

然后，"佳电"又写了一段言辞恳切、柔中寓刚的肺腑之言：

> 目前正属奸伪思逞谣言纷起之时，亟宜调协各方，统一对敌，庶免为敌所乘，自召分崩离析之祸。切忌煎迫太甚，相激相荡，演成两败俱伤之局，既非中央之本心，复违德等之始愿。我为鹬蚌，敌作渔人，事与愿违，嗟悔无及。

毛泽东说："佳电"的这一段肺腑之言，"乃暗示彼方如进攻，我方必自卫，而以鹬蚌渔人之说出之"。

在关于团结抗战之方针部分，"佳电"首先指出："抗战至于今日，实争取最后胜利千载一时之机"，如能坚持团结抗战国策，必能争取独立解放之出路。接着，电文笔锋一转，写道：

> 颇闻日寇正在策动中国投降，软计与硬计兼施，引力与压力并重。德国则采劝和政策，欲诱中国加入三国同盟，而国内一部分人士，复正在策动所谓新的反共高潮，企图为投降肃清道路。颇闻内外勾煽，欲以所谓中日联合剿共，结束抗战局面，以内战代抗战，以投降代独立，以分裂代团结，以黑暗代光明，其事至险，其计至毒，道路相告，动魄惊心，时局危机，诚未有如今日之其甚者。

"佳电"严正要求国民党"中央对于时局趋向，明示方针，拒绝国际之阴谋，裁抑国内之反动，而于联合剿共内战投降之说，予以驳斥，以安全国军民之心。"

"佳电"发出后，在社会各界，特别是中间势力中产生了很好的影响，得到广泛的同情。毛泽东不久后总结说："我们在皖南事变前所取'佳电'的立场，对于事变后我们转入政治的反攻是完全必要的，非此即不能争取中间派。"①

---

① 《毛泽东选集》，第2卷，第783页，人民出版社1992年版。

毛泽东、朱德十分关注皖南新四军军部及其所属部队的安全。"佳电"发出后，11 月 19 日，毛泽东和朱德致电刘少奇、陈毅、黄克诚，要求苏北的新四军"积极整军，沉机观察"。24 日，他们又致电新四军领导人叶挺、项英，强调形势的严重性，明确指出国民党顽固派决心要剿灭新四军，要求皖南部队务必于 12 月底以前全部北移，并提高警惕，作好充分的自卫准备。

新四军皖南部队遵照中共中央关于北移的指示，进行了必要的准备。但是，蒋介石却根本不顾中共中央恳言相劝和新四军皖南部队准备北移的实际行动，反而认为"佳电"所取顾全大局、相忍为国的态度为软弱可欺，竟步步进逼。12 月 8 日，蒋介石又以何应钦、白崇禧名义发出一份电报，即"齐电"，声称"军令法纪之尊严，必须坚决维持"，要求黄河以南的八路军、新四军"迅即遵令"，"悉数调赴河北"。9 日，蒋介石又发出"手令"，令"长江以南之新四军，全部限于本年十二月三十一日开到长江以北地区，明年一月三十日以前开到黄河以北地区作战。现在黄河以南之第十八集团军所有部队，限本年十二月三十一日止开到黄河以北地区。"① 10 日，蒋介石又密令顾祝同"按照前定计划，妥为部署并准备"，如至 12 月 31 日新四军"仍不遵命北渡，应立即将其解决，勿再宽容。"② 与此同时，蒋介石还令李品仙部于江北无为地区加强布防，以堵击新四军皖南部队渡江北移。12 月下旬，顾祝同根据蒋介石的命令，调集七个师八万余人的兵力，任命第三十二集团军总司令上官云相为"前敌总指挥"，准备围歼新四军皖南部队。

12 月 24 日，毛泽东、朱德、王稼祥联名致电叶挺、项英，指出："你们必须准备于十二月底全部开动完毕。叶挺率一部分须立即出发。一切问题须于二十天内处理完毕。"③

蒋介石在对中国共产党施加重大军事压力的同时，又施展哄骗的手段。12 月 25 日，蒋介石在重庆约见周恩来。这一天，正是四年前西安事

---

① 中央档案馆：《皖南事变》（资料选辑），第 92 页，中共中央党校出版社 1982 年版。

② 中央档案馆：《皖南事变》（资料选辑），第 95 页，中共中央党校出版社 1982 年版。

③ 《朱德军事活动纪事》，第 575 页，解放军出版社 1996 年版。

变中蒋介石获释的日子。约见开始，蒋介石就对周恩来说："连日来琐事甚多，情绪不好，本不想见，但因为今天是四年前共患难的日子，故以得见面谈话为好。"他说："抗战四年，现在是有利时机，胜利已有希望，我难道愿意内战吗？愿意弄坍台吗？现在八路、新四还不都是我的部下？我为什么要自相残杀？就是民国十六年，我们何尝不觉得痛心？内战时，一面在打，一面也很难过。"但他又以威胁的口吻说：你们"如果非留在江北免调不可，大家都是革命的，冲突难免避免，我敢断言，你们必失败，如能调到河北，你们做法一定会影响全国，将来必成功。""只要你们说出一条北上的路，我可担保绝对不会妨碍你们通过。只要你们肯开过河北，我担保至一月底，绝不进兵。"周恩来在第二天向中共中央报告时，对蒋介石谈话中的许多承诺，明确指出是靠不住的，因为"其局部的'剿共'仍在加紧布置中"①。

12月29日，上官云相在安徽宁国召开作战会议，确定进攻部署，并限定各部队必须于12月31日前秘密完成一切作战准备。

面对严重的局势，12月30日，中共中央召开政治局会议，毛泽东在会上指出："目前时局还不能说反共高潮已开始下降。"第二天，毛泽东为中共中央书记处起草了《关于粉碎蒋介石进攻华中的战略部署的指示》，强调指出："蒋介石派遣李仙洲、汤恩伯、李品仙向华中、山东我军进攻的决心已经下了，汤、李各部正在东进，我党我军有举行自卫战斗，以打破这一进攻，争取时局好转的任务"；"除令江南部队迅即北移，并从华北派遣一部加强华中兵力外，所有华中及山东的党与军队紧急动员起来，为坚持抗日根据地，打破顽固派进攻而奋斗"；"全国各地（华北、华中、西北、西南、东南）对于国民党这一进攻及其在全国的高压政策，必须坚决反对之。"②

这些日子，毛泽东、朱德在延安十分担心的是皖南新四军的情况，一再致电项英，催促北移，并在12月26日对项英提出尖锐批评："你们在

---

① 中央档案馆：《皖南事变》（资料选辑），第121～122页，中共中央党校出版社1982年版。

② 中央档案馆：《中共中央文件选集》第12册，第591页，中共中央党校出版社1991年版。

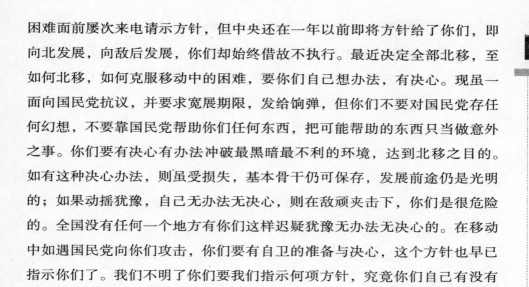

困难面前屡次来电请示方针，但中央还在一年以前即将方针给了你们，即向北发展，向敌后发展，你们却始终借故不执行。最近决定全部北移，至如何北移，如何克服移动中的困难，要你们自己想办法，有决心。现虽一面向国民党抗议，并要求宽展期限，发给饷弹，但你们不要对国民党存任何幻想，不要靠国民党帮助你们任何东西，把可能帮助的东西只当做意外之事。你们要有决心有办法冲破最黑暗最不利的环境，达到北移之目的。如有这种决心办法，则虽受损失，基本骨干仍可保存，发展前途仍是光明的；如果动摇犹豫，自己无办法无决心，则在敌顽夹击下，你们是很危险的。全国没有任何一个地方有你们这样迟疑犹豫无办法无决心的。在移动中如遇国民党向你们攻击，你们要有自卫的准备与决心，这个方针也早已指示你们了。我们不明了你们要我们指示何项方针，究竟你们自己有没有方针？现在又提出拖或走的问题；究竟你们自己主张的是什么，主张拖还是主张走？似此毫无定见，毫无方向，将来你们要吃大亏的。"①

在这紧张的日子里，当朱德得知山东召开参谋工作会议的消息后，11月20日，他和彭德怀、左权联名给八路军第一纵队司令员徐向前、政治委员朱瑞并山东纵队参谋长罗舜初发出一份电报，对山东参谋工作会议作出指示：

一、当抗战进入新的阶段，全国特别是敌后困难增多，敌后战争形势愈趋严重、复杂、紧张和正待以最大努力积集力量准备反攻的时候；同时又值我国抗战阵营中投降妥协的危险万分严重存在，正需以百倍的努力巩固扩大我军力量，回答投降妥协应付可能的突然事变成为目前全党全军最中心任务之一的时候，你们召开参谋会议是有伟大意义的。

二、估计敌后抗战形势的发展，山东战局可能陷入极严重战争环境之中。敌寇对山东地域的"扫荡"将特别加紧地进行袭剿，对山东地域是志在必得的，山东可能与太行山隔绝而成为独立支持之局面；又以我在山东之工作尚属薄弱，基本根据地仍未巩固地建立起来，我之武装力量战斗力尚弱，组织与工作尚不健全，仍处在向正规军转化之阶段。因此，艰难巨大斗争与工作尚在前面。

---

① 《毛泽东军事文集》，第 2 卷，第 600 页，军事科学出版社、中央文献出版社 1993 年版。

三、我们对此次参谋会议有如下意见希考虑，会议内容：

（一）应根据总部及北方局最近扩军计划与巩固一纵队，使现有部队加速向正规军迈进，使广大的民众武装转化到正规军中来。

（二）总结抗战的经验教训，确立军队教育计划与制度，提高军队战斗技术的教育，加强干部的培养，提高军队的战斗力。

（三）发扬八路军的优良传统，确立与建立军队各种制度与工作，尤其打下严肃的自觉的纪律基础。

（四）建立与健全各级指挥机关，确立参谋工作之总方向与目前急需进行之具体工作，提高参谋人员之政治责任与工作能力，使技术参谋进到战略参谋，使各级指挥机关能负担起组织战争、领导战争的机关，成为军队中之首脑部。

（五）加强参谋人员的训练，建立参谋人员的学习制度，提高参谋人员之积极性、创造性，巩固参谋人员安心工作，尽忠业务，严肃参谋工作的纪律，发扬参谋工作之高尚道德，提高参谋工作人员在部队中的信仰与地位。

（六）必须反对参谋工作中各种错误认识和观点，反对轻视与忽视参谋工作的现象，肃清参谋人员中不愿作参谋工作的倾向，这是建立健全参谋工作之先决条件。

四、为使会议顺利进行，并获得圆满结果，应作充分的准备，拟讨论之各个问题，应拟定一定之方案与具体办法，特别是政治机关应予以最大之保证，会议经过与结果，望电告。

1941年新年刚过，毛泽东和朱德就接到皖南新四军准备转移到苏南的电报，1月3日，他们立即给叶挺、项英发出一份电报，指出："你们全部坚决开苏南，并立即开动，是完全正确的。"[①]

1月4日晚，新四军皖南部队共9000余人，编成3个纵队按照拟定的路线，由云岭驻地先向东南行进，绕道茂林，准备经三溪、旌德、宁国、郎溪，沿天目山麓进至溧阳苏南根据地，尔后待机北渡长江，向江北转移。

---

① 《毛泽东年谱》中卷，第250页，中央文献出版社1993年版。

可是，1月6日，正当新四军皖南部队转移至安徽泾县茂林地区时，突然遭到预先埋伏在这里的国民党军队七个师八万多人的包围袭击。广大指战员经七昼夜浴血奋战，但终因寡不敌众，弹尽粮绝。结果，除2000余人突出重围外，其余6000余人大部牺牲，一部被俘，军长叶挺被扣，副军长项英、参谋长周子昆在突围中被叛徒杀害，政治部主任袁国平在突围时牺牲，被俘的指战员被押送到上饶集中营，遭到惨无人道的迫害。这就是蒋介石蓄意制造的同室操戈、震惊中外的"皖南事变"。

1月13日，朱德与彭德怀、叶挺、项英联名发表通电，向全国揭露皖南事变真相，指出：我江南新四军军部及部队近万人由叶挺等人率领遵命北移，行至泾县以南之茂林地区，突被国民党军7万余人重重包围，自6日至12日血战7昼夜，死伤惨重，弹尽粮绝。"德等远在华北，未悉命令移防底蕴，迄今始知聚歼计划。""似此滔天罪行，断不能不问责任。""我八路军、新四军前受日寇之'扫荡'，后受国军之攻击，奉命移防者则遇聚歼，努力抗战者，则被屠杀，是而可忍，孰不可忍？"要求国民党当局"立解皖南大军之包围，开放挺等北上之道路。撤退华中之剿共军，平毁西北之封锁线，停止全国之屠杀，制止黑暗之反动，以挽危局，以全国命"①。

但是，国民党当局仍一意孤行，竟于1月17日，下令国民党中央通讯社发布国民政府军事委员会的通电和发言人谈话，反诬新四军"危害民族，为敌作伥，丧心病狂，莫此为甚"，并悍然发布通令宣布：新四军"抗命叛变"，"着将国民革命军新编第四军番号即予撤销，该军军长叶挺着即革职，交军法审判，依法惩治，副军长项英着即通令各军严缉归案讯办。"

第二天，朱德出席了中共中央政治局紧急会议，中共中央发言人发表谈话，全面揭露蒋介石制造皖南事变、摧残抗日力量的罪行和1月17日命令的反动实质，强调指出："过去内战之悲惨局面，又有重演之势，三年半全民抗战之英勇业绩，有中道而废之可能。歼灭皖南新四军之无耻罪行，不过是整个阴谋计划公开暴露之一部分，仅仅是亲日派阴谋家和反共

---

① 参见《朱德年谱》中，第1032页，中央文献出版社2006年版。

顽固派以内战代抗战，以分裂代团结全部阴谋公开实行之开端。"

皖南事变发生后，朱德要求八路军在政治上全面揭露蒋介石的阴谋，在军事上先取防御战。为巩固华北，发展华中，决定以八路军第一一五师教导第一旅改编为新四军第三师第七旅，以加强该师的力量。毛泽东和朱德指出：目前华中指导中心应该着重三个基本战略区。第一个是鄂豫陕边，第二个是江南根据地，第三个是苏鲁战区。这是目前华中的基本根据地，主力所在，用力最大。

1月20日，中共中央军委发布重建新四军军部的命令，任命陈毅为新四军代理军长，张云逸为副军长，刘少奇为政治委员，赖传珠为参谋长，邓子恢为政治部主任，继续领导新四军坚持长江南北敌后抗日斗争。新四军部队整编为七个师及一个独立旅共九万余人，继续坚持华中抗战。

1月25日，以华中新四军八路军总部为基础，新四军军部在江苏苏北部的盐城正式成立。自此，新四军在华中地区坚持抗战，英勇杀敌，取得了一系列的胜利，不断地扩大了华中抗日根据地的范围。捷报频传延安，朱德十分高兴，提笔写下《为陈毅同志而作》诗一首：

> 江南转战又江东，大将年年建大功。
>
> 家国危亡看子弟，河山欲碎见英雄。
>
> 尽收勇士归麾下，压倒倭儿入笼中。
>
> 救世奇勋谁与识，鸿沟再划古今同。

二十三、倡导开发南泥湾

点燃拓荒之火

由于日军对敌后抗日根据地的疯狂"扫荡",以及国民党顽固派的军事包围和经济封锁,各敌后抗日根据地遇到了极大的困难。正如毛泽东所说:"我们曾经弄到几乎没有衣穿,没有油吃,没有纸,没有菜,战士没有鞋袜,工作人员在冬天没有被盖。……我们的困难真是大极了。"① 为了战胜困难,坚持抗战,中共中央军委依据毛泽东在 1939 年春对陕甘宁边区提出的"自力更生"、"自己动手,生产自给"的方针,号召抗日根据地军民自力更生,克服困难,开展大生产运动。中共中央军委向全军发出指示,要求各部队依不同情况开展生产运动,做到一面战斗,一面生产,一面学习。

朱德回到延安后,在协助毛泽东指挥各敌后抗日根据地的军事斗争的同时,十分关心陕甘宁边区的财政经济工作情况。陕甘宁边区是中共中央所在地和敌后抗日根据地的总后方,由于日本侵略军的残酷"扫荡"和国民党顽固派的严密经济封锁,延安困难重重,步履维艰。在千头万绪之中,朱德始终抓得最紧的只有两件事:一件是指挥前方的作战。他几乎每天都要通过无线电了解华北战场的敌情和战况,把毛泽东、中共中央的指示变成具体的作战方案、计划发往前线。另一件就是组织部队生产,加强陕甘宁边区的经济建设。

当时,胡宗南二三十个师几十万大军正虎视眈眈地注视着陕甘宁边

---

① 《毛泽东选集》,第 3 卷,第 892 页,人民出版社 1991 年版。

区，构筑了五道封锁线，加紧对延安的经济封锁。为了加强边区防务，保障中共中央的安全，朱德回到延安后不久就下令从晋西北调一个主力旅回到陕西甘宁边区，以防止国民党军队的突然袭击。这一来，粮食的困难就更增加了。所以必须使边区的财政经济从半自给到完全自给自足，解决吃饭、穿衣、日用品和军需等问题。否则，抗日战争就难于坚持，抗战胜利就没有保障。

为了克服陕甘宁边区的严重经济困难，1940 年 9 月 2 日，朱德邀请董必武、徐特立、张鼎丞、王首道等来到延安的西川、南泥湾、临镇等地视察。在视察高桥镇难民纺织厂时，朱德提出利用边区资源，开展纺毛运动，织毛呢、毛衣等，解决军民穿衣问题。

通过视察，朱德先后撰写了《论发展边区的经济建设》、《参观边区工厂后对边区工人的希望》、《完成一九四一年度财政经济计划》等文章，阐述他对发展陕甘宁边区经济的构想。他在文章中指出："发展陕甘宁边区经济建设的问题，提出已经相当久，而且也取得相当成功，但因这问题尚未引起各方面最广泛的注意，并为某些条件所限制，直到今天还未确定到应有的成绩，所以有重新提出的必要。"同时提出：（一）坚持独立自主、自力更生的方针，使边区财政经济由半自给达到完全自给；（二）提高技术，发展经济，巩固边区，供给战争和人民生活需要；（三）积极开发边区资源，发展以纺织业和盐业为中心的工业生产。

12 月 3 日，陕甘宁边区政府主席林伯渠在延安生产动员大会上说："朱总司令最近曾到我们边区各地工厂参观后，贡献给我们很多宝贵意见，对我们明年的生产建设是有很大作用的。"

这一年的冬天，朱德还提出了一个重要政策，就是在不妨碍部队作战和训练的前提下，实行军垦屯田。当时担任陕甘宁边区政府秘书长的李维汉回忆说："军队实行屯田是朱德倡导的。他从前线回延安后，非常关心部队的生产，主张以部队强壮众多的劳动力，投入到生产运动中去，以减轻人民的负担，密切军民关系，同时帮助边区的建设，以改善部队本身的生活。"①

---

① 李维汉：《回忆与思考》下，第 546 页，中共党史资料出版社 1986 年版。

朱德之所以提出军垦屯田的主张，这同他对中国历史上的屯田非常熟悉有很大的关系。早年他在读《三国志》时，对书中记载的曹操"开芍陂屯田"就很赞赏，眉批道："留薪办法"。他认为这是解决军队生活必需品的一个好办法。而现时，在革命军队中实行屯田，则是个伟大的创举，不仅在规模上比曹操的屯田大得多，而且搞农业生产，还要从事林、牧、副、渔业及手工业、商业、运输业的综合开发。

实行军垦屯田需要两个最起码的条件：可供开垦的大片土地和能够担当此任务的人员。

对于土地，朱德首先想到的是南泥湾。

南泥湾，位于延安东南约90里处，是延安金盆区的一个乡，方圆百里，渺无人烟；但这里土地肥沃，有3条河川流经此地，是适宜于垦殖的一个好地方。相传在清同治年间，这里曾是人口稠密的富庶之乡，后因多年战乱，疾病流行，再加上军阀、土匪的抢掠，老百姓流离失所，背井离乡，因此南泥湾就慢慢地人烟稀少，变成了荆棘丛生、杂草遍地的荒芜之地。

对于人员，朱德想到了王震。

王震当时任八路军第一二〇师第三五九旅旅长兼政治委员。1937年9月，他率部进入晋西北前线，配合忻口战役，切断日军交通，有力地打击了日军，参与创建晋西北敌后抗日根据地。而后，又挥师向晋察冀边区挺进，在山西抗日前线英勇转战近两年，取得过多次胜利。

由于王震率领的第三五九旅在抗日战争中连战连捷，八路军总部和陕甘宁边区政府分别授予"模范党军"、"百战百胜的铁军"等称号。后为了加强陕甘宁边区和延安的安全，中共中央军委把第三五九旅调到陕北，部署在米脂、绥德一带，一方面防止日军西进，同时也防止胡宗南部队对延安的进攻。

这一年的12月间，朱德来到了绥德第三五九旅视察。他找来王震，告诉了他军垦屯田的想法。朱德对王震说："自古以来，历代都实行屯垦。东周列国奴隶制时，诸侯就实行屯田，后来汉代实行屯垦。毛泽东同志提出生产自给，我们要坚决执行。"又说："边区地广人稀，光靠人民群众负担，养活不了这么多部队、机关。部队在不妨碍战斗、训练的情况下，要用自己的双手，经过劳动建立起自己的家务，逐步做到生产自给。"

朱德的想法得到了王震赞同，但是他为难地说："不过，这么多部队到哪里去找开垦的土地呢？"

朱德笑着对王震说："土地倒是有，而且是一块'大肥肉'，很多人都想去啃，但都又怕啃不动，就看你王胡子敢不敢去啃啰？"

说着，朱德拉着王震走到了挂在墙上的地图前，指着说："南泥湾这一带有一块广大的肥沃的土地，但开垦起来难度较大，你王胡子敢不敢去啃？"

听朱德这么一说，王震马上回答说："有什么不敢的？只要你朱老总说的地方，再硬的骨头我也要把它啃下来！"

朱德又对王震说："部队参加生产后，不仅可以休养兵力，增进军民关系，还可以使指战员得到锻炼。"

有了初步想法后，朱德来到毛泽东的住处，同他一起商量开发南泥湾的事情，毛泽东十分赞成朱德的想法。康克清后来回忆这一段情况时说："南泥湾政策是朱总先提出，毛主席、党中央同意了的。朱总原来就有军垦屯田的思想，但下面也要有人坚决执行才行；否则也不能搞得那么快、那么好。王胡子很坚决，开创了一个好传统。"①

1941 年春，中共中央决定，由王震率第三五九旅进驻南泥湾，其中有第七一七团、七一八团、七一九团、补充团、特务团、旅直属团等。

任务下达后，为了更好地了解南泥湾的情况，这一年的春节过后，朱德就亲自带了中共中央直属财经处处长邓洁、第七一八团政治委员左齐以及懂得农业技术的干部多人，到南泥湾进行实地勘察。

一大早，朱德一行便骑马向南泥湾出发了。从延安到三十里铺这一段路骑马还比较好走。可是从三十里铺折向东南到南泥湾的 60 多里路的崎岖山路就很不好走了。临近中午时分，朱德一行来到了南泥湾的西北角。由于没有路，不能骑马，只好步行。朱德爬上一个山坡，举目四望，漫山遍野，树木葱茏，杂草丛生。

---

① 《朱德传》（修订本），第 644 页，中央文献出版社 2006 年版。

一进入南泥湾，就更没有路好走了，有的地方只能靠砍刀、斧子砍出一条小路来。这里不但没有路，也没有住处，连老百姓也很难找到一个。

朱德一行来到南泥湾后，发现这里河流纵横，土地肥沃。朱德立刻兴奋地对大家说："好土，好土啊！开荒种粮完全可以！这里的污泥并不深，可以改造成水田，看来我们不久就能吃上陕北的白米饭啰！"听到朱德的一席话，大家都很高兴，几乎忘了一天的奔波劳累。

夜幕慢慢地降临，南泥湾万籁俱寂，星光满天。朱德一行就在一个破旧的窑洞里歇了下来。

夜是那么静，只听得四周一阵阵的虫鸣声。警卫员捡来一堆干柴，点起篝火，把携带的干粮和水壶在火上加热。熊熊的火光把茫茫的夜空照得通红，这是南泥湾的第一堆篝火，是八路军总司令点燃的拓荒之火。

第二天，朱德一行继续勘察地形，采集水样，访问山民……在踏勘时，朱德访问了当地能找到的唯一的一位老乡——唐老汉。朱德同他攀谈起来。这位唐老汉原籍也是四川，是他父亲从四川逃难来到南泥湾时把他带过来的，在南泥湾已经住了几十年，目前只剩下孤身一人。他对南泥湾的情况很熟悉，他把哪里荒地多、哪里土地肥、四时八节种啥好，以及各种农作物的生长情况等，都详细地向朱德作了介绍。

经过几天的踏勘，朱德对南泥湾的实际情形有了逐步了解。传说这里的水有毒，不能喝，因此他们来时自己带了水。临走时，他们又取走当地的水样和土样。五天后，朱德结束在南泥湾的勘察返回延安。由于延安化验条件差，就把水样、土样送到重庆周恩来处，请他找人化验。化验结果表明：南泥湾的地下水没有问题，地面水中的毒素是枯叶败草长期腐烂所造成的，只要采取适当措施，就可以解决。这就为不久后开垦大军的进入南泥湾创造了条件。

朱德也感到开发南泥湾自然不是一件轻而易举的事情，一定要做好部队的思想工作。不少战士从日夜战斗的前线回到陕甘宁边区，一心想的是打退国民党顽固派的进攻，保卫边区、保卫党中央。可是，到了边区却要他们拿起锄头去开荒，思想上一时转不过弯来。他们还认为当兵吃粮是天经地义的事情，哪有当了兵还要自己种地的道理？一些干部对指挥作战有一套，但组织开荒种地却没有经验，开始时也感到很不适应。朱德嘱咐王震：要想把生产自给运动开展起来，必须充分作好思想动员和组织准备，要鼓动起大家的信心，要用我们劳动的双手，建立起革命的家务。

朱德还深入到战士中去，了解战士们的思想，解答他们提出的种种问题，说明为什么要进行军垦屯田的道理。他经常引用毛泽东提出的一个问题：在严重的经济困难面前，我们是饿死、解散还是自己动手克服困难呢？他谆谆告诫广大指战员们，饿死、解散不是出路，只有自己动手，克服困难，才是我们的办法。

朱德还考虑到，开发南泥湾，交通是一个大问题，必须从三十里铺到南泥湾修筑一条平坦的大道，以便运输。他把这项任务交给了炮兵团第三营第九连去完成。九连指战员接受任务后，在陕甘宁边区政府建设厅的指导下，铺石筑路，不畏艰难，终于修好一条平整的大道通向了南泥湾。

2月25日，朱德在陕甘宁边区县委书记联席会议上作了关于生产运动的报告。他说："我们党的负责同志，要把生产运动看严重一点，看远一点。因为是一个战争的环境，现在边区周围有二十几万军队、五道封锁线，企图把边区蚕食取消，它的力量很大，可能打进来，所以我们要把经济建设看远一点，要把力量准备一下，应付他们来打我们。"① 他提出了这一年边区粮食生产的任务："今年边区计划生产四十万石粮，这个任务是要我们实际来做的，就是我们施肥、灌水、挖井，来增加收获。"他还提出种麻、种棉花、织毛、挖药材、养鸡、养鸭、养蜂、养羊、养牛等，要求并规定边区工业、盐业、运输业、商业等方面的任务。②

在朱德的提倡下，一场开发南泥湾的战斗就要打响了！

指导南泥湾大生产

根据朱德的指示，从1941年3月开始，在王震旅长的亲自率领下，第

---

① 《朱德传》（修订本），第646～647页，中央文献出版社2006年版。

② 《朱德传》（修订本），第647页，中央文献出版社2006年版。

三五九旅高唱"一把镢头一支枪，生产建设保卫党中央"的战歌，先后浩浩荡荡开往南泥湾，开展轰轰烈烈的大生产运动。

王震是在 1941 年 2 月底从绥德赶回到延安的。他很快见到了毛泽东。毛泽东对他说："皖南事变后，急需加强延安和边区南线的防卫力量，调你们三五九旅到南泥湾是守卫延安南大门。你们不仅要随时准备迎击国民党可能发动的军事进攻，还要通过开荒生产，尽快做到生产自给，从根本上打破国民党的经济封锁。"

毛泽东还说："现在我们经济困难，摆在面前的有三条路：一、投降国民党大家不赞成；二、解散回家大家不赞成；三、困死饿死，出路只有一条，开展大生产，自力更生，打败日本侵略者，建设新中国。你回去对部队要讲清楚，对地方要发动减租减息，实行三三制，巩固政权。"

对于打仗，毛泽东对王震说："你打仗只进不退。"王震说："打得赢就打，打不赢就跑，还是按你的战略原则去打的。"毛泽东又说："你把部队带到南泥湾，敌人打到富县不要打，等他们完全进来了再消灭。'退避三舍'你懂不懂，找参座给你解释。"王震随后便找叶剑英请教，叶剑英翻阅了古籍，把这个典故详细讲给王震听。

王震率领第三五九旅到达南泥湾的第二天拂晓，就召开了庄严而热烈的誓师大会。朱德特意从延安赶到南泥湾参加了誓师大会。当时参加这次誓师大会的马兴回忆说：

"拂晓，一堆堆篝火像红珊瑚点缀在水面，燃红了小河边的草坪，也燃热了战士们的心。云集在南泥湾滩头的是一支整装待命的屯田大军。庄严而热烈的誓师大会开始了。我们真没有想到，由王震旅长陪同、出现在部队面前的，竟是举世闻名的朱德总司令，他要亲自指挥我们打响这一场屯田战斗！

"朱总司令身穿灰色军大衣，走到队伍中间。他那魁伟的身姿，风尘仆仆的面容，慈祥有神的目光，加之部队有关他的传说之多，此时既富于神话式的传奇色彩，又给人以强烈现实亲切感，因而像磁石一样吸引着全体指战员的注意力。

"朱总司令对我们讲话了。他的声音并不十分洪亮，却坚强沉重，富于鼓舞力。他在揭露了蒋介石制造皖南事变流血惨案、祸国殃民的罪恶真相之后说道：我们三五九旅为什么要到南泥湾来？我八路军、新四军是最坚决的抗日先锋，蒋介石一不发饷，二不给粮，对我陕甘宁边区实行军事与经济封锁，不给我们吃，不给我们穿的，要活活饿死我们、冻死我们。毛主席讲抗战分三个阶段，现在处于第二阶段，也就是相持阶段，日本鬼子搞三光政策，铁壁合围，斗争相当残酷，蒋介石配合日本鬼子的扫荡，对我们进行封锁，要把我们困死在这里，所以现在是抗战最困难的阶段，同志们说，我们怎么办？大家在沉思中正不知道如何是好，朱总司令接着指出：毛主席要我们自己动手，丰衣足食，我们参加革命前，不就是拿锄头的吗？我们会做工，我们会种地，蒋介石几十万大军包围着我们，有什么用？毛主席要我们又会打仗，又会生产，又会做群众工作，蒋介石困不死我们，饿不死我们，你们在前方是英雄部队，就是为了保卫陕甘宁边区，保卫党中央，才把你们从敌后战场上调回来，一手拿枪杆，一手拿锄头，就在南泥湾安家。南泥湾是个好地方，有的是荒地，土质肥沃，一脚踏下去，踩得出油来，我们要在这里屯田，开窑洞，种庄稼，吃饱肚子，练好武艺，防止蒋介石搞突然袭击。我们的原则是，人不犯我，我不犯人；人若犯我，我必犯人。蒋介石手下有个胡宗南，他不打日本，专吃摩擦饭，打八路军。他不来摩擦，咱们就生产；他要进攻边区，咱们就给他点厉害瞧瞧！你们有没有信心？

"有！回答朱总司令的，是全体指战员的热烈誓言，像平地一声春雷，震得荒山都在打战……

"朱总司令满意地点头鼓励道：好！南泥湾就是你们的家，你们好好地安家立业吧！"①

朱德讲完话后，王震代表第三五九旅在大会上表示决心。他说："朱总司令昨天才从延安赶来，指挥我们展开屯田战斗，并且和部队一起露营，同甘苦，共患难，给了我们很大鼓舞，这只有共产党人才办得到。我们要努力做到不吃老百姓一颗粮，还要有余粮缴边区。我们还要开水田，种稻谷，使人人吃上大米，把南泥湾变成陕北江南。到那时鸡鸭成群，猪羊满山，纺毛线，织毛呢，叫人人穿上呢子衣哩！"

---

① 《回忆朱德》，第 285～586 页，中央文献出版社 1992 年版。

誓师大会结束后，朱德带着一个老乡做向导，又去察看地形了。

第三五九旅刚到南泥湾时，这里人烟稀少，树木繁多，野兽出没，荒草丛生。首先遇到的就是没有房子住。为了不误农时，抓紧时间开荒，指战员们先用砍来的树枝搭起草棚，草棚漏风、漏雨、漏光，战士们把它称为"三漏"茅屋，之后又在开荒的同时，抽出一部分人员突击打窑洞，解决了住的问题。

吃饭问题和生产问题所遇到的困难就更多了。没有粮食，就由旅、团首长带头，冒着风雪严寒，到百里以外的延长等地去背粮；没有烧的就用防护林柴烧木炭；没有菜吃，指战员们到山里挖野菜、找榆树皮，收野鸡蛋，找野猪，下河摸鱼；没有生产工具，他们自己制造；没有耕牛，就用人来拉犁……在这样艰苦的环境中，许多人手上都打起血泡，他们不仅不叫苦，还掀起开荒竞赛热潮。他们唱着：

> 南泥湾好风光，红红的太阳照山岗。
>
> 革命战士不叫苦，扛起镢头去开荒。
>
> 生产自给反封锁，气死光头贼老蒋。

一时间，沉睡近百年之后的南泥湾突然苏醒了，到处都是开荒的人群，到处都是劳动的歌声……

5月，毛泽东与朱德、王稼祥、叶剑英以中共中央军委名义发出《关于陕甘宁边区部队生产工作的指示》。就在这个月的一天，朱德又一次来到南泥湾，在王震的陪同下视察了刚来南泥湾不久的第七一八团的生产情况。他观看正在成长的谷子，听取团部的汇报，又到战士们中找人谈话，征求大家对开发南泥湾的意见，向大家进一步讲解屯田军垦的重大意义。他说："边区地广人稀，只有一百五十万人口，我们这么多机关部队，都要靠人民负担，怎么行呢？我们一定要把生产运动搞起来。敌人来了，就去打仗，敌人不来，就生产。毛主席说敌人要封锁我们，我们对敌人的回答，就是自己动手，用我们的双手，做到生产自给，丰衣足食。"①

---

① 《朱德传》（修订本），第648页，中央文献出版社2000年版。

6月20日，朱德从南泥湾视察后回到了延安，但他的心还是放在南泥湾，于是提笔给正在南泥湾参加开垦的第三五九旅第七一八团团长陈宗尧、代理政治委员熊晃和第七一七团团长陈外欧、政治委员晏福生写了一封长信，对南泥湾生产作了具体指示。信的全文是：

七一八团陈、熊两同志转七一七团陈、晏及生产委员会：

你们两团的生产有成绩，有了基础，望你们每天都向前推进，建立起模范的生产运动。你们要知道此一工作的重要性，它不但解决了目前自给自足的生活，并且也为边区建立了新民主主义的经济，将来即是国家一部分优良的产业。

目前你们的农业生产将告结束（指开荒），你们应当乘此机会，建立起下面这些事业来：

一、畜牧业——养鸡、养鸭、养猪、养犬、养鹅、养兔、养牛、养马、养驴，这些东西可由少到多，由无到有，不可忽视。

二、运输业——将牲口集中起来，组织大规模的运输队，到定边驮盐下来，或驮土货到上边去卖。要多做大车，利用临镇至延安的大车路贩运货物，能做到每天有到延安的大车就好了。大路两边应多修骡马大店，堆粮、堆草，运草、运菜来延安。

三、手工业——建设手工厂、木厂、铁厂、农具厂、编物厂、食品厂、酱菜厂等。多做多开，不可大开，唯大车厂要大大的开。今年要做大车五百辆至一千辆，卖给边区军政民，以广运输。如铁不够，可到山西招贤镇大大的定购。因为你们有很好的大车工人，大车要做得很好，将来全边区都要用你们的大车。如你们能做，延安可来定购，先定合同，先交一部分款子。

四、商业——商业要做，但不可大做，能和你们的农业、工业、运输业配合起来就行了。不可投机取巧，把资本放到不可靠的方面去。最好运土货到延安换取必需品，以物易物最为适宜。土货以药材为主，可发动军队和老百姓去开采。盐店是主要的，但不可看利太重。饭店、酒店、豆腐店可附带的去开。运输生意可大做，没有运输即没有生意可做。做生意你们七、八两团要配合一致，不可互相冲突，与军委系统也要配合起来。对边区，整个商业要有政策，不可看小利而失大利，眼光要大，组织要严密、统一。

以上四项，是目前农闲时要抓紧的工作。目前边区军事一时尚不吃紧（但毋松劲），望你们在生产运动中建立起永久的基础，这是抗战建国的伟大事业。

你们每月应有生产总结，除向旅部作报告外，并应向我们作书面或口头的系统报告。我们最近设有财政经济部，有系统的来指导你们，要与它密切联系，对你们是很有帮助的。

纪律问题要严格遵守，办事人不准贪污腐化，不准在法律外去赚钱。

你们建立的家务，虽然为你们经营的，同时也是国家经营的。我们是共产党，要时时刻刻想着为国家建立一个很大很好的家务，这样才能"共产"啊！不要忘了整个人民的利益，只求自给自足，结果就会走到自私自利的道路上去，那是走不通的。望你们以共产主义的精神来发展生产事业，这才是正确的，才有前途。望你们正确地执行。

此信应在生产小组中讨论。

此致

布礼并祝你们胜利！

朱德

六月二十日于延安

从这封长信中可以看出，朱德当时对南泥湾生产运动的指导是多么具体、细致。

7月，朱德再次来到南泥湾。他在接见部队时讲了屯田政策的重大意义。他说："蒋介石把胡宗南的部队部署在陕甘宁边区周围，枪口对着我们。不仅不发给我们经费，还对我们实行经济封锁，企图把我们困死、饿死在边区。我们红军、八路军从来没有向困难低过头。去年我们一面防

守，一面生产。今年更要大开荒，大规模搞农业生产。要求你们今年粮食自给自足，明年耕二余一，向边区政府交公粮。我们自己动手，丰衣足食。"然后他又来到了第七一八团，看了部队种的谷子、玉米和蔬菜，又看了他们喂的猪、鸡和新挖的窑洞。见到团领导时，他高兴地对他们说，几个月时间你们就把南泥湾改变样子了。在吃饭时，他吃着战士们种的新鲜瓜菜，连声说好。他说，屯田政策初见成效，你们也有了经验，部队生活也有了改善，我最喜欢的是你们干部带头劳动，无论开荒锄草、背粮、施肥，干部都以身作则，艰苦奋斗，这是好作风啊！希望你们各级干部都要再接再厉，和打仗一样，干部冲在前面，不怕流血牺牲，就能取得胜利。

1942年2月，正是春节期间，朱德又来到了南泥湾的第七一八团。他说，这次来，一是慰问大家，给大家拜年；二是要了解你们新年后的生产打算。当他听到该团开荒种地面积比去年多一倍时，非常高兴。因当时正是农历春节，第七一八团在驻地召开春节军民联欢会，由部队自编自演节目，驻地的群众也参与演出。朱德看了演出后高兴地说：你们的部队不仅生产成绩好，文化生活也活跃起来了。大家要继续努力，争取更大的丰收；还要进一步搞好拥政爱民活动，感谢地方政府和群众的大力支持。他要求部队在农闲时间开展大练兵活动，生产不忘打仗，以适应形势发展的需要。

4月下旬，正是南泥湾春暖花开的时节，朱德又从延安出发，再一次亲临南泥湾视察。这一次陪同他一起来南泥湾的还有第一二〇师师长贺龙。这时的南泥湾再不是人烟稀少、杂草遍地的荒山野岭，而是炊烟袅袅、人欢马叫的屯田长廊。朱德和贺龙在王震的陪同下，首先来了到距金盆湾40里的第七一七团，检阅了部队的射击、投弹等军事演习，并在检阅大会上给干部作了报告。这时，第三五九旅广大指战员经过一年的艰苦奋战，已取得很大的成绩，他们不仅开荒种地，解决了吃饭问题，而且新打窑洞，新修房子；同时开展的手工业、运输业、商业等服务行业，为以后的生产打好了基础。看到这一切，朱德不由得称南泥湾是"陕北的好江南"。

朱德还欣然为第七一八团政治处编的《战号报》题写了报头，并鼓励他们越办越好。当时负责编《战号报》的马兴后来这样回忆说：

朱总司令问我担任什么工作，我说在编团政治处的小报。

"小报叫什么名字？"朱总司令很有兴趣地问我。

"《战号报》。"我连忙回答。

"啊！师战斗报，旅战声报，团战号报，是不是？"

我正惊异于朱总司令对部队情况的了解如此细致入微，他接着问道："工作上有什么困难和要求吗？"

工作上怎能没有困难呢？我一个人自编、自刻、自印、自发行，还要深入连队采访，工作量不能说不重；但团政治处李大同副主任对宣传工作抓得非常具体，战士写作甚为活跃，特别是经过一年的劳动锻炼，相形之下，编小报的工作反而像休息似的了。对！什么困难也没有。我对朱总司令也是这样如实回答着。

直到这时，我才记起了一件大事：团政治处的领导和同志们一致嘱咐我，请求朱总司令为《战号报》写个报头。我大胆提出这个要求，可是心里还在掂量，朱总司令能答应我们的要求吗？不料朱总司令毫不思索，叫我马上拿纸笔来，其实外面早已准备好了。①

7月，正是抗日战争五周年之际，朱德特地邀请延安自然科学院院长徐特立、陕甘宁边区政府秘书长谢觉哉、延安大学校长吴玉章和晋西北行政公署主任续范亭四位老人同去南泥湾视察。

当朱德陪同被人们称为"延安四老"的徐特立、谢觉哉、吴玉章、续范亭来到南泥湾时，呈现在他们眼前的南泥湾是一派生机勃勃的景象，一片片田野里泛起层层麦浪，山坡上到处散布着肥壮的牛羊。看到这一切，朱德十分欣慰，高兴地提笔写下了《游南泥湾》诗一首，其中写道：

> 去年初到此，遍地皆荒草。
> 夜无宿营地，破窑亦难找。
> 今辟新市场，洞房满山腰。
> 平川种嘉禾，水田栽新稻。

屯田仅告成，战士粗温饱。

农场牛羊肥，马兰造纸俏。

小憩陶宝峪，青流在怀抱。

诸老各尽欢，养生亦养脑。

熏风拂面来，有似江南好。

散步咏晚凉，明月挂树杪。

惊人的创造

1942 年 10 月 19 日，朱德在中共中央西北局高级干部会议上发表了讲话。他针对陕甘宁边区的实际情况，指出："现在我们党内参与生产运动的观念还没有完全转变。思想应该转变到每个同志都要自己参加生产，帮助生产。""所以明年特别要把各种各色的生产事业搞起来，用这个作主体，其他的事情才能办好一点。边区劳动力缺乏，过去我们组织生产运动，首先以军队着手，军队有五六万人，大部分是有劳动力的，所以从军队着手。"他还说："军队开工厂、办农场，直接参加劳动，有没有成绩呢？成绩相当大，这叫屯田制度，古时候有过的。现在这种环境逼得我们搞屯田运动，并且已经发生了效力，今后还要搞下去。边区有的是土地，只要这样做，自己就能解决自己的问题。"他还讲了军队在南泥湾开荒取得的巨大成绩等，并要求今后还要继续抓好生产工作，强调说："这样子搞，问题就能解决，事情也好办了，我希望高干会把这个东西抓住。" ①

这次西北高干会议，前后开了三个月。12 月 25 日，朱德再次前去讲话，在讲到"南泥湾政策"时，他说："为什么搞南泥湾政策呢？就是因为经济困难了。（国民党政府）停止了发饷，军队没有饭吃，这样逼出来的。"他说：顽固分子封锁我们，同时，时时刻刻要打进来，边区不安全。边区养不起军队，而顽固分子就欺侮我们这一点，你愈没有军队，他愈要

---

① 《朱德传》（修订本），第 656～657 页，中央文献出版社 2000 年版。

打进来。你有了军队，他又不来了，问题就解决了，靠了南泥湾政策，边区去年能够度过去，今年更顺利，这是个战略问题。他还系统地谈了对边区农业、畜牧业、手工业、商业、运输业等方面的问题。①

12月12日，延安《解放日报》发表一篇题为《积极推行"南泥湾政策"》的社论，其中写到："朱总司令从前方回延后，竭力提倡军队进行工业、农业、运输各方面的生产工作，以丰富的劳动，投入有用的活动，以减轻人民的负担，改善部队生活，密切军民关系，帮助边区建设。朱总司令这种克服物质困难，支持长期抗战的远大打算，在三年以前，有些人曾是不了解的。为了实行这一正确主张，朱总司令不但苦口婆心，作了许多解释，并且亲自踏看南泥湾，亲自组织南泥湾的开辟工作。当时，南泥湾是空无人烟的地方，那里鸟兽纵横，蒿蓬塞路。当朱总司令去踏看的时候，晚上只能找到一个茅棚住宿。但是，经过披荆斩棘，耕耘种植，今天的南泥湾，已成了'陕北江南'。于是，'南泥湾政策'成了屯田政策的嘉名，而这个嘉名永远与朱总司令的名字联系在一起。"②

经过辛勤的劳作，昔日荒山野岭的南泥湾开始变成了平川稻谷香、遍地是牛羊的"陕北江南"，吸引了许多文艺家的注意。延安鲁迅艺术学院教员、著名的作曲家可马和鲁迅艺术学院学员贺敬之，他们都曾在南泥湾烧过木炭，亲身体验过开荒的辛苦。尤其是晚上那种"睡觉睡不好，蚊子到处咬，伸手抓一把，不知有多少"的滋味。当他们看到如今的南泥湾变得像江南一样富饶美丽，心情非常激动，创作的灵感油然而生。于是贺敬之作词、马可作曲，写下了人人喜爱并传唱了半个多世纪的歌曲——《南泥湾》：

花篮的花儿香，
听我来唱一唱，
唱呀一唱。
来到南泥湾，
南泥湾好地方，

---

① 《朱德传》（修订本），第657页，中央文献出版社2000年版。
② 《朱德传》（修订本），第657~660页，中央文献出版社2000年版。

好呀地方。

好地方来好风光，

好地方来好风光，

到处是庄稼，

遍地是牛羊。

……

这优美动听的歌曲很快在陕北流传开来，朱德听后也很高兴，他称赞道："熏风拂面来，有似江南好。"

在朱德的提倡和亲自指导下，经过两年的艰苦努力，第三五九旅开荒耕地30余万亩，年产粮400余万公斤，不仅实现了吃用全部自给，而且每年还向边区政府上交公粮1万石。这样，到了1942年，陕甘宁边区军民基本上渡过了难关，初步出现欣欣向荣的景象。这一年初，毛泽东、朱德在给华北战场上的彭德怀的电报中高兴地说："此间财经问题，今年可解决，并在去年打下了基础。""边区经济今年更有计划的组织了人民的、部队的及机关学校的劳动，大发动了生产运动可能向上发展，在不受灾的条件下勿须外援。"[1]

由于经济好转，在抗战前线奋战的广大指战员的生活也得到了一些改善。1942年底，朱德和彭德怀联名发出命令，规定从1943年1月1日起，前方将士每人每天增发食油2钱，每月增发津贴5角，每年发洗脸毛巾两条。这是很大的一笔财政支出，此时的八路军、新四军已经超过了60万人。

1943年初，在中共中央西北局高级干部会议上，全面总结了陕甘宁边区开展生产运动的经验，进一步明确了边区工作的中心是发展经济，加强干部教育。

为了进一步推动大生产运动的开展，这一年的3月1日，朱德向陕甘宁边区部队发出电报，要求各部队积极响应开展大生产竞赛运动，认真发现部队中的劳动英雄，以作为竞赛运动中的中心环节，并由此而广泛地开

---

① 《朱德传》（修订本），第653页，中央文献出版社2000年版。

展群众性的劳动竞赛。同时要求各部队自行筹划，广泛发动个人同个人、单位同单位间的相互竞赛，其成绩核算方法，将以劳动力和生产粮食之多少为评判标准。一场轰轰烈烈的大生产竞赛运动在延安展开了，这一年的初秋时节，中共中央机关在枣园的书记处礼堂举行了纺线比赛，嗡嗡的纺线车声给延安带来一种别样的交响曲。从重庆回到延安不久的周恩来和任弼时也参加了这次纺线比赛，并获得了"纺线能手"的称号。

朱德还在《解放日报》上发表《建设革命家务》的文章，指出：随着抗日战争的扩大和延长，我们抗战经济的困难也日益增加。在一切经济困难中，财政供给问题尤为严重。但是，在困难面前我们从来没有束手无策，而是依靠自己，依靠群众，大家动手，掀起了生产运动的热潮。

这时，朱德又对延安大生产运动的长远发展进行了考虑。6月28日，他给任弼时写了一封信，认为陕甘宁边区财经工作是目前最中心的工作，延安生产运动不能以丰衣足食为满足，不能不为将来的各方面设想，从十分发展的方向做去。

南泥湾的大生产运动也引起了毛泽东的极大兴趣。9月中旬，他在任弼时、彭德怀等中共中央领导人的陪同下，来到了南泥湾视察。

一天，毛泽东和彭德怀等一起乘车来到第七一八团驻地马坊村。当他走进刷得雪白的窑洞，看到桌子、凳子和一切家具都是战士自己做的时，微笑着对王震和第七一八团团长陈宗尧等人说：你们这里什么都不花钱，同志们靠自己的双手创造了一切。

随后，毛泽东又先后视察了金盆湾、九龙泉、桃宝峪等地，观看了满山遍野结实累累的大秋作物、沿河边生长的苗壮水稻以及饲养的家畜家禽和各类自制副食品的作坊，边看边赞扬指战员的辛勤劳动。听取了部队同志汇报后，毛泽东高兴地说：你们把满山遍野梢林荆棘、荒无人烟的南泥湾地区，变成为陕北的江南。王震同志领导的三五九旅，是执行屯田政策的模范。感谢你们为党创造出怎样建军、养兵的新办法。现在我们能这样说了：我党我军可以抗战到底，彻底地战胜日本帝国主义了！可以把无产阶级革命进行到底了！还可以宣布一条，从此我们八路军、新四军也不解散了！边区政府也不撤销了！接着又说：三年前，蒋委员长下命令，停发八路军、新四军的经费，对陕甘宁边区实行经济封锁，不让一颗粮食、一根线、一粒子弹运到边区。甚至连许多国际友人支援我们的药品也封锁起来，使我们在抗日战场上负伤的伤员没有药物治疗，妄想以此困死我们，饿死我们。现在看，委员长所说的话又要不算数了。他们越困，你们越胖了，看，困得同志们连柳拐病都消灭了。

毛泽东的这一席话引得大家都笑了起来。停了一会儿，毛泽东又说：困难是个怪物，前几年厉害得不得了，你们不怕它，披荆斩棘，努力生产，只经过三年，就彻底把它战胜了。

说到这里，彭德怀插话说：根据三五九旅南泥湾生产的经验，各个抗日根据地，都可以利用战争的间隙开展程度不同的大生产运动，解决经济困难。毛泽东接着说：彭总的意见很重要。"自己动手，自给自足"的生产经验，王震同志领导的三五九旅通过实践已经总结出来了。回去后，我们党中央要很好地研究，要把三五九旅的经验推广到各个抗日根据地。现在，我代表党中央祝贺三五九旅全体同志们所取得的伟大成绩。①

在视察过程中，毛泽东还检阅了部队，观看了教导营军事训练基本动作表演，还到各团看望了战士和附近群众。毛泽东看到满山满川的谷子、玉米、豆子长得绿油油的，牛羊成群猪满圈，高兴地对陪同的王震说：你们今年又是大丰收。

10月，又是一个金秋季节。7日至10日，朱德与周恩来、刘少奇、王稼祥、邓颖超、康克清等，又来到了南泥湾进行视察。他们先后到了第三五九旅旅部、第七一八团、第七一九团、补充团等驻地，一边听取汇报，一边参观农作物。沿途，他们看到的是一片片小麦、谷子，黄澄澄的丰收在望，豆子、棉花、亚麻，郁郁葱葱，无边绿色，尽收眼底。望着这喜人的秋收景象，朱德无限欣喜，感慨万千。他们还饶有兴趣地参观了酿酒厂、榨油厂、水磨厂、妇女毛纺厂等，并探望了休养人员。朱德对王震、陈宗尧等谈话时，对第三五九旅的屯垦成绩给予了高度评价。他说：你们三五九旅在王震同志的领导下，执行"南泥湾屯田政策"，三年来已取得伟大的成绩。这一成功的经验，开创了中国军事历史中的新纪元。我军在养兵方面的新发展、新创造，就是战斗、训练的间隙，实行军队自己

---

① 参见《王震传》，第167～168页，当代中国出版社1999年版。

生产，解决军队自身的物质需要，来减轻人民的负担。这个新创造，对我军有非常巨大的意义。根据你们的生产经验，在没有战争的环境下，第一年可以达到部分自给，第二年可以达到半自给，第三年可以达到全自给。①

11月26日，陕甘宁边区政府在延安召开了第一届劳动英雄模范代表大会，并同时举行了第二届边区生产展览会。朱德、贺龙、高岗、林伯渠等领导人和三万多群众参加了这两个盛会。在开幕式上，朱德讲了话。他号召大家努力生产，厉行节约，把发展生产和保卫边区结合起来。还强调说，生产不单是为了吃穿，而且是为了援助前方，为了抗战建国。朱德又欣然为第二届边区生产展览会开幕题词："今年做到了丰衣足食，明年要做到建立丰衣足食的家务。"在闭幕式上，朱德又发表了讲话。他指出：军队是武装的工农，可是很久以来，这些工农参加军队后就不从事生产了，"我们八路军打破了这个传统。八路军是工农自己的军队，他们过去是工农，到了军队后还是工农，一样参加生产，这是惊人的创造"。

在大生产运动中，朱德不仅以极大的精力指导南泥湾的开垦运动，而且还处处以身作则，积极带头参加劳动，并光着膀子和大家一起干。尽管他日理万机，还是同其他同志一样承担中央机关每人开三亩地的任务，为陕甘宁边区的军民树立了榜样。他还把身边的工作人员轮流派到南泥湾参加生产劳动，并让他们严格要求自己，做出表率。

由于朱德工作太忙，加之他年近花甲，当时，延安的许多人都要求替他代耕。雷英夫在《朱总司令在生产中》的一文中这样写道：

"部队中、机关中、老百姓中，集体的、个人的纷纷来信恳求替他代耕，以便他能为人民为革命保重身体，在生产的时间内稍为休息一下，但总司令总是婉言的谢绝，他说他的生产任务自己可以完成，生产虽然要花费劳动力，也是一件最快乐的事，这对整个革命，对他自己的身体都有好处。按照他的计划，生产任务的完成是完全有保证的。""总司令在生产中的这种模范作用，感动了所有看见他生产的人，成了推动生产运动、建立革命家务的一个巨大的力量，这个力量鼓舞着大家去创造奇迹。""有些不

---

① 参见《王震传》，第167页，当代中国出版社1999年版。

积极生产、游手好闲的后进战士，也被朱德的精神所感动而有了转变。"①

朱德还和身边几个工作人员一起组成了一个生产小组，在驻地王家坪开垦了菜地，种上白菜、水萝卜、菠菜、葱、蒜、韭菜、辣椒、西红柿、豆角、南瓜、黄瓜等十几种蔬菜。每天清早或傍晚，人们都能看到朱德和康克清在菜地里劳动的身影。他们在菜地里不是播种、浇水，就是施肥、锄草，看到长势良好的菜地，欣喜之情洋溢在他们夫妇两个人的脸上。几位工作人员年纪很轻，没有种过菜，朱德却是种菜能手，他就手把手地教他们。为了给菜地施足肥料，朱德几乎每天清晨手持铁锹，肩挎粪筐，穿行在延安城外的微微晨曦之中，忙着捡粪，浑然是一位地道的农民。

由于朱德的勤劳和艰辛照应，很快，他的菜地里的蔬菜长得十分好，成了引人注目的一个地方，经常有人前来参观，当时的一位记者还专门写了一篇通讯登载在延安的《解放日报》上，详细介绍了朱德的菜园。文中这样写道："已播了种的计有：菠菜：一分多；葫芦：八十棵；南瓜：八十棵；水萝卜：近二分；芦笋：一分；葱：半分；莴笋：一分；芫荽：三畦；白菜：半分；芥菜：三畦；生菜：三畦；近两天要下种的有，白菜、菠菜：三分；黄瓜：近二分；另外还有西红柿、回子白、豆角等。有些地是准备种两季菜的……"

朱德还在自己的窑洞里架起纺车，一有时间就坐下来亲自纺线，并定了一条规定，有同志来谈工作，首先要问他会不会纺线。如果不会，就手把手地教他，一直到他掌握了纺线的要领后再谈工作。正是在朱德的带头下，一台台几乎被人们遗忘的古老纺车又走进了千家万户，一场轰轰烈烈的"纺线运动"在延安开展了起来。

在陕甘宁边区政府召开的第一届劳动英雄模范代表大会期间，延安县劳动英雄模范杨步浩听说朱德工作十分繁忙，还要每年生产三石细粮交给公家，表示愿为朱德代耕一石，使他有更多时间来处理重要的事情。夏收之间，当杨步浩给朱德送来为他代耕的一石麦时，朱德十分感谢，并留杨步浩吃饭，带他去参观自己种的菜地。第二天，杨步浩回去时，朱德又送给他一口袋自己种的西红柿。

---

① 《群众》第9卷第16、17期，1944年9月15日。

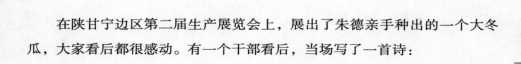

在陕甘宁边区第二届生产展览会上，展出了朱德亲手种出的一个大冬瓜，大家看后都很感动。有一个干部看后，当场写了一首诗：

> 工余种菜又栽花，统帅勤劳天下夸。
> 愿把此风扬四海，逢人先说大冬瓜。

在朱德的倡导和亲自指导下，陕甘宁边区军民克服了重重困难，发展了生产，渡过了困难。它对敌后各抗日根据地渡过这段物质困难空前严重的时期，也起了重要的指导和推动作用。

二十四、迎接抗战胜利

艰苦抗战

在延安，尽管朱德担负的工作很多，但是，他仍然和毛泽东一道运筹帷幄，沉着稳定，坚毅果断地指挥着八路军同日军进行顽强的斗争。

1941年，是华北敌后抗战严重困难的一年。这一年初，紧随百团大战之后，日军对华北敌后抗日根据地进行了疯狂的报复，实施野蛮的"扫荡"。日军集中在关内半数以上的兵力，对敌后抗日根据地进行人数最多、持续时间最长的大"扫荡"。日军为巩固占领区，确保重要资源开发地区及主要交通线的安全，先后对鲁西、冀鲁豫边、冀东、冀中等平原抗日根据地进行分期、分区的大规模"扫荡"和"蚕食"，企图摧毁敌后抗日根据地。

面对日军的疯狂"扫荡"，毛泽东与朱德、王稼祥、叶剑英等发出粉碎敌人"蚕食"政策和发展地方武装的指示：要求对敌寇实行"蚕食"最严重的冀南平原，采取隐蔽自己、保存实力、保护民众的方针。党组织和八路军各部队帮助民众想办法对付敌人，使民众不吃亏，避免尖锐对立。

4月9日，朱德对即将到山东工作的干部作了《现在局势与将来展望》的报告，对国内外形势进行了冷静的分析，指出：国内外形势对我们仍有利，世界反法西斯统一战线即将形成，蒋介石要依赖英、美，不能不打着抗日的招牌，因而他的反共有一定限度，碰着我们的小部队，他就"吃"掉，但不大打。现在我们最重要的是把工作做好，和一切抗日的人们团结起来，为工农群众谋利益。要巩固华北，发展华中，日军到哪里，我们就打到哪里。①

4月，朱德在中共中央主办的党内刊物《共产党人》第17期，发表《党员军事化》一文，指出："中国不仅是殖民地、半殖民地的国家，而且是现处于日本帝国主义的疯狂进攻和部分处于它的血腥统治下的国家；中国不仅是半封建的国家，而且是军阀官僚制度特别严重的国家，尤其是大地主、大资产阶级有丰富的反动统治经验的国家。在这里，人民毫无民主的权利和自由可言。在这样的国家里，谁掌握了武装，谁就有力量，谁就可以有发言权；谁没有掌握武装，谁就只好任人宰割。个人如此，民族亦然，阶级和政党尤其是这样。""我们党的发展、巩固，是和武装斗争密切地结合着，我们愈善于领导和掌握武装斗争，则我们党愈能发展、巩固，革命就愈接近胜利；反之，我们党就要受严重的损害，革命就要失败。"因此，他号召"全党学习军事与军事技术，学习游击战争"。"我们党员不仅要学习军事理论，而且应当过军事生活，一切行动军事化。"②

5月24日，八路军后方留守兵团作战教育参谋会议召开，朱德出席了这次会议，并讲了话。他说：八路军的参谋工作与西欧一般帝国主义国家军队中的参谋工作不同，与中国其他军队的参谋工作也不同。他们把参谋工作看成幕僚性质，而我们把参谋工作当做军队的脑筋，历来重视参谋工作的健全和发展，所以我们一开始就把品质最优秀的、最有知识的人员来当参谋，因为参谋人员要帮助首长指挥军队，他是首长唯一的代理人。

他接着说：为了适应工作的需要，大家要抽时间学习。参谋人员更应有丰富的军事理论知识；其次要学习掌握马列主义与唯物辩证法，理论联系实际。现在是技术决定一切，而我们的技术比人家差得远，因此要从战术、技术、马列主义等方面来训练部队。训练的最好方法是指挥员、干部以身作则。由于我们是半殖民地半封建的国家，经济非常落后，特别是许多大城市不在我们手中，因此只好进行农业生产，自力更生，进行持久作战，参谋人员要领导生产，回去要号召各团努力开展生产运动③。

---

① 《朱德年谱》中，第1050页，中央文献出版社2005年版。
② 《朱德军事文选》，第423~424页，解放军出版社1997年版。
③ 《朱德年谱》中，第1059页，中央文献出版社2006年版。

最后，朱德向广大参谋人员强调，参谋工作第一要绝对保守秘密，胜利才有保证；第二要迅速按时完成任务。

这一年的 7 月 1 日，是中国共产党成立 20 周年。为了纪念这个日子，朱德在《解放日报》发表《中国共产党和革命战争》一文。他在文章中写道："中国的革命战争是异常复杂和变化多端的。中国的革命是民族革命，又是民主革命。中国革命战争，也有民族革命战争与民主革命战争两种，在不同的历史时期中，互相联系，互相转化，同时又互相区别。二十年的中国革命战争过程，证明了一个真理：只有中国共产党，才能最英明地掌握中国革命战争的发展规律；只有中国共产党，能在一切历史时期中，永远为当时最革命的政治目标而坚决地进行革命战争，反对当时中华民族和人民的主要敌人；只有中国共产党，能定出和坚持当时最革命的战略方针。"①

"中国革命战争是异常艰苦的、长期的、残酷的。垂死的反革命力量，常常比新生的力量大得不可比较。反革命的武装，在装备、训练、资源、兵力等方面，常常是比革命军队雄厚得多的。二十年的中国革命战争，锻炼了中国共产党。中国共产党在最艰苦困难的环境中，创造了自己的战略战术，这种革命的战略战术之特点就是：在敌人显然强大于革命势力的时候，采取游击战争的战略战术；在革命势力日益发展，革命军队日益强大的时候，逐渐转到正规的战略战术。这种革命的战略战术，乃是中华民族取得胜利、取得解放所必须的，乃是战争史上巨大的发现和创造。"②

"中国革命战争的复杂性、长期性，在战略上提出了新的问题，即是根据地问题和敌占区内民众运动的问题。根据地的政治、经济、军事、文化、民运等种种工作，是直接配合革命战争的力量；而敌占区的民众运动，则对于革命战争起了间接的配合作用。没有这些工作的配合，就不可能想象革命战争的坚持与胜利。"③

"现在，我们神圣的抗战，已经足足进行了四个整年。""我们神圣的抗战，不但是为了中华民族，而且是为了世界人类。抗战的结局，毫无疑

---

① 《朱德军事文选》，第 430 页，解放军出版社 1997 年版。
② 《朱德军事文选》，第 430 页，解放军出版社 1997 年版。
③ 《朱德军事文选》，第 430 ~ 431 页，解放军出版社 1997 年版。

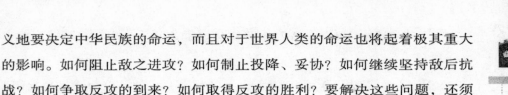

义地要决定中华民族的命运，而且对于世界人类的命运也将起着极其重大的影响。如何阻止敌之进攻？如何制止投降、妥协？如何继续坚持敌后抗战？如何争取反攻的到来？如何取得反攻的胜利？要解决这些问题，还须要极大的努力，而军事将占斗争方式的第一位。"[1]

7月7日，在抗战四周年到来之际，朱德又在《解放日报》上发表《八路军新四军抗战第四周年》一文，指出：在抗日战争进入相持阶段，八路军、新四军之所以能在华北、华中敌后坚持抗战，所以能够造成愈强的奇迹，唯一的秘密就在于实行了新民主主义的政治、经济、文化等各种政策，发动和组织了全体抗日人民与敌寇作各方面的毫不疲倦的斗争。这种新的力量的涌现，是抗战胜利的基础。伟大中华民族神圣的抗日自卫战争，其本身就是反法西斯战争。中华民族唯一的出路，只有加入反法西斯的一边，与德、意、日法西斯作决死的斗争。

7月11日，朱德与彭德怀、左权给聂荣臻、宋任穷、刘伯承、邓小平等发出一份电报，分析了苏德战争爆发后的国内外形势，指出：苏德战争爆发后，日本对苏联远东威胁及加入反苏战争危险大为增加。解决中国问题仍是日本的基本国策，严重镇压华北我党我军又成为日军北进反苏或解决中国事件的必要手段。根据敌情，日军有大规模"扫荡"晋察冀边区特别是有首先"扫荡"冀中区之极大可能。为此，朱德要求冀中区之党政军民应迅速地进行广泛的反"扫荡"的动员准备：（一）应立即整备地方武装，健全政治组织，根据冀中区敌情与平原游击战争环境，各地方兵团似应采用大连小团制（每团四五个连约七百人左右）之编制，使之适合平原游击战争之坚持。加强地方大小游击队之政治领导与工作，密切地方兵团、游击队等与民众之联系，准备在任何情况下，独立坚持冀中区游击战争之基本力量。（二）党政军机关、军队后方机关应十分紧缩，力求短小精干，适合严重紧张之"扫荡"局面。（三）冀中区之野战正规军在敌严重"扫荡"下，应避免被迫作战，准备适时向平汉路西（基本的）或冀南转移。（四）加强对敌斗争之一切群众准备，适时之空室清野。（五）路西及平西主力部队，主力应向东侧隐蔽集结，准备及时策应冀中区之反

---

① 《朱德军事文选》，第431页，解放军出版社1997年版。

"扫荡",与配合苏联作战。(六)冀南区应准备必要兵力,及时策应冀中区作战。①

8月,日军集结日伪军10万人以上的兵力,将部队分为"进攻兵团"和"封锁兵力",由新上任的日军华北方面军司令官冈村宁次亲自指挥,采取"铁壁合围"、"梳篦清剿"、"马蹄堡垒战"等战法,兵分三路对晋察冀根据地的北岳和平西地区进行野蛮的"扫荡"。日军把这次"扫荡"自吹为"百万大战",意即报复八路军的百团大战。

面对日军大规模的"扫荡",晋察冀军区指挥广大军民进行了反"扫荡"作战。在反"扫荡"作战最紧张的时刻,10月1日,朱德与彭德怀、罗瑞卿、陆定一向八路军全军指战员发出指示,要求全体指战员都要抱着充分的胜利信心,紧急动员起来,迎击并粉碎日军对晋察豫抗日根据地的残酷"扫荡"。同时,朱德又致电阎锡山、卫立煌,告诉他们已命令八路军在反"扫荡"作战中积极反攻当前之敌,使敌人抑留于华北战场,无法抽调增援其他战场,以配合保卫长沙及长江流域各友军作战。

在两个多月的反"扫荡"作战中,北岳、平西地区八路军部队共作战500余次,歼灭日伪军5500余人,粉碎了日军企图消灭晋察冀边区领导机关和主力部队并摧毁抗日根据地的"百万大战"。

日军在不断地对晋察冀抗日根据地进行"扫荡"的同时,又把"扫荡"的重点指向山东抗日根据地。10月18日,毛泽东与朱德、王稼祥在给第一一五师朱瑞的电报中指出:"你们须与苏北黄克诚部切实联系,关心他们的部队及抗日根据地的建设。你们现在的根据地是山东,发展方向是华中,任务是坚持山东抗日根据地,同时不要忘记向华中发展。"② 为了巩固山东抗日根据地,第一一五师和山东纵队在第一一五师代师长陈光和政治委员罗荣桓的统一指挥下,做好反"扫荡"的一切准备工作。

这一年秋,董必武有感于八路军的浴血奋战,由重庆寄来七绝诗四首,朱德依原韵奉和,以勉励八路军广大指战员为国抗战,并告慰那些为中华民族捐躯的不朽的英灵:

---

① 《朱德年谱》中,第1069页,中央文献出版社2006年版。
② 《朱德年谱》中,第1081页,中央文献出版社2006年版。

一

敌后常撑亦壮图，三师能解国家忧。

神州尚有英雄在，堪笑法西意气浮。

二

黄河东岸太行陬，封锁层层不自由。

愿与人民同患难，誓拼热血固神州。

三

朋辈志同意自投，团成砥柱止中流。

肃清日寇吾侪事，鹬蚌相争笑列侯。

四

抗战连年秋复秋，今秋且喜稻如油。

迷漫烽火黄河岸，父老齐声话御仇。

战友深情

1942 年 5 月 27 日清晨，一夜未眠的毛泽东拿着一份电报急匆匆地来到了朱德的住地。朱德看了电报以后，心情十分悲痛。

这是怎样的一份电报呢？

原来，这一年，日军根据华北方面军作战计划，为消灭中共中央北方局、八路军总部和八路军第一二九师主力，并策应对冀中抗日根据地的"扫荡"，于 4 月 16 日下达了作战计划，预定于 5 月中旬开始，以 3 万余人的兵力，采取"铁壁合围"和"捕捉奇袭"等战法，对太行、太岳抗日根据地发起夏季大"扫荡"。

5 月 19 日，日军集中各部共 2.5 万余人，开始对中共中央北方局、八路军总部所在地——太行抗日根据地北部地区进行合围。一部日军由平汉路和正太路沿线各据点出动，从东、北两个方向向八路军总部驻地推进。一部日军从武乡、辽县等地出动，从西、南两面向八路军总部驻地合围。此时，八路军大部都已转出外线，但还有八路军总部、中共中央北方局机关一部及掩护部队还未及时转移出去。彭德怀和八路军副参谋长左权决定率领八路军总部、北方局机关及掩护部队转移出去。

5月25日，太阳还没有出来，日军飞机发现了八路军总部和北方局机关各部转移队伍，进行了不停地轰炸和扫射。转移队伍不得不顶着日机的轰炸、扫射继续前进。当转移部队到达南艾铺地区以后，考虑到主要由骡马组成的后续队伍因日军飞机轰炸而行动更为不便，而且东西两个方向的情况又不太清楚，于是，彭德怀和左权只好命令各部隐蔽地疏散在南艾铺、高家坡一线的山沟里休息，待黄昏后再分路转移。

但是，日军很快包围了这个地区。紧接着，数架日军飞机飞了过来，疯狂地俯冲下来进行轰炸和扫射。

情况万分危急。彭德怀、左权决定分路突围，各自为战。

分路突围的命令下达后，各路部队迅速行动了起来。日军察觉到八路军分路突围的意图后，便急速地收缩包围圈，用更加猛烈的炮火向突围阵地轰击，数架飞机轮番向突围部队投弹、俯冲、扫射。一时间，队伍大乱。面对这混乱的场面，左权不顾日军的狂轰滥炸，登上一个高坡，镇定自若地指挥部队转移，并不停地地喊着："同志们，不要怕，加快速度，冲出山口就是胜利！"

战斗愈益激烈，情况异常危急。这时，左权首先想到的是彭德怀的安全，他要彭德怀先行突围出去。但是，彭德怀则坚持要同大家一块突围，双方争执不下。左权对彭德怀说："事关重大，时间不允许争了。你是副总司令，你安全突围出去就是胜利，我直接指挥机关突围就行了。"此时，彭德怀不忍心再坚持自己的意见，沉默刹那，翻身上马，回头深情地望了一眼这位年轻的战友，便冒着密集的炮火向十字岭方向飞奔而去。

十字岭是八路军总部、北方局机关队伍向北突围的必经之处。此时，大部分人马还在十字岭南山坡上。

突围部队沿着山坡，正向十字岭北部前进。日军又发现了突围的部队，便集中了几乎所有火力对准十字岭猛烈袭击。十字岭上硝烟弥漫，地动山摇，人声、马声、枪炮声响成一片，队伍顿时失去了控制，分散向四处跑去。

"不要害怕，快冲啊！翻过山梁就安全了！"左权大声地喊着，率队来到十字岭西北的山垭口。这是最后一道山梁。翻过去就是通往北艾铺的山沟。

队伍终于镇定了下来，跟着左权高喊着"冲啊！冲啊……"

斜阳映红了十字岭长长的横梁，大部分人员终于突过了山口，冲出了日军的包围圈。突围胜利了。

一架日军飞机又突然转过头来进行扫射。左权发现八路军总部的几名女译电员正在往树下跑，那里正是日军飞机扫射的目标。于是，左权连忙直起身来，大声喊道："小鬼，不要怕飞机，冲出去！"

就在大家闻声的瞬间，从南艾铺方向射来的一发炮弹在她们身旁炸开。一块弹片击中了左权的头部，左权血染青山，壮烈殉国。

这几天，延安与八路军总部的联络完全中断。毛泽东和朱德一直在盼着太行前线来的消息。

5月25日夜，毛泽东和朱德终于接到了八路军第一二九师发来的一份电报：八路军总部遭敌袭击，北方局总部人员分路突围。总部电台中断，情况不明。

接到这一电报后，毛泽东和朱德更加牵挂万分，彻夜不眠，再一次焦急地等待着太行前线的音讯。27日拂晓前，又终于等来了第一二九师发来的一份电报：总部在遭敌合围后，彭德怀率部由石灰窑西北方向突围，左权在突围中阵亡，罗瑞卿、杨立三向黑龙洞方向突围后，再次与敌遭遇。

当毛泽东接到这一电报以后，便立即来到了朱德的住处。朱德手持电报稿，默然良久。他和毛泽东既为彭德怀的突围成功而庆幸，同时又难以抑制对左权牺牲的悲痛。毛泽东坐了下来，以他和朱德的名义，提笔起草了一份给刘伯承、邓小平并转彭德怀的电报：

刘邓转彭：

感日5时电悉。总部被袭，左权阵亡，殊深哀悼。（罗）瑞卿、（杨）立三已否脱险，甚念。目前总部电台已全部损坏，建议总部暂随一二九师行动。如何望复。

毛泽东　朱德

二十七日

几天来，朱德对左权的牺牲一直极感痛惜，沉浸在深深的悲痛和久久的怀念之中。

朱德和左权在一起工作和战斗十多年，在朱德的记忆中，左权是一个沉默寡言的人，在黄埔军校和苏联军事大学学习时，他严谨刻苦，埋头实际，学习成绩名列前茅。在领导岗位上，他十余年如一日，集中全部精力工作，有时战斗昼夜不断，几天几夜不能合眼，他从来都不表现出倦怠、疏忽、放任和暴躁，有时疲乏过度，做梦也在打电话指挥作战和吩咐工作。十多年来，他从来没有一句怨言，从来没有要求休息一天……

特别是抗战以来，左权在极其残酷和艰苦的敌后环境下，赤胆忠心，日夜劳瘁。在他参与策划下，八路军发展成为数十万劲旅，华北成为日寇难以摧毁的堡垒，成为大后方安全的屏障。他知道，左权在军事理论、战略战术、军队建设、参谋工作、后勤工作等方面，都有极其丰富与辉煌的建树，是中国军事界不可多得的人才……

但是，就是这样一位才华横溢的八路军副参谋长现在不幸殉国了，年仅 37 岁。

想到这里，朱德的眼睛湿润了，嘴角翕动着……提笔写下了《悼左权同志》诗一首：

> 名将以身殉国家，
> 愿拼热血卫吾华。
> 太行浩气传千古，
> 留得清漳吐血花。

同时，朱德又反复琢磨着，该怎样把这个不幸的消息告诉左权的夫人刘志兰呢？刘志兰是 1940 年 8 月离开抗战前线来到延安的。朱德和康克清商量后，决定一起去中共中央党校三部，看望在那里学习的刘志兰。不料刚一见面，刘志兰便抱着康克清哭作一团。这时，她已经知道了一切。朱德只好将自己写好的悼诗赠送给刘志兰，并与康克清亲切地劝慰了刘志兰一番。

朱德真是忘不了左权。6 月 10 日，他和彭德怀致电周恩来转蒋介石等，说：自 5 月 19 日起，日军三万余人分路向太行区大举"扫荡"，八路军与敌展开激烈的反"扫荡"战。我八路军副参谋长左权指挥三五八旅主

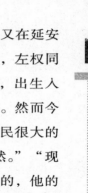

力在麻田以南上下清泉地区与敌作战中不幸牺牲。6 月 15 日，他又在延安《解放日报》发表《悼左权同志》一文。文中写道："十余年来，左权同志为了中华民族的解放，为了中国人民的解放，在枪林弹雨间，出生入死，奋不顾身，从事武装斗争，成为我八路军最优良的将领之一。然而今天，他与我们永别了！这自然是我们民族很大的损失，是中国人民很大的损失，是我们很大的悲痛。回忆起十余年战友的生涯，不禁黯然。""现在，左权同志牺牲了，他牺牲在抗日的战场上。他的牺牲是光荣的，他的名字将要永存，他的功业将永垂青史，他的人格操守将永为我们未死者的模范。我们以无限的哀痛悼念左权同志。我们要学习左权同志，要继承左权同志的遗志，要为左权同志报仇。我们一定要坚持华北抗战到底！一定要把日寇赶出中国去！一定要达到解放中华民族和中国人民的目的！"① 一年后，朱德在延安"纪念左权将军牺牲一周年追悼会"上挥笔题词："你们在我们的记忆里，我们活在你们的事业中！"

7 月 7 日，延安党、政、军、民各界代表一万余人齐集南郊广场，隆重举行纪念七七抗战五周年和追悼抗日阵亡将士大会。朱德参加了这次大会，并在大会上发表了激昂有力的讲话，号召全国人民争取抗战的最后胜利，为建设独立、统一、和平、民主的新中国而奋斗。同一天，朱德提笔写下了《抗战五周年挽八路军阵亡将士》诗一首，发表在《解放日报》上：

吾华好男儿，正好抗日死。

民族赖以立，国亦得所恃。

捍国不惜身，伟哉诸同志。

寰宇播英名，千古传青史。

羞彼汪陈辈，甘作敌犬豕。

靦颜认贼父，臭遗不知耻。

倭焰益以张，侵凌无底止。

毒计施"三光"，屠戮及赤子。

狼烟飞满目，腥膻遍城市。

"扫荡"复"扫荡"，争夺在尺咫。

①《朱德军事文选》，第 441、443 页，解放军出版社 1997 年版。

正谊激同仇，血肉冒锋矢。

相持已五年，战斗难数计。

杀敌逾十万，捷报盈筐纸。

外侮不足危，所俱在内毁。

阋墙安可再，徒为敌者喜。

耿耿我心忧，国人其共弭。

幸者赵燕地，豪侠能继起。

忠勇建奇勋，首推诸烈士。

后死者何盟，还我山河者。

热血洗乾坤，建国从此始。

民主真共和，世界皆仁里。

持此慰英灵，光明新世纪。

　　这一年，正是刘伯承诞辰 50 周年。中共中央为了表彰刘伯承的革命功绩，鼓舞敌后抗日根据地军民夺取抗战最后胜利的信心和决心，决定在太行山举行庆祝活动。刘伯承不愿意为自己做寿，把 12 月 4 日的生日日期隐瞒了起来。组织上没有办法，只好猜定为 12 月 16 日。这一天，延安《解放日报》发表了中共中央为转战千里、威震燕赵大地的刘伯承庆贺 50 寿辰的新闻，《新华日报》华北版和第一二九师的《战场报》发表了刘伯承的履历及其亲笔题词：“勉作布尔什维克必须永远与群众站在一起。”

　　朱德和刘伯承相识很早，又是在抗日战争的将帅中年龄最大者。在转战南北中，他们结下了深厚的战友情谊。看到刘伯承年到半百，还在为国为民，驰骋在抗战前线，朱德心情十分激动，他挥笔题诗，写下了《祝刘师长五十寿》一诗，遥致一片深情厚谊：

戎马生涯五十年，痛歼日寇镇幽燕。

将军猿臂依然健，还我山河任仔肩。

　　似乎这首诗还不能完全表达朱德的心情，他又提笔写下了《祝刘师长五十寿辰》一文，发表在 12 月 26 日的《解放日报》上。

　　在文章中，朱德首先高度赞扬了刘伯承为中国人民的解放事业所立下的卓越功绩。文章写道：

"十二月四日为一二九师师长刘伯承同志五十寿辰。从民初讨袁及护国、护法之役后，中经大革命、南昌起义、苏维埃运动、红军长征西北，以迄抗战及敌后坚持。这三十年，是中华民族历尽艰辛追求民族解放的伟大历史时期，也是伯承同志尽瘁革命、奋进不息的三十年。这三十年来，我与伯承同志大部时间曾同事军旅，服务革命，深知其为人。我觉得伯承同志的光荣事迹和他的革命品质，有许多值得我党同志和革命军人学习的地方。

"护国、护法两役，伯承同志虽然尚为青年军队，但已以骁勇善战、足智多谋，成为川军中名将。在此复杂激烈的战斗中，表现出他追求民族解放的革命意志，坚持不懈。护国之役，泸州纳溪棉花坡一战为此役的决战，伯承同志此时在夔门以内，遮断长江交通，侧击张敬尧、曹锟军，应援蔡锷护国军，对于此役的胜利有极大功绩。

"伯承同志追求民族解放的思想是继续前进的。五四运动后，马克思主义思想在中国得到广泛的传播，在中国产生了共产党组织，推动中国革命走上国共合作进行大革命的新时期。伯承同志接受了这个革命思想，在大革命时期参加了党，并立即在川省组织旧部，响应大革命，担任国民革命军暂编第十五军军长，在川省苦战数月，终以孤军无援而失败。迄南昌起义任革命委员会参谋团参谋长。旋赴苏联入军事学校学习，在军事上政治上造诣更深了。

"十年苏维埃运动中，伯承同志曾历任军委总参谋长、红大校长，襄助党中央及军委擘画军事，培植干部。在红军万里长征中，伯承同志指挥五军团，有时任先遣，有时作殿后，所负任务无不完成，尤以乌江、金沙江、安顺场、大渡河诸役为著，更表现了艰苦卓绝、坚决执行命令的精神和军事的奇才。特别是在与张国焘路线作斗争中，坚持党中央的正确路线，团结教育红四方面军广大干部到党中央的路线上来，促成红四方军和党中央红军的会合，更表现了他政治上坚定不移、善于工作的特长。

"抗战军兴，红军改编为国民革命军，伯承同志任一二九师师长。六年来敌后坚持，获得许多重大胜利，创造了冀南抗日根据地，保卫了太行军区，训练一二九师成为铁的兵团，更属历尽艰苦，尽瘁为国。"①

接着，朱德又高度赞扬了刘伯承无比高尚的革命品格和革命精神：

伯承同志具有革命军人的良好作风和布尔什维克的优秀品质，他是我党的模范干部。

伯承同志对民族、对革命、对党和阶级具有无限忠诚。入党以前，他激于爱国热忱参加了讨袁及护国、护法战争；入党以后，更深入地了解了中华民族解放的道路，乃以其半生血汗，尽瘁于解放中华民族的革命事业。他今天虽已弹痕遍体，须发斑白，但仍不知疲倦，刻苦奋发，任重道远。

伯承同志是深入群众、深知群众的人。他律己严，待人宽，谦恭和蔼，身为群众表率。因此，他自然而然得到群众的爱戴，成为群众的领袖。

在政治上，伯承同志勇于负责，能在复杂环境中独立决定方向。在长期军事工作中，在六年来华北抗战中，他均能胜不骄，败不馁，稳定地掌握住复杂的情况，百折不挠地完成革命任务。

在军事上，伯承同志不但骁勇善战、足智多谋，而且在军事理论上造诣很深，创造很多。他具有仁、信、智、严的军人品质，有古名将风，为国内不可多得的将才。

在纪律精神方面，伯承同志有很高的自觉与负责精神，是坚定刚毅、尊重组织、执行决议、服从纪律的模范，并在反张国焘路线斗争中，表现了这种百折不挠与一切机会主义作不调和斗争的布尔什维克的品质。

朱德最后在文章中写道："伯承同志个人还有许多特点，值得发扬和学习。他具有革命的乐观主义，凡与他在一起的同志、无不深刻感觉到他永远愉快达观、坦白热诚，没有什么困难能压倒他的情绪。他刻苦学习，学而不厌，诲人不倦。在苏联高级军事学校时，他埋头于俄文和军事政治的学习。近年来虽军书旁午，仍勤奋学习，钻研军事理论和马列主义，著述编译很多，并以他诲人不倦的精神培植了大批军事干部。他埋头苦干，克己奉公，艰苦朴素，自奉很薄，是许多同志所熟知的。

---

① 《朱德军事文选》，第447～448页，解放军出版社1997年版。

"五十年岁月，在我们中国人来说已是半百，三十年出生入死奔驰战地的老军人更属不可多得。我非常愉快地庆祝伯承同志五十寿辰，祝你老当益壮，并勉我党同志和我军将士，学习和发扬你一贯为革命奋斗的光荣历史和革命品格。"①

"有办法坚持到胜利"

从 1942 年春天起，中国共产党在全党范围内展开了一次整风运动，朱德以积极的态度投入到了这一次运动之中。

1943 年 1 月 14 日，已经开了几个月的中共中央西北局高级干部会议闭幕了。会议期间，朱德已作了多次讲话。会议闭幕的这一天，朱德再次前去讲话。他说，这次会议开得很好，特别是解决了党政军民一元化领导问题。解决这一个问题，军队同志一定要下决心，因为对军队的同志不少人是惹不起的。军队的干部不应该单是一个指挥员，而且应该是一个好的共产党员，要遵守纪律，听从党的指挥，服从政府的法令，倾听群众的呼声，向群众学习。

这次会议结束不久，中共中央决定把整风运动再延长一年。在参加整风运动的同时，朱德心中却一直牵念着抗日前线的战场，牵念着那些在敌后抗日战场上与敌人进行浴血奋战的将士们。1942 年新年的第一天，朱德就和彭德怀、罗瑞卿、陆定一联名写了一封慰问信，向各根据地的伤病员致以无限慰问之意，祝他们新年快乐，并希望他们安心休养，早日痊愈，以便重上战场，杀敌立功，以酬壮志。

1943 年是中共中央继续进行整风运动的一年，也是世界反法西斯战争更加激烈残酷、更加接近胜利的一年。从这一年起，敌后抗日根据地开始转入恢复和再发展的新阶段。这时，苏联红军取得斯大林格勒会战的胜利，转入战略反攻。美军在太平洋战场取得战争主动权，迫使日军转为战略守势。第二次世界大战形势发生了有利于反法西斯阵线的转折。但是，日本在中国战场上仍以其主要兵力对敌后抗日根据地进行"扫荡"、"清

① 《朱德军事文选》，第 449 页，解放军出版社 1997 年版。

乡"、"蚕食",企图尽快结束侵华战争,抽调兵力增援太平洋战场。

2月23日,朱德在《解放日报》上发表《庆祝苏联红军节与红军大胜利,向苏联红军学习》一文,分析了苏联红军之所以能够取得斯大林格勒会战的胜利并转入反攻的原因。指出,这是因为苏联红军有高尚的政治品质;有灵活的战略战术和积极的进攻精神;有密切联系抗击德国法西斯进攻战争实际的教育训练;有坚强而富有生产能力和拥军参军热忱的后方;有盟国的团结一致与援助。苏联红军的这些经验恰是我国军民最需要研究与学习的。

随着战争形势的变化,3月,中共中央决定八路军第一一五师与山东军区合并,成立新的山东军区,由八路军第一一五师政治委员罗荣桓兼任山东军区司令员和政治委员。3月12日,朱德和毛泽东、王稼祥联名给罗荣桓发出一份电报:"中央已决定你任山东军区司令员兼政委并代(一一五师)师长,陈光回延(安)学习。你的病如果不是很严重,暂时很难休息。你和分局的意见如何?望告。"①

为了争取抗日战争的最后胜利,朱德一直在考虑如何加强革命军队的教育和管理的问题。4月16日,他在《解放日报》发表了《革命军队管理的原则》一文。文章明确指出,我们的军队是革命的军队,是在中国共产党领导下的军队,"对这种革命军队的管理,应该用革命的原则,这就是在对事对人上用'大公无私'的原则。"对部下的关心,首先应在政治上注意。其次,在工作上关心。最后,是在物质生活上关心。同时,"我们革命的目的既然在于建设新中国,因此,我们革命的军队就应该学会建设。"

朱德在这篇文章中重点讲述了加强革命军队的纪律问题。他指出:"革命军队组织力量之巩固,是建立在自觉的革命纪律上的,而这一纪律的基础在于:第一,全体军人对于革命、对于抗战建国事业抱有无限忠诚与自我牺牲精神,因而能抛弃一切一己之私,一切以革命利益为前提。第二,在军内,上下一致,以对革命事业之热爱,相互爱护,服从命令,遵守军纪,以达到政治上团结一致,万众一心。在军外,军民一心,绝对服

① 《朱德年谱》中,第1126页,中央文献出版社2006年版。

从党的领导，拥护抗日民主政府，遵守政府法令，尊重政府人员，爱护民众，因而不致有违反党的政策，违反政府法令或违反民众利益之事发生。第三，指挥员指挥正确，关心部下，甘苦共尝，以身作则，大公无私，因而获得部下之爱戴，虽挥之赴汤蹈火在所不辞。这样，也只有这样，革命军队的自觉纪律才能巩固，军内团结与军民团结才能加强。"①

朱德强调："革命军队纪律的维持与执行，主要在于教育，奖励与惩戒不过是教育的一种形式。奖励使军中知道努力的方向，惩戒使军中知道应避免的错误。对有功受奖者不应放任，应继续教育，促其继续进步；对有过受罚者，不应仇视或厌恶，而应以爱护的精神教育之，使之改正错误。至于混入军中之汉奸、破坏分子，则自应送去法庭，依国法惩处。赏罚公正严明，是革命军队中执行纪律的守则。打骂行为，在我军中早已被禁止。自觉地遵守纪律，也只有在革命军队中才能真正实现。所以在革命军队中不应有亲、疏、厚、薄之分，不应有爱、恶、生、熟之别，不应有小团体观念和本位主义。只有大公无私，一视同仁，如家人兄弟一般，才能团结全军，巩固纪律。"

7月的延安，迎来了中国共产党成立22周年的喜庆日子。延安各界召开了纪念"七一"22周年的大会。朱德参加了这次大会，并在大会上发表了讲话。他高度赞扬了中国共产党所取得的伟大功绩。他说，中国共产党自成立以来，经历了第一次国内革命战争、第二次国内革命战争，现在正经历着抗日战争。三个阶段有一个共同的特点，就是共产党是从挨打挨杀中锻炼出来的。世界上任何一个共产党都没有经历过这样的激烈的斗争：拿着武器一干就干了22年。中国共产党已经锻炼出自己的领袖毛泽东，已经造就了大批德才兼备的干部。有些人说，共产国际取消，中国共产党也要取消。我说中国革命只有中国共产党才搞得好，取消了共产党，中国革命就不可能取得胜利。

在庆祝中国共产党成立22周年之时，抗日战争也已进入了第6个年头，进入了争取抗日战争最后胜利的关键时期。在这一时期，朱德清醒地认识到，抗日战争越是接近胜利，就越会遇到重重困难。为了让全国人民

① 《朱德军事文选》，第 453、453~454 页，解放军出版社 1997 年版。

进一步认清形势，增强克服重重困难、夺取抗日战争最后胜利的信心和决心，朱德写下了《我们有办法坚持到胜利》一文，发表在 7 月 5 日的延安《解放日报》上。

朱德在文章中这样写道："敌后残酷斗争已进入第七个年度。胜利更加接近，则困难亦将更加增多。"①

争取抗日战争的最后胜利还将会遇到哪些困难呢？朱德说道："（一）敌寇由'碉堡'政策进而为'囚笼政策'，如筑据点碉堡与护沟护墙，来把我根据地分割破碎（特别是在冀鲁平原上），并加紧对各被分割的根据地之封锁，使我军被迫分散，而活动与转移渐加困难。（二）敌寇对我军作战，由围攻到'扫荡'，最近更要用连续'扫荡'、反复'扫荡'，以及对我后方的奔袭等战术，来求消灭我军、蚕食我根据地。虽被我军不断打败，但我消耗因之加多，缴获因之减少。（三）敌寇实行'三光'政策，大杀我人民，大捕我壮丁，以摧毁我根据地内的人力；大烧我房屋，大抢我粮食、器具、财物，以破坏我根据地内的物力人力。我方虽实行坚壁清野、空舍等工作，但根据地的经济建设工作不免遇到困难。（四）我军之弹药、被服、医药、粮饷等等，三四年来不能得到任何方面的补充。这种无弹药、无粮饷、无医药、无被服的数十万大军，在最困难的环境中苦战数年，恐怕是全世界空前未有的怪事奇闻，而这确是我们抗战中的事实，自然也应该说是奇迹。"②

困难虽然很多，但是，朱德指出："我们还是克服了上述这些困难。我们看清敌后困难的环境，采取了坚持敌后抗战的方针。我们实行精简政策，实行分散游击的战术，对付敌人的'囚笼政策'；我们以密切联系群众，积极而灵活的打击敌人，粉碎敌之'维持'政策，以对付敌人之'蚕食'政策；我们以军民密切合作，广泛组织民兵与武装工作队与更彻底的坚壁清野，以对付敌之'三光'政策；我们以加强根据地的经济建设与生产运动，以求自力更生，以克服无饷无弹无衣无药等困难。这样坚持了敌后六年的抗战，保存了我们主要的根据地与我军的精锐，并还能给敌寇以更多的打击，更好地建设自己的根据地，锻炼出一支坚不可摧的抗日军

---

① 《朱德军事文选》，第 455 页，解放军出版社 1997 年版。
② 《朱德军事文选》，第 455、455～456 页，解放军出版社 1997 年版。

队，保证我们的胜利。"

在这种最艰难困苦的环境中，我们为什么没有被这些困难所屈服，反而能够克服这些困难，坚持六年的敌后抗战呢？朱德分析道："第一，我们下定了决心。我们为了民族，为了国家，也为了自己的生存，下定决心，宁死不屈，坚持到底。我们看清国内外环境，坚信抗战必胜，建国必成。我们上下一致，军民一心，咬紧牙关，忍苦耐劳，牺牲一切，只求胜利。因此，我们能克服困难，坚持苦战。显然地，如果我们队伍中容许悲观动摇的情绪存在，如果我们遇到困难而屈服，那么我们敌后抗战早已不能继续了。第二，我们坚持了进步。我们坚决执行抗日民族统一战线的政策，坚持与各界各军的团结，彻底实行'三三制'政权与兼顾各阶层利益的政策；我们彻底实施民主政治，使一切抗日人民都有言论、出版、集会、结社及武装等自由，都有人权、政权、财权、地权等保障，因此，我们能够得到各阶层人士的同情与协力。显然地，如果我们不这样做，如果我们实行一党专政，那么，我们敌后的根据地，也早已不能存在了。第三，我们自己动手。我们素来主张以自力更生为主，辅之以争取外援。我们虽然得不到武器、弹药、器材、医药、被服和饷项的接济，虽然得不到外界的物质援助，但我们依赖军民一心，自己动手。我们发动生产运动，各地方政府设法帮助人民，提高生产，改善人民生活。军队实行爱民，人民实行拥军，军民相互帮助，大家努力生产，以求达到'发展经济，保障供给'的目的。同时我们提倡节约，节省开支，反对贪污腐化，严办贪污分子，以求节流。因此，我们解决了军民的衣食问题，我们也生产了相当数量的药品和弹药，维持抗战到今天。敌寇和汉奸亲日派希望我们因无饷无弹而被消灭，但我们依赖了自己的双手，自力更生了。我们敌后根据地在敌严重封锁与破坏中，还能够依靠自己的手，求得自力更生，自给自足；那么我们全中国人口这样多，资源这样富，贤能这样众，如果能够全国实行生产运动，严惩贪污分子，以求自力更生，又哪有不可克服的困难呢？自然，我们敌后各根据地还有许多困难，还需要力求外援，如果我们能够得到我们应得的接济，相信我们必能给敌人以更多与更大的打击。在今后第七个年度的抗战中，我们希望能加强正面抗战与敌后抗战的策应和配合，希望能给敌后抗战以必要与应有的援助。我们全国也有许多困难，也需要友邦的援助。如果我国能得到更多的援助，我们必能进行战略反攻，并配合盟国，打败日本法西斯。我们也希望美、英、苏等盟国能加强对华的援助，以便予日寇以及时打击。第四，我们实行精简。我们看清抗战的局面，看清敌后的环境，所以我们彻底实行精简政策。在党政军机关和民众团体中一律实行精简，使我们军队精简后能更适合于今天敌后的军事行动，使我们党政机关和民众团体在精简后，能提高工作效率，减少人民负担。由于实行精简，使我们能抽出许多人力，用于前线战斗单位中与后方生产战线上，使人力能更合理地使用，也使许多人能各得其所。显然地，如果我们不这样做，那么部队将会遭受更大的损失，经济将会更难维持。第五，我们依靠群众。我们一切力量都出于群众身上，一切办法也都由群众创造出来。我们依靠居民中的群众与军队中的群众力量，战胜了敌人，战胜了一切困难。我们没有别的本事，我们的本事就只有同群众密切结合在一起。显然地，如果我们脱离了群众，我们就必然要失败。这就是我们之所以能够克服困难坚持六年苦战的基本原因。"①

7月12日，中共中央召开政治局会议，讨论国内局势问题。在会议上，朱德提出："军事上要进行训练的突击运动，在群众中进行自卫军的军事技术教育。"毛泽东十分赞同朱德的这一意见。第二天，朱德在会议上又作了发言，进一步强调军事教育和训练的问题。他说："在军事上要进行各个教练的突击运动。干部也要学好各个教练。主要是射击、刺杀、掷手榴弹等技术教练运动。操练时只要头尾五分钟的讲话，主要是实地练习，不要夸夸其谈的教条式的多讲。"还说："在群众中进行自卫军的军事技术教育。"毛泽东发言说："同意总司令意见，组织全军的军事技术教育，各机关学校组织自卫军。"②

为了指导好这次军事教育训练运动，朱德从理论上进行了研究，不仅写下了《军事教育必须从实际出发》的文章，而且作了《论军队的管理问题》的报告，从理论上对军事教育训练的问题作了系统地阐述。

《军事教育必须从实际出发》发表于8月18日的延安《解放日报》上。在这篇文章中，朱德首先强调了军事教育训练的重要性。他写道：

---

① 《朱德军事文选》，第456～458页，解放军出版社1997年版。
② 《朱德年谱》中，第1140页，中央文献出版社2006年版。

"加强教育，提高战斗力，训练自己成为国家民族的劲旅，成为党无战不胜无坚不摧的铁军，乃是我们部队目前重要的任务，特别是环境比较安定的部队，更应如此。"①

接着，朱德强调军事教育训练必须从实际出发。他写道："军事教育和其他的事情一样，必须从实际出发，采取实事求是的态度，不然不仅于事无补，有时反有害于事。比如说，我们的部队目前需要教些什么，怎样教法，什么人教等问题，都需要根据部队的真实情况，提出解决的办法，不然情况不真，方法不对，教育仍然是没有办法搞好的。"②

对于各部队的实际情况，朱德写道："我们部队各个部分之间，从历史上来说，成立有先后久暂之分；从武器装备上来说，有优劣之别；从处境来说，有在前方浴血抗战、坚持敌后的，也有在陕甘宁边区守卫河防、屏障西北的。"当然，尽管各部队的情况有所不同，"但一般地说，他们有着一个共同的特点，即都是在中国共产党的领导之下久经战斗与训练的部队。他们有比较丰富的作战经验与相当程度的军事素养。"但是，应该看到的是，"由于环境不定，作战频繁，勤务过多，加之过去教育上存在着一些弱点，因而在练兵中，很多基本的东西还未能按部就班、结结实实地教好练好。我们的部队既非新兵，也非'干部兵团'。因此，一方面对他们不能实施训练新兵的一套，只能是进行实习教育，即根据情况，缺什么就教什么，需要具体地教，不是一般地教；另一方面实习教育的内容，也不是一般的战术原则或大的东西，而应着重一些基本的东西。"③

朱德特别强调，"旺盛的士气，还应该同掌握良好的技术结合起来"。他在文章中写道："因为旺盛的士气，在我们的革命的军队中，是经常保持着的，不畏难，不惧险，进攻在前，退却在后，视死如归。但也必须看到，我们军队之所以会有如此旺盛的士气，乃是依靠政治上的优势，而技术上则缺乏基础，这不单是我军的装备不如敌人，而且重要的是我们很多同志对现有技术的掌握还非常不够。因此，过去不知有多少可爱的同志作了可以避免而未能避免的牺牲，不知有多少可以全部歼灭敌人的机会而未

① 《朱德军事文选》，第 459 页，解放军出版社 1997 年版。
② 《朱德军事文选》，第 459 页，解放军出版社 1997 年版。
③ 《朱德军事文选》，第 459～460 页，解放军出版社 1997 年版。

能全部歼灭。这个血的教训应该好好地接受。可以设想，假定我们能进一步地掌握技术，把旺盛的士气同掌握技术结合起来，那么我军士气必然会更加高涨，作战能力与信心必然会更加提高，给敌人的杀伤必然会更大，自己的损失则会更少。"①

朱德从八路军、新四军在当时不可能得到新的技术装备这一现实出发，认为"所谓技术教育，并不是指那些现代化的新技术而言，而是如何把现有的技术练好，务使每个战士在现有条件下，既能在部队中集团作战，又能在分散时各自为战。"当然，朱德也"非常希望八路军、新四军能够有些新的技术装备，用新的技术给敌人以更大的杀伤，给国家民族更多尽一点力。"朱德"也相信，总有一天八路军、新四军会获得新的技术装备。"但是，他认为"今天我们也决不幻想新技术装备会凭空而来。因此部队的技术教育，固然也不妨教育部队特别是干部以一般新技术的简单知识，但主要的还是要把现有的技术练好。假定每个战士都能熟练地掌握自己的武器，发挥其威力至最高度，那么我们的教育便是一个空前的胜利。"②

朱德还认为，"学习技术，也和学习其他的东西一样，必须老老实实、按部就班地来，应由低级到高级，由浅而深"。为了搞好部队的技术学习，朱德还提倡开展军事体育运动，锻炼体力，养成尚武精神。同时，在部队中有计划地开展教育战线上练兵运动。

对于教员问题，朱德提出"要依靠现职干部，而不要指望从哪里请来一批教员教，因为这既不可能也不应该。""完全可以相信，我们现有的干部不仅可以教，而且还可以教得好。问题是我们的教育计划与要求是否从实际出发，是否实事求是。一切的事实证明，只有从实际出发才能正确地解决问题。其他事情如此，军事教育犹然。"③

《论军队的管理问题》是朱德于10月16日在陕甘宁晋绥联防军高级干部会议上所作的报告。在这个报告中，朱德着重讲了如何练兵和带兵的问题。

对于如何练兵，朱德首先提出，"练兵要有个目的。练到什么样子才算是一个好兵，达到了我们的目的呢？"他回答说："一个是要勇敢，一个

---

① 《朱德军事文选》，第460页，解放军出版社1997年版。
② 《朱德军事文选》，第461页，解放军出版社1997年版。
③ 《朱德军事文选》，第462页，解放军出版社1997年版。

是要有技术。这两个东西非常重要。如果你不勇敢，你怕死，那就打不成仗。"但是，仅有这一点还不够。朱德举例说："过去我们红军很勇敢，很好，可是技术不够高明。"因此，"勇敢再加上技术，这两个东西结合起来，那就更好了。我们练兵的目的，就是要使每个人又勇敢又有技术，这样，打起仗来就有把握了。"①

那么，勇敢又是怎么来的呢？朱德提出：首先，"要有阶级觉悟。有了阶级觉悟，无论物质条件怎样差，和敌人一交手，他还是很勇敢。因为他要为本阶级服务，要同敌人拼命。这种勇敢，是整个部队的勇敢，又是阶级的勇敢，并不仅是个人的勇敢。"其次，"要有物质力量，也就是说我们的体力要强，要跑得动。如果你体力不好，再有勇气，再勇敢，也是空的。体力这个东西是练出来的。任何一个人都可以练出来。"

对于技术问题，朱德认为，"技术有各种各样，我们要一门一门地练，勤学多练，就可以练成"。"有了技术就可以壮胆，就可以更加勇敢。只要能够把勇敢和技术这两个东西结合起来，使最落后最胆小的人也能够有效地打击敌人，就达到了我们练兵的目的。"

朱德又提出了一个问题：怎样练兵呢？他说："练兵没有旁的巧妙"，最主要是要做到这样四点：第一，"干部以身作则，亲自动手。"朱德认为，"别的事情也要干部以身作则，自己动手，练兵更要这样。"因此，他要求部队的干部一定要带头练好兵，"要战士们打枪打得好，自己就要首先打得好，要战士们投弹投得远，自己也要懂得投弹要领，一般的动作自己都要带头去做。"第二，"练兵必先练心。"朱德说，这是中国的一句古话，我们讲练兵必先练心，是要启发战士们的阶级觉悟。"练心就是做政治工作，启发战士们的阶级觉悟，使他们从不觉悟到觉悟。"因此，"以后指挥员一定要注意这个问题，连长更要特别注意。连长不仅要练好战士的军事技术，而且要练军心，做好政治工作。"第三，"要练体力、练技术。"第四，"要把战士们的个人生活习惯改造成为集体的生活习惯。"朱德认为，"做好这四方面的工作，我们的练兵就可以收到很大的效果"。②

对于怎样带好兵，朱德讲了12个方面的问题。第一，"还是要干部以

---

① 《朱德军事文选》，第463、464页，解放军出版社1997年版。
② 《朱德军事文选》，第464~466页，解放军出版社1997年版。

身作则。"第二，"建立和管好自己的家务。"这就是"要爱护武器、保管好武器，保证我们的枪、子弹、手榴弹打得响。"第三，"政治上的保证"。带兵带得好，"首先是政治上的保证，就是靠提高战士的阶级觉悟"。第四，"军事上的保证"。"军事学不好，带兵也带不好"。第五，"供给上的保证"。第六，"卫生上的保证"。第七，"组织上的保证"。第八，"纪律要严密"。"没有严密的纪律，兵就带不好。"纪律主要是三大纪律八项注意，但又不仅是这些，"我们规定了的一切事项一定要执行，这就是我们的纪律"。第九，"赏罚要严明"。第十，"职责要分明"。第十一，"生活要有规律"。第十二，"组织好学习。"

朱德提出的带好兵的 12 个方面，揭示了带兵的基本规律。他认为"这十二条如果都能做到，而且结合得很好，那么，带兵的问题可以说差不多解决了。"①

在中共七大前后

1944 年夏天，美军观察小组又来到延安进一步了解情况，沟通联系。这个观察小组曾派人到朱德领导的军委高参室和作战部帮助做技术工作。有一个美军中士描图员是一个大学生，天天前来帮助标图。在工作中，他了解到朱德的许多革命事迹，非常钦佩。当他将要离开延安时，提出希望能得到一张朱德的照片。军委机关向朱德汇报后，朱德满足了他这个要求，还送给他一块当地自织的绒布，使这位中士非常高兴。其他到延安采访或工作过的国际友人，对朱德也留下十分深刻的印象。英国记者根瑟·斯坦因这样写道：

"八路军总司令朱德将军，兵士们敬爱那个六十多岁的老农民，像父亲一样。他宽阔的面孔焕发着一种不可抗拒的热烈与乐观，他有力地握手唤起人们的信心。

我所发现的，随处都自发表现出来的士兵与人民的爱戴和信赖中，他同毛泽东实际上是同等的。

---

① 《朱德军事文选》，第 466～471 页，解放军出版社 1997 年版。

朱德和毛泽东一样，穿着没有徽章而对于各阶级都同样的军装，各处走着，不带卫兵或秘书。"

爱泼斯坦谈到对朱德的印象时说：

"五十八岁的朱德是一位和蔼可亲的人，满头浓密的黑头发，面部宽阔，两眼炯炯有神。他身材健壮，步履稳健。他的直率使见到他的人一下想起了一个勇猛善战的指挥员和身经百战的战略家。相反，他看上去像一位普通的父亲，在干完一天艰苦而又令人满意的工作之后，回到家中，解开纽扣斜靠在椅子上休息，谈起话来面带安详的微笑，充满成熟而又淳朴的智慧。这种智慧来自他长期熟悉的生活，并已与他自身融为一体。"

美国记者约翰·罗德里克写道：

"我首次拜会朱德，是一九四五年在中国西北的延安。作为共产主义军队的总司令，他在'枣园'的生活是极之俭朴的。他当时约六十岁，就好像一位慈祥的祖父一样。他亲切的脸孔，时常挂着笑容，使最怀批评性的访客也会消除敌意和顾虑。

在那个年代里，他成为共产主义中国的发言人，接待外国记者、来访的外交官和几乎所有到延安去的人，而且都是待之以同等的幽默感和耐性。当他笑的时候、向朋友递香烟的时候，表现出来的礼貌，都使人感到一阵阵温暖，冒出很强的感染力。"

史迪威在离开中国前，给朱德写了一封信。全文如下：

亲爱的朱德将军：

由于我已被解除在中国战区的职务，我谨向您，共产党武装部队首脑，为我们今后不能在对日作战中同您合作深表遗憾。您在对我们共同的敌人作战中发展了卓越的部队，我曾期望与您联合作战，但现在此事已成泡影。祝您战斗顺利并取得胜利。我谨向您致意。

真挚的 J. W. 史迪威美国将军

当史迪威病逝时，朱德致电史迪威夫人吊唁，电文说："史迪威将军的死，不但使美国丧失一个伟大的将军，而且使中国人民丧失一个伟大的朋友。中国人民将永远记得他对于中国抗日战争的贡献和他为建立美国公正对华政策的斗争，并相信他的愿望终将实现。"

当历史进入 1945 年时，抗日战争的胜利已经在望。这时，延安正在准备召开中国共产党第七次全国代表大会，在这里集中了大批干部。2 月 18 日，在中共六届七中全会主席团扩大会议上，朱德向中共中央提议：七大要早开，开了，人好出去工作。各地的历史问题讨论可以先搞个草案，交七大参考，有些争论也容易解决。总之要早点出去，要赶上苏联参战，要有这个精神准备，对蒋介石谈判也要有精神准备。①

七大前的准备工作十分繁忙，朱德也十分辛苦。平时，他都是在白天办公晚上睡觉，但是在七大前他一改常态，转而学起毛泽东晚上办公、白天睡觉的习惯。为了赶写七大的军事报告——《论解放区战场》，朱德几乎是天天晚上工作，有时甚至连晚饭也忘了吃。当时任毛泽东勤务员的齐吉树回忆说："有一天晚上后半夜，毛主席已睡觉了，我肚子有些饿了，就跑到小伙房找些吃的东西，我看见朱总司令办公室灯光还在亮着，窑洞前静悄悄的。又过了一会儿，天已经快亮了，朱总司令还在办公。我找到朱总司令卫士长李树槐同志，对他说：'毛主席都睡觉了，朱总司令还在办公，总司令将近 60 岁的人了啦，太累了！应该说服总司令让他休息。'李树槐为难地说：'我都劝过几次了，总司令不听。'我说：'总司令不能和毛主席比，毛主席比他小几岁，而且晚上办公已成了习惯。'

这时李树槐又一次去劝说总司令睡觉。总司令对李树槐说：'七大快要开会了，我的报告还没有写出来，不能往后推呀！不抓紧时间怎么行啊！毛主席的报告都写完了，我如果写不完怎么行啊？写完后书记处还要讨论，任务紧怎么睡得着觉呢？'又说："'谢谢你的关心，时间就由我自己掌握吧。'"

经过半个多月的苦战，朱德的《论解放区战场》的军事报告提前完成了，他愉快地对李树槐说：我的任务完成了，今后可以按时作息了，晚上

---

① 《朱德年谱》下，第 1181 页，中央文献出版社 2006 年版。

可以早些时候睡觉了。

1945年4月23日，推迟多次的中共七大终于开幕了。

在开幕典礼上，朱德发表了热情洋溢的讲话。他说：二十五年来我们党已经发展成为中国人民大众的党，受到中国人民爱护的党。我们党一开始就作武装斗争，一直没有离开过武装斗争，这是我们党的一个特点。因此，尽管中国的封建势力要杀我们，外国的帝国主义同样要杀我们，很多时间敌人宣布我们的党已经没有了，已经不存在了，但是，我们党不但没有被消灭，反而更壮大了。在我们党发展的道路上，充满了激烈的斗争，这些斗争锻炼了我们的同志，同时在这个斗争中间创造了我们的领袖毛泽东。他指出，在今后的斗争中仍有许多障碍，要打破这些障碍，就要靠我们武装同志及全体同志的工作。他说，毛主席那一天讲过，我们不想等到儿子一代才取得胜利，我们这一代人就要取得胜利，我们一定要胜利！朱德的讲话得到了全场代表长时间的热烈掌声。

4月25日，延安大礼堂里坐满了人，除了到会的正式代表和候补代表以外，还有中共中央机关的干部和许多记者。这一天，朱德向中共七大作了题为《论解放区战场》的军事报告。

"同志们"，朱德以洪亮的声音说道："我党的第七次全国代表大会，是在伟大的中国人民进行英勇的抗日战争将近八年的时候开会的。我很荣幸，我能够代表英勇抗战的八路军、新四军和华南抗日纵队的九十几万军队和二百几十万民兵，在这里向我们的党的大会说话。我应该指出：这八年中，我伟大的中国人民组成了抗日的民族统一战线，在各个战线上，不分男女老幼，轰轰烈烈，与日寇作殊死的斗争；不管日寇如何凶暴，也不管国民党政府的政策及其统帅部的指挥方针有如何错误，中国人民仍本一往无前的精神，前仆后继，坚持了这伟大的爱国战争。中国人民将赢得最后的胜利，这已是无可怀疑的了。这八年中，我伟大的中国人民军队——八路军、新四军、华南抗日纵队与一切抗日的友军，协同保卫祖国。在华北、华中、华南各解放区战场上，我们共产党人和中国人民在一起，曾流洒了最多的热血。中国共产党人可以自豪地说，我们不愧为中华民族最好的子孙，因为我们做了中国人民所最希望的事业，而且我们将继续不屈不挠地做下去。"①

说到这里，朱德停了一下，接着，他以沉重的心情说：我在此向我国一切军队中为抗日战争而殉难的战士致衷心的哀悼！向一切为抗日战争殉难的共产党人及人民致衷心的哀悼！

我在此向全国一切抗日战争前线上的武装同胞致衷心的敬礼！向八路军、新四军和华南游击纵队的将士们致衷心的敬礼！向东北抗日联军致衷心的敬礼！

朱德说："我们这次大会是为了总结抗战经验，进一步地准备与全国人民、抗日友军协同争取抗战最后胜利的大会。我完全同意我党领袖毛泽东同志《论联合政府》的政治报告。毛泽东同志这个伟大的历史文件，具体地总结了中国人民为中国的独立、自由、民主、统一与富强而流血斗争的经验，规定了和提出了打败日寇和建设新中国的具体步骤与具体纲领，真正给我党和全国人民指示了决定中国抗战胜利和决定战后中国命运的道路。"②

朱德继续说道："没有正确的政治方针，就不能有正确的军事方针。胜利的人民战争，是只能在正确的政治方针领导下，并在以人民为主体的民主联合政府基础上来取得的。八年来，我伟大的中国人民军队——八路军、新四军、华南抗日纵队，和敌人进行了空前的英勇的、残酷的、可歌可泣的胜利战争，成为中国抗战的中流砥柱，就是由于毛泽东同志的政治方针和军事方针是正确的。毛泽东同志的正确政治方针与军事方针的结合，就造成了人民军队，造成了解放区，造成了解放区三三制的民主联合政府，造成了解放区真正的人民战争，并使解放区战场所进行的战争能够取得不断的、伟大的胜利。现在我们要准备抗日战争的全国胜利，就同样地必须遵循毛泽东同志这个政治报告的方针，必须在毛泽东同志这个总的政治方针指导之下。离开政治，单纯地就军事论军事，显然是不正确的。

---

① 《朱德军事文选》，第499页，解放军出版社1997年版。
② 《朱德军事文选》，第500页，解放军出版社1997年版。

我现在向我党第七次全国代表大会提出的军事报告，就是根据毛泽东同志这个政治报告的精神及其方针的。"①

接着，朱德在报告中回顾了抗战八年的过程。他说：我们进行伟大的抗日战争已将近八年了。在这八年当中，抗日战局经过了复杂的变化。但是变化不管怎样复杂，其发展过程，仍没有超出毛泽东同志在《论持久战》中所提出的三个阶段的科学预见。这就是敌人的进攻阶段，敌我的相持阶段，我方的反攻阶段。这三个阶段还没有走完，我们现在正处在第三阶段的前夜。

在抗日战争的第一阶段，"与敌人的进攻方向相反，我伟大的人民军队——八路军和新四军向着敌后挺进，这种挺进是在敌人战略进攻阶段上我方的反进攻。就是说：当敌人向我进攻，而国民党军队大批退却的时候，八路军和新四军则以无比英勇的姿态向敌后反攻，取得不断胜利，牵制敌人，建立战略根据地，创造了解放区，并在精神上振奋了全国人民抗战的意志，在事实上证明了亡国论是错误的，而人民战争必将获得最后胜利。同时，也正在事实上证明了速胜论是错误的，由于敌强我弱的诸条件，必然要经过人民战争逐步转移战局，因而抗日战争乃是持久战。"②

抗日战争的第二阶段，亦即战略相持阶段，"构成这个阶段的特点，是敌人与解放区之长期反复的最残酷的战争"。"解放区的战争，是伟大的真正全面的人民战争。解放区人民在这个阶段中所进行的战争，其无比的英勇，无比坚忍，实为中华民族永久增光。如果没有解放区战场，又如果没有解放区战场这种与敌人相持的战争，如果解放区战场的战争不能在最困难的条件下长期坚持下来，那么敌人就会继续长驱向西南、西北进攻，而国民党的反人民的政治机构及其军队，则又必然招架不住，那就不会有什么相持阶段，抗日战争的局面早已是不堪设想的了。"③

朱德坚定地说："我们所进行的抗日战争现已处在大反攻阶段的前夜了。怎样来准备和进行大反攻呢？"朱德指出："解放区人民的长期英勇战斗及其各种建设，是真正替这种中国大陆上的大反攻造成了可能的基础，

---

① 《朱德军事文选》，第 500 页，解放军出版社 1997 年版。
② 《朱德军事文选》，第 502 页，解放军出版社 1997 年版。
③ 《朱德军事文选》，第 503 页，解放军出版社 1997 年版。

是给这种中国大陆上的大反攻做了最大的准备。正像上面所说，如果没有解放区战场掩护了国民党统治区，长期地阻遏敌势，则中国形势早已改观。在将来的反攻中，解放区战场乃是大反攻的战略出发点和大反攻的最前面的战略基地。""任何人如果轻视解放区战场事业和反法西斯同盟国共同事业所具有的巨大意义及其已获得的伟大成就，如果轻视解放区九千余万英勇战斗人民的重要性，必将犯很大的错误，那是一定的。"①

在讲到解放区战场时，朱德说，正如毛泽东所指出的那样，中国的抗日战争，一开始就分为两个战场：国民党战场和解放区战场。"这是中国抗战的特点，其中解放区战场是八路军、新四军和华南抗日纵队创造出来的，并负起独特的作战责任的。"据此，朱德对解放区战场创造、发展、壮大的历程进行了全面地论述。

朱德说：在这样持久的作战过程中，八路军、新四军、华南抗日纵队、各解放区人民和我们共产党人所蒙受的苦难和牺牲，是说不尽的，写不完的。他们抵抗的极端英勇，其对所受苦难的极端坚忍、其牺牲的极端壮烈，实是代表了中华民族最浩大的正气，写下了中华民族在抗战中最壮烈不朽的史诗。

朱德对解放区抗战的经验进行了总结。他说："若问八路军、新四军和华南抗日纵队既缺乏武器，特别是缺乏新式武器，又无外援，并且遭受了国民党反动派的夹击，为什么解放区在极残酷的战争中，竟能日益壮大起来？""总的经验何在呢？简单的同时又是明确的，就是解放区经过了我们党的领导，依据毛泽东同志人民战争的方针，实现了孙中山先生的三民主义，实现了新民主主义的政策，因此，实现了解放区的民主联合政府的建立，实现了解放区各阶级的大团结，也在此实现了抗战一元化的领导。如果没有这一切，就没有解放区全面的人民战争，而如果没有这种人民战争，也就没有了一切。"②

在这个军事报告中，朱德还分析了抗日战争中"两条不同的军事路线"，一条是国民党反人民的失败主义的单纯防御的军事路线。它从压迫人民、专等外援出发，从保存实力、准备内战出发，从排除异己、破坏团

① 《朱德军事文选》，第 504～505 页，解放军出版社 1997 年版。
② 《朱德军事文选》，第 512 页，解放军出版社 1997 年版。

结出发，"就构成了一条反人民的失败主义的单纯防御的军事路线，这是国民党战场连战皆北的症结所在"。与此相反，"从全民总动员、团结一切抗日力量、积极打击日寇出发，从团结军民、团结官兵出发，从团结一切友军出发，从积极打击敌人增强自己的战略战术出发，这样就构成了一条中国人民的抗日的军事路线，这是解放区战场获得胜利的关键"。① 朱德进一步明确指出："这两条军事路线，是这样明显的不同。而谁是正确的，谁是错误的，早从八年来两个战场（一个战场越战越弱，一个战场越战越强）的史实中证明了。"②

朱德进一步明确指出："毛泽东同志的军事路线，总括地说，就是人民军队的路线，就是人民战争的路线。这正是使抗战胜利的路线。"

在讲到建军原则时，朱德提出有两种不同的军队，一种是人民的军队，一种是大地主、大资产阶级的军队。"人民的军队，因为和人民一体，对外就能有效地保卫祖国，对内就能保卫人民的民主自由的权利。大地主、大资产阶级的军队，因为与人民分裂，对于保卫祖国就不能不是无能的、动摇的、失败主义的，以至变为叛逆（如当伪军），对于人民的民主自由，则是摧残的、压迫的。人民的军队，内部是民主的，是官兵一致的，它对军队以外的人民，也是民主的，是军民一致的，所以能够一扫军阀制度。大地主、大资产阶级的军队，内部要用压迫制度和欺骗方法，不如此，就无法叫由人民出身的最大多数的官兵去做反人民的事情；它对军队以外的人民，当然要压迫，不如此，就不成为大地主、大资产阶级压迫人民、剥削人民、奴役人民的工具了。"③

那么，在这两种军队中，八路军、新四军和华南抗日纵队属于哪一种呢？朱德明确回答说："我们八路军、新四军和华南抗日纵队就是属于前一种的军队，这种军队在中国历史上是空前的。我们共产党人能够创造这样的人民军队，是足以自豪的。"

朱德对八路军、新四军的特点进行了分析，指出："我们八路军、新四军从其前身即内战时期的红军建军以来，在毛泽东同志领导下，即具备了民

---

① 《朱德军事文选》，第516页，解放军出版社1997年版。
② 《朱德军事文选》，第517页，解放军出版社1997年版。
③ 《朱德军事文选》，第519页，解放军出版社1997年版。

族的、人民的、民主的特点。它是民族的，因为它始终站在反对外国侵略者的立场，具有保卫祖国的至高无上的热情。它是人民的，因为它是从人民当中来，始终是为人民的解放和幸福而奋斗。它是民主的，因为它是军民一致和官兵一致的；因为它一扫军阀制度，成为为人民的民主政治而奋斗的工具。它的战斗力，它的不可战胜，就是由于它具备了这三大特点。这三大特点，在抗战中，经过毛泽东同志具体政策的指导，又有了新的发展，因而在保卫祖国的血战中，造成了这样大的力量和这样大的战绩。"①

朱德认为："八路军、新四军这三大特点，事实上也即是建军的三原则。而归根到底，一个总的原则，即是从人民出发，为人民服务。因为它是为人民服务的军队，是人民的军队，因此就能够把保卫祖国当成自己的神圣职责，因此也就能充分发扬军队中的民主主义。这种人民的军队是真正的民主国家的军队，是具有最高度政治觉悟的军队，是真正有战斗力的军队。

"毫无疑义，八路军、新四军所走的建军道路，是全中国军队所应该走的道路，是全中国军队所应该依照改造的模范。这是中国军队的光明之路，走这条路也即是国家之福。中国人民不要抗战胜利和民主解放则已，要想取得抗战胜利和民主解放，就要努力扩大和组织像八路军、新四军这样的军队。反之，如果有人要想削弱八路军、新四军，或者想依照反人民的军队模样来改造八路军、新四军，这就等于自毁长城，必然是破坏抗战，危害国家，做日本强盗的应声虫，中国人民是决不答应的。"②

朱德进一步强调指出，两种不同的军队在养兵、带兵、练兵和用兵方面都具有根本的不同。他说："非人民的、反人民的军队的'养兵'方法，实际上是从剥削人民，因而又是从剥削士兵出发。而人民的军队的养兵方法，则是从爱护人民，因而又是从爱护士兵出发。""八路军、新四军的养兵办法，不但特别注意军队的精神营养，而且也特别注意军队的物质营养。"

"非人民的、反人民的军队的带兵方法，是把士兵当成奴隶。而人民的军队的带兵方法则是把士兵当成自觉的战士。""八路军、新四军，彻底破坏了几千年来军队中的压迫制度。我们这里，从一九二七年创立人民军

---

① 《朱德军事文选》，第 519 页，解放军出版社 1997 年版。
② 《朱德军事文选》，第 519～520 页，解放军出版社 1997 年版。

队以来，就废除了打骂制度。我们这里，承认官兵人格平等，只有职务的区别，不允许有军官压迫士兵或上级军官压迫下级军官的行为。我们的士兵为人民当兵，而不是为军官当兵。我们主张极其严格的军事纪律和群众纪律，这个纪律是建筑在自觉的基础之上的，官兵一体服从纪律，绝无事例外。"①

在分析两种不同军队的练兵方法时，朱德说：非人民的、反人民的军队的练兵方法，是用盲目的、强迫的方法。而人民的军队的练兵方法，则是用自觉自动的方法。练兵主要分三个方面，这就是练智力、体力和技术。朱德指出：练兵首先练智力。政治觉悟不高，不懂得为什么打仗，就没有积极性，兵也就练不好。没有政治觉悟的勇敢，只是血气之勇，有了政治觉悟的勇敢，乃是大勇。为了提高政治觉悟和军事知识，又要有一定的文化程度作为基础。八路军、新四军，在智力的训练方面，历来是有成绩的。我们的军队，政治觉悟最高，所以是打不垮的。对于练体力，打仗是格斗，是角力，所以体力锻炼很重要。对于技术训练和战术训练，朱德说：过去我们军队中，有不尊重体力和技术的倾向，似乎以为军队只要有了政治觉悟就够了。这是很错误的。如果我们有了政治觉悟，再加上体力好，技术好，就可以打更大的胜仗，更少伤亡。

朱德说：非人民、反人民的军队的用兵方法，不能不限于固定成规和固定格式。而人民军队的用兵方法，则是随机应变，变化无穷。由于八路军、新四军打起仗来处处得到人民群众的支持和帮助，具有高度的政治觉悟和官兵之间的相互了解与团结，因此，我们的用兵主张，可概括为：有什么枪打什么仗，对什么敌人打什么仗，在什么时间地点打什么时间地点的仗。第一句话是根据部队武器装备，第二句话是根据敌情，第三句话是根据时间地形各种条件，这就是实事求是的唯物主义的用兵新法。

朱德还进一步分析了两种不同军队的政治工作、军队指挥等问题。

朱德对今后全国的、沦陷区的和解放区的军事任务提出了明确的要求。对于解放区的军事任务，他指出：解放区的军队站在中国大陆的大反

---

① 《朱德军事文选》，第 523～524 页，解放军出版社 1997 年版。

攻前线上，要担负起极其重大的战略任务，来协同国内一切友军和同盟国军队打败日本侵略者。

解放区的军事任务是什么呢？朱德指出：一，扩大解放区，缩小敌占区。二，扩大人民武装，消灭与瓦解敌伪军。三，为了准备反攻，要在现有的基础上，加强正规兵团、地方兵团和民兵自卫军的训练。四，提高军事技术。五，加强指挥机关。六，准备大反攻的物质基础。七，加强优待抗属、抚恤伤亡、安置残废军人及退伍军人的工作。八，要推进这一切工作，完成这许多任务，八路军、新四军及其他人民军队内部必须有很好的团结，并在这个基础之上去团结广大的友军。朱德指出："上面所提出的这一切解放区的今后的军事任务，其一个总的趋向，也即是其所必须准备的中心战略任务，概括地说，这就是毛泽东同志早在抗战初期就已指出了的：八路军、新四军要准备在抗战后期实行从抗日游击战争到抗日正规战争的战略转变。现在已临到在实际工作上逐渐地去准备实现的时机了。我们全军干部必须善于在思想上、工作上准备实行这种转变，以迎接这抗日大反攻的战斗。"① 朱德在军事报告的最后指出："胜利的光芒很快要放射到全世界全中国，中国人民八年来所努力的伟大工程，业已逐渐接近取得决定性的胜利的时期。"②

并指出，"八路军、新四军及其他人民军队是经过我们无数同志、无数中国人民流血牺牲创造出来的，所有已牺牲的同志们和战士们，将永远不朽。毛泽东同志在他的报告中对于这支人民军队曾作了这样的论断：'这个军队之所以有力量，是因为所有参加这个军队的人，都具有自觉的纪律；他们不是为着少数人的或狭隘集团的私利，而是为着广大人民群众的利益，为着全民族的利益，而结合，而战斗的。紧紧地和中国人民站在一起，全心全意地为中国人民服务，就是这个军队的唯一宗旨。在这个宗旨下面，这个军队具有一往无前的精神，它要压倒一切敌人，而决不被敌人所屈服。不论在任何艰难困苦的场合，只要还有一个人，这个人就要继续战斗下去。'

"毛泽东同志这个有力的、英雄式的论断，是真实的，是反映了八路

① 《朱德军事文选》，第 538～539 页，解放军出版社 1997 年版。
② 《朱德军事文选》，第 539 页，解放军出版社 1997 年版。

军、新四军和其他人民军队的深厚力量的。这支代表中国人民力量的军队，这个中国人民力量的精华，其前途是不可限量的。这个力量将永远与伟大的中华民族共存，将永远和中国人民在一起，战胜日寇，战胜一切妨碍中国独立、自由、民主、统一与富强的障碍物。在毛泽东同志领导之下，我们党的这次大会，便是要引我们走到这胜利之路。"①

中共七大为中国共产党及其领导的人民军队提出了新的任务，朱德也为迎接新的斗争做好了一切准备。

---

① 《朱德军事文选》，第 539～540 页，解放军出版社 1997 年版。

二十五、在解放战争初期

送毛泽东赴重庆谈判

1945 年 8 月 15 日，日本正式宣布无条件投降。中国人民经过艰苦卓绝的八年浴血奋战，终于迎来了抗日战争的最后胜利。

中国抗日战争的胜利来之不易，中国人民为此付出了巨大的民族牺牲。为了赢得这场战争的胜利，据不完全统计，中国军民伤亡达 3500 万人以上，其中牺牲的就有 2000 万余人，财产损失仅据当时的国民政府对官方的财产损失及战争消耗的统计，即达 1000 亿美元以上。

抗日战争胜利了，中国人民无不欢欣鼓舞，古老的神州大地上出现了前所未有的欢乐景象，在陕北延安更是一片欢腾。卖水果的农民情不自禁地把成筐的红花果抛向了天空，高喊着让人们吃"胜利果实"。夜晚，延安军民举行了盛大的火炬游行。山坡上，山沟里，大街小巷，到处都是灯笼火把。人们欢呼着，跳跃着，敲响了腰鼓，扭起了粗犷的陕北秧歌。

对于抗日战争胜利的到来，毛泽东、朱德等中共中央领导人虽早已有所预料并着手准备着。但是，胜利来得如此之快，不仅毛泽东没有预料到，而且朱德和中共中央其他领导人也没有预料到。此时，中共中央还正在按照预定的部署，有条不紊地在延安召开中共第七次代表大会，此后又举行了中共中央七届一中全会，来自各地区的党政军主要领导人都还聚集在延安，没有来得及返回到各地。

面对急转直下的形势，延安的气氛由祥和一下子转入了紧张，毛泽东和朱德等中共中央其他领导人开始忙开了。毛泽东干脆把办公室搬到了枣园的小礼堂，一面处理日常事务，一面接见各地来请示工作的负责人和军事将领。他不分昼夜，每天都要工作十多个小时。办公桌是原来的一张乒乓球台子，中间摆着笔墨纸砚，别无他物。毛泽东饿了，就啃几口馅饼或面包充饥。小礼堂周围放着一圈长条靠背木椅，来自各地的干部就坐在那里等候毛泽东的批示①。

当时的局势是十分复杂的。虽然日本政府发出了乞降照会，但在中国土地上还有上百万日本军队没有放下武器，日军大本营仍命令各地日军坚持继续作战。8月9日，毛泽东就苏联对日宣战发表了《对日寇的最后一战》的声明，指出："由于苏联这一行动，对日战争的时间将大大缩短。对日战争已处在最后阶段，最后地战胜日本侵略者及其一切走狗的时间已经到来了。在这种情况下，中国人民的一切抗日力量应举行全国规模的反攻，密切而有效力地配合苏联及其他同盟国作战。八路军、新四军及其他人民军队，应在一切可能条件下，对于一切不愿投降的侵略者及其走狗实行广泛的进攻，歼灭这些敌人的力量，夺取其武器和资财，猛烈地扩大解放区，缩小沦陷区。"②

8月10日，即在日本乞降消息传出的当晚，朱德即向各解放区抗日军队发布了向日伪军加紧进攻的第一号命令，指出：

一，各解放区任何抗日武装部队均得依据波茨坦宣言规定，向其附近各城镇交通要道之敌人军队及其指挥机关送出通牒，限其于一定时间向我作战部队缴出全部武装。在缴械后，我军当依优待俘虏条例给以生命安全之保护。

二，各解放区任何抗日武装部队均得向其附近之一切伪军、伪政权送出通牒，限其于敌寇投降签字前，率队反正，听候编遣。过期即须全部缴出武装。

三，各解放区所有抗日武装部队，如遇敌伪武装部队拒绝投降缴械，即应予以坚决消灭。

四，我军对任何敌伪所占城镇交通要道，都有全权派兵接受，进入占领，实行军事管制，维持秩序，并委任专员负责管理

---

① 《毛泽东传》，第724页，中央文献出版社1993年版。
② 《毛泽东选集》，第3卷，第1119页，人民出版社1991年版。

该地区之一切行政事宜，如有任何破坏或反抗事件发生，均须以汉奸论罪。①

第二天上午，朱德又连续发出第二号至第七号命令：令晋察冀、晋绥和山东军区以及在华北之朝鲜义勇军，各以一部兵力向察哈尔、热河、辽宁、吉林等地进攻，配合苏联军队作战，消灭抗拒的日伪军；令各解放区向本区一切敌占交通要道、城镇展开进攻，迫使日伪军无条件投降，对收复的城镇实行军事戒严，保护居民。

同一天，毛泽东为中共中央起草了《中央关于日本投降后我党任务的决定》，明确指出："苏联参战后，日本已宣布投降。国民党积极准备向我解放区收复失地，夺取抗日胜利的果实。这一争夺战，将是极猛烈的。""在此情况下，我党任务分为两阶段：甲、目前阶段，应集中主要力量迫使敌伪向我投降，不投降者，按具体情况发动进攻，逐一消灭之，猛力扩大解放区，占领一切可能与必须占领的大小城市与交通要道，夺取武器与资源，并放手武装基本群众，不应稍有犹豫。为此目的，各地应将军大部迅速集中，脱离分散游击状态，分甲乙丙三等组成团或旅或师，变成超地方的正规兵团，集中行动，以便在解决敌伪时保证我军取得胜利。""乙、将来阶段，国民党可能向我大举进攻，我党应准备调动兵力，对付内战，其数量与规模，依情况决定。一部分地区如江南、豫、鄂、晋、绥等地，第一阶段之时间可能甚短，对此应有充分估计。"毛泽东特别指出："各地对蒋介石绝对不应存任何幻想，必须在人民中揭破其欺骗，对蒋介石发动内战的危险，应有必要的精神准备。"②

根据毛泽东的指示和朱德的命令，八路军、新四军和华南各抗日游击队，利用自己处于抗日最前线的有利态势，拉开了大反攻的帷幕。

这时，国民党军队的主力还退缩在中国的西南和西北地区。延安的行动，急煞了远在大后方重庆的蒋介石，他要跑下山"摘桃子"来了。8月11日，蒋介石也连发三道命令。一是要国民党各战区部队"加紧作战努

---

① 《朱德军事文选》，第555～556页，解放军出版社1997年版。
② 《毛泽东军事文集》，第3卷，第1、2、3页，军事科学出版社、中央文献出版社1993年版。

力，一切依照既定军事计划与命令积极地推进，勿稍松懈"。二是命令沦陷区伪军"维持治安，保护人民。非经蒋委员长许可，不得擅自迁移驻地"。三是特地命令第十八集团军（八路军）"该集团军所属部队，应就原地驻防待命。政府对于敌军之缴械、敌伪之收容、伪军之处理及收复地区秩序之恢复，均已统筹决定，分令实施。为维护国家命令之尊严，恪守盟邦协议之规定，各部队均勿再擅自行动"。国民党中央宣传部发言人甚至把朱德发布的命令称之为"唐突和非法之行动"。国民党高级将领何应钦、冷欣同侵华日军总司令冈村宁次约定，趁日军尚未遣散之际利用日军参与同中国共产党领导的军队作战。

内战危险十分严重。

面对着严峻的内战危险，朱德按照中共中央的决策，进行了针锋相对的斗争。

针对蒋介石不许解放区军队要求日军投降的命令，朱德、彭德怀以延安总部正、副总司令名义在8月13日致电蒋介石，指出：

我们认为这个命令你是下错了，并且错得很厉害，使我们不得不向你表示：坚决地拒绝这个命令。因为你给我们的这个命令，不但不公道，而且违背中华民族的民族利益，仅仅有利于日本侵略者和背叛祖国的汉奸们。

8月15日，针对蒋、日、伪的暗中合流，朱德又以中国解放区抗日军总司令的名义发出一道命令，命令日本侵华军总司令冈村宁次投降。命令指出：

一、日本政府已正式接受波茨坦宣言条款宣布投降。

二、你应下令你所指挥下的一切部队，停止一切军事行动，听候中国解放区八路军、新四军及华南抗日纵队的命令，向我方投降，除被国民党政府的军队所包围的部分外。

三、关于投降事宜：在华北的日军，应由你命令下村定将军派出代表至八路军阜平地区，接受聂荣臻将军的命令；在华东的日军，应由你直接派出代表至新四军军部所在地天长地区，接受陈毅将军的命令；在鄂豫两省的日军，应由你命令在武汉的代表至新四军第五师大悟山地区，接受李先念将军的命令；在广东的日军，应由你指定在广州的代表至华南抗日纵队东莞地区，接受曾生将军的命令。

四、所有在华北、华东、华中及华南之日军（被国民党军队包围的日军在外），应暂时保存一切武器、资材，静候我军受降，不得接受八路军、新四军及华南抗日纵队以外之命令。

五、所有华北、华东之飞机、舰船，应即停留原地；但沿黄海、渤海之中国海岸的舰船，应分别集中于连云港、青岛、威海卫、天津。

六、一切物资设备，不得破坏。

七、你及你所指挥的在华北、华东、华中及华南的日军指挥官，对执行上述命令应负绝对的责任。

就在同一天夜里 24 时，朱德又以中国解放区抗日军总司令的名义，以说帖一件分送美国、英国、苏联三国驻华大使，请其转送各自政府，阐述了中国解放区、沦陷区抗日武装力量和广大人民八年抗战的实绩，揭露国民党政府"主要的是采取袖手旁观、坐待胜利的方针，其军队的大部不打敌伪，退至大后方，保存实力，准备内战"，请三国政府在处理日本投降问题时"注意目前中国战场这样的事实"。说帖指出：在抗日战争胜利结束的时候，你们应注意目前中国战场这样的事实，即在敌伪侵略而为国民党政府所弃的广大沦陷地区中，经过我们的八年的苦战，夺回了近百万平方公里的土地，解放了一万万以上的人民，组织了 100 万以上的正规部队和 220 多万的民兵，在辽宁、热河、察哈尔、绥远、河北、山西、陕西、甘肃、河南、山东、江苏、安徽、湖北、湖南、江西、浙江、福建、广东 19 省建立了 19 个大块的解放区，除少数地区外，大部包围了自 1937 年卢沟桥事变以来敌伪所侵占的中国城镇、交通要道及沿海口岸。此外，我们还在中国沦陷区（在这里有一万万六千人口）组织了广大的地下军，打击敌人。在作战中，我们至今犹抗击和包围着侵华日军 69%（东北四省不在内）和伪军的 95%。据此，说帖向三国政府提出下列声明和要求：

一、中国国民党政府及其统帅部，在接受日伪投降与缔结受降后的一切协定和条约时，不能代表中国解放区、中国沦陷区广大人民及一切真正抗日的人民武装力量。如协定及条约中，有涉及中国解放区、中国沦陷区一切真正抗日的人民武装力量之处，而又未事先取得我们的同意时，我们将保留自己的发言权。

二、中国解放区、中国沦陷区一切抗日的人民武装力量，在延安总部指挥之下，有权根据波茨坦宣言条款及同盟国规定之受降办法，接受被我军所包围之日伪军队的投降，收缴其武器资材，并负责实施同盟国在受降后之一切规定。

三、中国解放区、中国沦陷区的广大人民及一切抗日的人民武装力量，应有权派遣自己的代表参加同盟国接受敌国的投降和处理敌国投降后的工作。

四、中国解放区及其一切抗日武装力量应有权选出自己的代表团，参加将来关于处理日本的和平会议及联合国会议。

五、为减少中国的内战危险，请美利坚合众国政府站在中美两国人民的共同利益上，立即停止对中国国民党政府之租借法案的继续执行。如果国民党政府发动对中国人民的全国规模的内战（此种内战危险，现已极其严重），请勿予国民党政府以援助。

8月16日，朱德又以第十八集团军总司令名义致电蒋介石，提出六项制止内战的主张并要求蒋介石公开收回他在11日的错误命令，公开承认错误。电报说："在抗日战争将要胜利结束的时候，我提起你注意目前中国战场上的这样的事实，即在敌伪侵占而为你所放弃的广大沦陷地区中，违背你的意志，经过我们八年的苦战，夺回了近百万平方公里的土地，解放了过一万万的人民，组织了过一百万的正规部队和二百二十多万的民兵"，"建立了十九个大块的解放区"，"我们至今犹打击和包围着侵华（东北不在内）日军的百分之六十九和伪军的百分之九十五。而你的政府和军队，却一向采取袖手旁观、坐待胜利、保存实力、准备内战的方针，对于我们解放区及其军队，不仅不予承认，不予接济，且更以九十四万大军包围和进攻它们。"电报强调："内战危险空前严重"，制止内战的办法是："凡被解放区军队所包围的敌伪军由解放区军队接受其投降，你的军队则接受被你的军队所包围的敌伪军的投降。这不但是一切战争的通例，尤其是为了避免内战，必须如此。如果你不这样做，势将引起不良后果。关于这一点，我现在向你提出严重警告，请你不要等闲视之。"因此，电报向蒋介石提出制止内战的六项要求：

（一）你们在接受日伪投降与缔结受降后的一切协定和条约时，要事先和我们商量，取得一致意见。

（二）我们有权根据波茨坦宣言及同盟国规定之受降办法，接受我们所包围之日伪军的投降。

（三）我们有权派遣自己的代表参加同盟国接受敌人的投降和处理敌国投降后的工作。

（四）我们有权选出自己的代表，参加将来关于处理日本的和平会议及联合国会议。

（五）制止内战，其办法是：凡被解放区军队所包围的敌伪军由解放区军队接受其投降，你的军队则接受被你的军队所包围的敌伪军的投降。

（六）立即废止一党专政，召开各党派会议，成立民主的联合政府，承认各党派的合法地位；实行经济改革及其他各项民主改革。

但是，蒋介石要打内战的方针早已确定了。他一直把中国共产党看作自己最危险的敌人，下决心要消灭中国共产党。早在抗日战争初期，蒋介石就把消灭中国共产党看做是他的"生死问题"，他很直率地说："此目的如达不到，我死了心也不安，抗战胜利了也没有什么意义，所以我的这个意见，至死也不变的。"[①] 抗日战争胜利了，日本侵略者已经投降，情况发生巨大变化，如何消灭中国共产党对蒋介石来说就成为最重要的事情。在他看来，由于有美国的援助，这时他各个方面的力量都已发展到巅峰状态，完全有能力在很短的时间内用武力消灭中国共产党，现在正是最好的

---

① 转引自金冲及：《转折年代——中国的1947年》，第14页，三联书店2002年版。

机会，如果不及早下手，中国共产党的力量就会一步一步发展起来，酿成他的心腹大患。因此，蒋介石对朱德提出的种种警告置若罔闻。

不过，蒋介石现在要想放手发动全面内战，一时还有许多困难。在国内，全国人民刚刚经过抗日战争，普遍反对再打内战，迫切地要求实现国内和平，以便在和平环境中重建家园。在国际上，苏联、美国、英国等从各自的利益出发，也都不赞成中国发生大规模内战。而对蒋介石来说，更大的困难还在于他的军队主力仍远在西南、西北地区，运送这些部队到内战前线还需要时间。对于这一点，美国总统杜鲁门在他的回忆录中说得很清楚：当时"蒋介石的权力只及于西南一隅，华南和华东仍被日军占领着，长江以北则连一种中央根据地的影子也没有"。"事实上，蒋介石甚至连再占领华南都有极大的困难。要拿到华北，他就必须同共产党人达成协议，如果他不同共产党人及俄国人达成协议，他就休想进入东北。"①

正是在这种情况下，蒋介石只好做出和平谈判的姿态，想出了一条国共进行和谈的"妙计"。8月14日、20日、23日，蒋介石连续三次致电给在延安的毛泽东，邀请毛泽东速赴重庆"共同商讨，事关国家大计"。这时，斯大林也致电中共中央，说中国应该走和平发展的道路，建议毛泽东去重庆同蒋介石进行和平谈判，寻求维持国内和平的协议。

电报发出之后，但毛泽东能否接受邀请，蒋介石心中无数。他一面在等待毛泽东的公开答复，一面指示国民党政府驻延安的联络参谋当面了解毛泽东的反应。

难道蒋介石真的想通过和平谈判来实现国内和平吗？并不是。蒋纬国在为他父亲写的传记中，谈到蒋介石为什么要在这时提出国共和谈问题时说："盖当年接受和谈的原因，显然是被迫的，是欲罢而不能的。"②

蒋纬国所说并不完全正确。蒋介石的如意算盘是想利用这一招来达到两个目的：一个是，如果毛泽东拒绝到重庆来，就给中国共产党安上拒绝和谈、蓄意内战的罪名，把内战的责任全部推到中国共产党的身上，从而使自己在政治上处于有利的地位。当时，蒋介石估计毛泽东是不敢冒险来

---

① 《杜鲁门回忆录》，第2卷，第70~71页，世界知识出版社1965年版。

② 蒋纬国：《历史见证人的实录——蒋中正先生传》，第3册，第13页，台北出版社1997年版。

重庆的。正如国民党中央机关报《中央日报》总主笔陶希圣所说:"我们明知道共产党不会来渝谈判,我们要假戏真做,制造空气。"另一个是,可以利用和谈来争取准备全面内战,特别是调兵遣将所必需的时间。

毛泽东究竟去还是不去重庆和蒋介石进行和平谈判呢? 8月22日,中共中央书记处召开会议研究这一问题,朱德参加了这次会议。会议决定:(一)先由周恩来到重庆见蒋介石,然后视情况决定毛泽东是否去重庆进行和平谈判;(二)给各中央局发出指示电,指出目前我军的方针是:以相当兵力威胁大城市及交通要道,使敌伪向大城市及交通要道集中,而以必要兵力着重于夺取小城市及广大乡村;(三)给中共晋察冀分局发出电报,指出:为争取热、察两省起见,应抽调大批干部,到苏联红军占领区去建立党的组织、地方政权和武装;(四)给中共山东分局发出电报,要求派一部分人迅速进入满洲,肃清残敌、汉奸,发展和建立党的组织及地方政权。

8月23日,中共中央在枣园召开政治局扩大会议,再次讨论毛泽东去不去重庆谈判的问题。尽管蒋介石主张和平谈判只是一种姿态,但中国共产党还是力争能借此实现国内和平,从事国家建设。毛泽东在分析国内外形势后指出有可能争取在一段时间内出现国内和平的局面,我们现在的口号是和平、民主、团结,要学会在和平的条件下进行斗争,准备走曲折的道路。

朱德就蒋介石邀请毛泽东赴重庆谈判一事发表意见说:和平对中国人民是有利的,这次去谈判是必要的,蒋介石可能做些让步。毛主席去谈判是有利的。有无危险? 看来比过去保险得多了。我们要保持军队,要保住人民已得到的胜利果实。东三省我们一定要去,要派大批干部去开展工作,也要派干部到国民党的大后方去工作。还要把准备打仗作为重要的任务。

会议决定同国民党进行谈判,由周恩来先去重庆,毛泽东随后再去。确定同国民党谈判的方针是依靠人民力量,同蒋介石的反动方针作针锋相对,有理、有利、有节的斗争,争取以和平途径实现一定的政治改革。会议决定毛泽东任中共中央军委主席,朱德、刘少奇、周恩来、彭德怀任副主席;决定朱德继续兼任中共中央海外工作委员会主任,周恩来兼任副主任。会议还决定在毛泽东去重庆谈判期间，由刘少奇代理中共中央主席职务。

力争实现和平民主，又准备在不得已时进行自卫战争，这是中国共产党根据当时实际情况制定的明确方针。

战争与和平，风云变幻莫测。在这个历史关头，中共中央迅速决定当时还在延安的刘伯承、邓小平、陈毅、林彪等二十多位高级军事将领立即分赴解放区各战场。临行前，朱德同陕甘宁晋绥联防司令部教导一旅旅长杨得志谈话，要他到冀鲁豫解放区去，任务很急，要快走。因为，冀鲁豫的地理位置很重要，蒋介石已经行动了，决心夺取人民的胜利果实，我们自然不能答应。后来，杨得志回忆说，他是由朱德向他交代任务的，当时他正担任陕甘宁晋绥联防司令部教导一旅旅长，朱德通知他："中央决定你离开陕北，回冀鲁豫去。"还告诉他：中央决定成立晋冀鲁豫中央局，以邓小平为书记，薄一波为副书记；成立晋冀鲁豫军区，以刘伯承为司令员，邓小平为政委，太行、太岳、冀南、冀鲁豫四个地区统归刘邓指挥。

杨得志问："什么时候走？"

朱德说："尽快，要尽快。你先走，部队由其他同志跟着随后。怎么样，有这个思想准备吗？"

杨答："有的，不过没想到这么快。"

朱德说："是呀，毛主席在七大闭幕时讲过，把中国引向黑暗还是把中国引向光明在互相斗争着。这个斗争今天更现实更尖锐了。日本人愿意到蒋介石那里去，而不愿意向我们投降。蒋介石已经行动了，杀气腾腾地来。他是决心要夺取人民的胜利果实的，我们当然不答应。所以，你们的任务很急。冀鲁豫的地理位置你是知道的，很重要呀！"

8月25日，让历史记住这个日子。一架绿色的DC型美国运输机从延安东关机场起飞。这是延安美军视察组的一架飞机，飞机上坐满了中共高级军事将领，让我们记住他们的名字吧：刘伯承、邓小平、陈毅、林彪、薄一波、陈赓、萧劲光、李天佑、邓华、陈锡联、陈再道、滕代远、宋时轮、杨得志等二十多人。他们将先飞返太行解放区，然后再分赴解放区各战场。

那么，毛泽东究竟去不去重庆？何时去？8月25日，当中国共产党驻重庆的代表王若飞回到延安时，毛泽东等七位中共中央政治局委员立即连夜同王若飞开会，磋商毛泽东何时去重庆的问题。经过反复权衡利弊，决定毛泽东立即去重庆。

第二天，毛泽东又主持召开了中共中央政治局会议。在会上，毛泽东说："我去重庆的问题，昨晚政治局七位同志同若飞同志商谈，决定去。这样，我们可以取得全部主动权。"① "由于我们的力量、全国的人心、蒋介石自己的困难和外国的干预四个条件，这次去重庆是可以解决一些问题的。"② 去重庆谈判会不会造成"城下之盟"的局势？毛泽东说："去重庆，要充分估计到蒋介石逼我作城下之盟的可能性，但签字之手在我。谈判自然必须作一定的让步，只有在不伤害双方根本利益的条件下才能达到妥协。"作怎样的让步呢？毛泽东提出："我们准备让步的第一批地区是广东至河南的根据地，第二批是江南的根据地，第三批是江北的根据地，这要看谈判的情况，在有利条件下是可以考虑让步的。陇海路以北以迄外蒙一定要我们占优势。东北我们也要占优势"。③ 说到这里，毛泽东停了一下，又接着说："如果这些条件还不行，那么城下就不盟，我准备坐班房。我们党的历史上除何鸣事件（1937年7月，任中共闽粤边特委代理书记、中国工农红军闽南独立第三团团长兼政治委员的何鸣，由于对国民党借谈判消灭闽粤边区红军的阴谋毫无察觉，致使所率独立第三团近千人被包围缴械）外，还没有随便缴枪的事，所以绝不要怕。如果是软禁，那也不用怕，我正是要在那里办点事。"最后，毛泽东说："重庆是可以去和必须去的。我可以打一个电报给蒋介石，说我要去，明天报上要发消息。党的领导中心还在延安，党内也不会有什么扰乱，将来还可能有更多一些同志到外面去，只要有里面的中心，外面的中心也就能保住。延安不要轻易搬家。"④

8月28日，是毛泽东离开延安飞赴重庆的日子。这一天，延安的天空特别晴朗，宝塔山在阳光的照耀下显得格外雄伟。一清早，就有不少送行

---

① 《毛泽东文集》，第4卷，第15页，人民出版社1993年版。
② 《毛泽东文集》，第4卷，第16页，人民出版社1993年版。
③ 《毛泽东文集》，第4卷，第15页，人民出版社1993年版。
④ 《毛泽东文集》，第4卷，第16页，人民出版社1993年版。

的人群陆续朝延安东门外的飞机场走去。

延安机场上的人越来越多，一会儿就聚集了数千干部和群众，朱德和刘少奇、任弼时等中共中央领导人也来到机场，为毛泽东送行。

汽车的马达声渐渐地传了过来。人们一齐转过头，向大路上望去。一辆吉普车转过山咀，驰入机场。车上跳下周恩来和王若飞，后面跟着张治中。接着又是一辆吉普车驰来，赫尔利从车上跳了下来。不一会儿，一辆延安人都熟悉的带篷子的中型汽车转过山咀朝机场驰来，人群立刻向前涌去。汽车停住了，车门被打开，机场上响起了一阵雷鸣般的掌声。毛泽东从车上走了下来，只见他穿着一身新的蓝布制服，头戴一顶深灰色的盔式帽。

毛泽东在汽车旁站定，慈祥地望着全体送行的人，目光经过每一个人的脸，好像所有在场的人他都看到了。他的脸上露出一种亲切的微笑，向人们点点头。

站在前面的朱德和刘少奇、任弼时等中共中央领导同志们迎了上去，毛泽东跟他们一一握手道别。他的脸色是严肃的，从容的，眼睛里充满了无限的关切和鼓舞之情。然后便朝着停在前面的飞机一直走去，在舷梯上，毛泽东站住了，回身望着所有送行的人，举起右手不断地挥着。当年在场的一位新闻记者描述：

> 机场上人群静静地立着，千百双眼睛随着主席高大身形移动，望着主席一步一步走近飞机，一步一步踏上飞机的梯子。主席走到飞机舱口，停住，回过身来，向着送行的人群，人们又一次像疾风卷过水面，向飞机涌去。主席摘下帽子，注视着送行的人群，像是安慰，又像是鼓励。人们不知道怎样表达自己的心情，只是拼命地挥手。
>
> 主席也举起手来，举起他那顶深灰色的盔式帽，举得很慢很慢，像是在举一件十分沉重的东西，一点一点的，等到举过头顶，忽然用力一挥，便停在空中，一动不动了。主席这个动作给全体在场的人以极其深刻的印象。[1]

---

① 《重庆谈判纪实》，第 368～369 页，重庆出版社 1983 年版。

飞机的发动机发着隆隆的轰鸣声，螺旋桨转动起来了。随着轰鸣的声音，人们的心开始猛烈地跳动起来，眼睛一刻也不离开这架就要起飞的飞机。

毛泽东从飞机的舷窗向外望着，人们又一次涌上去，拼命地挥动双手，毛泽东把手放在机窗的玻璃上也不停地摇动着。直到飞机从跑道上升到空中，在头顶上盘旋，向南飞去，人们还是仰着头，目光越过宝塔山上的塔顶，望着南方的天空，久久不肯离去。

筹划挺进东北

毛泽东离开延安前去重庆进行和平谈判后，朱德的工作就更加繁忙了。他考虑的一个重要问题，就是挺进东北。

东北，包括现在的辽宁、吉林、黑龙江三省和内蒙古东部、河北省承德地区。中共中央和毛泽东之所以如此看重这一地区，这是由这个地区的经济地位和战略地位所决定的。从经济地位来看，东北幅员辽阔，土地肥沃，资源丰富，具有丰富和完整的工业体系。从战略地位看，东北地区背靠苏联，西面与蒙古接壤，东南和朝鲜为邻，南面的辽东半岛同山东半岛的胶东解放区隔海相望，西南与冀热辽解放区毗近。更重要的是蒋介石在东北也没有统治的基础。因此，如果中共控制东北，就可以变东北为可靠的战略后方，从根本上改变中国革命根据地长期以来被国民党军四面包围的被动状态，形成一个巩固的战略基地，一个革命的总根据地，以支持关内各解放区的斗争。相反，如果东北为国民党所占领，那它就能利用东北雄厚的工业基础，同华东、华中相配合，南北夹击关内各解放区。

对于东北这片黑土地，早在 1942 年 7 月 9 日，抗日战争还在进行之中，毛泽东和刘少奇就曾在一份电报中探讨过在抗日战争胜利后，为争取同国民党合作建国，把八路军和新四军集中东北三省的问题。毛泽东这样说道："在此国际总局势下，国民党在战后仍有与我党合作的可能。虽然亦有内战的另一种可能。但我们应争取前一种可能变为现实。因此就必须估计日本战败从中国撤退时，新四军及黄河以南部队须集中到华北去，甚或整个八路新四军须集中到东三省去，方能取得国共继续合作的条件（此点目前不须对任何人说），如此则山东实为转移的枢纽。"① 同年 11 月，在中共中央六届七中全会主席团会议上，毛泽东说：中国的国土蒋介石丢到哪里，我们就到哪里。还要准备几千干部到满洲去。

1945 年 4 月，在苏日中立条约终止后不久，毛泽东则更加关注东北这块战略要地了。他在批转给晋察冀分局的一项指示中说：苏联中止苏日中立条件表明，苏日战争爆发已经为期不远，远东形势已发生重大变化，今后配合盟军作战，将主要配合苏联。现在即加紧进行主力军、地方军的训练与扩大，以便能抽出若干主力，用于开辟东北。

这一年 4 月召开的中共"七大"会议上，毛泽东在他所作的政治报告中指出："在沦陷区中，东北四省沦陷最久，又是日本侵略者的产业中心和屯兵要地，我们应当加紧那里的地下工作。对于流亡到关内的东北人民，应当加紧团结他们，准备收复失地。"

5 月，毛泽东在中共"七大"会议上又一次指出："如果东北能在我们领导之下，我看这就可以说我们的胜利就有了基础，也就是说决定了我们的胜利。现在我们这样一点根据地，被敌人割得相当分散，各个根据地都是不巩固的，也没有工业，有灭亡的危险。所以我们也要争城市，要争那么一块整个的地方。我们要有包括东北在内的一块整个的根据地，这就全国范围来说，就是胜利有了基础，有了巩固的基础。"

在这次会议上，毛泽东还指出："要准备二十到二十五个旅，十五万到二十万人，脱离军区，将来开到东北去……东北四省极重要，有可能在我们的领导下。有了东北四省我们即有了胜利的基础。"

6 月 9 日，在中共"七大"会议选举中共中央委员会时，毛泽东再一次讲到了东北，指出："东北是很重要，从我们党的发展，从中国革命的最近、将来的前途看，东北是特别重要的。只要我们有了东北，中国革命就有了巩固的基础。现在我们的基础是不巩固的，因为我们根据地在经济上还是手工业的，没有大工业，没有重工业，在地域上也没有连成一片。"

6 月 11 日，毛泽东在《关于选举候补中央委员会问题的报告》中又进一步强调指出："东北是很重要的，从我们党，从中国革命的最近及将来的前途看，东北是特别重要的。如果我们把现有的一切根据地都丢了，只

---

① 《毛泽东军事文集》，第 2 卷，第 681 页，军事科学出版社、中央文献出版社 1993年版。

要我们有了东北，中国革命就有了巩固的基础。当然，其他根据地没有丢，我们又有了东北，中国革命的基础就更好更巩固了。"

但是，8 月 14 日，苏联与国民党政府签署了《中苏友好同盟条约》，条约表示支持国民党政府："苏联允许把在精神上和军事上的全部援助给予'作为中国中央政府的国民政府'，并承认中国在满洲的主权。"① 还明确表示，支持在蒋介石领导下统一中国。这就使东北的问题变得更加复杂起来。

在这种情况下，东北还去不去？中共中央决定还是去。8 月 18 日，毛泽东在为中共中央军委起草的给罗荣桓、黎玉、萧华的电报中指出："万毅支队即调东北，经河北至热河边境待命。该支队现有二千五百人，汰去老弱及开小差者外，能有一千五百到达目的地即好。东北干部凡能调动者尽可能调至万部。"② 8 月 20 日，毛泽东又为中共中央军委起草了一份给山东分局、平原分局、冀鲁豫分局并告冀察晋分局的电报：

山东分局，平原分局，冀鲁豫分局并告冀察晋分局：

红军占领东北，国民党力图争夺东北。我方除李运昌率三个大团深入辽宁，冀东冀察两区各有一部深入热河之外，中央决定从山东调两个团（万毅支队在内），冀鲁豫调一个团，冀中调一个团，共四个团，归万毅率领开赴东三省。山东之两团限电到十天内准备完毕，即行出发，经河北会合冀鲁豫及冀中之两团，开至热河边境待命。每团官兵不得少于一千五百。必须明确宣布去东三省之任务（乘红军占领东北期间和国民党争夺东北）。必须配备必要之地方工作干部。三处所集中之东北干部亦望交万毅带去。必须有良好之纪律。配备及出动情形望告。另由陕甘宁边区配备一个团，晋绥军区配备三个团，中央配备一个干部团，共五个团，由吕正操、林枫率领开东三省。以上告知万毅，但勿在报上发表。

中央军委

未号③

8月22日，毛泽东发出关于派人打入满洲开展地方工作给山东分局的指示：为迅速争取满洲起见，分局应即抽调大批干部在红军占领旅顺大连之后，穿便衣到满洲去，进入建立地方党、地方政权，发动与组织群众……如果红军能允许山东八路军部队进入满洲（先去交涉）肃清散敌与汉奸，则应从山东抽调部队用东北义勇军名义进入满洲。

在8月23日、26日两次召开的中共中央政治局会议上，毛泽东在谈到东北问题时说："限于中苏条约，苏联不能直接援助我们。我们先派干部去是确定的，是大有文章可做的。军队去不去，还不一定，要看情况。"① 8月26日，毛泽东在为中共中央起草的关于同国民党进行和平谈判的党内通知中又指出："至于东北三省为中苏条约规定的范围，行政权在国民党手里，我党是否能派军队进去活动，现在还不能断定。但是派干部去工作是没有问题的，中央决派千余干部由林枫同志率领去东北。"②

决定做出以后，同一天，毛泽东为中共中央起草了给林枫并转吕正操及贺龙的电报，指出："（一）赴东北四省工作之干部团一千二百人及赵（承金）副旅长所率一个团不日由延安出发，交林枫率领开至热河边境，相机进入东四省工作；（二）军队是否能去辽吉黑三省，现在尚不知道。目前晋绥争夺战极其重要，故（吕）正操及其所部暂时仍在现地执行原任务。"③

毛泽东离开延安飞赴重庆同蒋介石进行和平谈判后，朱德和刘少奇在延安对进军东北的问题进行了认真的筹划，提出了"向北发展，向南防御"这一重大战略方针。

就在送走毛泽东等人赴重庆谈判的当天下午，朱德在中共中央党校大礼堂就对将要出发去东北工作的干部作报告，谈了他对形势的看法。他说：整个世界要和平，中国人民也要和平，国民党虽然不要和平，要消灭我们，但事实上行不通。这次毛主席去重庆谈判，安全回来的可能性大。谈判会有结果，但不会那么顺利，我们是要民主、团结、和平，建设新中国。如果他要打，那就消灭他一部分，再来谈和平。无论时局如何变化，我们都要准备好，使抗日战争的胜利果实不致被人家抢去。

① 《毛泽东传》，第758页，中央文献出版社1993年版。
② 《毛泽东年谱》下卷，第15页，人民出版社、中央文献出版社1993年版。
③ 《毛泽东年谱》下卷，第15页，人民出版社、中央文献出版社1993年版。

朱德在讲话中特别强调：我们要积极向东北发展，这次去东北大有文章可做。蒋介石的部队大部分在南方，到东北要走半年。即使他到了东北，他有百把万人，顶多还是他占城市，我占乡村，像日本占领东北那样。打日本我们有办法，对他我们就没有办法吗？不怕！

朱德还讲到，有些同志这几天看到苏联和蒋介石订了条约，有些灰心。过去以为苏联会大大帮我们一手，现在失望了，这是因为过去希望过奢。但是要知道虽然有个条约，东北的工作还大得很。苏联三个月撤兵，中国要归中国人自己管，东北要归东北人管，我们当然可以管，条约上没有规定不要我们去，不要我们管。东北工业发达，又挨着苏联，不受夹击，就是打退却，也应该向东北退，退华北还不够。现在要派五万军队插过去，再派万把干部，将来还要派更多的人去。这是很长远、很巩固的路，是长期艰苦的群众工作，是争取三千万群众和我们在一起。

朱德告诫大家：我们到东北去是做事，不是去做官。蒋介石派人是去做官的，国民党在那里没有底子。东北必须是民主的东北，我们大有希望①。

朱德在这一报告中所阐述的观点，可以说是"向北发展，向南防御"这一重大战略方针的雏形。

8月31日，朱德和刘少奇、任弼时、彭德怀就绥远、张家口情况和派部队去东北等问题给在重庆的毛泽东、周恩来发出一份电报，询问"关于派部队去东北事，你们有何新的情报和指示，望告"。

进入9月，朱德从延安王家坪搬到了离延安城西七公里处的枣园住了下来。在这之前不久，朱德依毛泽东《沁园春·雪》韵赋词《沁园春·受降》：

红军入满，日寇溃逃，降旗尽飘。

我八路健儿，收城屡屡；

四军将士，平复滔滔。

全为人民，解放自己，从不向人言功高。

笑他人，向帝国主义，出卖妖娆。

人民面前撒娇，依靠日寇伪军撑腰。

---

① 《朱德年谱》中，第1204页，中央文献出版社2006年版。

骗进入名城，行同强盗；

招摇过市，臭甚狐骚。

坚持独裁，伪装民主，

竟把人民当虫雕。

事急矣，须鸣鼓而攻，

难待终朝。

9月2日，日本政府正式签字投降。三天后，在延安各界庆祝抗日战争胜利的大会上，朱德作了重要讲话。他说：抗日战争胜利以后，要建立一个独立、自由、富强的中国。"这就是首先要全国民主，只有民主，才能使全国各界人士很好的团结。""解放区的人民要团结得更紧，更加努力生产，做全国民主和生产的榜样。"

9月12日，朱德和刘少奇给毛泽东、周恩来发出一份电报，指出："我们已令各地去东北干部即日起程，冀察晋准备二千五百干部去，已有三百五十人起程。""延安即抽八百人到一千人去。"并请示："在热河及察哈尔是否可立省政府（但不宣传）？又请你们考虑是否派一个军事指挥员去东北？"

9月14日，一个神秘的人物来到了延安。他就是苏联军队后贝加尔湖前线总司令马利诺夫斯基元帅的代表贝鲁罗索夫中校。他是在从冀热辽边区率部向东北挺进，担任了沈阳市卫戍司令员的曾克林的陪同下，从沈阳乘苏联军用飞机飞抵延安的。朱德和刘少奇、任弼时会见了贝鲁罗索夫中校。贝鲁罗索夫中校向朱德转达了马利诺夫斯基的意见：蒋介石军队与八路军之进入东北，应按照特别规定之时间；苏联红军退出东北之前，蒋军及八路军均不得进入东北；八路军之个别部队已到辽宁省沈阳市、大连市、吉林省长春市、热河省平泉县（今属河北省）等地，请朱总司令命令各部队"退出苏联红军占领之地区"；苏联"红军不久即行撤退，届时中国军队如何进入满洲应由中国自行解决"，苏联不干涉中国内政。①

---

① 《朱德年谱》中，第1208页，中央文献出版社2006年版。

朱德向贝鲁罗索夫中校提出了自己的看法。他认为，热河、辽宁各一部，在中日战争爆发时即有八路军活动并创有根据地，请允许该地区八路军仍留原地。朱德还与贝鲁罗索夫中校达成协议，即苏军同意将原属冀热辽抗日根据地范围内的锦州（伪"满洲国"曾设"锦州省"，辖辽西14个县）、热河两省完全交给八路军接管。

当天下午3时，朱德和刘少奇联名致电毛泽东、周恩来，向他们报告了同贝鲁罗索夫中校会见的情况和苏军方面的意见。

紧接着，朱德参加了中共中央政治局会议，听取了曾克林关于东北工作情况的汇报。在听汇报前，朱德同曾克林谈话时说：东北人民受了日本侵略者十几年的压迫，生活非常艰苦，我们要关心他们，一定要使他们感到我们党的温暖，感到我们党和人民军队是他们的靠山，使党的影响深入人心。你们是第一批进入东北的部队，责任更是重大①。在会上，朱德发言强调："中央要迅速派人到东北，要准备组织四十万至六十万军队和国民党军队对抗。"

经过认真的讨论，这次会议决定：把战略重点放在东北，把原来准备南下的10万部队和2万干部转而挺进东北，并决定建立以彭真为书记，陈云、程子华、林枫、伍修权为委员的中共中央东北局，立即赴东北，代表中共中央全权指导东北党组织和党的一切活动，并处理一切问题。

夜已经很深了，朱德提笔给苏联元帅马利诺夫斯基写了封信：

后贝加尔湖前线总司令苏联元帅马利诺夫斯基同志：

（一）贵使贝鲁罗索夫中校来此，得悉国民党军队及八路军均须按照特别规定之时期，在红军撤退后，方得进入满洲。

（二）现按照鲁意命令进入沈阳、长春、大连、平泉及满洲其他地点之八路军个别部队，迅速退出红军占领地区。

（三）在热河、辽宁之各一部，自一九三七年中日战争爆发时即有八路军活动，并创有根据地，请允许该地区八路军仍留原地。对阁下及阁下统率之红军部队战胜日本帝国主义及解放东北

---

① 《朱德年谱》中，第1208～1209页，中央文献出版社2006年版。

人民之伟大胜利，谨致崇高之敬意。

中国国民革命军八路军总司令朱德

一九四五年九月十四日于延安

第二天，以朱德和刘少奇、任弼时的名义，把这封信的内容报告了毛泽东和周恩来。

三天后，朱德和刘少奇、任弼时联名给毛泽东、周恩来发出一份电报，明确提出"向北推进、向南防御"的战略方针。电报指出："东北为我势所必争，热河、察哈尔两省必须完全控制。""为了完全控制与巩固热河和冀东，对付北平、天津、唐山一带将来顽军对于热河的威胁，我们必须在冀东、热河控制重兵，除现在派去东北部队外并须屯集至少五万军民在冀东，以备红军撤退时能抢先进入东北，因此现在立即调集十万至十五万军队到冀东（冀东富足可屯兵并开辟热河工作）、热河一带，否则将会来不及。""为了实现这一计划，我们全国战略必须确定向北推进、向南防御的方针。否则我之主力分散，地区太大，处处陷于被动。因此，我们意见，新四军江南主力部队立即转移到江北，并调华东新四军主力十万人到冀东，或调新四军主力到山东，再从山东、冀鲁豫抽调十万至十五万人到冀东、热河一带，而华东根据地则以剩余力量为基础加以扩大去坚持。"①

9月19日，毛泽东、周恩来在复电中表示同意刘少奇、朱德、任弼时的意见。当天，中共中央召开政治局会议，进一步讨论战略方针和部署问题。朱德参加了会议，他在发言中说：蒋介石对我们的办法是能打就打，不能打就暂时避免打，他们设法把各地联系起来，甚至伙同日本人来打我们，三个月打不起来，要打至少得六个月，我们要争取主动，争取时间。"南面定天下"，古来如此，我们将来也会如此，但我们现在要争取北方。只要北方行，南方不巩固甚至丢一些地方也是需要的。苏北、皖中、长江流域，准备做交换条件，我们要来个主动的行动，形成北面归我们的形

---

① 《朱德年谱》中，第 1209 页，中央文献出版社 2006 年版。

势。这次会议将"向北推进、向南防御"的战略方针明确定为"向北发展，向南防御"，并根据这一战略方针，认为当务之急是屯兵冀东，以便苏联红军退出后进入东北；并力求控制热河、察哈尔两省；派兵占领张家口、山海关、渤海湾等进入东北的陆、海要地。这样毛泽东在重庆的谈判就有希望，和平也有希望。会议还决定成立由李富春为书记的中共冀热辽中央局，并决定罗荣桓到东北工作。

当天，中共中央向各中央局发出《关于目前任务和向南防御向北发展的战略方针和部署的指示》电报，指出："目前全党全军的主要任务是：继续打击敌伪，完全控制热、察两省，发展东北我之力量并争取控制东北，以便依靠东北和热、察两省加强全国各解放区及国民党地区人民的斗争，争取和平民主及国共谈判的有利地位。"并指出："全国战略方针是向北发展，向南防御。只要我能控制东北及热、察两省，并有全国各解放区及全国人民配合斗争，即能保障中国人民的胜利。"①

"向北发展，向南防御"战略方针确定以后，朱德和刘少奇根据这一战略方针进行了战略部署，第一步由山东调三万兵力到冀东，以便完全控制冀东、锦州、热河；另山东调三万兵力进入东北发展并加装备。华东新四军调八万兵力到山东和冀东，保障山东根据地及冀热辽地区；晋冀鲁豫军区准备三万兵力在 11 月内进入东北。

向北发展，关键就在争夺东北。由于贯彻实施了"向北发展，向南防御"的战略方针，到 1945 年 11 月底，进入东北的人民军队已达 11 万人，从延安和各战略区抽调的党政干部已有 2 万人到达东北。成立了东北人民自治军总部，林彪任司令员，彭真任政治委员，统一指挥进入东北的部队。地方民主联合政府纷纷建立。到这年年底，东北人民军队总兵力发展到 28 万多人，为在东北建立巩固根据地打下了坚实的基础。

进行有理有节的斗争

在毛泽东、周恩来赴重庆谈判期间，朱德和刘少奇在延安做的另一项

---

① 《朱德年谱》中，第 1211 页，中央文献出版社 2006 年版。

重大工作，就是在自卫原则下指挥必要的军事斗争来配合重庆谈判桌上的斗争。蒋介石虽然打出"和谈"的招牌，但一点也没有放松对解放区的军事进攻。对这一点，中共中央有着清醒的认识，决定采取"针锋相对、寸土必争"的方针。毛泽东去重庆谈判前，曾经在一次会议上对将领们说："同志们担心我去谈判的安全。蒋介石这个人我们是了解的，你们在前方打得好，我就安全一些；打得不好，我就危险一些。"朱德坚决贯彻毛泽东的这一指导思想。8月30日，他和刘少奇、任弼时联名给陕甘宁晋绥联防军司令员贺龙发出一份电报，指出：毛泽东赴重庆谈判是完全必要的，安全保证也是有的。在当前的形势下，蒋介石不敢不保障毛泽东的安全。"目前在前线上最能配合与帮助谈判的事情，就是能在顽军向我解放区进攻时，在自卫原则下打几个胜利的歼灭战。晋绥方面对于阎锡山与傅作义的进攻望能组织一二次胜利的战斗，以配合毛主席的谈判。"①

当时，蒋介石正加紧调兵遣将向解放区发动进攻，从8月中旬开始一个多月内，他调集了37个军73个师的兵力，向解放区大举进攻，其中大部分用于向华北解放区进犯，并将进攻的重点置于平绥、同蒲、平汉、津浦铁路沿线，企图迅速控制华北、华东的战略要地和主要交通要道，分割解放区，打开进入东北的通路，并抢占东北，然后以强大的军事压力，迫使中国共产党在谈判中屈服。中共中央、中共中央军委在刘少奇、朱德的主持下，密切注视对方的动向，指示各解放区对从平汉、津浦、同蒲、正太和平绥等铁路干线推进的国民党军队给予坚决的打击和阻滞，在各铁路沿线开展交通破击战，集中力量组织几个战役。

在这些战役中，最主要的是上党战役。上党地区，是指位于山西省东南部以长治为中心的长子、屯留、襄垣、潞城、壶关等十余县。战国时期，韩国在这里设置上党郡，所以称为上党。这里东据太行，西临太岳，清漳、浊漳、沁水萦流其间，地势险要，自古以来就是兵家必争之地。在抗日战争时期是刘伯承、邓小平领导的第一二九师的根据地。在日军投降前后，八路军迅速解放长治周围的一些县城，并包围了长治及其他诸城。日本投降后，阎锡山立刻派5个师1.7万余人袭占了这一地区，企图控制

---

① 《朱德年谱》中，第1205页，中央文献出版社2006年版。

整个晋东南。毛泽东赴重庆谈判前，就指示晋冀鲁豫军区要把侵占上党地区的国民党军队除掉。8月25日，刘伯承、邓小平从延安返回晋东南后，立刻着手准备上党战役。中共中央军委在8月28日复电刘邓，同意他们"集中太行、太岳优势兵力，首先消灭阎伪进入长治部队"的部署。31日再电指示："阎部一万六千兵占我长治周围六城，乃心腹之患，必须坚决彻底全部消灭之。唯诸城堡坚垒密，须有充分准备，切不可草率，进攻时宜选择一两个城，各个击破，不宜同时攻击。如攻而不克，可围城打援。究竟如何打法，请你们详加考虑，我们意见仅供参考。"

根据中共中央军委和朱德的有关指示，晋冀鲁豫军区部队在刘伯承、邓小平的直接指挥下，取得了上党战役的胜利。这一胜利，加强了中国共产党在国共谈判中的地位，对重庆谈判起了直接的配合作用。就在上党战役快要结束的时候，国共双方在10月10日正式签署《国民政府与中共代表会谈纪要》即双十协定。《纪要》签字的第二天，毛泽东从重庆回到延安。

在这前后，由于国民党军队不断向解放区发动进攻，中共中央军委和朱德又指挥华北部队进行了平汉（邯郸）战役、平绥战役、承德保卫战、津浦路徐济段的自卫作战，相继取得一系列胜利。在平汉战役期间，国民党第十一战区副司令长官兼新八军军长高树勋率所部1万余人于10月30日在马头镇战地起义。11月2日，朱德和毛泽东致电高树勋，说："闻吾兄率部起义，反对内战，主张和平，凡属血气之士，莫不同声拥护。特电驰贺。"

蒋介石向中国人民抢夺抗战胜利果实，得到了美国政府的支持。蒋介石依靠美国的援助，将他的远在西南、西北大后方的军队空运、海运到华北、华东、华中、东北地区，抢占战略要点和铁路交通线。美国海军陆战队从9月底起，先后在天津、烟台、青岛、秦皇岛等地登陆，协同国民党军队侵占冀东等解放区的许多重要城镇。

面对美军的这种行径，朱德采取严正立场，同他们进行有理有节的斗争。9月27日，朱德以总司令名义命令第十八集团军参谋长叶剑英通过延安美军观察组伊万·叶敦上校向美军总部声明：山东省烟台市、威海卫市和河北省秦皇岛市都已在第十八集团军的控制之下，附近并无日军，"如果美军事前未经与十八集团军总部作任何协商和决定，突然在上述地点登陆，将引起中外人士怀疑美军干涉中国内政"；"因此，朱总司令希望美军不要在上述地点登陆。"① 但美军无视这一警告。10月初，美国军舰出现在烟台海面上，先是声称不准备在烟台登陆，只要求允许它的士兵在崆峒岛休息，接着，又"要求十八集团军部队及烟台市政府负责有秩序地将烟台市移交美方接管"。朱德接到这一事态的报告后，十分诧异，10月6日，命令叶剑英致函美军观察组伊万·叶敦上校转达美军总部，向美军郑重声明：

> 一、烟台市早于一九四五年八月二十四日为本军部队收复，烟台市之日伪军队，早经完全解除武装，市区秩序早复常态，今美军突然要求在该处登陆，我方认为毫无必要，至要求本军部队与当地政府撤离该市，尤属无法理解，因此，请美军报贵方有关司令部转烟台市海面美海军陆战队勿在烟台登陆。二、美军如未经与本军商妥，竟然实行在该地强行登陆，因而发生任何严重事件，应由美军方面负其全责②。

10月26日，当得知美军人员于10月15日进入鄂豫皖解放区这一情况后，朱德又以第十八集团军总司令名义致信美军观察组伊万·叶敦上校并转中国战区美军总司令魏德迈，表明我方立场。指出："中国解放区军队政府及人民，对于一切正当事务前来解放区之美国人员一向持友好态度，对彼等之生命财产，均曾不顾牺牲，尽量予以保护。"为保证贵我双方之友好关系，特重申："由于各地日军伪军及部分国民党军队现仍不断向中国解放区侵扰（而据报某些向我进攻之国民党队伍，为汉口区别动队，又名正义军内并有美军官兵在内），愿请贵总司令通令所属，避开敌伪军队及国民党军队向解放区进攻之战斗场合，至于美军人员因正当事务前来解放区时，必须先行通知我方，以便联络保护，至希贵总司令了解我

---

① 《朱德年谱》中，第1213页，中央文献出版社2006年版。
② 《朱德年谱》中，第1213～1214页，中央文献出版社2006年版。

方维持友好关系之诚意与努力。"① 当天，叶剑英奉朱德之命，又致信美军观察组伊万·叶敦上校就美军强行修筑由秦皇岛至山海关铁路一事，提出严重抗议。要求美方立即采取有效步骤，停止秦皇岛一带美军向冀热辽解放区我军阵地推进。如果不加制止，则对今后事态发展之一切严重后果，须负其全盘责任。②

11月4日，朱德就美军在10月18日搜查冀中军区驻天津办事处以及美军飞机于10月21日在河北省固安县、安次县上空寻衅等事，致函中国战区美军总司令魏德迈提出抗议，要求美军今后不再发生破坏中国主权、干涉中国内政及参加国民党军队进攻中国解放区的行为，指出：美军在中国领土上包围搜查及占据中国军事机关，解除及没收中国军人之武器，逮捕及讯问中国军人，"此种行为，毫无疑问乃系直接干涉中国内政及破坏中国人民之主权"；至于华北美军飞机扫射中国解放区之安次县城军民，及投函威吓固安我军撤退，"除破坏中国人民之主权外，更系公开的直接参加中国国民党军队对中国解放区之军事进攻"。因此，美方应"立即采取妥善步骤，保证今后不再发生同类破坏中国主权、干涉中国内政及参加国民党军队进攻中国解放区之行为。"③

11月27日，朱德在接受美国《纽约时报》记者窦丁、芝加哥《每日新闻》记者惠勒、美联社记者罗约翰和法国通讯社记者柔尔生的采访中，发表声明，阐述了中国共产党对美军在华行为的态度。声明说：

国民党当局不经过与中共正式协定而经过美军援助，硬把他们的军队开入自一九三八年初以来即由八路军与人民起义所创立的冀热辽解放区，这就是今天北宁路上发生内战的原因。假使这种情况继续发生，自卫的抵抗亦将被迫继续下去。解决这些纷争的根本原则，是彻底实现国民党与中共双十公告中的协议，并由此成立全国统一的民主的联合政府，而在这个全国的联合政府成立以前，并为了促进它的成立，地方性的民主联合政府应该得到合法地位。

中国人民过去、现在和将来都承认美国在中国近代化、民主化事业上

① 《朱德年谱》中，第1215~1216页，中央文献出版社2006年版。
② 《朱德年谱》中，第1216页，中央文献出版社2006年版。
③ 《朱德年谱》中，第1217页，中央文献出版社2006年版。

的重要性，并努力促进中美两大民族的互不可少的合作。八路军、新四军无论在抗战中与抗战后，都是在这个原则的指导下与美国军民相处的。但是，中国的反民主分子竭力煽动美国在中国发动第三次世界大战，来为他们"火中取栗"。不幸美国政府官员与海陆军官中，正有一部分人听信他们的见解，他们想从不公平的干涉中寻找中国的友谊与美国的威信，从参加中国的大规模的因此必然是长期的内战中，寻找中国的统一安定与美国在华的经济利益和生命财产的安全。事实上这样做法不仅伤害了中美的传统友谊，而且损害了美国人民与世界和平的利益。

在华美军，现在虚伪地借口协助中国受降，而实则破坏中国受降，正是犯了上述的错误。围绕受降的争论，是中国今天最重大最迫切的内政问题。美国在再三宣称不干涉中国内政的时候，用飞机军舰大炮来剥夺那些忠实于同盟国共同事业——抗日战争与民主政治——的中国军队的受降权，不惜与中国一切最坏的封建军阀汉奸伪军甚至日军站在一起，来进攻中国人民，是任何主张中美友好合作的中国人民所不能谅解的，而且必然会受到中国人民的反对与坚强抵抗的①。

在全面内战爆发前后

时间过得很快。一转眼，1945 年过去了，迎来了 1946 年。这一年初，国内局势的变化非常快也十分复杂，复杂得有时让人实在难以琢磨。

解放区军民经过 4 个月的自卫战争，粉碎了国民党军队在上党、平汉、津浦、绥远各线的进攻，共歼敌 11 万人。同时，国民党统治区内人民掀起了反内战的民主运动。蒋介石在初战失利，大打又未准备好，国内外和平民主力量对他施加压力的情况下，表示同意按照双十协定的规定，召开政治协商会议。1946 年 1 月 5 日，国共双方达成停止国内军事冲突的协定，使战争在全国范围内（除东北外）停止了一个时期。同月 10 日起，举国瞩目的政治协商会议在重庆召开，会议达成了和平建国纲领等五项协议。

---

① 《朱德年谱》中，第 1218 ~ 129 页，中央文献出版社 2006 年版。

国共停战了，政协各项提案通过了，一丝和平之光终于穿透满天的阴云，出现在中国大地上。人们无不额手称庆，期望着从此以后可以过上和平安定的好日子了。

朱德和当时所有的人一样，衷心希望这些协议能得到完满的实现，使和平能够真正实现。但他对蒋介石扩大内战仍保持着警惕。1月11日，他在中共中央会议上发言说：山海关外我们吃了一些亏，主要因为没有群众。现在战争不打了，保存了承德、张家口，但热察号称两省，只几百万人口，重要的还是晋冀鲁豫四省。我们除了20个师以外的军队，即使不解散也不会发饷，一部分要回家，当民兵，一部分实行南泥湾政策，20个师也要调动，和平以后不能发票子，要想办法。①

1月27日，周恩来从重庆回到了延安。第二天，朱德参加中共中央政治局会议，听取了周恩来关于停战、政协会议以及东北问题谈判的情况报告。2月3日，延安各界两万余人举行庆祝和平、民主大会，朱德在会上发表演说，称赞政协会议的成功，表示要努力使政协协议彻底实现，同时指出：无论什么好决议，既不会自己产生，更不会自己执行。世界上有援助中国和平民主的人们，还有阴谋破坏中国和平民主和政协决议的人们，我们的任务就是要和国民党、各党派的民主分子，和国内外一切拥护和平民主的人们，亲密团结，长期合作，来实行停战协定和政治协商会议的决议，保护和平，促进民主，不让任何人加以破坏。"我们解放区的人民军队，在这个伟大的事业中要做极重要的工作"。他号召解放区全体军民团结一致，坚持和平、民主的方针，战胜一切困难。②

2月4日，正是农历正月初三，延安到处还是一派过年的景象。这一天，枣园里热闹了起来。毛泽东、刘少奇、朱德、任弼时等中共中央领导人在这里举行宴会，宴请延安市西区的居民代表。朱德发表了讲话。他说：现在胜利了，国内也和平了，要加紧生产，不要满足，要天天向上，以过去两年的生产为底子，大大地发展，多喂养一些牛、马、猪、羊，另外还要注意节约。他举例说："比如民间娶亲，要很多的钱，而且一吃好几天，这样使辛苦攒下的积蓄一下花光了，常常使许多人破产。这是旧社

---

① 《朱德年谱》中，第1223页，中央文献出版社2006年版。
② 《朱德年谱》中，第1224页，中央文献出版社2006年版。

会有钱人的花钱法，我们不效法，一定要改革才行。假如大家能节省，又能生产，那么不上十年，我们就有飞机了，也可以出去玩玩，送肥料送粮食也可以用汽车了。"

按照政协协议确定的整军原则，军事三人小组（由中共代表周恩来、国民党代表张治中、美国特使马歇尔组成）经过多次协商，在2月底达成军队整编方案。

3月4日，军事三人小组的飞机向延安飞去。

这一天的一大早，坐落在延安东门外的延安飞机场上就热闹了起来。简易的飞机场上早已搭好了一座红布牌楼，上面插着色彩鲜明的中美两国国旗，两旁挂着剪纸标语，标语用中、英两种文字写着："欢迎马歇尔将军！欢迎张治中将军！欢迎周恩来将军！"

到机场欢迎的，有热情洋溢的数千名干部群众，有服装整齐、精神抖擞的仪仗队。朱德和毛泽东、刘少奇、彭德怀等领导人也前往机场迎接。

不多时，两架银色的飞机安全降落在机场上，毛泽东等迎上前去，欢迎从飞机上下来的马歇尔、张治中、周恩来等人。

接着，在毛泽东、朱德的陪同下，军事三人小组检阅了延安卫戍司令部的仪仗队。

然后，马歇尔一行被接到王家坪朱德的住处——两孔修整得较好的窑洞里休息。主人准备了茶点，宾主一边吃喝，一边叙谈。

下午，马歇尔来到了枣园毛泽东的住处——也是两孔窑洞，两人进行了第一次，也是最后一次的会谈。

会见毛泽东后，马歇尔拜访了朱德。

张治中与毛泽东、朱德等领导人也进行了互访。

当天晚上，在杨家岭中共中央招待所，毛泽东、朱德设宴招待了马歇尔一行。

宴会结束后，客人们又被请到中共中央大礼堂内，出席为欢迎他们而举行的晚会。

晚会由中共中央办公厅主任杨尚昆主持，朱德代表中共中央致辞。他再一次向客人表示欢迎。并指出，中共抱有全部热忱实现中国的统一、民主与和平建设，中共对于停战协定、政协协议、整军方案一定切实执行。

不可否认，中国的和平、民主、统一建设事业还有许多障碍、许多困难，整军方案的实现更不容易一帆风顺。我们对于中国的前途是乐观的，中国一定能够建设成独立、自由、富强的国家。对政治协商会议、军事三人小组的一切协定表示拥护，并声明中国共产党将忠实履行这些协定。

但是，蒋介石对履行政协协议并无诚意，而是在"和平"的掩护下，继续进行全面内战的准备。3月13日，国民党军队在苏军北撤后开进沈阳，立刻向周围扩展，对中共领导的军队展开猛烈进攻。

蒋介石在东北大打出手的同时，他也加紧了对关内解放区的进攻，积极为发动全面内战做准备。从1946年1月《停战协定》签订起，至5月20日止，国民党军队向关内外各解放区大小进攻达3675次之多，先后使用兵力共为258万余人，强占解放区村镇2077个，县城26座。

蒋介石打全面内战的准备似乎已经做好，他要大打了。4月9日，他在秘密接见美国记者时就这样说，他已经做好了打的准备，现在只看美国的态度如何了。5月2日，蒋介石到河南新乡视察，在那里，他又对郑州绥署所属各部队长官们说："你们大多数部队驻扎在陇海路上，与共产党相距很近，你们如果是有志气血性的现代爱国军人，必定要提高志气，雪耻自强，扫荡反动派共产党，捍卫我们的国家和民族。"6月10日，蒋介石在国民党中央党部纪念周上还说："今天以前我是主张政治解决的，可现在我必须放弃政治解决了，已经给他们（共产党）十五天的反省期限。我在北伐时决定三年解决统一问题，结果不到三年便告统一。请同志们再次相信，我决于一年内完成军事，两年内恢复经济。"

6月17日，一心要打全面内战的蒋介石，又蛮横无理地向中国共产党提出五项要求：即要我军退出陇海路以南的一切地区、胶济全线、承德和承德以南的一切地区、冀东沿海、东北的大部分地区，以及1946年6月7日以后我军从山东、山西两省伪军手里解放出来的一切地区。蒋介石声称，只有中共军退出这些地区，才能考虑停止内战。

种种迹象表明，蒋介石准备发动的全面内战已经迫在眉睫了。在这种情况下，毛泽东和朱德在指挥各解放区反击国民党军队进攻的同时，要求各解放区认真做好应付全面内战的准备。

当时，中原军区部队的处境最危险。为了避免同国民党军队发生冲突，中原军区机关和主力部队主动撤出桐柏山区，由平汉路西向东转移，准备到皖北向新四军主力靠拢。后为执行停战命令，临时在宣化店地区就地待命。

宣化店地区位于鄂豫两省的交界处，东西长约100多公里，南北宽约25公里。在这样狭小的地区内，突然密集着原在行进中的中原军区部队9个旅约6万多人，而且同其他解放区隔离，在态势和地形上都十分不利。

蒋介石把中原军区部队视为眼中钉，肉中刺。在他看来，中原军区部队的存在不仅威胁武汉，而且使他们在大举进攻晋冀鲁豫、苏皖解放区时不能不有"后顾之忧"，无法集中力量北上，所以是必须首先扫除的"障碍"。因此，他利用停战期间，调集了11个正规军26个师约30万人，以郑州绥靖公署主任刘峙为总指挥，在宣化店地区周围构筑碉堡6000多座，将中原军区及所属三个军区分割成"品"字形，层层包围，并且断绝这个地区的粮食、医药供应，使中原军区部队面临粮尽援绝的严重威胁，随时准备对它发动突然围攻。

朱德对这种严峻的局势，保持着清醒的头脑。3月15日，中共中央政治局举行会议，通过《关于目前时局及对策的指示》。朱德在会上发言说："国民党没有一点缩编队伍的样子。东北他们一定要打，我们也就打。打就能生存。武器他们比我们好，士气我们比他们强。国民党现在杀我们的人，抢我们的地方，中原五师方面对我们形势不利。"4月2日，朱德代表中共中央在陕甘宁边区参议会上发表演说时指出："中国的反动派还是不愿意中国人民享受民主。他们正在寻找各种名义来推翻政治协商会议的决议，来继续保持独裁，来继续进攻已经得到民主权利的人民，因此我们必须继续提高警惕性。"①

到5月间，国内局势日益恶化，全面内战的爆发已迫在眉睫。5月10日，朱德参加了中共西北中央局高级干部会议，并在会上讲话。他感慨地说道："我们中国的问题麻烦得很。在这半年来，要和平，要和平，事实上不和平，打得不得下台。无论哪一个都知道不得下台，因为反动派不要我们这样的和平，他们要他们的独裁制。所以蒋介石讲好了又翻了。这是

_____

① 《朱德年谱》中，第1227页，中央文献出版社2006年版。

为什么呢？如果他不翻，他就独裁不成了。""所以最近他准备大打我们一下，事实上把政协会的决议都翻了，唯一的就只有打了，不打他们就没有政权了。"如果大打起来，局势会怎样发展呢？朱德通过对各解放区现状的详细分析，以及中国共产党及其领导的人民军队同人民群众的密切联系，他满怀信心地说："蒋介石要把我们搞平，这是不可能的。""我们比以前的把握多得多。""他们是给我们送枪的人。""虽然国民党有坦克，我们现在不怕，可以把他的坦克打破的。"①

6月26日，蒋介石在完成了大规模全面内战准备之后，终于扯下了"和平"的假面具，彻底撕毁了国共两党签订的《停战协定》，以围攻中原解放区为起点，发动了对解放区的全面进攻，一场中国人民不愿发生的大规模内战开始了。《停战协定》签订之后在中国上空出现的一线和平之光，在蒋介石发动全面内战的隆隆炮火声中完全消失，饱受战争灾难的中国人民渴求在和平之树的绿荫下建设和平、民主家园的美好愿望终于落空了。

全国内战爆发时，国民党军的总兵力约有430万人，其中正规军约356万人，非正规军74万人；人民解放军的总兵力约127万人，其中野战军约61万人，地方部队及后方机关约66万人。国民党军的总兵力是人民解放军的3.4倍。

蒋介石对其一手发动的这场全面内战的性质与规模，在战争初期就有明确地表述："今日之其匪，其装备训练与作战指挥，比较江西时代，均相当进步。""剿匪之成败，关系我国家之兴亡。故应正视此严重事实，而确认'剿匪'乃堂堂正正之'战争'，非局部之戡乱与绥靖也。"从这里可以看出，蒋介石一开始就把这场全面内战看成是正规的、全面的战争，是关系到国共两党生死存亡的决战。

为了尽快赢得这场战争，国民党军统帅部决定采取全面进攻、速战速决的战略：以193个旅（师）约160万人的兵力（约占其全部正规军的80%），同时向山东、华中、晋冀鲁豫、晋察冀、晋绥，以及中原解放区发起全面进攻，企图在3至6个月内，首先消灭关内各战场的人民解放

---

① 朱德在西北局高干会上的讲话，记录稿，1946年5月10日。

军，占领解放区；然后再集中力量解决东北问题。对于这种"速战速决"的战略方针，蒋介石在发动全面内战的前夕，曾在一次高级军官集训中作了如下解释："我们有空军、有海军，而且有重武器和特种兵"，"匪军则绝对没有"，"如果配合得法，运用灵活……就一定能速战速决，把奸匪消灭。"

蒋介石在确定战略方针的同时，提出了全面内战初期三个"战略目的"："第一是要占领匪军的政治根据地，使他不能建立政治中心，在国内外丧失其号召力。第二是要摧毁其军事根据地，捣毁其军需工厂与仓库，使其兵力不能集中，补给发生困难。第三是封锁其国际交通线，使之不能获得国际的援助。"

为实现上述战略目标，蒋介石及国民党军统帅部的其他要员，多次在军事会议上强调在作战中要以占领城市及交通线为基点。蒋介石在军官训练团的一次讲话中对此作了详细的解释，他说："现代作战最要紧的莫过于交通，而要控制交通，就先要能控制城市"。"城市不仅是经济、政治、文化的中心，一切人才、物资集中之所在，而且在地理形势上，它一定是水陆交通的要点。我们占领重要都市之后，四面延伸，就可以控制所有的交通线。交通线如果在我们控制之下，则匪军即使有广大的正面，也要为我们所分割、所截断，使军队运动的范围缩小，联络断绝，后勤补给都要感到困难，终至处处陷于被动挨打的地位。""不能掌握交通要点和大城市，对于政治经济以及宣传号召，也有莫大的影响"。①

正因为如此，蒋介石确定国民党军的"作战纲要"是："第一步，必须把匪军所占领的重要都市和交通据点一一收复，使匪军不能保有任何根据地。第二步，要根据这些据点，纵横延展，进而控制全部的交通线"，"使我军运输方便，进退自如，一个兵即可当十个兵之用"；"匪军方面则因占领地区被人分割，兵力便无法集中"。因此，"我们作战的纲领可以说是先占领据点，掌握交通。由点来控制线，由线来控制面，使匪军没有立足的余地。"②

内战全面爆发后，由于战略任务发生了根本变化，解放区各部队由八

---

① 台湾"国防研究院"编：《蒋总统集》，第 2 册，第 1597 页。
② 台湾"国防研究院"编：《蒋总统集》，第 2 册，第 1597 页。

路军、新四军改称中国人民解放军，朱德任总司令，彭德怀任副总司令。

面对国民党军队气势汹汹的全面进攻，处于劣势的中国人民解放军能不能打败装备精良的国民党军队的大规模进攻，取得这场战争的胜利呢？当时国内外有许多人表示忧虑和怀疑。朱德多次发表谈话，分析国民党军队必败、人民解放军必胜的基本因素，鼓舞人们的斗志，坚定人们的信心。

蒋介石发动全面内战，是极端不得人心的，也引起国民党军队内一些爱国将士的强烈不满。朱德对争取国民党军队的起义极为重视。当时，国民党开入东北的几个军中，有两个军是云南部队。朱德利用自己在滇军中的威望和同国民党某些高级将领的关系，积极加强这方面的工作。早在1946年4月下旬，他就从延安中央党校选调云南籍干部刘浩等前往东北，待机策动滇军起义。他对刘浩说："在东北我们要着重做好滇军的工作，因为滇军受歧视，同蒋介石的中央有矛盾，对蒋介石和国民党有不满情绪，有些军官受当年护国讨袁影响还有爱国思想，他们迟早会看到，跟着蒋介石打内战是没有前途的。"5月，国民党军第一八四师（滇军）在师长潘朔端率领下，在辽宁海城起义，朱德驰电祝贺。以后解放长春时，在争取国民党军第六十军（滇军）军长曾泽生部起义的工作中，潘朔端、刘浩等都发挥了重要作用。6月底，国民党空军上尉刘善本等驾飞机抵达延安。朱德在欢迎会上说："蒋介石依赖美国经济和军事上的援助，进行内战，已遇到全国人民的一致反对。我们始终坚持和平，我们并不怕国民党内好战分子所燃烧起来的这股凶焰，我们有力量扑灭它！"[1] 7月26日，延安各界群众举行反内战反特务大会，朱德在会上讲话，号召国民党军队中一切爱国的军官和战士，学习高树勋、潘朔端、刘善本等，退出内战、为人民服务；号召解放区的人民和军队，要给敢于进犯解放区的反动派以坚强的反击，拼死保卫解放区；号召国民党统治区一切民主人士要坚决勇敢地为反对独裁、争取和平民主而斗争。[2]

8月下旬，全面内战已经进行了两个月了。朱德在杨家岭中央大礼堂向中共中央机关干部作时事报告，他首先分析了蒋介石为什么要发动内

---

① 《朱德年谱》中，第 1231 页，中央文献出版社 2006 年版。

② 《朱德年谱》中，第 1234 页，中央文献出版社 2006 年版。

战："如果为了中国的和平民主同赶快恢复经济，当然可以不打。他那里搞的不好，我们这里搞的很好。他不打我们，把他那里搞好，就好了。这样中国岂不是就和平民主、经济恢复了吗？他那里不好，你这里好也不行，要把你这好的地方打烂才甘心。这样能够得到和平民主、经济恢复吗？当然不能够，所以就打起来了。"

朱德在报告中还指出：我们确确实实要和平，前一段同国民党和谈时，我们并没有上当。他们要打，我们也有准备，打了几个胜仗，没有吃亏。现在我们的军队已发展到 140 多万。中原我军已经胜利突围。华东野战军部分主力在粟裕指挥下在苏中连战皆捷。刘伯承、邓小平指挥晋冀鲁豫野战军向陇海路出击。"现在蒋介石的战略与过去不同，以前是集中主力用飞机大炮坦克打我们一点，向我们进攻是分几个步骤；先打苏北胶济路，再打津浦路，然后再打平汉路，他总是想把路打通，但是没有打通"，我们陈毅、刘伯承同志打了出去，他的战略失败了，蒋介石想打通铁路线，集中兵力打我们，但是行不通，而我们却把兵力集中起来了。蒋介石全面进攻解放区，我们就全面抵抗①。

接着，朱德分析道：从力量对比来看，"蒋介石政治上的优势是失掉了，他要独裁，要卖国，要掀起内战，这是他不利的地方。我们要和平，要民主，要独立，这是我们有利的地方。在军事上说，他有飞机大炮坦克，我们有群众，我们也可以比得过他。在经济上说，他大后方的一切生产都很困难。我们的生产运动都发展起来了。我们是自己动手，有饭吃，有衣穿，就可以同他打。没有子弹也可以从他手上拿。""蒋介石全面进攻他还有弱点，兵力不够，运输经济都来不及。"

朱德最后充满信心地说："开始时有些人害怕我们打不赢，现在打了几仗，证明美蒋并不那么可怕，我们有条件有力量打赢他。"②

也在这个月，朱德对美国《纽约先锋论坛报》记者阿蒂·斯蒂尔发表谈话说："共产党不要战争。和平可以使我们把解放区建设得更好，并在全国推行民主化与工业化，这个利益对共产党人是显然的。我们的战略方针是消灭对方的军事力量，我们在半个月中已经歼灭了他们的二十六个师

---

① 《朱德年谱》中，第 1236 页，中央文献出版社 2006 年版。
② 《朱德年谱》中，第 1236 页，中央文献出版社 2006 年版。

（旅），他们没有消灭过我们的一个团。人民知道，**此次内战是美国反动派与中国反动派搞起来的，如果这些反动派的计划成功，就是中华民族的灭亡**，所以全体中国人民热烈支持我们。坚持独裁的国民党当局，仅是表面上勉强接受停战，也因为调处执行部，未能公正地制止蒋介石把一百几十万军队从华南调往华北（中共军始终在原地，因调动即等于放弃），未能制止蒋介石在东北进攻，连北平附近的进攻也不能制止，其根本原因则是美国援蒋政策的鼓励。"① 又说："城市有某种程度的重要性，但人民的愿望与军队的有生力量有绝对的重要性"，"依靠人民是最重要的。"

9 月 3 日，中共中央组织部长联席会议在延安召开，朱德在会议上发表了讲话。他首先分析了全国各战区的形势，强调中国共产党领导下的战争，最重要的特点是人民战争。他说："我们靠什么呢？我们靠老百姓。"他以苏中七战七捷为例说："七战七捷都靠老百姓。敌人进入了我们的区域，瞎子摸鱼，东西看不见，我们明明白白，要打他哪里就打他哪里，结果很快缴了械。这个缴械并不是偶然的。"他说明：解放军的作战不是只顾一些城市，守不住的时候可以让他拿去，把他们的军队消灭后又可以拿回来。他引用毛泽东指出战争要打五年的话，得出这样的结论："我们一切问题是准备长期战争。"

10 月 3 日，朱德参加了中共中央政治局会议，在讨论毛泽东提出的《三个月总结》时，朱德发言说："下棋要下活，作战也是一样，也要打得灵活。为了消灭敌人的有生力量，需要放弃一些城市，放下一些包袱。"同时，朱德还提出"用俘虏补充我们的队伍是个好办法"，并提出在冬季要普遍开展练兵运动。②

从朱德这些讲话中可以看出：在全面内战爆发后三个多月，中国共产党不仅对战胜蒋介石早已有着充分的信心，而且由于在实践中不断总结经验，对应该怎样战胜蒋介石也看得越来越清楚了。

11 月 12 日，朱德为中共中央军委起草了给中央华东局并山东军区司令员兼政治委员陈毅、参谋长陈士榘的电报，对张云逸、舒同关于组织胶济线野战兵团的请示作了答复，指出："所报意见甚是，胶济线组织野战

---

① 《朱德年谱》中，第 1236～1237 页，中央文献出版社 2006 年版。
② 《朱德年谱》中，第 1239 页，中央文献出版社 2006 年版。

军，现在是必需的，从速组成为好。内部组织，我们意见能以九个团组成之纵队，配备炮兵一部为最适用。如主力团不够，不必尽以主力团编成，以两个主力团夹一次等团或夹一新编团均可，总以能脱离地方自由调动为主。打几次仗后，新兵团亦可练成主力。团之编成总以十五个连，或十七个连的编制为宜，才能对付蒋军之现编制。另八师回鲁后应编成野战纵队，配以数个团为宜，不应使主力孤立无助，其他部队亦难成主力。请你们考虑。"①

11月19日，中共中央代表周恩来结束同国民党进行的一年多的和平谈判，返回延安。国民党军队积极准备向陕甘宁边区发动进攻。延安正处于紧张的备战气氛中。

在这紧张的备战气氛中，12月1日，迎来了朱德60寿辰。人们在这个严峻的历史时刻为自己的总司令祝寿，有着一种特殊的心情，自然地把朱德的名字同中国人民的命运联系在一起，形成热烈、真挚的感人情景。

祝寿前夕，《解放日报》在11月27日发表了中共中央祝贺朱德60寿辰的祝词和《朱德将军年谱1886—1946》，从11月29日起，延安全城悬旗三天。党、政、军、农、工、商、学各界，纷纷举行庆祝活动。有的献上刚从前线缴获的胜利品，有的献上自己亲手种植的丰收果实。

中共中央及各中央局，毛泽东、刘少奇、周恩来、彭德怀、林伯渠、刘伯承、邓小平、贺龙、聂荣臻、叶剑英等都为朱德的60寿辰题词、撰文、致电，表示祝贺。

庆贺朱德的60寿辰的寿堂设在中央大礼堂大厅内。寿堂正中墙壁上是毛泽东的题词和中共中央的贺幛："万年长青"，周围墙壁挂满了各方送来的贺词贺联。11月30日下午1时，朱德穿着灰布军装，身披斗篷，乘吉普车来到寿堂，接待络绎不绝的各界祝寿代表。他亲切地对大家说："你们不必祝贺我，我要祝贺你们，祝贺党，祝贺人民。"

这天晚上，在中央大礼堂举行祝寿晚会。陕甘宁边区政府主席林伯渠首先致辞。接着刘少奇上台讲话。他称赞"朱总司令六十年来为中国人民所作的事业，是中国共产党和中国人民最优秀的结晶，给予党和人民极大

---

① 《朱德军事文选》，第572页，解放军出版社1997年版。

的光荣。"周恩来在晚会上宣读了他的祝词，他那热情洋溢、铿锵有力的声音，激起了全场一阵又一阵的掌声。最后由朱德致答词，他首先感谢各界代表对他的祝贺，接着他深沉坚定地说：

"中国人民很早就干革命，前仆后继，但屡次遇见革命伙伴，就往往不大靠得住。那些伪装革命而以升官发财为目的人，在获得革命果实后却反转来镇压革命，致革命屡次失败，人民屡次上当。我是一个农民的儿子，所有农民的儿子都是要革命的，那时不成功是摸不到路，后来找到了，加入了中国共产党。""反动派一定失败，中国人民一定胜利，我相信我可以亲眼看到中国革命获得成功。"①

同延安的热烈气氛一样，各解放区军民也以各种形式表达对朱德60大寿的祝贺。在国民党统治区的共产党人和进步人士，也纷纷庆贺朱德的60寿辰。董必武从南京寄来两首祝寿诗，朱德读后，依原韵和诗二首：

其一

大好河山应革新，推翻封建属人民。

乾坤锦绣欣同有，肥沃原田惠不均。

六十于今多扰攘，期年以内望清沦。

平分广土人三亩，栽遍神州满地椿。

其二

历年征战未离鞍，赢得边区老少安。

耕者有田风俗厚，仁人施政法刑宽。

实行民主真行宪，只见公仆不见官。

陕北齐声歌解放，丰衣足食万家欢。

为朱德60诞辰祝寿，成了中国共产党和中国人民为争取中国的光明前途而举行的一次动员。

与此同时，在地球的另一端，美国女作家史沫特莱正在伏案撰写《伟大的道路——朱德的生平和时代》，用笔倾注她对中国革命、对朱德的敬

---

① 《朱德传》（修订本），第706页，中央文献出版社2000年版。

爱之情。

史沫特莱曾经在 1937 年初到延安。在那次采访中，她打定主意写一本朱德的传记。她对朱德说：

"我希望你把这一生的全部经历讲给我听！"

"'为什么呢？'他惊讶地问道。我回答说：

'因为你是一个农民。中国人中十个有八个是农民。而迄今为止，还没有一个人向全世界谈到自己的经历。如果你把身世都告诉了我，也就是中国农民第一次开口了。'

'我的生平只是中国农民和士兵生平的一小部分，'他说，'等一等，你各处走走，和别人见见面，再作决定吧！'"①

后来史沫特莱因病回到美国，但一直关切着中国人民的解放事业，"她渴望重回中国"，"希望恢复自 1937 年中断的与朱德的谈话"。1944 年 8 月 14 日，朱德在给史沫特莱的信中说：

> "我们音信断绝已经多年，现在终于有可能建立联系了。这种可能是由于美军观察组的到达才出现的。""此刻，我们特别怀念那些最早给我们以援助并在敌后为我们的军队和人民作出牺牲的美国人。在他们当中，我们经常谈到你。""我切盼在可能的情况下，你能重来中国住一段时间，以便了解我们的人民和军队在你离华期间所取得的成就和发生的许多变化。"②

信的最后说：虽然胜利在望，但是中国的反动势力仍在负隅顽抗，有时甚至比过去更为顽固，更为残暴。"他们的政策不但造成了人民的深重的灾难，而且最终将造成他们自身的毁灭。而这里，正像世界各地一样，潮流是正朝着人民胜利的方向前进。"③

1945 年底，朱德接到史沫特莱托董必武带回的来信后，在 1946 年 7 月 1 日又复信史沫特莱，说：

---

① 《朱德传》（修订本），第 708~709 页，中央文献出版社 2000 年版。
② 《朱德传》（修订本），第 709 页，中央文献出版社和 2000 年版。
③ 《朱德传》（修订本），第 709~710 页，中央文献出版社 2000 年版。

"中国的和平民主事业，虽然遭到了中国反动派（在美国反动派的怂恿和合作下）的破坏，然而我和所有的同志都坚信这不过是暂时的现象。反动派的阴谋，虽然在表面上可能得逞于一时一地，但终将为中国人民的浩浩荡荡的大军所击败。""我很感激地了解到，你想花费一些精力写我的生平。应当说，我的生平仅仅反映了中国农民的士兵生活的非常之少的一部分。是否值得你花费时间，我表示怀疑。由于你那样地坚持着并已着手写作，我也只能答应所求。"①

1946年12月，也就是朱德60寿辰到来的时候，史沫特莱又写信给朱德：

"我的亲爱亲爱的朋友朱德：

我怀着极为沉重的心情写这封信。由于内战，您和您的全体同志都蒙受了极大的痛苦。我了解，我国应对这种痛苦负责，看来，表示伤心毫无用处，然而我必须这样做。我不得不向您倾吐我沮丧的心情。

你今年七月的来信我最近才收到，您嘱我相信中国人民，您还指出您也相信美国人民。我已从您的来信中摘出一段，印在新年的贺年片上，寄发给所有为中国的胜利出过力的朋友们。"

"现在我们所有的人都在尽最大努力为中国工作，但是目前在美国进行这一工作是很艰苦的。"②

从朱德同美国作家史沫特莱的往来函电中，可以看出，朱德和他所献身的中国人民解放事业，已赢得世界上许多主持正义人们的尊敬、理解和支持。朱德不仅是属于中国的，也是属于世界的。

尽管朱德得到人们由衷的敬爱，但他总是那样谦逊。他说过："我们

---

① 《朱德传》（修订本），第710页，中央文献出版社2000年版。

② 《朱德传》（修订本），第710~711页，中央文献出版社2000年版。

切不可居功。群众风起云涌，烈士牺牲生命，如果有功，功是他们的。离开了群众，我们什么事也做不出来。比如说，我个人，中外人士都知道，好像我是三头六臂，实际上，我只是广大群众事业与功绩的代表中的一个而已。一定要记住，如果有功，功是党的，是群众的。"这样的话，他讲过多次。①

朱德刚刚度过60寿辰，蒋介石、胡宗南部队进犯陕甘宁边区的步伐更加紧了。12月10日，陕甘宁边区政府主席林伯渠号召边区军民："从备战动员转入战斗动员，坚决粉碎蒋胡军的进犯。"1947年元旦，朱德发表题为《一九四七年十大任务》的广播词，指出："今年的一年，将是中国人民斗争形势转变的一年。"他提出1947年十大任务，头一条就是：停止反动派的进攻，收复失地。

2月1日，朱德出席中共中央政治局会议。会上通过《迎接中国革命的新高潮》的指示。朱德在会上发言说：现在到了快打出去的时候了，准备工作要做好，革命高潮的基础仍然是土地革命。土地问题解决得愈彻底，我们胜利的把握愈大，内无后顾之忧，外有发展之途。去年最大的成绩是土地改革，否则战争的进行没有那么顺利。东北能够站稳脚跟，也是靠土改。我们打这么大的仗，部队有饭吃，就得靠土改。土改要一村一村地搞。你来打，我就打运动战，你不来，我就搞土改。部队打出去以后，除了打仗就要去解决农民的土地问题②。

① 《朱德传》（修订本），第711页，中央文献出版社2000年版。
② 《朱德传》（修订本），第711~712页，中央文献出版社2000年版。

二十六、解决好晋察冀军事问题

离开陕北

蒋介石从 1946 年 6 月对解放区实行全面进攻以来，至 1947 年 2 月，仅 8 个月的作战，国民党军队就被人民解放军歼灭正规军 66 个旅（师）54 万余人，非正规军 17 万余人，共计 71 万余人，少将以上高级军官死、伤、被俘达 100 多人。这使蒋介石十分伤心，他曾哀叹说："我们的团长、旅长、师长等高级军官被俘之多，为数惊人。实在是敌人长处，而是我们的短处。如不急图补救，以后敌军专心设法来俘虏我们的高级军官，这对我们将来的军事形势影响何堪设想！"这一时期，国民党军虽占领了解放区城市 105 座，但每占领一座城市，平均就付出近 7000 余人伤亡的代价。

1947 年春，国民党军经过补充，总兵力为 304 万人，比全面内战开始的 430 万人下降了 9%。在现有的 200 多个旅之中，被歼后重建的已超过四分之一。多数部队不满员，且新兵比重不断增大。尽管这一时期人民解放军也有一定的伤亡，但国共两军兵力损失的比例，已由内战爆发后最初 4 个月的 3.8 比 1，上升为 6 比 1。

随着国民党军战线的不断拉长，国民党军的机动兵力明显不足。在这种情况下，蒋介石为改变不利的军事局面，并维持其战略上继续进攻的态势，自这一年的 3 月起，被迫放弃对解放区全面进攻的战略，而采取重点进攻的战略方针，即在晋冀鲁豫、晋察冀和东北战场上转取守势，集中兵力进攻解放区南线的两翼——山东和陕北两解放区，企图在消灭山东和陕北两解放区的人民解放军以后，再转用主要兵力于其他战场，以各个消灭人民解放军。

蒋介石下令胡宗南率部进攻延安。胡宗南立即秘密前往洛川，召开军事会议，制定进攻延安的计划。

就在胡宗南秘密前往洛川的时候，3月8日下午4时，陕甘宁边区政府在延安露天会场召开了保卫陕甘宁边区、保卫延安的战斗动员大会。延安各界一万多人参加了大会。朱德、周恩来、彭德怀、林伯渠等出席了大会。

朱德在大会上作了充满激情的讲话。他说："同志们！延安各界同胞们，我们今天开动员大会。为什么动员呢？国民党蒋介石、胡宗南已把我们派出去的代表、和平谈判的使节送回来了；同时，在北平、重庆各地逮捕我们的人和一些民主进步人士。这是干什么呢？这是说不讲和平了，一定要打仗，已关死了和平大门。

"蒋介石要坚决把内战打下去，我们也没有和平可讲了，当然也只有打下去。今天的动员大会，就是为的打仗。过去我们边区七八年来都是和平的局面。同志们也同日寇打过仗，也疏散过，但敌人总是没有来。大家和平的观念已养得很深了，大家都以为毛主席在这里，同时，我们又有这样多的军队，恐怕敌人永远不会来。这一和平观念要改正过来，要起来消灭胡宗南的进攻。胡宗南的进攻，首先要进攻延安。这次进攻，不仅是可能的了，而且是一定了。这是什么根据呢？胡宗南已调了军队在边区前面，这是事实。送我们的代表回来，来准备长期和我们打仗，这也是事实。"①

朱德说："同志们，现在蒋介石同我们打了好久啊？延安的人虽不大知道，但从报上可以看到。事实上，抗战时他也打，抗战完结后，还是打，前年蒋介石邀请毛主席出去谈判和平，当毛主席尚未回来时，在河北、山西、河南就打起来了。这次，已经打了一年多了。打仗的地方算起来战线有几万里。为什么有几万里？这个道理，就是一个村一个村的打，几千几万村，你们算算战线有多长？"②

朱德呼吁说："延安的同志们，同胞们，要警觉起来，决心和蒋介石打仗。蒋介石现在已调兵来了，这是真正的全面进攻。他用了全部的兵力来打内战，在山东、东北、河北、河南、江苏都在打仗，这里也要打。同

---

① 《朱德军事文选》，第582页，解放军出版社1997年版。
② 《朱德军事文选》，第583页，解放军出版社1997年版。

志们过去不相信敌人会打进来，这次一定要相信了。这已是全面进攻，全面分裂。"

朱德问道："打垮胡宗南的进攻有把握没有？会不会打胜仗？"他充满信心地回答说："一定会打胜仗。"当然，"打胜仗不是容易的事情。不是希望打胜仗就能打胜仗。更不是希望人家打胜仗，我们来享福。所有打胜仗的地方，都是自己拼命的。老百姓和军队个个拼命，正规军和民兵都拼命，大家一条心，真正不怕死，就能打胜仗。所以，同志们，打胜仗是有把握的。可能有些地方我们的兵未集中，敌人的兵先集中了，便占领了我们的地方，把老百姓的粮食抢去吃了，吃不完的烧了，这在我们就算是败仗。……我们如果希望人家打胜仗，自己不动手，这样胜仗就打不成。"①

怎样才能打胜仗呢？朱德说："让我告诉你们打胜仗的办法。在陇东，敌人打进来了，受了损失，我们民兵打得很好，我们打垮了它一些部队。这是好的经验，别的地方应该来学。富县的民兵也有好的经验，应该将它扩大成为整个延属分区的经验。民兵见着敌人就打，那就很便于我们正规军集中力量消灭敌人。民兵的战法，是一方面要打仗，消灭敌人，另一方面要坚壁清野，到处埋地雷，使敌人进来，一点东西都找不到，只剩下空窑洞，它将进退不得，更便于我们消灭。民兵积极去打仗，要与正规军配合。正规军有民兵，就会打得更好，民兵有了正规军，也就愈打胆愈大。这次我们决心要打胜仗，要在边区里面消灭胡宗南。他现在来了，正是消灭他的很好的机会。这里的地形是民兵最好的战场，山大，林深，路少，好打麻雀战。……民兵最好的武器是地雷、手榴弹。我们正规军当然不是到处分散的，要集中隐蔽起来，等敌人来了，好去包围消灭它，缴它的械。各个地方都要确实做好坚壁清野工作，每一家的粮食都要好好埋藏起来，敌人来了，找不到米吃，找不到炭烧，敌人兵愈多，愈会感到进退两难，困也困个半死，大军一到就更容易消灭。所以坚壁清野，是我们各个地方干部要作好的工作。"②

最后，朱德坚定地说："我们要准备长期作战，打它一年半年。如果还没有打出去，就打它三年五年，一直把胡宗南消灭为止，以配合其他解

---

① 《朱德军事文选》，第 583 页，解放军出版社 1997 年版。
② 《朱德军事文选》，第 584～585 页，解放军出版社 1997 年版。

放区争取全国胜利。"①

朱德的讲话激发了延安广大军民决心消灭胡宗南部队的热情。

延安广大军民抗击胡宗南进攻的热情是高昂的。但是，胡宗南用于进攻延安的兵力毕竟有 34 万人之多，而陕甘宁野战集团军只有 6 个旅不足 3 万人，不仅兵力处于绝对劣势，而且武器装备也很差，这是有目共睹的事实。因此，在胡宗南大军压境、兵临延安城下的严峻时刻，毛泽东决定主动撤离延安。

会后，朱德来到了担任延安保卫战阻击任务的教导团。教导团卫生队的一群小伙子们集中在窑洞前的小山坡上，正忙着准备绷带、纱布，整理医疗器具。看到朱德来了，战士们把朱德围在中间。

朱德问："领导给你们作过动员吗？"

"动员过了！"战士们回答。

"谈了些什么？"

"国民党反动派发动内战，胡宗南老小子想到咱们延安撒野。为了保卫党中央和毛主席的安全转移，我们肩负着阻击任务，做好了各项准备！"一位操着山东口音的大个子抢着回答。

朱德说："我们准备工作做得越充分、越细致、越周到，就越有把握完成战斗任务。特别是你们保障部队，准备工作要做得更好。虽然并不拿枪作战，但工作稍有绿豆大的疏忽，在战时就会给负伤的同志带来很大的痛苦以致死亡！"

朱德讲起陕北战局："应该估计到，不但你们医疗上有困难，我们部队在这次阻击任务上也会有困难。因为敌人来得多，装备也比我们好。目前陕北的情况是敌强我弱，敌大我小。胡宗南兴兵三十万，大有一举消灭我们的架势，或者把我们赶出陕北，然后几路会击，达到个个击破的目的。但这并不是说我们没有办法了。要知道，用拳头打蚂蚁往往要打个空。再有力量的壮汉，你叫他把一根鸡毛扔上房上，他也没有招术。小有小的优势，短有短的巧妙。更何况，我们背后有全边区人民的积极支援，有全国各战略区的有力配合，有党中央和毛主席的英明领导和全体指战员

---

① 《朱德军事文选》，第 585 页，解放军出版社 1997 年版。

的团结一致，我们一定能粉碎敌人的进攻。"

3月12日凌晨4点钟，驻在延安的美军观察组人员刚刚乘坐飞机离开延安，胡宗南就命令国民党空军对延安狂轰滥炸。这一天晚上，中共中央决定，由朱德、刘少奇、任弼时率一部分中央机关人员，率先自枣园北上子长县瓦窑堡以东附近的王家坪，毛泽东、周恩来由杨家岭搬到了中共中央军委所在地——延安王家坪办公，同彭德怀住在一起。

3月16日，中共中央军委决定撤销陕甘宁野战集团军番号，组成西北野战兵团，由彭德怀任司令员兼政治委员，率兵2.6万人，将胡宗南大部吸引在陕甘宁边区给以打击。同一天，朱德和刘少奇、任弼时开始撤离延安。他们在给晋绥军区司令员贺龙、政治委员李井泉和副司令员周士第发出的电报中指出：我们及中央机关已由延安撤至瓦窑堡至清涧一线，原在这一带的中央机关已陆续向晋西北转移，毛泽东、周恩来暂留陕北，南线总归彭德怀指挥。

3月18晚，毛泽东和周恩来率中共中央机关离开了延安，于当晚到达了位于延川县永坪镇西南的刘家渠。

离开了延安，朱德十分繁忙。在给贺龙等人的电报发出的同时，朱德又为中共中央军委起草了给晋察冀军区司令员兼政治委员聂荣臻、副司令员萧克的电报，指出："（一）东北战况已转入主动，二月消灭敌军二万余，三月上旬又消灭敌人八十八师及击溃八十七师，敌如不从关内调一二个军去东北，势难再作攻势。（二）山东我军消灭敌七个旅后正在休整，敌正向津浦路济徐段推进中，临沂被占后设防守备未进，我军正准备继续寻求歼灭战。（三）你们应独立作战，按实际情况以能在运动中集中我优势兵力集中消灭敌人为主，你们主力是否出津西应依此来考虑，不必以配合东北及山东为目的而进行作战。"

3月25日，毛泽东、周恩来和朱德、刘少奇在清涧县高家峁会合了，并在一起研究了全国解放战争的情况。第二天，他们又一起从高家峁出发来到了子长县任家山，在这里召开了中共中央紧急会议，决定中共中央和人民解放军总部继续留在陕北不走。

3月28日夜，朱德同毛泽东、刘少奇等转移到清涧县以北石咀驿附近的枣林沟。

这是陕北的一个普通的小村庄。它没有华丽的房屋，有的只是山前排列着的一孔孔窑洞，周围几乎全是枝干坚硬的枣树。虽是 3 月底了，但树枝上还没有露出一点绿色。

3 月 29 日，在枣林沟一个极为平常的窑洞里，毛主席主持召开了中共中央书记处会议。

朱德参加了这次极其重要的会议。会议正式讨论了中共中央是继续留在陕北，还是东渡黄河进入山西的问题。

自从 3 月 27 日毛泽东在任家山作出"中央在陕北不走"的决定以来，各战略区的领导人从毛泽东和中共中央的安全角度考虑，还是多次要求毛泽东撤离陕北，东渡黄河，进入山西。有的甚至提出要向陕北增派部队，以保障党中央和毛泽东的安全。但是，毛泽东提出，中央不能离开陕北，我也不能离开陕北。一是因为我们在陕北住了十多年，一直处于和平环境中，现在一有战争就走，对不起陕北的乡亲们；二是因为在陕北战场上，敌我双方力量的比例是 10 比 1，我们在这里拖住胡宗南的部队，蒋介石就不敢轻易地把胡宗南的几十万大军投入到别的战场。这样，其他战场上的敌我兵力对比也就不会那么悬殊了，这也就可以减轻其他战场的许多压力了。出于以上的考虑，毛泽东决定不打败胡宗南的部队就决不东渡黄河，离开陕北。

因此，在会议上，毛泽东首先说出了自己的想法："我反复考虑过了，我们中央不能离开陕北。这是我一路上深思熟虑的问题。留在陕北，我们可以牵制胡宗南 23 万大军，叫蒋介石这个战略预备队失去作用。"同时，他也不同意给陕北增加部队。他说："不能再调部队了，陕甘宁边区巴掌大的地方，敌我双方现在就有几十万军队，群众已经负担不起了。再调部队，群众就更负担不起了。"

会议一直开到第二天。会议最后决定，中共中央书记处五位书记分成两套班子。毛泽东、周恩来、任弼时继续留在陕北，主持中共中央和中共中央军委的工作；朱德、刘少奇东渡黄河，前往华北，组成中共中央工作委员会，简称中工委，担负中共中央委托的任务；叶剑英、杨尚昆在晋西地区，负责中共中央机关的后方工作。

会议虽然作出了这样的决定，但是，朱德还是有点不情愿。他说：

"这一回，我还是不想过河喽。"

最后，毛泽东说："我看就这么定了吧！"

根据枣林沟会议的决定，中共中央机关工作人员也分成了两部分。毛泽东对警卫团团长刘辉山说："你们给我留一个班就行了，其余的都随少奇和朱总司令过黄河。保卫少奇和朱总司令要紧。"

"这又怎么行呢？"朱德坚决不同意，他决定中央警卫团人员也一分为二，一个骑兵连，一个手枪连和两个步兵连跟随毛泽东、周恩来、任弼时留在陕北，其余的跟随朱德、刘少奇过黄河。

3月31日傍晚，狂风大作，寒气逼人。毛泽东、刘少奇、朱德和任弼时从绥德南部的石咀驿出发，驱车向西北方向行动。在田庄镇稍事休息后，大家走下车。这时，上弦月还没有升起，初春的老黄风夹着从毛乌素沙漠吹来的飞沙，一个劲地向人们刮来。刘少奇、朱德就在这里和毛泽东、任弼时分手了。朱德紧紧地握住任弼时的手说："你们的任务很重，很艰巨，一定要想办法保证毛主席的安全，不能出一点差错！"说完，朱德又转过身来叮嘱警卫战士们："主席的安危，关系着我们中国革命的前程。主席的安全，就交给你们了。你们可要绝对保证主席的安全啊！"他还让警卫员把自己的望远镜拿来，亲自送给骑兵连连长，说："你们担负着武装侦察的任务，是党中央的耳目，拿着它去发挥作用吧。"

和毛泽东、任弼时分手后，朱德、刘少奇驱车东行，东渡黄河，向山西临县的三交镇奔去。离开陕北时，朱德感慨地说："陕北好啊！"

4月2日，朱德和刘少奇到达了中共后方委员会所在地山西省临县三交镇。

三交镇是西到碛口，南到方山，北到临县、兴县的三岔交会点，四周是高峻的山，中间夹一块小平地，山是土山，但植被很少，看起来黄乎乎的一片。

在三交镇，朱德、刘少奇和贺龙、董必武、叶剑英、杨尚昆在一起开了个会，通过商量，决定已到晋西北的中共中央和中共中央军委一部分机关，"照前议一部去太行，一部就地疏散"。

随后，朱德一行途经兴县、静乐、宁武、崞县（今原平县），了解晋绥地区土地问题等情况。4月24日，朱德、刘少奇在给中共中央的报告中，指出在晋绥地区存在的问题：负担过重，超过农民的负担能力，破坏其再生产；一切为了保障公家收入的错误财政经济政策；1943年以来的群众运动在许多地区是破坏性的，吃大户运动给生产以很大的破坏等。并说明：晋绥分局已将上述各项运动停止，采取措施帮助农民恢复生产，还准备减轻负担，精兵简政，以便使群众透过气来。中共中央随即将这个报告转送给西北局。

经过长途跋涉，朱德一行于4月26日到达晋察冀军区所在地河北省阜平县城南庄。

确立打大歼灭战的思想

从陕北到了华北，朱德更加激动，他不由得说道："华北大有作为！"

一路思考，朱德已对华北地区的后方建设和军事斗争问题已有了规划。他对刘少奇说："打仗，最重要的还是老百姓的支援。我们沿途看见，农民仍然很苦，土地问题基本没有解决，公粮收的也重了一些，超过了农民的负担能力，农民哪里还有本钱和家底搞再生产？"

刘少奇同意朱德的看法。

朱德和刘少奇来到华北战场，毛泽东向他们交代的一个重要任务，就是要"将晋察冀军事问题解决好"。

朱德到城南庄时，晋察冀军区司令员聂荣臻正在指挥正太战役。战役一结束，他就匆匆赶回到晋察冀军区所在地河北唐县上碑镇。这一段时间以来，聂荣臻实在是太紧张了。集宁失利，撤离张家口，他的压力很大。正太战役即将取得胜利，这使聂荣臻的心情稍稍舒畅了起来。

这时，朱德和刘少奇也来到了上碑镇。聂荣臻向朱德和刘少奇汇报了工作。

朱德一见到聂荣臻就充分肯定了正太战役的胜利。他说："正太战役，你们打得很勇敢，战果不错！"同时，朱德也坦率地讲了自己的看法："随着解放战争的不断发展，战争的规模也在扩大。那么，战争机构也需要随之加强。就晋察冀而言，特别要学会适应打运动战和打大歼灭战的要求。我看，晋察冀军区的野战部队还需要发展，需要组建一个强有力的野战军指挥机构，使主要力量形成拳头。"

4月30日，在中共晋察冀中央局干部欢迎会上，朱德发表了讲话。他首先介绍了各个解放区战场取得的胜利，同时着重指出了各地打胜仗的几条主要经验：第一，主要是土地革命，发动了群众。为保卫土地，农民就要打仗，我们为人民服务，农民也不觉得打仗只是共产党八路军的事，这就有了打胜仗的基础。土地革命很要紧，军队要学习帮助土地革命，得到群众拥护，给养兵员等等就不成问题了。第二，党政军民团结一致，光靠军队打是不行的，只有党政军民团结一致才能打胜仗。第三，我们的战争是人民的战争，依靠人民群众，依靠民兵、地方部队到处打敌人，到处有人打，把野战军腾出来专打歼灭战，决不能叫主力到处去抵抗，分散兵力去保卫地方。相反，应该加强地方部队的建设，从地方部队挤出一部分人来充实野战军。

说到歼灭战，朱德的语气很自然地有所加重：

这次来主要就是为了把仗打好。你们最近打了一些胜仗，只是仗打得零碎了些。如何打大歼灭战，你们还没有十分学会。从张家口退出来以后，没有很好地把兵力集中起来。河北这个地方很好，物产丰富，人口众多，民兵和地方武装也很多，如果你们学会了集中兵力，一定能够打大胜仗。

打歼灭战，是红军的传统战略思想。我们历来是靠歼灭战来壮大自己，你们一定要贯彻打歼灭战的思想。

党政军民一定要团结一致，军队的纪律必须整顿好，要依靠人民群众，依靠民兵和地方武装，到处打敌人，把野战军腾出来专门打歼灭战，决不能叫主力到处去抵抗，分散兵力去保卫地方。相反，应该加强地方部队的建设，从地方部队挤出一部人来充实野战军。现在是吃饭的人多，打仗的人少，这不行。要实行总力战，党政军民结合为一体，共同对敌作战。①

---

① 《朱德传》（修订本），第716～717页，中央文献出版社2000年版。

在冀中干部会议上，朱德还讲了打歼灭战的原则：（1）集中兵力，主动作战。所谓主动就是让敌就我，而我不就敌。我能调动敌人，而不受敌人调动；（2）打敌之侧背，包围歼灭敌人。打侧需要胆大，要练出"欲打"敌人跑不了、"欲退"敌人追不上的本领。要发扬迅速、秘密、坚决的红军传统；（3）利用有利地形，把敌人消灭掉。

朱德所讲的这一切，恰恰是晋察冀部队在正太战役以前，许多重要的战役、战斗没有能打成歼灭战的重要原因。聂荣臻听后深受教育，感到很亲切，从而为在晋察冀军区部队确立"打大歼灭战"的战略指导思想起了重要的作用。

为了把"打大歼灭战"的思想贯彻下去，朱德采取了以下措施：

第一，统一干部的认识。朱德同晋察冀军区领导人商定，由聂荣臻分别召开各纵队、旅、团级干部会议，总结晋察冀军区作战的经验教训。

第二，在组织上进行调整，组成强有力的野战军指挥机构，加强野战部队的实力。为了从组织体制上适应打大规模歼灭战的要求，5月31日，朱德和刘少奇向中共中央军委建议，将晋察冀军区与野战军分开，在军区领导下重新组成以杨得志为司令员、罗瑞卿为政治委员、杨成武为第二政治委员的晋察冀野战军的指挥机构，建立军区后勤部，统一领导供给、卫生、兵站、运输、补充新兵、训练俘虏等，使野战军脱离后方勤务，只管训练与打仗两件事。6月2日，中共中央军委同意了朱德和刘少奇的这一建议。

晋察冀部队通过这次整编，加强了野战军的建设，整编后的晋察冀野战军已有3个纵队，共约12万人。部队扩充了战斗人员，装备有了改善，指挥机构更为精干，灵活机动，从而适应打运动战与打大歼灭战的要求。

朱德对晋察冀野战军领导机构的组建是抓得很细的。当时任晋察冀军区第三纵队司令员的杨成武调任野战军第二政治委员后，朱德亲自找他谈话。杨得志在回忆朱德同他谈话的情景时说：

他在阳泉接到中央工委的电报，立即赶到朱德所在的行唐县上碑镇。

上碑，是一个只有几百户人家的镇子。自从撤离张家口，晋察冀军区领导机关就设在这里。朱德住的院子里长着几棵枣树，枝头缀满绿茵茵的嫩叶，散发着农家的气息。

朱德从屋里走了出来，老远就伸出了手，笑呵呵地说："成武同志，你从阳泉前线回来了。"

进到屋里，朱德指指靠墙的一张硬木靠背椅，示意杨成武坐下。

朱德首先讲明了战争的形势。接着说："在这种形势面前，需要加强战争机构。晋察冀军区的野战部队还需要加强，需要组成一个更强有力的野战军指挥机构，野战军要完全适应打运动战和打大歼灭战的要求；军区指挥机构对野战军各纵队的作战指挥还不完全适应……为了改变这种状况，中央决定组建野战军，成立野战军的领导机构，加强野战军建设，使之成为一个更有力的拳头。"

说到这里，朱德停顿了一下，握了握拳头，然后向杨成武宣布了中央关于组建野战军的决定和组成，说："中央工委已向毛主席建议并得到批准，杨得志同志任野战军司令员，你任政治委员，耿飚同志任参谋长，潘自力同志任政治部主任，统一指挥晋察冀野战军。"

杨成武继续回忆说：

"听了朱总司令的一席话，我一方面为成立野战军指挥机构而感到高兴，因为这个决定将会使野战军从此摆脱繁重的负担，可以集中力量，大大地加强野战军的组织与指挥，增加灵活性，便于更广泛地实施机动。这个决策对于今后的战略反攻，打大的歼灭战、运动战，是非常重要的。但另一方面，我也感到自己能力不够，唯恐不能胜任晋察冀野战军政治委员这个职务。"

"朱总司令像看出了我的心思，像个循循善诱的老师似的，对我进行了很久的促膝谈心，涉及的方面很广。我深深感到，朱总司令的话，是他伟大人格的体现，是对部属的殷切希望，我生怕忘记，很快地挥舞手中的笔，把朱总司令的指示，一条一条地记录在本子上：

一，要团结。

二，戒骄戒躁，做事不要粗枝大叶，要细心谨慎。

三，注意组织军队，保证满员。

四，注意连队工作，加强深入下层，帮助连队。

五，干部有问题，要直爽地和他谈，帮助他。

六，注意巩固部队。

七，注意纪律，保证物资交公，即为筹款立功劳。

八，威信问题，上下级间有问题可以疏通，不要顾虑过多，把工作做好，工作交给你两杨负责。

九，处事处人要有严密戒备，不要乱说话，要谨慎，不要慌忙，不要口松，多听人说，自己少说，生活、工作态度均要如此。

十，关心机关干部，注意对下层实际问题的帮助、解决，团结他们。

十一，静坐当思己过，反省旧日说话做事对人不周之处，加以警戒，加以反省，纠正之，加以这方面之学习，团结大家，锻炼自己。

十二，一切问题注意调查研究，加以综合，综合群众的意见后再发言，再说话。

十三，了解情况，了解干部（谈话、征求工作意见），否则不发表意见①。"

第三，动员地方上党政军民各方面的力量，配合野战军共同打击敌人。朱德几次到冀中军区，都强调整顿军队纪律，加强军民团结。他指出："整顿纪律要从上而下地整，守纪律首先从上边守。"他要求冀中军区挤出一万到两万部队充实野战军。他还提出按军区、分区、县、区组成后勤指挥部，民兵、民夫都按班、排、连、营、团组织起来，各级政府的主席、党的书记担任后勤指挥部的司令和政委，统一指挥，打破各自为政、分散力量的局面。

第四，加强野战部队的训练与整顿。除整顿作风，整顿纪律外，朱德特别强调战术、技术的训练，对在平原地区如何调动敌人，如何攻城打碉堡，如何使用大炮、炸药、步兵协同动作实行攻坚等问题，都同指战员一一研究，进行具体指导。

朱德和刘少奇把在晋察冀所进行的工作及时地向留在陕北的中共中央和毛泽东作了报告，毛泽东表示很满意，6月14日回电说："各电均收，处置很对。"然后详细通报了陕北战场情况及其他几支大军的动向、打算，并说："就全局看，本月当为全面反攻开始月份。你们在今后六个月内如能（一）将晋冀察军事问题解决好，（二）将土地会议开好，（三）将财经办事处建立起来，做好这三件事，就是很大成绩。"②

---

① 《杨成武回忆录》，第70~71页，解放军出版社1990年版。

② 《朱德传》（修订本），第717、719页，中央文献出版社2000年版。

在晋察冀，按照毛泽东的指示，朱德的工作重点主要放在"将晋冀察军事问题解决好"上。

此时，在东北战场上，东北民主联军自5月13日发动的强大的夏季攻势，在不到半个月的时间里，捷报频传，消灭了敌人四个师的兵力，沈阳至长春间的交通被东北人民解放军拦腰截断，开始打破国民党军分割东北各解放区的局面，并迫使国民党军放弃了沈阳以北的大片地区。

面对东北日益严峻的局势，蒋介石为了确保东北这个战略要地，不惜"挖肉补疮"，命令北平行辕派兵增援东北。在这种情况下，如果让蒋介石痛痛快快地把北平行辕的部队调到东北，这将会增加东北战场的压力，对于战争的全局极为不利。

蒋介石急于抽调华北之兵力向东北增援这一步棋，早在中共中央军委和毛泽东的预料之中。毛泽东明确提出晋察冀野战军必须钳制关内敌军，以策应东北战场。5月8日，中共中央军委在致聂荣臻、萧克、罗瑞卿，并告朱德、刘少奇的电报中，要求晋察冀军区部队下一步作战，在地区、目标的选择上，应以能拖住北平行辕的部队使其不能调东北为原则，以配合东北民主联军的夏季攻势。

为了完成中共中央军委要求的"拖住敌人，配合东北作战"的任务，晋察冀部队决定向天津以南青县至沧县一线之敌出击，发起青沧战役。

聂荣臻立即把这一想法向正在河涧、任丘地区视察、指导工作的朱德作了报告，得到了朱德的同意。

6月12日夜，青沧战役打响。各部队按预定计划，几乎在同一时间里，向青沧一线的敌人发起猛烈攻击。霎时，枪炮声、喊杀声响彻夜空，震撼着津南大地。

战役在顺利地进行着。攻击兴济的任务交给了具有光荣传统的第十一旅来完成。

兴济，是一个有近2000户居民的大村镇，位于青县和沧县之间，津浦铁路旁。镇西面靠近运河，东、南、东北三面环水，环镇有一道高约四米的土围墙，墙外挖有深宽各约三米的外壕，并与运河贯通；镇南北各有一条道路通入镇内，是一座易守难攻的据点。

进攻兴济前，第四纵队司令员陈正湘、政治委员胡耀邦等陪同朱德找到了第十一旅旅长李湘、政治委员张明河谈了话，指出，兴济是青沧战役中难啃的一块硬骨头，鼓励他们一定要打好这一仗。

经过几昼夜的激战，6月15日，青沧战役胜利结束。朱德得知胜利的消息后，十分高兴。他在《冀中战况》一诗中，以无比喜悦的心情写道：

> 飒飒秋风透树林，燕山赵野阵云深。
>
> 河旁堡垒随波涌，塞上风烟遍地阴。
>
> 国贼难逃千载骂，义师能奋万人心。
>
> 沧州战罢归来晚，闲眺滹沱听暮砧。

青沧战役结束后，朱德和刘少奇曾指示晋察冀部队"休息三五天后，继续向平津段出击"。中共中央军委同意了这一意见。6月19日，毛泽东在给朱德、刘少奇、聂荣臻等人的电报中指出："下一步行动似以全力（主力三个纵队不要分散，再加地方部队）向平津段出击，截断杨村、黄村段，争取在大清河北歼灭援敌为有利。如援敌不好打时，则转向平保段出击，如此可在平津、平保两线往来机动，寻机歼敌之正规部队。"

根据情况，晋察冀野战军决心乘雨季到来之前，发起保北战役，集中兵力攻歼漕河、徐水、固城、北河店地区之敌，并争取在敌来援之时，在野战中歼其一部。

这是一次大规模的行动。为了打好这一仗，6月下旬，朱德随晋察冀野战军司令部移驻白洋淀，亲自和聂荣臻一起组织保北战役。

6月25日，保北战役打响。经过作战，先后攻克了徐水等城，并完成了对固城守敌的包围。

固城，位于徐水、定兴之间的平汉铁路线上。北面是开阔的平地，东面紧靠铁路，西面和东面有深水塘围护，难以接近。守敌为第三六二团，这是国民党军第九十四军第一二一师的主力，是蒋介石的嫡系部队之一，大部分军官都受过美国人的训练，全部美式机械化装备，具有很强的战斗力。这个团自进驻固城以后，就加强设防，在镇内外筑有大小碉堡500余座、伏地堡200多个，其中大部分是由钢筋混凝土建成的永备性工事。在镇东西两侧及镇北100米处均为居民地，西南角大庙处地形较高，镇内各主要路口均以暗堡控制。守敌依仗美械装备和地险城坚，相当骄狂。敌团长曾狂妄地吹嘘说：只要有我第三六二团在，就是丢了北平，也丢不了固城。还说什么：固城之防固若金汤。

担任进攻固城任务的是晋察冀野战军第三纵队，他们以一个旅一个团攻击固城，以一个旅在固城以北阻击援兵。国民党军为解固城之围，以四个团的兵力，在航空兵、炮兵掩护下，向第三纵队部队猛攻。第三纵队部队一面顽强地抗击敌援军，一面集中优势兵力，以炮兵与步兵协同，攻破国民党军的坚固设防，全歼守军，固若金汤的固城终于被攻克了。

固城战场的硝烟未散，晋察冀野战军司令部领导人杨成武等就到现场同指战员一起研究总结攻坚的经验教训。朱德这时正随野战军司令部行动，他对这样的作战指挥和领导作风极为重视，给予很高的评价。6月29日，他在给中共中央军委和刘少奇等的电报中说：我们现移白洋淀。青沧战役经过4日战斗结束，很快迅速转入保北战役，又经过3天战斗，打开徐水、固城，消灭顽军2个团又2个营，占领了漕河。北河店段约70里铁道线，拔去该线点碉。东西原是老解放区，造成了新战场，孤立了保定。主力再向北打，已不适宜。易县、满城已被我占，容城在我军围攻中，指日可下。因此，主力现集结徐水、固城之线休整。青沧战役和保北战役之所以取得胜利，正如朱德所说，是由于"打堡垒及攻城的战术技术都相当的提高，能步炮协同及善于使用炸药，能迅速秘密组成，故能成功，对于打歼灭战大有进步。现士气旺盛，唯兵员不足。今后作战已转为主动，仍是围城打援为宜，在平原作战为有利，大炮能自由运动，攻城器械能搬运便宜，群众甚好，供给容易，即使是较坚的城堡，如准备的好，时间宽裕，亦可攻破。下一战役尚未考虑，如全局需要，亦可迅速进行。我与聂（荣臻）在七月初旬即转军区。"①

从4月到6月，在短短3个月的时间里，晋察冀野战军部队南下正太铁路沿线，东击青沧，再战保北，在华北大地上纵横驰骋，三战三捷，歼灭国民党军4.2万余人，从而牢固地掌握了战场的主动权，从根本上改变了华北战场上的被动局面。朱德对这个转变很满意。7月20日，他在给毛泽东、周恩来、任弼时等人的一封信中说：

---

① 《朱德年谱》中，第1265页，中央文献出版社2006年版。

"晋察冀工作，这三月来已有转变。""现在野战军已完全组成，所委人员已到职，人员补充也正在进行，约可得一万补充兵。""后勤已组织好，支援前线已较前合理而有力，兵工有大进步。""最近野战军进行了青沧战役及徐固北战役（注：即保北战役）后，引起敌人大集中"，"好好打一次十个团的歼灭战，此间敌人就能大转变，转到守，成为被动，这是很有可能的"。"野战军正在休息补充，只要休整好，很有可能打好歼灭敌人十个团以上的歼灭战。"①

在这封信中，朱德还建议在11月至12月召开晋察冀军工会议、参谋会议和交通运输会议，以便加强反攻的准备。他说：我军将来反攻时，最重要的是炮弹、炸药的补充。"各解放区野战军反攻时，应特别注意组织后方运输补给，尽管是些微小的补充（大部由前线解决），也是必要的。"此间将来亦能为前线补充的，一是大批干部，拟抽调一千个干部，训练一时期，逐次应各方之请求，给予之；二是炸药、炮弹，将来也能供给。我们向这两方面努力，帮助前线。又说：晋察冀野战军正在休息补充，只要休整好，很有可能打好歼灭敌人十个团以上的歼灭战。在冀中、冀东消灭蒋、傅主力，比在察、热一带更有利。

后来，毛泽东在回电中说："朱总司令意见很好，唯开参谋、通讯等项会议在目前情况下是否适宜，请与少奇商量办。"②

打了一个大歼灭战

1947年7月2日，朱德同聂荣臻一起回到了晋察冀军区驻地——阜平。

这时，以刘邓大军千里跃进大别山为起点，人民解放军各路大军按照中共中央的部署，依次由内线转向外线，由战略防御转入战略进攻。朱德说："整个形势变了。敌人的盛气凌人的进攻，大规模的进攻，以为三个月把我们消灭，最多半年把我们消灭，现在证明是一场春梦。""所以今年的精神是进攻。"整个战局已发生对蒋介石不利的根本变化。

---

① 《朱德年谱》中，第1269~1270页，中央文献出版社2006年版。
② 《朱德年谱》中，第1270页，中央文献出版社2006年版。

在这种形势下，朱德十分繁忙，他既要参加正在西柏坡召开的全国土地会议，听取山东、华东、鲁中、胶东、陕甘宁边区和晋绥等地区负责人关于土地改革以及其他工作情况的汇报，还要以极大的精力关注着作战问题。

保北战役以后，晋察冀野战军的领导干部全部到职，领导机关也在河北定县的一个村庄里正式成立。朱德同刘少奇、聂荣臻等研究后，认为部队刚经过频繁的战斗，必须好好休整，认真总结经验。1947 年 8 月 9 日，朱德起草了与刘少奇、聂荣臻联名给中共中央的一份电报，指出："敌主力退大清河以北扫荡，我以军区部队配合民兵对付之，野战军急须整顿至八月二十五日。我们商量的意见，趁此时机，应准其充分休整，因野战军初组成，干部调动多，交代就职均不熟悉，连队补充了新兵，亦应争取训练短时期。如准备充分，再配合东北作战或独立作战均须准备连续作两个战役为宜。因此，我们提议准许他们趁机整训至八月二十五日为好。"① 8 月 16 日，朱德和刘少奇、聂荣臻又在一份电报中说，如暂时各方不好打，可多整训十至十五天，将部队补充完整，好好训练，待秋高时大举进攻北平、天津、保定之间的三角地带和平汉、津浦、北宁三条铁路线，或攻击石家庄。现正定有保安队 2000 余人，在此休整中亦可派一部分解决之。

按照朱德的指示，晋察冀野战军部队集中到安国、定县地区进行了两个月的整训，进一步提高了部队的士气和战斗力，部队的士气旺盛，杀敌心切。

从当时的敌情看，国民党军在晋察冀解放区只占有北平、天津、保定三角地带，和被人民解放军包围的几座城市，如石家庄、太原、大同、张家口等。晋察冀野战军面对的主要对手，一个是保定绥靖公署孙连仲集团 4 个军 11 个师及整编第六十二师、青年军第二〇八师等，其主力分布于北平、天津、保定三角地区；一个是张垣绥靖公署傅作义集团 8 个师又 3 个旅，分布于平绥铁路沿线。

为保住华北阵地，蒋介石于 7 月 1 日在北平召开军事会议。北平行辕主任李宗仁，各靖绥公署主任、副主任等，均参加了会议，会议确定重点守备北平、天津，并对北平、天津、保定三角地区主动出击，并确定以第三军守石家庄，以保定绥署主力编成机动兵团，利用铁路、公路在平、

---

① 《朱德年谱》中，第 1271 页，中央文献出版社 2006 年版。

津、保三角地区往来机动。

　　为更好地在内线大量歼灭敌人，以配合刘邓大军外线作战，杨得志、罗瑞卿、杨成武在野战军休整期间，反复研究了各种作战方案。8 月 19 日 10 时，他们在给朱德和刘少奇、晋察冀军区并中共中央军委的电报中，建议出击大清河以北北平、天津、保定三角地区，并提出了两个作战方案。其一：集中三个纵队全部进攻青县、马厂、静海地区，将敌东调后，我再转至大清河北岸作战。其二："为调动敌人寻其弱点歼敌，建议配置以三纵（熟习）向涞水、涿县、定兴地区进攻，目的调动敌人主力西援；我主力（二、四两纵队）进至任丘西南及东南地区待敌调动后，即进至大清河北歼敌。如敌主力不动时，三纵即将涞水攻下。"

　　8 月 23 日 9 时，朱德和刘少奇就杨得志、罗瑞卿、杨成武关于主力向青县、静海地区进攻及攻涞水等问题给中共中央军委发出一份电报，"以遵照军委过去指示"，逐渐削弱北平行辕李宗仁集团，"以利尔后配合东北作战之目的，我们同意杨、罗、杨十九日十时之第二方案行动（三纵去西面涞水一带行动）。可否，请军委批示。"

　　8 月 24 日，中共中央军委复电朱德、刘少奇："同意以一个纵队攻涞水一带，主力至大清河以北机动之方案。"

　　四天以后，毛泽东在给各大野战军领导人的一份电报中指出："在目前情况下，给敌以歼灭与给敌以歼灭性打击，必须同时注重。给敌以歼灭是说将敌整旅整师干净全部地加以歼灭，不使漏网。执行这一方针，必须集中三倍或四倍于敌之兵力，以一部打敌正面，以另一部包围敌之两翼，而以主力或重要一部迂回敌之后方，即是说四面包围敌军，方能奏效。这是我军的基本方针，这是在敌军分散孤立、敌援兵不能迅速到达之条件下必须执行的正确方针。但在敌军分数路向我前进，每路相距不远之条件下，我军应当采取给敌以歼灭性打击的方针。这即是说，不要四面包围，只要两面或三面包围，而以我之全力用于敌之正面及其一翼或两翼，不以全部歼灭敌军为目标，而以歼灭其一部、击溃其另一部为目标。这样做，可以减少我军伤亡，其被歼灭之部分可以补充我军，其被击溃之部分可以使其大量逃散，敌能收容者不过一部分，短期内亦难恢复战斗力。现在顾祝同系统尚有三十二至三十五个战略性野战机动旅，分散使用于胶东、鲁西南、皖西及河南，若我能依情分别采取上述两种方法，在短期内给其十个至十五个机动旅以歼灭及歼灭性打击，则局势可以迅速改变。"①

遵照毛泽东的指示，8月30日，朱德、刘少奇联名给晋察冀野战军领导人杨得志、罗瑞卿、杨成武发出一份电报，对部队如何作战作了明确的指示：

> "你们应寻求运动中消灭敌人。敌地堡坚固，应研究对策、筹备技术与材料后，再设法攻破。东北进攻已开始，不要考虑配合，但对于你们行动是有利的。""部队行军、宿营都要紧缩、灵敏，避免笨重累赘，善于利用群众掩护及地形熟悉的条件，即能寻求在运动中突然袭击或打埋伏的好机会，去消灭敌人。如数次布置无效也不必灰心，下级亦不宜说怪话，能长此灵活使用，一年内能一二次收效亦可算成功，或可大量歼灭敌人。这些建议供你们采择，你们仍应按实际条件去行动。"②

全国土地会议还在继续开着。9月7日，朱德在会议上作了关于国际国内形势的报告。

怎样才能夺取战争的胜利呢？朱德说："放手发动群众，彻底消灭封建势力，是打垮蒋介石的最基本条件。要很快地取得战争的胜利，第一个关键就是分田地，消灭封建势力，挖掉蒋介石的根子；第二个关键是要打胜仗。"

朱德特别强调了军队要走群众路线的问题。他说："首先，军事教育要走群众路线。我们实行了官教兵、兵教官、兵教兵的方法，使指战员的军事技术大大地提高了。其次，战术运用要走群众路线。每一战役结束后，从组织一个班到全部队都来检讨战术，这样就能大大地提高部队的战术水平。干部要真正地爱护战士，就要把战术学得更好，运用得更好，战斗中少死人，这才算是群众路线。依靠群众，走群众路线，战术才容易学得好。第三，政治工作要走群众路线，把老八路、土改后参

---

① 《毛泽东军事文集》，第4卷，第216～217页，军事科学出版社、中央文献出版社1993年版。

② 《朱德年谱》中，第1273页，中央文献出版社2006年版。

军的新战士、从国民党部队过来的解放战士编在一个班里，开诉苦会，提高阶级觉悟。第四，实行奖励要走群众路线。总之，做一件事发动整个部队去做，战士们是很有政治觉悟、很有能力的，能做很多事情的。我们在部队工作的同志要不断加强群众观念，遇事走群众路线，同群众打成一片，做到思想一致、行动一致，那我们就一定能把部队带好，带成一支模范的队伍。"①

在部队经过休整后，9月初，晋察冀野战军打响了第一个大歼灭战——大清河北战役。这一次战役虽歼敌3000多人，但自己伤亡4000多人，打了一个消耗战。这一仗打得不够理想，部队情绪又有了新的动荡。

晋察冀部队对这次作战作了认真的总结。9月15日，聂荣臻在给中共中央军委和朱德、刘少奇的报告中认为：这次作战之所以没有达到预期目的，主要是"决心太厚，包围敌过多，因而兵力分散，不能速决，故不得不撤退。"第二天，晋察冀野战军领导人杨得志等在检讨报告中认为，主要原因是侦察工作与情况研究不够，以及对国民党军的新式工事和火力加强估计不足。

检讨虽作了，但杨得志和杨成武两人的思想上还是有点苦恼。正当他们坐在野战军司令部里抽着闷烟时，朱德走了进来。他一左一右握住他们的手，笑着说道："身当大将，宠辱不惊，等闲胜败啊！"

说完，朱德坐了下来，让杨得志和杨成武也坐下，说："晋冀能打胜仗，保票是我朱德向中央打的，你们不该有任何包袱，要放手指挥，按既定的想法干。更何况，此役是野战军的第一仗，一定要珍惜这个第一。"

杨得志说："有的同志讲，这一仗'肉没有吃到，倒把门牙顶掉了。'"

朱德回答说："这种说法是不对的，这一仗消灭敌人三千多人，这个数字虽不算大，但意义却不同寻常。这是我们改变了作战方式所得的三千多，是初次打大歼灭战所得的三千多。这里面包含着经验、训练和方法，虽来之不易，却来之及时，是野战军的第一次锻炼和实战教育。"

① 《朱德年谱》中，第1283~1274页，中央文献出版社2006年版。

朱德的一席话，顿时让杨得志和杨成武的思想开朗多了。他们决心通过对这次战役经验教训的总结，打一次更大的歼灭战。

9月23日，朱德和刘少奇联名给中共中央军委发出一份电报。电报指出："野战军大清河北战役，因围敌过多，不能最后解决，伤亡四千余，毙俘伤敌三千余。但此次士气旺盛，干部之具有牺牲精神，较以前不同。罗（瑞卿）因病未去，聂（荣臻）初离开，杨（得志）、杨（成武）初出马，未获大胜，后方干部难免浮言。"根据这种情况，朱德要求去晋察冀野战军亲自指挥作战。他说："朱拟去野战军整理一时期，随同杨、杨打一两个好仗，将野战军树立起来。""东北此次作战很大，配合有无大妨碍，请示。"①

接到这个电报后，毛泽东立刻以中共中央军委名义致电朱德、刘少奇和晋察冀野战军司令部，指出："此次大清河战役，歼敌一部，虽未获大胜，战斗精神极好，伤亡较多并不要紧。休整若干天后，按照该区具体条件部署新作战，只要有胜利，无论大小，都是好的。一切按自己条件独立部署作战或休整，不要顾虑东北或别区配合问题。"考虑到朱德的安全，电报中又说："朱总是否亲临前线，请加慎重。"

毛泽东对晋察冀野战军的鼓励和对朱德的关心，使朱德和晋察冀野战军广大指战员更加坚定了打大歼灭战的决心。

打大歼灭战的机会终于来到了。

9月中旬，东北民主联军在长春、吉林、四平地区和北宁线锦西至义县地区之间进行的秋季攻势越打越猛。蒋介石为增援东北，不得不先后从华北战场抽调第九十二军第二十一师、第十三军第五十四师、第九十四军第四十三师等五个师的兵力出关。这样，国民党军在华北机动兵力不足的弱点更加暴露。

蒋介石为了保住华北，防止人民解放军乘虚而入，将主力部队作了相对的集中，企图确保平、津、保三角地带这一战略要地。

怎样才能歼灭当面国民党军，并配合东北民主联军的秋季攻势呢？出击大清河北作战后，聂荣臻曾对晋察冀部队的下一步作战行动提出了四个

---

① 《朱德年谱》中，第1275页，中央文献出版社2006年版。

方案：一，出击察南；二，进攻石家庄；三，再出大清河北；四，再一次进击保定以北地区。在这四个方案中，聂荣臻认为第四个方案为好。因为，执行这一方案，可以彻底切断北平至保定段的交通，抓住敌第九十四军和李文所指挥的敌第三军和第十六军，可收各个歼灭敌人之效；且在战役发展中，在敌第十六军主力调动时，我冀中部队主力又可伸向大清河北，收复失地，歼灭这一地区的分散之敌，向平津段发展。

9月15日，晋察冀军区致电野战军领导人杨得志、罗瑞卿、杨成武、耿飚，并报朱德、刘少奇和中共中央军委，决定乘蒋介石急于抽调华北兵力增援东北的时机，在保定以北地区实行中间突破。

10月3日，晋察冀野战军召开了由旅以上干部参加的前委扩大会议，研究下一步的作战问题。一致认为，再出大清河北，敌虽只有五个团及河北保安第七总队王风岗部，但仍需攻坚，背水作战，进出不便，且不便集中主力。相反，出击保定以北地区则比较有利。"主力进展完全集中（独七旅按时参战），可以创造打援条件，有发展前途，进退可以自如，牵制敌人，配合东北有利。"

在统一思想认识的基础上，晋察冀野战军同时向中共中央军委、中央工委和晋察冀军区上报了出击保北的三个作战方案：

第一方案，以第二、第四纵队及独立第七旅，由东向西，第三纵队由西向东，攻克徐水、容城，扫清固城、保定之间的敌据点碉堡，开辟打援战场；尔后，以一部由北向保定外围佯攻，引敌来援，以一部扼守徐水，主力准备于徐水附近歼灭援敌。

第二方案，扫清固城、徐水、保定间各敌小据点，从而孤立固、徐、保三点；然后采取围城打援，如援敌多，则西转隐蔽于遂城、姚村以西，诱敌向遂城或姚村追击，而各个歼灭之。

第三方案，以一部围攻涞水，争取于涞水与高碑店之间打击来援之敌。

晋察冀野战军首长认为，第一、第二方案比较适宜。这就是说，如果保定之敌出援，就歼敌于徐水以南地区；如果敌从北或东北地区来援，就歼敌于徐水以北地区；如果来援兵力过大，则给敌以杀伤后，西转遂城、姚村地区，诱敌深入，迫敌分散而寻机于运动中歼灭之。

10 月 5 日，朱德、刘少奇复电杨得志、杨成武等："同意你们出击保北，并仍以寻求打运动战为主之方针。"

晋察冀野战军很快发布作战命令："乘东北我军大举出击，敌北平行辕为应援东北，在我区采取守势之际，我决再度发动保北战役。"结果，由此演变成为著名的清风店战役，打了一个漂亮的大歼灭战。

10 月 9 日，朱德起草了与刘少奇联名的给杨得志、杨成武、耿飚的电报，指出："破坏铁道应注意桥梁、水塔及其他我们将来不能或难于修复者，均不要破坏；但铁轨应撤走，枕木应烧毁，路基应彻底平毁，以及其他我们将来易于修复者应尽量彻底破坏，以图达到我战术要求为止。"

10 月 11 日，晋察冀野战军以一个纵队围攻徐水，主力集结在徐水以北，意在诱敌增援，在运动中加以消灭。国民党军从北面调集了 5 个师 10 个步兵团和 1 个战车团，多路齐头并进，同晋察冀野战军阻击部队在狭小的徐水、固城、容城小三角地带发生激战，形成对峙，这对晋察冀野战军部队是不利的。为了迫使南下的国民党军分散，晋察冀野战军采取诱敌西进。这时正在北平的蒋介石，以为晋察冀野战军兵力不足，即将败退，急忙命令驻守石家庄的国民党军第三军军长罗历戎率部北上，夹击晋察冀野战军部队。野战军司令部获悉这一情报后，当机立断，以小部兵力在保定以北继续阻击，而将主力以强行军速度兼程南下，一昼夜行军 200 多里。20 日，突然将国民党军第三军主力合围于清风店地区。22 日，全歼国民党军第三军军部、第七师另一个团，共 1.7 万余人，活捉军长罗历戎。

胜利的消息传来，整个晋察冀解放区沸腾起来了！胜利的歌声彼伏此起，人们涌上街头，尽情地唱，尽情地跳。

朱德在得知这一次战役胜利的消息后，也立即步唐代著名诗人杜甫《秋兴》诗韵赋《贺晋察冀军区歼蒋第三军》诗一首：

南合村中晓日斜，频呼救命望京华。

为援保定三军灭，错渡滹沱九月槎。

卸甲咸云归故里，离营从此不闻笳。

请看塞上深秋月，朗照边区胜利花。

罗瑞卿在回忆清风店战役时说："朱总司令对战役的指导是非常得体

的。为了使指挥方法适应打大歼灭战的要求，他根据党中央毛主席的决定，指示我们成立前线指挥机构。他鼓励我们一定要树立打大歼灭战的信心和决心，并明确指出，善于调动敌人，集中兵力，是夺取战役胜利的关键。他从战略指导原则、战役指导思想到具体指挥方法，用毛主席军事思想武装了我们的头脑，为我们指明了胜利的方向……清风店歼灭战是我们贯彻毛主席运动战思想的一个生动体现，是实践朱总司令关于学会调动敌人的指示的一个成功尝试。"

二十七、创夺取大城市的范例

"同意乘势打石门"

1947 年 10 月的华北，已是深秋季节。庄稼收割上场，微风传来原野上肥沃的泥土气息。这一年秋天是一个难得的收获旺季。

清风店战役胜利后，聂荣臻并没有陶醉在胜利的锣鼓声中，他在思考着下一个战役将从何处打起，下一次胜利将从哪里取得？

10 月 22 日，清风店战役胜利结束的当天，聂荣臻就对当时的敌我双方的情况进行了认真地分析，他感到，经过晋察冀部队多次在保北地区的作战，石门（今石家庄）与保定、太原之间的联系被割断，敌驻守的石门已成为深陷我解放区的一个陆上"孤岛"。当时，新华社一名记者写的一篇报道，题目就叫《石门——摇摇欲坠的孤岛》。文中记述了被俘的第三军一个上尉副官的苦诉："从四月以后，我们苦守石门，东走不出五里，西走不出五里。要作个比喻，我们好似死了的人没有埋，简直就像活死人！"特别是清风店战役歼灭了敌第三军的主力，石门守敌只有正规军 1 个师，连同地方保安团和石门周围 19 个县的保警队等，也只不过有 2.5 万人，且军心不稳。因此，乘胜夺取石门，对晋察冀野战军来说已是瓜熟蒂落，势所必然了。

想到这里，聂荣臻提笔向中共中央军委及朱德、刘少奇写了一份电报，正式提出了"乘胜夺取石门"的意见。电报说："现石门仅有三个正规团及一部杂牌军，我拟乘胜夺取石门。军委是否批准此方案，请即示。"①

朱德、刘少奇完全同意聂荣臻的这一意见。早在 7 月 11 日，朱德在给

---

① 《朱德年谱》中，第 1276 页，中央文献出版社 2006 年版。

毛泽东的报告中就提出："要求在一个军区作战时，野战军加上地方军，都在十个旅以上兵力。炮兵现已成旅，各种炮都很多。我提出十个旅在运动战中，争取消灭敌人十个团的兵力，当然是各个击破，但在一个战役中，敢于与敌人十个团决战，他们向这方面去争取。下次战役，他们拟打石门。据杨得志估计，石门有条件打下，无城墙，先打下飞机场，援兵不易来，时间较久，可以逐次打开。他们正在准备，如补充顺利，八月可打。我已告他们要充分准备后再进行。如敌人由保定来援，正是雨季，要过几次河。此地群众好，打援更为有利。"10 月 23 日，他们联名致电中共中央军委，建议批准聂荣臻夺取石门的意见。电报说："我们意见亦以打石门为有利。石门无城墙，守兵仅三团，周围四十里长的战线，其主管官被俘，内部动摇，情况亦易了解。乘胜进攻，有可能打开，亦可能引起平、保敌人南援，在保、石间寻求大规模的运动战的机会。你们意见如何，望速复。"又说："朱拟即日到杨（得志）、杨（成武）处。"

同一天，朱德、刘少奇又致电聂荣臻等，指出："我们同意乘势打石门。有可能打开。即不能打开，亦可能引起李文、袁朴等南移，在石、保间可能寻找大规模的运动战，对我有利。请你们预为准备各种补充。待军委批准后，用全力来进行此战役。"

当日 12 时，毛泽东以中共中央军委的名义亲自复电给聂荣臻等并告朱德、刘少奇，电报中说：

> 二十二日十二时电悉。清风店大歼灭战胜利，对于你区战斗作风之进一步转变有巨大意义，目前如北面敌南下，则歼灭其一部，北面敌停顿，则我军应于现地休息十天左右，整顿队势，恢复疲劳，侦察石门，完成打石门之一切准备，然后，不但集中主力九个旅，而且要集中几个地方旅，以攻石门打援兵姿态，实行打石门，将重点放在打援上面。①

---

① 《毛泽东军事文集》，第 4 卷，第 315 页，军事科学出版社、中央文献出版社 1993年版。

从这里可以看出，毛泽东的想法同聂荣臻有所不同，聂荣臻强调的是"乘胜夺取石门"，毛泽东则主张"以攻石门打援兵姿态，实行打石门，将重点放在打援上面。"聂荣臻在后来的一次讲话中，对此作了全面的阐述。他说，攻打石门，当时讨论有两个方案：一个是围点打援，一个是全力攻下它。围点打援是个好办法，我们一面把石门打下来，同时又能歼灭敌一部分援兵，岂不妙哉？所以，我们就这样部署了兵力。但究竟怎么打，还要看情况的变化。援兵来了，我们就集中主力打援，打了援回头再打石门；援兵不来，就一直打下去。我们既然研究了各种因素、条件，认为可以打下来，就应当有信心，就不是盲动和冒险。我们希望打运动战，但是情况变化了，条件具备了，我们就要攻坚，就要打石门。没有这个决心是不对的。少数干部信心不足，顾虑太多，就是不了解这一点。如果我们不打失去了战机，那就不是客观条件不许我们军事上翻身，而是我们不愿翻身，不敢于胜利。

但是，要真正攻打石门，在当时，人们还是有不少的担心的。

石门，是平汉、正太、石德三条铁路交汇的重要交通枢纽，战略要地。在日军侵占时就修筑有坚固的防御工事，国民党军队抢占后，又不断加固。以长约60余里的外市沟、30多里的内市沟和市内坚固建筑群形成3道防线，仅碉堡就有6000多个。石门虽无城墙，但沟深、暗堡交错，电网、路障、地雷密布。国民党军宣称"石门是城下有城，凭工事就可以坚守三年"。

当时，人民解放军既没有飞机、坦克，连山炮、野炮也不多。要攻取像石门这样坚固设防的大城市，实在不是一件轻而易举之事。特别是蒋介石也不会轻易放弃他多年经营的这个战略要地的。如人民解放军攻打石门，蒋介石和华北敌军总部是不会坐视不救的。清风店战役后，蒋介石就曾一连几次给石门警备司令、第三十二师师长刘英发电，不惜屈尊以"老弟"相称，说："共军若敢进攻石门，兄当亲率陆空大军前去支援。"刘英得到蒋介石的许诺，立即复电蒋介石，发出"有敌无我，有我无敌"的誓言。不久，孙连仲又急急忙忙地把驻保定的第三军野炮营和保定绥署独立团也空运到石门，以加强守备石门的力量。

攻打石门，又是人民解放军第一次打大城市的攻坚战。

为充分做好攻打石门的战役准备工作。10 月 25 日，朱德来到了晋察冀野战军司令部驻地河北安国县南关，同野战军领导人一起，进行了紧张的战前动员和攻坚准备。他首先听取了各种情况汇报。接着，朱德对攻打石门的有利条件和困难作了具体分析。特别是看准原来驻守石门的国民党军第三军主力在清风店战役中被歼后守军兵力不足，军心不稳的严重弱点，对攻克石门充满了信心。他在为中共中央军委起草的一份电报中这样写道：我们意见亦以打石门为有利。石门无城墙，守兵仅三团，周围四十里长的战线，其主管官被俘，内部动摇，情况亦易了解。乘胜进攻，有可能打开。同时，他对石门防务的坚固和攻坚的困难也有清醒的估计。因此，他反复强调要做好充分准备，高度重视攻坚的战术和技术，并且学会把军事进攻同政治瓦解相结合，尽量减少自己的伤亡。

为保证攻克石门，朱德对炮兵、步兵、工兵协同作战极为重视。10 月 27 日凌晨，他从晋察冀野战军司令部又来到安国县西北的西伯章村炮兵旅驻地，先听取领导干部汇报，然后深入到各个炮团实地视察。他虽然已年过六旬，仍迈着稳健的步伐，冒着深秋的严寒，在坑洼不平的田野里检阅炮兵部队。

当时任晋察冀军区炮兵旅旅长高存信回忆说："10 月 27 日早晨 7 点多钟，朱总司令身着土布灰棉军装，坐着一辆缴获的美式中吉普，风尘仆仆，从野战司令部来到我们炮兵旅的驻地——西伯章村。朱总司令当时和刘少奇同志共同肩负着中共中央工作委员会的重任。在工作任务十分繁重的情况下，他在我们炮兵旅整整待了一天。首先听取了我们旅的军政干部的情况汇报，然后就深入到各个炮团去实地视察。我们在前方指挥所的几个旅的干部都陪同他，骑着马，先到了炮一团驻地东伯章村。由于 10 月 26 日晋察冀野战军司令部已打来电话通知朱总司令今天来我们旅视察工作，指战员们精神都十分振奋，做好了一切准备。总司令先到的一团，由团长张伯弨、政委叶里三等团干部引导先到了村外边的野地里，田里的庄稼早已收割完毕，一团野炮营的全体干部战士精神抖擞、队列整齐地集合在那里等候检阅。朱总司令虽然年纪已过 60 岁，却以健壮的步伐，在低洼不平的田地里，按一个标准军人姿态检阅着炮兵部队。然后他走近大炮，手抚摸着大炮看前看后，并向我提问炮的性能、射程、重量、挽驭和弹药等情况。朱总司令深入实际,了解战士、干部情况,了解装备武器现实状况和维修等。他这种求实精神深深感动了我。

"检阅部队之后,在东伯章村的大庙里,朱总司令给一团排以上干部讲了话。他首先说:同志们,你们好,你们辛苦了!我代表党中央、中央军委和毛主席来看望大家,慰问大家!他的话博得了热烈的掌声,有的同志激动得流出了热泪。他给同志们讲我军宗旨:全心全意为人民服务和三大纪律八项注意,接着讲国际国内形势,他要求大家很好地学习和宣传《中国人民解放军宣言》。最后,他讲了炮兵。他说:咱们的炮兵有发展,东北部队的炮多,炮兵有十几个团,千把门炮了;山东有一个炮兵纵队,太行等地也有炮。你们也有一个旅了,很好。你们有前途,装备好,还要继续发展、扩大,将来要准备打出去。希望你们放心,不要改行,争取当一辈子炮兵,做一辈子革命战士。

"朱总司令还说:炮兵很重要,为步兵开辟道路,可以减少伤亡。炮不打口不开。你们过去打了不少胜仗,希望你们不要骄傲,再接再厉,多打胜仗。在战术上要注意,接近敌人要秘密,打炮时要猛,要突然,火力齐整集中,集中里面还要再集中。还要注意运用不同地形,实施射击。不打则已,一打就打得猛、打得准、打得狠。步炮协同好,胜仗不断打。

"最后,他说:你们胜利完成各项任务,不仅要解放全中国,而且,要和全世界人民形成一条心,反对一切反动派,对世界人民多作贡献。他的话句句打动了人们的心。"①

高存信还回忆说:"接着,我们又陪同朱总司令看了炮二团的榴弹炮营,炮三团的山炮和重迫击炮营,他最后给这两个营和四个连队的干部、战士讲了话,表扬了炮兵旅七八个月来,连续参加了 6 个战役,连续作战,冒着敌人飞机轮番扫射,两昼夜强行军 300 里,历经艰险,与步兵同时到达作战地区。他希望炮兵发扬勇敢顽强、不怕牺牲、连续作战的优良作风,迎接新的任务②。"

---

① 《话说朱德》,第 348～350 页,中央文献出版社 2000 年版。
② 《话说朱德》,第 348～350 页,中央文献出版社 2000 年版。

整整一个上午，朱德又骑马，又步行，连续到了六个村庄，视察了两个团、两个营和四个连队，一直到当天下午两点多钟，他才回到旅部吃午饭。

朱德在视察了炮兵部队之后，又向晋察冀军区炮兵旅的干部传达了毛泽东为中共中央起草的对党内的指示《解放战争第二年的战略方针》，明确了人民解放军第二年的作战任务是"举行全国性的反攻"。他要求团以上干部都要认真地反复学习，要求全旅上下要全力以赴跟上形势，明确任务，特别是团以上党委，要积极努力，奋发向前，把各方面工作做得好上加好。

接着，朱德讲了当时全国的军事形势。他说：在南面，刘邓已率领晋冀鲁豫野战军打出了外线，打过了黄河。这一行动震惊中外；北面，晋察冀军民已把敌人压缩在北平、天津、保定、石门和张家口等几个大中城市内，敌人十分被动，进退维谷。他结合炮兵旅连续参战的情况认为："炮兵也学会了跟上步兵一齐打运动战了，这是了不起的事情。""我们要很好地总结经验，特别是炮兵行军方面的经验。"

朱德又说："要打石门了，打下石门，可以学会打攻坚战，学会打大城市。还可把晋冀鲁豫和晋察冀两大解放区连成一片，在军事上、政治上、经济上意义都很大。"他并提醒大家说："石门是敌人经营多年，设有坚固工事，又凭借着天空的飞机，进行垂死挣扎，摆在你们面前的一个重要课题，就是毛主席提出的'阵地攻坚战'。炮兵对这个课题应该学得更好。要研究运用炮兵为步兵打开突破口，把敌人碉堡打掉，支援步兵向纵深发展，扩大战果；炮兵不打则已，打就要打准。"①

朱德对石门的敌军，已进行了调查研究。他说，石门之残敌第三军，它是胡宗南的嫡系，是从陕甘宁地区调来的，我们攻打石门，一定要把这个反动部队歼灭在晋察冀的土地上，不让他再有一兵一卒回到陕甘宁边区去。

晚饭后，天已黑了，朱德已在炮兵旅工作 12 个半小时了。晚上 8 时多，劳累了一天的他又坐上了那辆中吉普，在土路上颠簸着，向晋察冀野

① 《话说朱德》，第 351 页，中央文献出版社 2000 年版。

战军司令部驻地奔去。

同年 10 月 30 日，由朱德提议，晋察冀野战军在司令部驻地安国县南关召开了炮兵、工兵干部会议，他自始至终参加了会议。会议的中心议题是研究"阵地攻坚战"。具体研究如何打低堡、打暗堡的问题；如何进行坑道作业和运用炮兵火力炸平内外两条防御沟的问题；在巷战中，炮兵、工兵如何配合的问题。

会议一开始，朱德首先认真地倾听炮兵和工兵部队的干部们对如何搞好"阵地攻坚战"的发言。只见他面带微笑，不是频频点头，就是提出一些问题，启发大家在多种设想的情况下，该采取什么打法，什么战术。

听了大家的发言后，朱德讲了话。他说，这样的会开得很好。一个是民主空气好，大家群策群力，把如何攻坚的意见都提出来了；另一个是求实精神好，大家注意了紧密联系作战实际，进行了研究。他提出在作战部署上主要进攻方向、兵力、火力都要注意集中使用"大集中里有小集中"。迫击炮要能随伴步兵一齐行动，山炮、野炮、榴弹炮要组成火力队，在主要方向上支援突击队向纵深发展进攻。他还要求大家在会后要很好联系实际学习，在战争中学习战争。石门是一个很好的课堂，希望大家好好学习。

朱德又专门对炮兵工作作了重要指示。他说："要加强炮、工兵建设。这个问题，中央和毛主席很关心，最近有过几次专门指示，提出人民解放军炮兵建设的方针，就是适应形势变化的需要，广泛发展炮兵，集中整训，集中使用，提高现有炮兵质量，改善其装备，加强其管理，增进其技术，进一步发挥炮兵的威力。"还说："你们军区首长还专门找炮兵领导多次谈话，最近又提出关于晋察冀炮兵如何发展和建设的问题，可见领导是十分重视的，问题就看炮兵本身如何努力了！"①

10 月 31 日，杨得志、杨成武又在安国县主持召开了有旅以上干部参加的晋察冀野战军前委扩大会议，研究攻打石门的计划和准备工作，朱德又是自始至终地参加了这个会议。当他看到一张《石门半永久防御工

---

① 《话说朱德》，第 352～353 页，中央文献出版社 2000 年版。

事、兵力部署及火力配系要图》挂在墙上，便问道："这是从哪儿弄来的？"

"是清风店战役时缴获的。"

"这还是罗历戎亲自带在身上，准备到北平后呈送给孙连仲和蒋介石的呢！"

朱德微微点头，又仔细地看了看这张图，说："这个图很重要，敌人的工事构筑、防御体系、兵力部署和火力配系都详细标在上面了，对我们攻取石门非常有用。"

罗瑞卿立即对作战处长吩咐说："复制它几十份，发给各纵队，以便于各部队更好地了解敌情。"

会议开始后，首先宣布了打石门战役的命令和部署。为了打好这一仗，杨得志对清风店战役的经验进行了总结。在这一过程中，朱德不断地插话，他说：清风店歼灭战的经验较全面，有防守，有攻击，有那样的急行军，应当很好地总结和发扬。

当杨成武作了《石门阵地攻坚战中的政治工作》报告后，朱德讲了话，提出要取得攻打石门的胜利，一是要精心计划，统一指挥；二是要加强组织性、纪律性，规定了民兵不进城，野战军不住城；三是要爱惜民力、物力；四是要加强党委领导和支部工作的保证作用；五是要培养出能攻善守的作风；六是要认真地发扬军事民主。

讲完这些问题之后，朱德着重讲了各级指挥员要加强学习研究战术的问题。他说："今天到会的都是旅以上的指挥员，你们如何学会攻坚战的战术，运用好战术，对这次作战将起重要作用。你们要把打石门当作一所难得的学校，在战争中学习战争。"①

说到了这里，朱德停了一下，接着说："马上要打石门了，这是一座近30万人的城市，是平汉、正太两条铁路的枢纽，它经过日本帝国主义的8年侵占和国民党第三军罗历戎的两年经营，设有坚固工事，又有号称80多里的内外两道防御沟，对这样的城市作战，不注意研究战法行吗？不注意学习技术行吗？"

---

① 《话说朱德》，第 352～353 页，中央文献出版社 2000 年版。

说这些话时，朱德从挎包里拿出了一本《合同战术》的小册子。他举着小册子说："这里面的第四章取得胜利的'一般原则'，你们看看，对你们是不是有启发？"接着，他又翻到了进攻战这一章，说："这里有八段讲进攻战，结合你们自己的经验，看一看讲的有没有道理？"

朱德针对部队不太重视战术技术的问题，特别强调要"学会攻坚战术"，并对那些不愿学习战术，专凭老经验、老习惯打仗的倾向进行了批评。他说："有人说：'我打了一辈子仗，什么战术也没有学过，只要敢冲、敢打，一样打胜仗。'"朱德批评说："你不怕死，很勇敢，是好的。可是，多牺牲战友就不好了，如果把战术搞得好一点，又勇敢、又少牺牲几个同志，不更好吗？把攻坚战术搞得好一点，很快地打下石门，不更好吗？" "要知道，石门战役打的是攻坚技术，是勇敢加技术。"①

朱德还和晋察冀野战军的领导共同拟定了石门战役的作战计划：以司令员郑维山、政治委员胡耀邦指挥的第三纵队，司令员曾思玉、政治委员王昭为政治委员指挥的第四纵队及冀晋军区、冀中军区部队担任对石门的主攻；以司令员陈正湘、政治委员李志民指挥的第二纵队和独立第九旅、第三、第九军分区部队，集结在定县南北地区构筑阵地，阻敌来援。如我攻击石门，敌主力由平汉路南下增援，我则以冀晋、冀中两军区部队继续担任对石门的围攻和钳制，集中野战军全部于保定与石门之间，歼灭援敌一部或击溃援敌后，再攻石门；如敌不增援，则采取积极手段，力攻石门。

会议开得热烈而成功。

会后，晋察冀野战军司令部把朱德关于"勇敢加技术"的指示，作为一个口号传达到所有参战部队。一个练技术练战术的高潮很快在晋察冀野战军各部队掀起。

进攻石门的战役就要开始了，朱德仍留在晋察冀野战军司令部，在一张军用地图面前，他不停地同聂荣臻商量着：

"攻城集团两个纵队四个旅"，他边做记号边问，"这两个纵队人数多

---

① 《话说朱德》，第354页，中央文献出版社2000年版。

少，谁在指挥，决心如何？”

"阻击援军在定县、新乐之间行不行？能不能及时发现敌人？"他指示，"派一支骑兵支队活动在保定附近。这样，一是便于快速发现敌人，也有利于部队机动。"

为了更好地集中兵力，朱德决定以一个纵队在石门东北方向范谈村、吴家村地段进行主要突击。在火力使用上，将炮兵旅大部分火炮集中使用在范谈村几十米宽的突破口上。为了增加火力，他还下令从华东野战军调一个榴炮营来加强攻击。

指挥攻坚作战

激战的日子越来越近了，朱德来到了前线指挥所。敌人的飞机不断地前来狂轰滥炸，大家都为朱德的安全担心，杨得志便催促朱德赶快离开指挥所。杨得志回忆说：我们几次劝朱老总"到冀中军区所在地河间县去，他却摇头不肯。他说，你们不都在这里吗？未必飞机就专来找我朱德。我知道他是关心着战役的发展情况，便说，你到河间，我们会随时向你报告的。朱老总笑了。他幽默地说，野战军司令向总司令下了逐客令，没得办法，我只好去找孙胡子（指冀中军区司令员孙毅）了。"

这时，远在陕北的毛泽东得知朱德到了石门战役前线，也很不放心，他在给刘少奇的电报中说：朱总到杨得志、杨成武处帮助整训一时期好，但杨、杨举行石门或他处作战时，请劝朱总回工委，不要亲临最前线。

11月1日下午6时，朱德离开安国，到达冀中军区驻地——河间县的黑马张庄。行前，他给聂荣臻、萧克等发了一份电报，告诉他们："我到此已去看过炮兵，召集炮兵、工兵干部开过会，讨论攻打石门的技术问题。又召集旅以上干部会议，共同讨论了攻石门计划，以阵地战的进攻战术为主要方法，有组织、有步骤地去进攻，用坑道作业接近堡垒，用炸药爆破，加以炮击，各个摧毁，采取稳打稳进的方法。"他要求晋察冀军区为保障战役的胜利，"注意几件事：（一）物资必须准备充足，特别是炸药、炮弹。兵工局必须有突击月（十一月、十二月两月）加工制造，开昼夜班，派员去做工人运动，配合前线，并准备攻石门后的大量补充。（二）人员补充，请派大员率党政人员及医疗队、慰问队等巡视各医院。迅速医好伤兵，伤兵出院后必须归队，这比动员新兵更易办到。（三）军队干部家属、子弟不能自给者，必须发给生活费。"①

11月5日夜晚，天空一片漆黑。参加进攻石门的晋察冀野战军各部队，渡过滹沱河，以隐蔽突然的动作，包围了石门外围各据点。紧跟着，晋察冀野战军司令部也转移到距石门只有20多里的一个小村庄。

一场首攻坚固设防的大城市的战役已是箭在弦上，一触即发。

当时针转到11月6日零点时，一颗信号弹冲天而起，紧接着，枪炮声震耳欲聋，大地似乎被震得颤动了起来。

石门战役打响了。

在河涧，朱德每天都接到杨得志的电报汇报，不断给予指导。但到了第五天头上，却没有了音讯。朱德从白天等到太阳落山，终于有些坐不住了。

在晋察冀野战军前线指挥所里，杨得志已经几天几夜没有合过眼了。当先头部队打到市中心时，指挥所里的电话响了起来："仗打得怎么样呀？"

杨得志听到是朱总司令的声音，立即回答说："第一道防线突破后，第二道防线也突破了，正在进入市区作战。"

话筒的另一端传来了朱德的兴奋声音："打得好呀！我祝贺你们！按你们的计划打下去，告诉大家，后面的同志可是都望着你们哪！"

第二天一早，朱德又打电话给杨得志，告诉他自己的考虑：

（一）突破市沟的，一定要猛推、深插、狠打，不给敌人有半分钟的喘息；

（二）充分做好打巷战的准备；

（三）全歼一切敌人，包括还乡团在内。

当攻城部队进入市内进行巷战时，朱德又把电话打到了指挥所，对杨成武说：你们一定要注意城市政策，特别是要注意保护几个大工厂，那是

---

① 《朱德军事文选》，第624页，解放军出版社1997年版。

民族资本家办的。石门是我们占领的第一个大城市，要做出榜样，你是政治委员要抓一抓，详细情况你会明白的。

杨成武把朱德的指示告诉了罗瑞卿、耿飚和潘自力，对他们说："总司令是希望我们打得更快一点哟！"

罗瑞卿说："聂司令员也是一样啊！"他说罢，转身告诉参谋："把总司令和聂司令的指示和希望迅速通知各纵队，要他们传达到每一个战士，告诉大家，总司令和聂司令在等着我们的胜利消息哪！"

11月12日11时，敌人停止了抵抗。国民党吹嘘的"可坐守三年"的石门，经过六天六夜的激战，回到了人民的手中。

胜利的消息传来，晋察冀军民张灯结彩，锣鼓喧天，鞭炮齐鸣，欢庆胜利，沉浸在欢乐的海洋里……

与此同时，陕北的中共中央和各地的电报纷纷而至，祝贺胜利。

认真总结攻坚经验

石门战役结束的第二天，朱德就发来了祝贺电："仅经一周作战，解放石门，歼灭守敌，这是很大的胜利，也是夺取大城市之创例，特嘉奖全军。"同时，他还以《喜闻收复石门》为题，赋诗一首：

> 石门封锁太行山，勇士掀开指顾间。
> 尽灭全师收重镇，不教胡马返秦关。
> 攻坚战术开新面，久困人民动笑颜。
> 我党英雄真辈出，从兹不虑鬓毛斑。

朱德没有陶醉在眼前的胜利之中，诗的最后一句写"从兹不虑鬓毛斑"，说"不虑"，实际上是因为前一段有所"虑"。"虑"什么呢？"虑"部队的城市攻坚战术和攻坚能力。作为全军统帅，他深知这支军队，自创建以来就没有攻占大城市的经验，如何实施对敌坚固设防的大城市进攻，始终是全军在战役、战术指导上没有解决的一个重大课题。如今，这个难题已到了非解决不可的时候了。石门的防守虽然严密，但它毕竟没有城墙，城市也不算太大。而真正的大城市攻坚还在后头，没有一整套成功的城市攻坚战经验怎么能行？朱德决定对石门攻坚战经验进行好好地总结，为以后攻占大城市提供有益的借鉴。

朱德想到这里，他直向河北晋县奔去。在晋县的北侯城村，朱德对驻扎在这里休整的石门主攻部队进行了详细调查。

11月18日，朱德来到河北束鹿县东小庄村，参加晋察冀野战军政治部召开的总结石门战役经验的座谈会。他在会上强调："必须极大地注意学习阵地攻击战术，这是我军建军以来经过三次革命战争的新课题，它意味着中国革命战争已经跨入一个新阶段。打下石门，只是上了一课，而更大的课题、更艰巨的实践还在后面"。①

接着，从11月28日到30日，在晋县北侯城村的一个青砖平房的农家院落里，朱德又召集参加攻打石门的五十多位指战员，座谈总结这次攻取设防城市的经验教训。参加座谈会的有晋察冀野战军司令员杨得志，更多的是来自战斗第一线的连长、连指导员、排长和班长。

座谈会开了三天，朱德亲自口问手记，同大家切磋研讨，既总结攻坚战斗的具体经验，又从政治思想上进行启发教育。当时代替黄华（因去参加土改工作）担任朱德秘书工作的何其芳回忆说："汇报和谈话都是在总司令住的一间普通大小的屋子里进行，而且一个长炕占据了屋子的相当一部分面积，所以每次都是多则八九个人，少则五六个人来。总司令总是和蔼地亲切地面对他们坐着，注意地仔细地听他们谈。他们每批人汇报完了以后，总司令总是对他们讲一段或长或短的话。这些情景、这些场面、这些讲话，都异常感动人。"②

三天座谈会后，12月1日上午，朱德在侯城村对晋察冀野战军团以上干部作了长篇讲话。他首先说，这次来，"是来庆祝你们打石家庄的胜利"。接着他讲了形势，指出：以前说是革命高潮的前夜，现在革命高潮已经来到了。现在不前夜了，已经是天亮了。我们南线反攻取得了大胜利，你们这里也是空前胜利。

---

① 陈靖：《往事情深》，第246页，贵州人民出版社1984年版。
② 《朱德传》（修订本），第736页，中央文献出版社2000年版。

对于打下石家庄的意义，朱德说："打石家庄的意义很大很大。过去人家说我们打不下大城市。我们晋察冀部队曾经打下张家口，人家不承认，说是苏联红军帮助打下的。前一时期国民党的新闻局长董显光还说，共产党说全面反攻已有好久了，但还没有打下一个大城市。不久，我们就打下了石家庄。因此敌人动摇了防守大城市的信心。保定、北平的敌人怕得很厉害。我们自己却更有了打大城市的信心。以后可以打下第二个、第三个以及许多像石家庄这样的城市。

"这次胜利，缴获很多，但最大的收获是我们提高了战术，学会了打大城市。这是军事政治上的意义。经济上的意义也是很大的，可以把晋冀鲁豫和晋察冀两大解放区连一片，发展交通、工业、商业，发展生产，支援战争。"①

那么，攻打石家庄有什么经验教训呢？朱德在总结时说："这次仅用一周时间就打下了石家庄不是偶然的，不是敌人投降的，不是敌人让开的，是我们有计划地打下的。为什么这次能打下石家庄，有哪些经验总结呢？"

接着，朱德总结了四条：

第一，"我们有充分的准备。"打石门准备了一年，对敌情作了详细的调查，情况了解得比较清楚。"这次我们准备打的时间长，准备打两个月。我们准备的兵力很充足，相当于敌人的四倍，既准备攻坚，又准备打援，甚至准备以打援为主。""我们的物质条件准备得也很充分，有充足的攻墙器械，准备的炸药和炮弹都没有用完。"

第二，"动员工作做得很好。对军队、民兵、爆炸英雄、老百姓都作了动员，发动广大群众起来打石家庄。战前，多数连队开支部动员会，宣布三大纪律八项注意。有的连队到了出发地，支部又根据实际情况进行具体布置和补充动员。"

第三，"讲究战术。这次作战，战士们很勇敢，不但勇敢，还做到了勇敢加技术。"具体来说表现在这样几个方面，一是"这次冲锋前，在冲击出发位置上挖了工事，缩短了冲锋距离，减少了伤亡。在逼近敌人的短

① 《朱德军事文选》，第 626 页，解放军出版社 1997 年版。

距离上，大家散开，先挖个人掩体，然后先横后纵地挖交通壕，把它联接起来。挖工事时用火力掩护，一般没有什么伤亡。"二是"炸药使用得很好，很普遍。很多连队会用炸药炸开突破口和开辟通路。在炮还不很充足时，攻城应该把使用炸药放到第一位。打手榴弹的技术也很重要。这次在打退敌人的反冲锋，特别是在巷战中，显示了手榴弹的巨大威力。"三是"炮兵起了很大作用。这次采用了集中几十门炮打一个突破口的办法，学会了使用炮。炮、炸协同，打开突破口；炮、炸、步协同；突破口打开后即占领前沿，并巩固了突破口。"四是"学会了集中火力突破一点，随即向两边扩张的战术。打进去后就赶快挖工事，像钉子一样钉住，固守起来，向两边发展。打街市战就应当这样，若是打进打出，那就糟糕了。"五是"一个班分为三个战斗小组，互相掩护，分散前进，这很好。街市战兵力拥挤在一起没有用，反而不便于运动。"六是"巷战打得很艺术，除充分使用手榴弹、炸药及冲锋枪等外，并会挖墙壁前进。"①

通过总结这些具体的战术，朱德进一步强调了学习战术的重要性。他说："战前在安国开会，我给你们谈，要讲战术。这次很多人是讲了战术的。有些战斗英雄那次没有听到我讲的话，但他们做的和我讲的一样。听说还有一些同志不相信战术，这种观念不打破是要吃亏的。战术对你们万分需要，是你们的'补药'。你们的作战经验很多，但就像一篓子钱，是散的；战术就是钱串子，可以把那些钱都串起来，用的时候，要用哪个，就拿哪个。不要把经验老是散着装在篓子里背着，成了包袱，用不上。有些经验，几千年来就有了，成了战术，成了理论，你们有的人还不知道，反而还骄傲，说战术是'教条'。"②

说到这朱德举例说："在大清河北战役时，还没有接近敌人就伤亡很多，就是不讲战术的缘故。怎样接近敌人？不是靠夜晚就是白天靠火力掩护，利用地形，或者挖交通壕。但有的人偏不这样，好像子弹打不死人似的。这次有许多连排接近敌人时没有伤亡，就是靠运用战术解决了问题。"

---

① 《朱德军事文选》，第 626 ~ 628 页，解放军出版社 1997 年版。
② 《朱德军事文选》，第 628 页，解放军出版社 1997 年版。

石家庄战役的第四方面的经验又是什么呢？朱德说：就是"善于利用俘虏。这次有的连队很会利用俘虏。"例如一个班长带两战士俘虏了一营敌人，他们的办法就是利用俘虏。他们晚上摸到敌人一个营的门口，先抓到一个侦察员，立即向这个俘虏做政治工作，讲我们的政策，利用这个侦察员争取了敌人一个排长，缴了一个排人的枪，然后又利用这个排长，进去缴了一个营人的枪。还有一个连的同志，缴获了敌人一辆坦克，马上把俘虏争取过来，利用坦克里的炮和炮手打敌人的阵地。

朱德不仅对石家庄战役的经验进行了很好的总结，而且对这次战役的教训也进行了认真的总结。他针对部队进入大城市后曾发生某些争缴获、争功劳、秩序一度混乱等问题，谆谆告诫大家：凡是依靠党的力量、群众的力量，就能取得胜利。相反，个人英雄主义，一切听我的，就不行。这次开展了立功运动，动员了群众，但争功就要不得。人家的功，你争来有什么用？功是谁的？是战士和工人、农民的，领导人不经过他们，就一点功也没有。中国的工人、农民在革命战争中流了许多血，世界上晓得他们英勇，但不晓得那样多的名字，那样多的详细的事迹，有时就记住了他们的领导人。比如我是总司令，有时把我当做他们的代表，把他们的功挂在我的名字上。如果我因此而夸功，那岂不可笑！不经过工农群众，哪里来的功！他特别强调：纪律也很重要。打开了城市，缴获的东西，第一不能打烂，第二必须归公，决不应归私。以后大城市打下来以后，一个时期内应实行军事管理。一面打仗，一面建立家务，新民主主义的国家要这样建立起来。

讲话完后，朱德又认真地回答了大家提出的一些问题。

12月4日夜里，朱德驱车来到硝烟还没有散尽的石家庄。第二天一早，冒着大雾视察了这座刚刚解放的城市，特别是城市中的重要工厂。他参观了炼焦厂、大兴纱厂等，听取了市领导人对石家庄工业和经济等情况的汇报，并就汇报中提出的问题发表了意见。

朱德在石家庄整整视察一天。第二天，当夜幕降临的时候，他才离开石家庄，回到中央工委所在地西柏坡。

回到西柏坡后的朱德顾不上休息，把他在晋察冀野战军和冀中等地所看到的一切作了认真地思考，12月10日，他提笔给毛泽东写了一封信并转中共中央。在信中，他向毛泽东和中共中央报告了他来到晋察冀野战军司令部、冀中军区、再由石家庄回中央工委的经过及所见，他说：晋察冀野战军所属的二、三、四纵队，"经过整理，内部团结，朝气十足。大清河北战役时想打一个大仗，遇着'嗬'堡垒，围敌太多，结果只一二处打下，其余只得撤离。徐水未打下，敌第三军来援，给我们造成了打运动战的机会。此时我军一面支持徐水作战，使北来敌人不能南援，我大部南下，围歼三军军部及第七师于清风店，此战开创了晋察冀部队打歼灭战的好例，接着再打石家庄，又得胜利，士气更旺。"

朱德还如实地向毛泽东报告了部队存在的问题。他说："这几个战役中，学会了打运动战、防御战、攻坚战。但一般干部仍不爱学习战术，只凭老习惯去打，乃是一大缺点。"

朱德在信中特别讲到，这次在攻打石家庄的过程中，发扬了军事民主，发动了士兵群众，上下一致，因而胜利地完成了战斗任务。他说："此次攻石家庄以前，在安国曾号召以学习攻城战为主，上下级干部均先开学习会，打时又开会，打不进时又开会。在火线上，三五人仍是开会，特别是支部开会，起了领导作用。老兵带新兵，促进了学习。结果是战士群策群力，人自为战，取得了胜利。"又说："关于攻城战，非一朝一夕所能准备好的，但只要准备充分，则没有打不下的。在中国说来，敌人的城防工事设备，仍是无法做得极坚固的。"

朱德还在信中谈到：他在河间及石家庄听取当地负责人的汇报后，感到工人待遇过高，已当面向工会负责人说明，这样会使公私工厂大部关门，工人失业，实际上是一种"自杀政策"，这种做法，现已纠正。①

接到朱德的这一来信，毛泽东十分重视，立即把信转发给各中央局、野战军，并且强调指出：朱总司令这封信提出了两个重要问题。第一个问题，是用民主讨论方式，发动士兵群众，在作战前，作战中，作战后讨论如何攻克敌阵，歼灭敌人，完成战斗任务。这种做法叫做军事民主，而将诉苦运动、三查三整叫做政治民主与经济民主。这些军队中的民主生活，有益无害，一切部队均应实行。第二个问题，是工厂中商店中工人店员职

---

① 《朱德军事文选》，第 632 ~ 634 页，解放军出版社 1997 年版。

员的生活条件不可过高。我党工商业政策的任务，是发展生产，繁荣经济，公私兼顾，劳资两利。如果党不善于领导工人阶级执行这一任务，而提出过高的劳动条件，致使生产降低，经济衰落，公私不能兼顾，劳资不能两利，就是极大的失败。这件事必须引起全党注意，决不可只看见眼前的片面的所谓劳动者福利，而忘记了工人阶级的远大利益。要立即改正党内在此项问题上所存在的错误思想与错误政策。

不难看出，朱德在实践中总结出来的一些经验，对毛泽东思考问题起了多么大的作用。

二十八、协同指挥大决战

关心与支持军工生产

石家庄解放以后，晋冀鲁豫解放区和晋察冀解放区完全连成一片，华北地区的战略格局发生了巨大的变化。1947年冬，蒋介石急忙飞到北平，撤掉保定绥署主任孙连仲的指挥职务，取消北平行辕及保定、张垣（张家口）两个绥靖公署，成立华北"剿匪"总司令部，由傅作义担任总司令，统揽华北五省（晋察冀热绥）的指挥大权。傅作义大力扩充地方武装，把他在绥远的主力部队抽来集中在北平附近，把北平、天津、张家口、保定地区的部队编组为三个机动兵团，实行"以主力对主力"、"以集中对集中"的战法，处处猬集一团，力图反守为攻，变被动为主动。

为了打破傅作义这一新的作战计划，并配合东北人民解放军的攻势，1948年2月14日，朱德和刘少奇向晋察冀野战军提出新的作战方针，要求他们按照中共中央军委预定计划，向平绥、冀东方向行动，并学会大踏步进退，进行大的战略机动的一套本领，"克服各种不愿长途行军，不愿急行军，不愿爬山吃苦等思想，并须改变某些不适宜于大踏步进退的组织形式和习惯。现天气已暖，笨重行李必须丢掉，紧缩的宿营必须学会"。以便在更大的战略范围内适时地调动国民党军队，力争在运动中歼灭敌人，并把它们各个孤立起来，打通华北解放军各部的战略联系，以取得最后的胜利。

3月5日，朱德和刘少奇联名给中共中央军委发出一份电报指出：傅作义主力现集中北平、天津、保定及张家口地区，每当发现我军主力所在方向，即集中三四个军的兵力与我周旋，常形成顶牛形势，于我不利，而其绥远后方极为空虚。因此，杨得志、罗瑞卿要求军委将绥远地区划作他们机动作战的范围。他们拟在适当时机以一两个或三个纵队向大同、丰镇、集宁及归绥方向行动，打击傅作义后方，破坏平绥路西段，调动分散敌人，以便求得战机歼灭敌人。他们这一要求我们已同意，请军委批准并通知晋绥军区。

朱德又在给冀中军区司令员孙毅的信中指出："傅（作义）初上任，必欲建树，不惜本钱，寻求与我决战。我军当以不速决为是。因此，敌集中了主力，必放弃许多地方。凡有可乘之机，你处当乘之，决不可错过。东北大胜，已将你们前面之敌九十四军之四十三师（援东北）全部消灭，另一九五师亦同时消灭。东北仍正积极用冬季寒天，寻求敌人作战……你们也要鼓励士气，在寒天与敌人作战，是有利的。敌人多南方人，有不耐寒的缺点。"他明确地判断："今后你们南面无战事，一意向北。"要求注意战术技术，如："围点打援，小部队亦可利用"；"坑道战术，是你区的特长，可发展"；要大量生产炸药，制造手榴弹、炮弹，游击队也可以配备炮。①

4 月 24 日，朱德在给孙毅的信中又指出："对骑兵的战术，用民兵守据点、坑道口，作单个打冷枪或架好机枪在坑道口突然袭击之。守据点，敌骑不能久攻，即可打退。用步兵追骑兵不可用，亦不可能，只能打埋伏，突然以火力袭之。请你们按实际情况对付之。敌骑是骚扰性质，应家家打枪，即不敢来。民兵因土改后未重新更好地组织起来，可速组织，不可无人负责。"② 6 月 2 日，他在给孙毅的信中再次指出："夏季作战，更应配合热河、冀东战役。乘傅军对付热河之际，你们应更加活动。……南减河以北均划归你区，对天津、北平、保定区域更应负责。现南面无顾虑，应努力北面，长期斗争，以至收复平、津、保为止。"③

由于这些正确的作战方针和作战方法得到贯彻实施，华北军区部队在 1948 年春夏，先后在察南、绥东、热西、干北、冀东、保北广大区域内周旋，轮番进攻，共歼灭国民党军五万余人。这样，就拖住了华北的国民党

---

① 《朱德军事文选》，第 641 页，解放军出版社 1997 年版。
② 《朱德军事文选》，第 644 页，解放军出版社 1997 年版。
③ 《朱德军事文选》，第 645 页，解放军出版社 1997 年版。

军，使它无力出关，从而保证了日后辽沈战役的顺利进行。

随着人民解放军战略进攻的发展，攻打国民党军队坚固设防的重要城市的任务已被突出地提到面前。攻坚，必须有足够的炮弹、炸药等物资和源源不断的后勤供应。朱德对军工生产不断加以考虑。

对于军工生产，朱德一直十分关注。早在1947年春，当他从陕北来到西柏坡时，就着手抓军工生产，特别是重武器炮火的制造。他曾派人通知当时任晋察冀军区兵工部副部长刘鼎到他住地商谈军工生产问题。他对刘鼎说："我们就要开始战略大反攻，前线需要炮兵，需要炮弹，兵工生产要抓紧，多生产一些炮弹。"同时，他鼓励刘鼎说："你是我军专制炮弹的老兵工，要用最大的努力为前方多提供炮弹，越多越好。"① 此后不久，朱德亲自来到炮弹试验场，拿起炮弹，向在场的同志询问炮弹的射程、爆炸力和准确性能。当他看到试射的各种科目准确无误时，十分高兴地说："你们的工作做得很好，正适合战争的需要。要尽快投入大量生产，准备打大仗。"② 不久，他命令晋察冀军区把收存的迫击炮全部启封使用，同时命令炮兵加紧训练，把炮兵的建制尽快恢复起来。

7月11日，朱德在给中共中央军委和罗瑞卿以及当时任中共中央军委总参谋部作战部部长李涛的电报中，介绍和推荐冀热辽和冀中发明使用炸药的两种经验，认为"冀热辽发明使用炸药的方法很好，用布包炸药一包，安上雷管，外皮再敷以黏性的胶质，如粘苍蝇之的黏液，掷上墙壁或堡垒的斜坡上或坦克上，先粘紧再炸，最为有效，名曰软性炸药。又，冀中十分区也发明布包炸药，再用手榴弹的木把及雷管，去了铁壳，掷出比手榴弹效力大得多。以上两种经验，请罗、李通知各军区及野战军。"

当时，晋察冀地区的军事工业分散在各地，管理也不统一，远远不能适应战争发展的需要。朱德经过调查研究，提出要把分散的军工生产统一起来，要大规模发展炸药和炮弹的生产，"这与打垮蒋介石的时间有很大关系"。为此，他要求实行企业化管理，提高生产效率，降低产品成本；要动员各地保证军工原料的供应；要搞好运输线，保证军工产品及时送到

---

① 《话说朱德》，第371页，中央文献出版社2000年版。
② 《话说朱德》，第372页，中央文献出版社2000年版。

前线。他在 7 月 11 日致电毛泽东讲了这些意见。他说："我二日到阜平军区，布置军工生产，主要是炸药。各种炸药，在技术上能解决，在组织上很差，分散在各军区，现决定统一起来做。原料多，可大规模生产，不仅满足晋察冀军区的需要，还要支持其他军区。"

7 月 20 日，朱德又在给毛泽东和周恩来等人的电报中，建议召开兵工会议、交通运输会议等，提出：我军反攻时，在补充方面最重要的是炮弹、炸药的大批补充。同时运输也很重要，我们应该早注意。兵工会议迫切需要召开。各地均有大小规模的工厂，技术问题许多地方尚不能解决，须交换经验教训。晋察冀兵工厂经整理后，生产可增加一倍以上，我与董老决心将此兵工厂尽量使用，多余炮弹炸药可供各根据地前线使用。

朱德还对晋察冀边区的军工生产给予具体指导和帮助。7 月 23 日，他给当时任晋察冀军区兵工部部长姚依林、副部长刘鼎等人写了一封信，指出："晋察冀的兵工厂两三月来整理后大有进步，再加以二等军区兵工厂，均统一指挥后，更加便利于大发展。我要求你们要争取时间尽先完成，又要能适用，取得各战地的赞美，那时自然不愁款项无着。但是，你们计划不可过于太贵，应尽现有材料或征收民间钢铁等，尽量减低成本，发动工人为前线义务服务，如再急需昼夜开工等等计划以确实可靠为准，任务能做到支援全国性的反攻军所用。以炮弹特别是山野炮弹、炸药、绵药为重要。其次是迫击炮八二、五〇、六〇的为适用；其他是机枪弹。以上这些任务你们是否有可能做到？并就现有统一兵工基础上，本月底能生产多少出品，八、九、十、十一、十二月份每月增加数目字，请详细列表告诉我，以便进行总的计划。过剩生产或各地要求的特别生产，均由我们负责调剂款项。又明年一年计划分上半年下半年，能出多少产品，需款多少，亦请详细计划告诉。总之，此地兵工事业应尽可能范围内来发展扩充技师、工人、机器原料来解决，来计算。这一光荣任务给你们，望努力完成。你们如何计划，做成后即速派人送来。今后望你们直接向我作负责的报告，至少一月一次。"①

经中共中央同意，1947 年 12 月 20 日至 1948 年 1 月 12 日，中央工委

---

① 《朱德年谱》中，第 1270～1271 页，中央文献出版社 2006 年版。

在西柏坡召开了华北各解放区军工会议、交通会议，除晋察冀、晋冀鲁豫解放区外，晋绥、山东和大别山刘邓部的代表也出席了会议。朱德在会上讲话，指出：我们是以战争来结束战争。军工生产对我们胜利的快慢有重要意义。要提早结束战争，要拔掉大的点，就要有大量的炮弹、炸药、手榴弹。我们现在主要靠缴获，这是不得已而为之。军工生产要有规律地进行。参加军工生产就是在后方出汗，打倒蒋介石。要大量生产，提高技术，加强工厂管理，力求减低成本。军工生产上了轨道，对整个工业也会产生好影响。要搞好交通运输业，把军工产品很快运到前线去，把我们需要的物资运进来。

1948 年 1 月 2 日，朱德又在军工会议上着重谈了军事工厂的管理问题，认为军事工厂应该实行企业化的管理方法，应该有一个大的转变。企业化管理的提出，是一个新的问题，也是一个重大的转变。

朱德说：过去我们在军队里实行军事供给制，是靠政治吃饭。有饭大家吃，领导干部以身作则。在延安时，工厂一般是派原来的军事人员去当管理员，他们的成分大多是农民，种庄稼是内行，比如开辟南泥湾，说种就种起来了，但管理工厂是外行。他们起过组织的作用，这个功劳在历史上是不能磨灭的。但他们不懂机器，有的就搞官僚主义、命令主义，甚至搞出了乱子。我们的机器，比手工业生产多得多，不发展，一切行不通。

他说："世界上都是变化的，一天比一天新，都是推陈出新的。"现在要发展生产，不变不行了。军工厂要企业化，管理要严格。军事工业要帮助民用工业的发展，特别是要把同农民的关系搞好。管理工厂要靠老干部，还要靠有管理经验和生产经验的工程师、熟练工人，把他们组织起来，提拔起来，就管理好了。不能把他们看作外来人，不相信他们。有些专家、工程师，并不比我们这些老干部差，甚至比我们强，将来非他们负责管理不可。造成这批干部不是一年两年的事。造成的这些人，可以把现有的工厂办好，还可以发展新的企业。工业局或工业部，要把军事工业和地方轻工业都领导起来。当然，资本家还存在，但大的工厂、矿山、铁路归国家。"过去不合理的事情已经成了过去，现在交给那些新起的同志去办。把家务办起来。"

这次会议结束后，朱德立即给晋绥军区领导人贺龙、李井泉写了一封信：“此次兵工会议有成绩。太行、晋察冀向企业化道路前进，兵工与公营轻重工厂合组，统一领导，互相补助，将一切家务整理好，成为核算制度。”你区也以“逐次变为企业化为好。炸药、炮弹、手榴弹成为决定战胜的重要因素。你处因经济及原料不足，不能大量生产，仍希望将炸药一项多出一部。运输线组织对你区供给弹药是十分需要的。望秋夏季在交通线上设粮草站，以便由各地转运弹药及其他物资帮助你们。”

朱德还给冀中军区写了一封信，指出：“我们这里军工会议、交通会议均开得好。”你区必须制造大量炸药、炮弹、手榴弹，“如财政不足，可省衣节食，如原料不足，可发动广大群众熬硝，公家统制、收买，无论多少，产出必照预定价全数收买。”“你区对冀东交通十分重要，不仅军火、炸药、炮弹急需从冀东运来外，今后医药器材、电信器材及兵工器材，不能购买的都希望从东北运来，望你们设法有计划的打通平津交通。”

由于朱德对军火保证这个重要问题想得早，抓得紧，抓得具体，使晋察冀和其他解放区的军工生产在 1947、1948 年有了突飞猛进的发展，大批武器弹药源源不断地送往前线，保障了各个战场的需要。如攻打石家庄、临汾、济南、太原这些设防坚固的城市，使用了大量炸药和炮弹，都是华北解放区的兵工厂供应的。战略决战时的淮海战役，由华北和东北军工送往前线的弹药达 1640 万吨，远远超过了国民党方面的军火供应。

兵工厂根据攻坚战的需要还研制出大口径掷弹筒（也叫炸药抛射器）和粗膛迫击炮发射炸药包，在战场上大显威力。凌空爆炸，甚至使方圆几十米内的敌军聋瞎丧生。战士们高兴地把这种武器赞喻为“土飞机”（像轰炸机从空中投炸弹），国民党军队有的惊呼“共军有了原子弹”。因为有了这种威慑性火力，毛泽东就可以在《敦促杜聿明等投降书》中警告国民党军队：“我们的飞机坦克比你们多，这就是大炮和炸药，人们叫这些做土飞机、土坦克，难道不是比较你们的洋飞机、洋坦克要厉害十倍吗？”

的确，在战略决战阶段，解放军的炮弹和炸药所形成的火力，已大大胜过了国民党军队，这就加速了解放战争的胜利进程。这和朱德的深谋远虑和切实工作是分不开的。刘鼎回忆说：“回顾朱德同志在解放战争开始前后就有预见地亲自抓军工生产，使我军在极其艰苦的条件下，依靠自己的力量逐步提高军工生产的能力，为在解放战争中转入战略反攻准备了极其重要的物质条件，这不能不说是朱德同志对人民革命事业的又一功勋。"①

传授"钓大鱼术"

1948 年二三月间，西北战场的局面和全国战场一样也已发生了根本性的变化，特别是西北野战军经过新式整军后，取得了转入外线作战的第一个大胜利——宜川大捷，彻底扭转了西北战场的局势。在这种情况下，为了能更直接地掌握全国各个战场的情况，便于指挥作战，也为了中共中央书记处的几位书记能更及时地共同研究和决定新时期面临的许多重大问题，毛泽东同周恩来、任弼时等商议后决定率中共中央和中共中央军委领导机关离开陕北，东渡黄河到华北去，同中央工委会合，共同指挥全国解放战争，准备迎接即将到来的全国范围的胜利。

临行的前一天，毛泽东显得格外的繁忙，他起草了一份长达 4000 字的长电，向党内通报了中共中央准备东移华北、同中央工委会合和战争形势。

1948 年 3 月 21 日上午，天气晴朗。杨家沟的山峁上、沟畔上、大路旁，站满了欢送的人群。毛泽东、周恩来、任弼时等率中共中央机关离开了住了四个月的杨家沟，踏上了东渡黄河的路程。第二天，到达了黄河岸边的佳县刘家坪，在这里住了一夜。

3 月 23 日，又是一个风和日丽的好天气。中午 11 时，毛泽东等来到了吴堡县川口村以南的园则塔渡口，准备从这里登船东渡。下午，河滩上、山坡上，站满了欢送的人群。岸边停泊着当地政府早已准备好了的十几条船，船工们都是粗犷结实的小伙子。毛泽东登上了第一条船，随后，周恩来、任弼时登上了第二条船……

一上了船，毛泽东就和船工们一一握手，说："劳累你们了！"

---

① 《朱德自述》，第 281～282 页，解放军文艺出版社 2003 年版。

船工们回答："送毛主席过河，这是我们的光荣任务。"

毛泽东说："谢谢，谢谢了。"

木船缓缓地离开岸边，毛泽东站在船尾，向送行的人群不断挥手致意。船已经离开岸边很远了，不停地摇晃起来，浪花拍打着木船，警卫战士劝毛泽东赶快坐下，他不为所动，望着浊浪滔滔的黄河，望着渐渐远离的西岸和岸上的人群，两眼流出了泪水。

正是凌汛时期，黄河巨浪滚滚，夹杂着磨盘大的冰块汹涌咆哮着，冲撞着，发出一片轰轰巨响。小木船忽而涌上浪尖，似要腾空飞跃一般；忽而沉落波谷，浊浪翻滚；冰块撞击着木船发出惊心动魄的砰砰声。毛泽东看到这一情景，自言自语地说：我们可以藐视一切，但是不能藐视黄河啊！

经过半小时左右的紧张搏斗，渡船绕过许多顺流而下的冰块，冲出激流，渡过了滔滔黄河。

船一靠东岸，便是晋绥解放区的山西临县境内。毛泽东上了岸，回头再看着黄河，深情地说："黄河真是一大天险啊！如果不是黄河，我们在延安就住不了那么长时间，日本军队打过来，我们可能又到什么地方打游击去了。过去，黄河没有很好地得到利用，今后，应当利用黄河灌溉、发电、航运，让黄河为人民造福。"

当朱德得知毛泽东等要在吴堡县川口村以南的园则塔渡口东渡黄河的消息后，就对聂荣臻说："昆仑纵队就要过来了，警戒工作要做好，接待工作要搞好。"

聂荣臻说："请总司令放心，警戒、生活都安排好了！"

4月13日傍晚，红日西沉，天地间变成了银灰色。晋察冀军区驻地——河北阜平县城南庄周围，乳白色的炊烟和银灰色的暮霭交融在一起，使得整个城南庄显得更为美丽。这时，毛泽东一行经五台山到达了城南庄。这一天，城南庄戒严，老百姓不懂戒严的严肃含意，越是不让出门越好奇，他们跑到房子顶上去看，那些平房上差不多全都站满了人。毛泽东乘坐的是一辆中型吉普车。在离城南庄五六里远的地方，聂荣臻迎到毛泽东的车队。他把毛泽东、周恩来、任弼时迎进一座小院。

小院前门外是一条公路，后面依托着小山，出院后门便是防空洞。小院距城南庄还有一段距离，虽然简陋，但不失幽静清雅。它是晋察冀军区的驻地，聂荣臻也住在这里。得知毛泽东的到来，他把自己住的两间房子腾出来，作为毛泽东的下榻之处，自己则搬到隔壁一间较小的房子里住。其他几排房子安排周恩来、任弼时、陆定一等人居住。

毛泽东在这座田园式的小院里住了下来。第三天，聂荣臻请毛泽东、周恩来、任弼时等人吃了一顿饭，有蛋，有肉，还有本地土产枣酒。

4月23日，周恩来、任弼时率中共中央机关部分工作人员先期到达了西柏坡村，受到了朱德、刘少奇、董必武的热情接待，中共中央机关与中央工委正式会合了。毛泽东因要准备去苏联，留在了城南庄，后来又搬到了花山村。

聂荣臻希望毛泽东在城南庄把身体保养好。因为，毛泽东很长一段时间都身体欠佳，加上转战陕北劳碌过度，没有恢复过来。当时的作战处长唐永健回忆说：那时，城南庄没有什么好吃的，毛泽东喜欢吃鱼，警卫排就到小河里去捞，河水刚没及脚面，鱼只有指头大小，把一个坑洼的水掏干，才能捉到一些。但是，炊事员将小鱼油煎红烧，香味扑鼻，毛泽东吃得很香。

在城南庄，毛泽东主持召开了一次重要的会议——中共中央书记处扩大会议，史称城南庄会议，毛泽东、周恩来、刘少奇、朱德、任弼时都出席了。这是自撤离延安后中共中央书记处五位书记第一次在一起参加的正式中央会议。别后重逢，大家都感到十分亲切。在这次会议上，毛泽东提出了三点战略性的意见：第一，把战争引向国民党区域。没有这一条，不能胜利。第二，胜利使人欣喜，但目前民力负担很重。要使后方的农业和工业长上一寸，才能适应战争需要。第三，反对无政府无纪律状态，适当缩小地方权力。他这几点意见，后来被归纳成"军队向前进，生产长一寸，加强纪律性，革命无不胜"十六个字。

城南会议的一个重要议题，就是决定华东野战军三个纵队要不要渡江南进的问题。

原来，1947年12月，在陕北米脂县杨家沟召开的中共中央会议上，毛泽东和华东野战军司令员兼政治委员陈毅商定，由华东野战军副司令员兼副政治委员粟裕率领第一兵团三个纵队于1948年夏季或秋季渡江南进，执行宽大机动作战任务。

粟裕接到中共中央军委的电报后，进行了反复深入的思考，提出不同的意见，认为华东野战军三个纵队暂不渡江南进，而集中兵力在中原地区打几个大规模的歼灭战。

粟裕的这一意见立即引起了毛泽东的高度重视。在离开陕北前夕，他给在西柏坡的刘少奇发出一份电报，要求通知中共中央将于3月20日东渡黄河离开陕北，并在到达西柏坡后，"拟约粟裕一商行动计划"。到达城南庄后，毛泽东于4月25日又给在西柏坡的刘少奇、朱德、周恩来、任弼时，提议召开中共中央书记处会议，议题之一就是"陈粟兵团的行动问题"。

朱德在这次会议上，认真听取了陈毅和粟裕的汇报，赞同粟裕提出的华东野战军三个纵队暂不渡江南下，集中兵力在中原地区大量歼敌的建议。

最后，城南庄会议作出了华东野战军三个纵队暂不渡江南进，集中兵力在中原地区作战的决定。

5月7日，城南庄会议结束。5月10日，应陈毅和粟裕的要求，朱德在他们的陪同下，代表中共中央赴濮阳地区（今河南濮阳市）对华东野战军进行慰问并指导工作。

从西柏坡到濮阳，经过石家庄后，沿平汉铁路东侧的沙土公路南行。天刚刚下过雨，道路泥泞，加上一些地段的炸弹坑还没有填平，坑坑洼洼，汽车跑不起来，到元氏县城时已临近中午。

元氏是前不久晋察冀部队用炸药炸开城墙后攻占的。攻城部队的领导得知朱德路过这里，便早早在城外迎接。朱德提议在这里停留一下。陈毅、粟裕出于对朱德的关心，也劝他在这里休息一会儿再走。

其实，朱德在这里停留并不是为了休息，他是惦记着正在晋南进行着的临汾战役。

这次战役是在1948年3月6日发起，由晋冀鲁豫军区第一副司令员徐向前指挥。这是继攻占石门以后，人民解放军又一个较大的城市攻坚战。毛泽东和朱德对此都十分关注。战前，朱德亲自审查批准了作战计划。此后，战役每进行一步，朱德都给予指导。但是，由于临汾是晋南的一个重要城市，1938 年日军侵占后在市内外修筑了大量工事，后来阎锡山又在此基础上加以改造完善，使其更加易守难攻，从而使战役进展不太顺利。

在临汾久攻不下、部队伤亡较大的情况下，有的指挥员的决心开始有些动摇，想暂时放弃攻城。徐向前坚持要攻下临汾。朱德坚决支持徐向前的决心。还在 4 月 12 日，他就和刘少奇联名给徐向前、晋冀鲁豫军区副政治委员薄一波和第二副司令员滕代远发出一份电报，指出："建议攻临汾用攻石家庄经验，炮炸协同，击开突破口。其用法以多量重迫击炮（十五公分及十二公分），并用八二重弹，再加以榴弹炮及野炮，集中打一点；并挖好坑道，用一千公斤至五千公斤黄色炸药，埋好后，协同炮击，必能奏效。大量炸药炸后，城墙及外壕均破裂填满，守兵被猛炸后，十数分钟，均聋哑不能行动。趁此时，以步兵冲进，再以多量手榴弹及少量炸药，可占稳突破口，再向两面发展。但是必须充分准备炸药五万到十万斤，炮弹需有五万到十万发，请薄、滕令兵工厂加工赶制，以达攻占临汾任务。"①

城南庄会议结束时，朱德也曾告诉彭德怀，他要亲自去临汾前线进行指导。由于要去濮阳，他一时去不了临汾前线。但在临赴濮阳前，他仍放心不下临汾战役，特意向总参谋长叶剑英交代："打临汾决不可自动放弃，更不可由后方下命令叫他们放弃。徐向前同志是有决心的，应该支持他所需的一切，像炮弹、炸药、手榴弹等，要源源不断地供应，给徐向前撑腰。"

路过元氏时，朱德想到元氏县的城墙就是用炸药炸开的，应该到现场去看一看，了解一些经验，介绍给徐向前。

在元氏火车站吃过午饭后，朱德就和陈毅、粟裕来到被炸开的城墙缺口处，他亲自步量了缺口的长度，具体查看了部队攻城路线和进城后的巷战现场。他还了解到元氏的城墙是用几个棺材并排联在一起，再装满炸药，同时引爆而炸开的情况。

回到火车站，朱德立即给薄一波和滕代远发去一份电报，详细介绍了

---

① 《朱德军事文选》，第 647 页，解放军出版社 1997 年版。

元氏的攻城经验，特别是用棺材装炸药的办法。请他们转告徐向前，临汾城是有条件攻下来的，一定要坚持下去。他说：

> "我很顾虑你们怕伤亡，又打不开，不如不打。这样决心，那就前功尽弃，敌人守城更有信心，我们攻坚的信心又会失掉，部队也学不会攻坚。如此损失更大，又毫无代价。请你们考虑，如向前有决心，应支持他一切，如炮弹炸药手榴弹之类，源源供给向前，撑他的腰。我在军委动身时已告剑英，打临汾决不可自动放弃，更不可由后方下命令叫他放弃"，"我意临汾在敌人无增援的条件下，一定可能打开；又在敌人增援不多而我又能打援队，而援队被消灭或打退之后，也一定可打下临汾城。不过是时间早迟而已，决不是城中守兵能长期维持打不下去的。"

朱德又说：赴濮阳途中，在元氏县车站休息时，同陈毅、粟裕一起去看了地方部队用炸药炸开该县城墙的遗迹，了解使用炸药炸开缺口的办法，即用棺材装二千五百斤炸药炸一个缺口，几个缺口同时爆炸，威力很大，请你们再参考攻元氏战例，鼓励攻临汾战士，以大力支持他们，一定能打下。①

几天以后，临汾前线传来了胜利的消息，朱德自然十分高兴。后来，徐向前回忆说："朱总司令的果决、信任和支持，给我们很大鼓舞。部队顽强战斗，终于攻克这座堡垒城市，锻炼成为攻坚的铁拳头。"

一路继续南行，道路更不好走了，汽车在坑坑洼洼的泥泞的道路上颠簸前进，不时遇到炸弹坑、封锁沟、界限沟等，时走时停，有时只好绕着走。过邢台后的一段路上，大卡车曾陷进一个泥坑，开不出来，朱德和陈毅都跳下吉普车，不顾头上还有敌机在盘旋，跟战士一起往外推车。

黄昏时分，朱德一行到达了邢台，再往前走就是敌占区了。

陈毅向朱德建议，为了安全起见，车队连夜通过，并指示后面的警卫部队随时准备应付突然情况，确保朱德总司令的安全。

---

① 《朱德传》（修订本），第750～751页，中央文献出版社2000年版。

天渐渐地黑了下来。车过邯郸后，果然前面发现 200 多名国民党军的散兵沿着公路向南走。警卫参谋请示朱德：要不要停一下，等敌散兵过去后再走。恰在这时，警卫部队也报告，后面发现敌人，几辆汽车正向我们开来。顿时，所有的随行人员都紧张了起来，立即拿起武器准备战斗。

朱德并没有慌张，他沉思片刻，果断地说："前后的敌不要管他们，我们继续赶我们的路。做好战斗准备，没有命令不许开枪！"他指了指美制的小吉普车和中吉普车，又说："这是打石门时刚缴获的战利品。有了它们，就是最好的通行证。"

汽车又开动了，朱德坐在前排座位上。他告诉司机，把大灯打开，只管放心大胆地往前开。结果，当车队从敌人散兵的身边驶过时，这群士兵还认为是自己的"长官"，一个大个军官还大喊了一声："敬礼"，而后面赶上的几辆国民党军的卡车见路边的士兵向朱德车队行礼，也确信上面坐的一定是个大官，于是降低了车速，保持一定的距离，始终不敢靠近。

就这样，朱德车队与敌同行，一直过了彰德才转道向东，与敌"分道扬镳"。

5 月 13 日凌晨，朱德到达了华东野战军司令部驻地——河南濮阳城东的孙王庄。这是一个居民不到千人的小村庄，向东离濮阳城大约七里路，村子里四周杨柳笼荫，茁壮茂盛，像一道天然的绿色屏障，把村子隐蔽得严严实实。村中的一座四合院，便是华东野战军司令部。

华东野战军是在新四军的基础上发展起来的。朱德对这支部队是十分熟悉的，但已有很久没有见面了。这时，华东野战军第一兵团正在这里轰轰烈烈地开展整训。这是华东野战军组建以来时间最长、最彻底的一次思想、组织和军事上的整训。

同一天，朱德听取了华东野战军第一兵团第一纵队司令员兼政治委员叶飞关于军事情况的汇报。

当天晚上，朱德在华东野战军第一兵团直属队欢迎会上发表了讲话。他兴奋地说："新四军是党和人民的军队，经过了土地革命战争、八年的抗日战争和最近两年的人民解放战争，在战争的锻炼中，更加巩固和扩大了，取得了许多伟大的胜利，对党对人民作了辉煌的贡献，我今天见了你们非常的高兴。"

朱德强调了正确执行政策和遵守纪律的重要性。他讲道："我们的任务是消灭蒋介石，消灭封建势力，消灭官僚资本，使中国人民得到彻底的解放。为了完成这个任务，中央经过反复的讨论，已规定了各种政策……这些政策是消灭蒋介石，消灭封建势力，消灭官僚资本，完成中国人民解放事业的重要条件，正确的政策规定出来以后，还需要我们全体党员、解放军全体指战员，好好地去执行。同志们拿枪消灭了很多敌人，才能使敌人很快地瓦解和投降，要保证政策的执行，便要有良好的纪律，同志们要坚决遵守人民军队纪律，纪律是我们的命脉。纪律遵守得好，我们就可以打一些仗，胜利也可更快地到来，同志们要牢牢地记住。"

朱德还说："现在战争的规模越来越大，也越来越频繁了，我们一定能完成完全消灭法西斯反动派，中国人民一定能得到独立、民主、自由和解放，胜利一定是我们的，这是为了中国人民解放最后的一次战争，这个光荣伟大的历史任务落在了我们这一代的肩膀上，特别是青年同志们，天下是由你们打出来的，也是由你们把天下建设好，为我们的子孙后代，创造永久无穷的幸福，是再光荣没有的了。战争一定要在我们手里结束，我们一定可以获得胜利，蒋介石和所有反动派，一定会被我们完全消灭，因为我们军队的数量和蒋介石已经差不了很多，质量则远超过他们，我们有全中国和全世界广大人民的同情、拥护和帮助，而蒋介石已走到完全孤立的绝地了。"

朱德最后说："同志们过去很勇敢，现在又学会了许多新的作战方法，今后打仗则更有把握。但是不要骄傲，我们在战略上要藐视敌人，但在战役战术上，就要特别谨慎，不能有丝毫的轻敌思想，只有慎重地考虑研究和周密的部署，才能打好仗，才能完成彻底消灭敌人的任务。"

第二天，朱德又听取了华东野战军第一兵团第六纵队司令员王必成关于军事情况的汇报。下午，他亲切地会见了第一兵团的战斗英雄和战士的代表，向大家表示党中央的问候。战士们见到敬爱的朱总司令，心情非常激动。有的战士说："我看到朱总司令后，死了眼也闭了。"

5月的夜晚，春风轻轻地吹拂着濮阳大地，传来了春天的气息。5月14日的晚上，第一兵团召开团以上干部会议，朱德参加了这次会议，并作了重要讲话。

朱德首先说道："我代表党中央、中央军委和毛主席来看望你们，参加你们的会议，谨向大家致以慰问。"

华东野战军第一兵团是由第一、四、六纵队组成。朱德对第一兵团的光荣历史和伟大成绩进行了充分的肯定。他说："你们三个纵队是有光荣历史的。自主力红军从中央苏区撤退、长征北上后，陈毅、邓子恢、谭震林、粟裕、叶飞等同志留在那里领导留下的红军坚持游击战争，在国民党的'清剿'非常残酷、处境非常困难的情况下，艰苦奋斗了三个年头，保持了党的组织和红军游击队，保存了革命的基本力量。这是难能可贵的，在中国革命历史上是光荣的一页。抗日战争开始，我们同国民党建立了统一战线，想尽各种办法，把游击队集中起来，成立了新四军。新四军在八年抗战中有很大成绩，部队有很大发展。自卫战争开始，你们首先在苏中战场取得多次胜利，接着又在山东战场取得胜利。在这些战斗中歼灭了大量敌人，部队更加壮大发展，尔后转入进攻，在中原开辟新解放区，继续歼灭敌人。这两年来，你们三个纵队与其他纵队及华东野战军全部，学会了大兵团作战，学会了使用新式武器，学会了如何打击敌人的强大的机械化部队，战绩很大，在许多方面继承了主力红军的传统，特别是继承了英勇作战、艰苦奋斗的传统，值得表扬。你们对中国人民有很大的贡献。"

在讲到国际和国内形势时，朱德说："国际形势的特点，是民主高潮普遍兴起，这是过去从来没有过的。人民力量发展很快。"对于国内形势，"我们在军事上取得了很大胜利。特别是从去年七月，我们转入战略进攻，由内线作战转外线作战，把战争引到蒋管区去，发展了广大的中原解放区，使敌我力量对比发生了很大的变化。"

朱德还讲了关于政策和纪律的问题。他说："要使部队能正确执行政策，就要严格部队的纪律，要靠纪律来保证政策的执行。我们的纪律是三大纪律。首先就要不侵犯群众利益，这一条你们过去做得不大好，最近大有进步。其次是一切缴获要归公。第三是一切行动听指挥，这一条你们做得比较好，但也有缺点，比如还存在着事先不请示、事后不报告的风气，自己要怎么办就怎么办，这是无政府主义的作风。以后一定要按级听指挥，事先请示，事后报告，逐级都能做好，就好办了。不要闹小团体主义、山头主义，做工作不要讲价钱，这就可以减少许多不必要的麻烦，对革命有很大的好处。现在人多队伍大，特别要强调集中统一领导。只有大家互相督促，使遵守纪律成为群众自觉的行动，对违反政策和纪律的现象认真追究，政策和纪律才可以执行得好，胜利也就更快，将来建设起来也更快。我们既要会打仗，又要能执行政策，遵守纪律。只有这样，才能团结全国百分之九十以上的人民。只有全国百分之九十以上的人民拥护我们，我们才能胜利。"

对于建军问题，朱德从政治建设讲起。他说："你们过去打的仗，一般打得很好，有老红军的传统，但对政治的领导、政治工作的认识有不够的地方。今后不仅政治机关、政治干部要做政治工作，军事机关、军事干部也要做政治工作。我们部队能打仗，就是靠党的力量，政治的力量。军事指挥员要认识，只有政治领导加强了，有坚强的政治工作，部队才能巩固，士气才能提高，才能打胜利仗。要提高部队的阶级觉悟，使大家认识到我们是无产阶级的军队，劳动人民的军队，干部、战士都是为人民服务的。这个思想确定以后，军民关系就可以改善，群众就会更加爱护部队；干部对人民、对战士就会更加负责；战士就会自觉地英勇作战，自觉地遵守纪律，同群众的关系也会搞得好，对干部也会尊重爱护，也会自觉尊重政府。这样内部团结一致，就可以一心一意去打敌人。去年九月以后，全国解放军经过三查，出去打仗，都打得很好，到处打胜仗。这就证明，只要加强党的领导，加强政治工作，就会所向无敌。"他特别强调："军事工作与政治工作是部队建设的两个重要方面，只能都搞好，不能只搞好一个。军政干部一定要团结，不能闹独立性。搞好团结，要依靠批评和自我批评。"

在军事建设上，朱德说："首先要求同志学战术。现在世界各国各有各的战术，我们干了二十年，也有自己的战术。本来已经有了一整套，但由于缺乏系统的总结，所以这一整套还不能完全写出来。现在我们有翻译的战术教程，一本是《合同战术》，一本是《兵团战术》，都是苏联的，写得不错，很可以作参考，希望大家好好学习。我们不仅要取法苏联的教程，还要着手去整理我们自己在革命实践中形成的那一整套。我们检查了几个战场的作战情况，一般都很有成绩，但打大仗特别是兵团会战的战术，暴露的缺点就很多。如对敌情的了解、战斗的组织、协同配合、通信联络以及战场勤务工作等，出的毛病也不少。你们有苏中七战七捷以来的经验，但也没有系统地总结出来，这是大家今后要努力解决的问题。你们同蒋介石的机械化军队打了这么久，学会了许多打法，对付现在这样的敌人是有办法了。但是还要进一步研究敌人，提高打敌人的战术水平。不要以为敌人快要死亡，它在战术上就一点变化就没有。它吃了许多亏，逼得它也要有些变化。我们就要经常研究敌人的战术，研究如何打它，如何避开它的长处专找它的弱点打，如何才能干干脆脆地歼灭它。"

朱德接着说："今后还要想一些办法把国民党的几个主力部队彻底搞光，这样问题就可以解决一大半了。特别是你们要研究如何对付五军、十一师和七师等敌人主力部队。"

那么，如何消灭敌人这些主力部队呢？朱德提高了声音说："我替你们想了一个办法，就是用钓大鱼的办法。钓了一条大鱼你不要性急，不要一下就扯上来，因为你性急往上扯，大鱼初上钩，尚未疲困，拼命扯往往会把钓索弄断。可以慢慢同它摆，在水里摆来摆去，把它弄疲劳了再扯上来，这样就把这条大鱼钓到手了。对第五军就要用这个办法，要用'引'的办法。它来攻，我就退，有条件就阻击一下，没有条件就不阻击，把它拖得很疲劳，弹药也消耗得差不多时，再用大部队去奔袭歼灭它。你们一定要下决心钓到一两条这样的大鱼。"

朱德边讲边做动作，生动有趣的比喻，使大家笑了起来。

过了一会儿，大家安静下来，朱德又说："我们不是完全不打硬仗。要看清对象，是什么敌人就打什么仗。如果敌人是弱的，我们可以来一个猛冲，在敌人没有展开、没有占领阵地以前，一冲上去就把它吓也吓倒了，战斗能很快解决。""但要解决比较顽强的敌人，用这一套就不一定有效，甚至还要吃亏，还是用钓大鱼的办法好。这种办法是合乎辩证法的。再说一遍，从钓小鱼与钓大鱼的办法不同来看，就可以理解打弱敌与打强敌、打小敌与打大敌的不同。打小敌、弱敌，可以用比较简单而直接的办法；但打大敌、强敌，必须定出系统的斗争方针，战斗开始必须懂得摆布它，懂得用迂回曲折的办法。这是真理，要好好牢记、研究。"

朱德特别强调地说："看什么天候打什么仗，在什么地形条件下打什么仗，对什么敌人打什么仗等等，也都是重要的战术原则，都要很好研究。还有一些条件也要善于掌握，例如在内线作战，有后方有群众，可以打几个机动歼灭战；出击到外线，条件差一些就要打运动战。以后条件改善了，就要学会攻坚战、阵地战。整个敌我条件对比，还会有更大的变化，我们也要估计到，要作必要的准备。"

朱德语重心长地说："希望大家要懂得学习战术的重要，要虚心向人家学习。当参谋长的同志更要注意学习战术。听说你们这里有一种说法，认为参谋工作没有地位，这是不对的。参谋就是军队的首脑部门之一，参谋工作要由有学问、有才能的人来做。参谋长要由优秀的人才来担任。参谋工作对部队工作很重要，是应当加强的。希望大家尊重参谋机关。参谋人员要安心工作，长期地做下去。好好积累经验，特别要着重研究如何组织战斗。这一项我们有的时候做得很好，而有的时候却做得太差。凡是没有打好的仗，就是吃了不会组织战斗的亏。如果在打仗之前开会慎重商量，回去又认真部署，就会打得更好一点。组织战斗，首先就是要善于了解情况，其后就是要有周密的计划部署。《孙子兵法》中说'多算胜'，是讲得对的。计划好了，再下达命令，帮助下面彻底了解上级意图，这样仗就可以打好。"

说到这里，朱德停了一会儿，又接着说："还有一个重要问题，就是要有坚强的整体观念、全局观念。过去的那些山头主义、游击习气、本位主义、军阀主义倾向等，今天都要去掉。今后关于兵员补充，伤病员、老弱、残废，可统一处理；其他许多后勤工作，要逐步统一；一些机构可以合并，各个野战军归军委统一管辖，等等。希望大家认识今天强调集中统一的重要性，去掉大大小小的山头，只有把各种力量集中起来，才能胜利。要彻底做到集中统一，当然会碰到一些困难，但我相信这些困难是可以克服的。"

朱德又谈到了军事民主的问题。他说："军事民主是红军历来就有的，比如过去有士兵委员会，现在我们就要把它的作用发挥起来。但民主一定要与领导相结合，要实现民主集中制。发扬民主，就是要下面经常对上级提意见，上面要经常倾听下面的意见和建议，并加以研究，把所有好的意见和建议集中起来，再拿到下面去实行。这就是毛主席讲的'集中起来，坚持下去'，'从群众中来，到群众中去'的领导方法。放弃领导，光讲民主，就是尾巴主义和无政府主义。我们要善于分析下面的意见哪些是正确的，哪些是不正确的。对于正确的意见，要领导大家去执行；对于不正确的意见，要教育说服，帮助他改正。你不去帮助纠正错误的意见，搞坏了事情，还是要你领导上负责。另一方面，我们还要反对军阀主义、命令主义。上级下达任务时要考虑下级能不能做得到，如果做不到，就不要乱下命令。要有高度责任心，要讲究战术，尽量减少伤亡。上面要给下级实际帮助，下面要了解上级意图，这样就能够上下一致，所向无敌了。"

朱德又说："我想谈一谈轻视敌人和惧怕敌人的问题。蒋介石已经到了穷途末路、山穷水尽的地步，不管帝国主义现在怎样凶，也是无法帮他摆脱死亡的命运的，因此战略上轻视敌人是完全有根据的，要有轻视敌人的政治勇气。我们在战略上轻视敌人的观点，是一种历史唯物主义的观点。因为根据社会发展的规律，可以断定无产阶级的事业必然蓬勃发展，中国革命必然胜利，封建势力、反革命力量一定要死亡，加上国际条件又有了有利于我们的很大的变化，我们为什么不可以乐观？为什么不可以有信心？但是到了战场上，对具体的敌人作战时，就一点也不能轻视，对弱的敌人也要当强的敌人打，否则就会犯错误。"

最后，朱德说："希望在今后的实际斗争中继续进步，更加提高。我想你们一定会取得更多更大的胜利，完成党和人民给予你们的光荣历史任务。"

5月15日朱德又参加了华东野战军第一兵团连、排、班及士兵代表会议，并讲了话。他说："今天我代表毛主席、中共中央、军委总司令部同志看看人民解放军百战百胜的一、四、六纵队，要我讲话，我很高兴，你们三个纵队自从三查运动以后，比以前已经大大地进了一步。这个进步的最重要一点，就是我们战士和我们连、排长都认识了这个军队是我们自己的军队。我们的军队是人民的军队，就是说是群众自己的军队，有了这个认识，必然产生强大力量，这就是我们可以打倒蒋介石，使我们全体人民得到解放，建设新中国的一个很好的预兆和保证。"

怎样才能打胜仗呢？朱德说，要打胜仗，有几个问题要一定做到："第一，是一面打仗，一面学治天下。我们战士的政治水平很高，觉悟很高，就是要懂得政策。如果政策执行得好，老百姓觉悟了，我们就少打败仗，蒋介石就垮得快。政策执行不好，老百姓反对我们，我们就会吃亏。毛主席把政策规定得很好，要我们大家执行，要严守纪律，执行纪律。我们的政策是为人民谋利益的。"随着战争的发展，收复的大城市多了，正确执行接管城市的纪律就十分重要。"第二，要维持执行政策，就要执行纪律，实行三大纪律八项注意，大家要自觉遵守。纪律是军人的生命。我们纪律好，秋毫无犯，人民到处欢迎，胜利就快。"

朱德特别强调了把连队建设好的问题。他说："首先，连队要建设得好，就要加强党的领导，连里经常保持有百分之三十到四十的共产党员，这是很好的，能相信共产主义，进行共产主义教育，更提高阶级觉悟、政治觉悟。共产党员在连队工作中，冲锋在前，退却在后。团结的力量，要靠共产党支部起核心作用。自有红军以来，这是很有效果的。连队共产党员久经战斗，生活艰苦，要以身作则，做一切工作，特别是战士工作。……其次，以政治工作、党的工作来保证军事工作。军事技术好了，自己就会打仗，再加上连、排长平时研究，战士平常提意见，发挥战士群众的创造性，军事要很快自动学习，否则牺牲很大而收获不大。如果阶级觉悟提高，技术不提高，打仗虽猛，往往伤亡大还技术革新不好。所以要学习技术，使政治工作、党的工作、军事工作这三个东西配合起来，连队工作就搞好。要发扬军事民主，你们已经做到了，很好！军事民主，多商量、多自我批评，这是很好的，但连、排长要管得了事，群众的正确意见，要领导去实行，但群众不对的意见必须纠正，否则仍旧要犯错误。"

朱德在讲到学习战术和技术时说："把队伍搞好，当然最要紧的还是要会打仗，你们若不讲战术，伤亡就大。勇敢是无产阶级的本色，我们是具备了的，但没有技术不行，勇敢加技术就是很好的战术，学会了就是胜利。"

这一天，朱德又听取了华东野战军特种兵纵队司令员陈锐霆关于军事情况的汇报。

就这样，朱德在濮阳住了七天，看了七天，走了七天，讲了七天。他的讲话、谈话如春风化雨，点点滴滴浸入华东野战军第一兵团广大干部、战士的心田。一条"钓大鱼术"打开了他们心头的一把锁。许多指战员兴奋地说："这一下我们有对付敌人的办法了！"

朱德离开濮阳之后，华东野战军在陈毅、粟裕率领下，结束了整训，在中原大地，实施大范围的机动作战，调动敌人，寻求战机，发动了豫东战役，歼敌9.3万余人，创造了解放战争以来一次战役歼敌数量的最新纪录。这次战役的胜利，改变了中原和华东战场的战略态势，也是全国军事形势发生巨大变化的开始，实实在在地尝到了"钓大鱼"的甜头。多少年后，粟裕在回忆这段历史时写道："5月14日，朱德同志向团以上干部讲话，分析了战争形势，对部队的任务和建设作了重要指示，并且动员大家努力学习战术，用'钓大鱼'的办法，寻机歼灭敌整编第五军等部。随后又向营以下干部和战士代表讲了话。朱总司令在华野广大指战员心中有崇高的威望，他老人家亲临视察和给予指示，对提高广大指战员的思想，鼓舞斗志，增强战斗力，起了极大的作用。"①

在大决战的日子里

1948年5月27日，由于多种原因，毛泽东去苏联访问没有成行，因此，便从城南庄的花山村到达了西柏坡。

这时，朱德也从濮阳回到西柏坡。当朱德回到西柏坡时，康克清已把三间石窑房收拾一新了。

这是一座仿陕北窑洞样式而新建的石窑房，也是西柏坡唯一的一处好房子。原来，当得知毛泽东要到西柏坡时，朱德就考虑要给毛泽东新建一座住房。他和刘少奇一合计，决定按照陕北窑洞的样式，建一座石窑房。从外面看，这是一座全部用石头砌起来的平房，而里面则是像窑洞一样连在一起的三间房，一间办公，一间会客，一间宿舍。这在当时的西柏坡可以说是一座比较好的房子了。

不料，房子砌好后，由于毛泽东还住在花山村，并准备要去苏联访问，所以，当周恩来到达西柏坡后，看见朱德一家和刘少奇一家挤住在一个小院里，就让刘少奇或朱德一家先搬进石窑房去住，等毛泽东回到西柏

① 《粟裕战争回忆录》，第543页，解放军出版社1998年版。

坡后，再另给他砌一处新房。朱德和刘少奇都不肯搬进石窑房住，他们认为，若要给毛泽东再砌新房，就让身体不太好的任弼时住进石窑房。任弼时知道后，说什么也不肯搬。他考虑到朱德年纪大，还是建议朱德搬进去住。

就在这推让之中，朱德去了濮阳。周恩来、刘少奇、任弼时便一致决定，把朱德的东西搬进了这座石窑房。

朱德回到西柏坡一看，一切都已收拾好了，也就没有办法，就在这座石窑房里住了下来。有一天，他看见他的一双破棉鞋放在门口，看样子是警卫员准备要扔掉的，他便用清水洗干净、晒干，又戴上老花眼镜缝了缝，准备冬天时再穿。

毛泽东来到西柏坡后，朱德还是要求自己搬出去让毛泽东住进石窑房来。毛泽东知道后说："我不能住进去，总司令年纪大了，这处新房安静些，还是让总司令住吧。"于是，毛泽东自己搬到了任弼时住处隔壁的一个小院子里住了下来。

转眼已到了1948年秋天，中国人民解放战争进入第三个年头。中国的军事形势发生了急剧的变化，这时，人民解放军不仅在质量上早已占有优势，数量上也比国民党军占有优势了。战略决战的时机已经成熟，夺取全国胜利已经近在眼前。

在这个关键时候，朱德经常到人民解放军总部作战局听取汇报，发表重要意见。8月23日，他在战况汇报会上对战略决战的地点、时间、条件和有关政策提出看法说：

> "中原战场是决战的战场，自古以来谁在中原取得胜利，最后胜利属于谁的问题就能解决"。"现在敌人在中原组织许多大兵团，企图同我们决战，我们则不同他们决战。因为时机还未到，过早决战对我们不利。所以目前还只是同他们在中原进行一些机动作战。我们要尽一切力量发展生产，准备物质条件（主要是炮弹、炸药），到条件成熟时再同他们在中原决战。""二十年来我们在军事上所苦恼的，即对敌人坚固设防的城市无法攻破，但近半年来学习的结果，已经能够攻破敌人较大的坚固设防的城市

了。""只要我们在军工生产上努力，今后不会有什么攻不破的城市。""对东北的敌人，我们不能让他们进关，蒋介石说要守住长春、沈阳，这很好。因为他们把这样多的军队放到这样远的地方，每天靠飞机运输接济，这就增加他们许多麻烦和消耗。如果让他们进关，不论是增至华北或华中，都会增加我们不少的麻烦。""我们的胜利，在今天来说，是更有把握了。但如果我们的许多政策——土地改革、工商业、镇压反革命、生产、争取俘虏等，有一条执行得不正确，都可以使我们失败。在军事上争取俘虏的成功（现在我们的军队有百分之六七十是解放战士），这是一个大胜利。"①

9 月 8 日，中共中央政治局扩大会议在西柏坡中央机关小食堂正式召开。这次会议又称为九月会议，出席这次会议的政治局委员有 7 人，他们是：毛泽东、刘少奇、朱德、周恩来、任弼时、董必武、彭真；中央委员和候补中央委员有 14 人，他们是：徐向前、饶漱石、贺龙、邓小平、陆定一、曾山、叶剑英、聂荣臻、滕代远、薄一波、廖承志、陈伯达、邓颖超、刘澜涛。重要工作人员罗迈、杨尚昆、胡乔木、傅钟、李涛、安子文、李克农、冯文彬、黄敬、胡耀邦 10 人列席了会议。这是中共中央自撤出延安后召开的第一次政治局扩大会议，也是到会人数最多的一次中央会议。

在这次会议上，毛泽东提出在大约五年左右内从根本上打倒国民党反动统治的目标，要求各战略区打更大规模的歼灭战，作战方式由游击战争过渡到正规战争，战争所需要的人力、物力资源可以大量地从国民党方面取得，同时必须努力发展解放区的工农业生产。朱德在会上发言，同意争取在五年时间内从根本上打倒国民党反动派统治的意见。指出：年来我们的部队大有进步，战斗力大大提高了，但不能满足于现状。要经常整训，要不断提高部队的技术装备，加强人员和物资的补充，搞好军工生产，统一兵站运输，统一医疗卫生工作，使部队能连续作战。他还富有远见性地

---

① 《朱德军事文选》，第 666～667 页，解放军出版社 1997 年版。

提出："将来攻城打援的大会战最可能在徐州进行。"①

"九月会议"结束后，参加会议的人员都没有在西柏坡多停留，便返往各地。送别时，毛泽东对邓小平说："我们每年见一次面，每年都有很大的变化。我们明年见面时，全国的形势一定比今年更好。"

邓小平说："毛主席、党中央看得远。我回去后要和刘伯承同志很好地研究一下，我们应当发挥更大的作用。主席、中央交给我们的任务，我想一定能够完成。"

周恩来又对邓小平说："你们的位置太重要了，要靠你们去消灭国民党蒋介石的命根子，消灭他的主力部队，还要去剿蒋介石的老窝呢。"

邓小平说："希望这一天能早点到来。"

陈毅接过话语说："我们的本事就是一条，毛主席、党中央交给我们的任务，一定能完成！"

朱德对陈毅开玩笑地说："完成不了任务，就打你这胖子的屁股。"

陈毅笑了笑说："朱老总还没有打过我的屁股，我想我们不会挨打。希望下次见面时，能在你家吃到四川腊肉。"

朱德高兴地说："好啊！我给你把四川腊肉准备好，到时候你就来吃吧。"②

就在这愉快的气氛中，毛泽东、朱德、周恩来和参加会议的人员一一握手告别，送他们离开了西柏坡，分赴各地去迎接新的战斗。

毛泽东认为解放战争的第三年是争取五年胜利中的关键一年。"九月会议"以后，他对解放战争第三年的作战任务作了进一步的明确，并对各战略区提出了明确的要求。

为实现这一战略任务，毛泽东开始筹划即将到来的大决战，他要求各战略区指挥员要确立敢打前所未有的大歼灭战的决心。

打前所未有的大歼灭战，必然要解决城市攻坚这一难题。虽然，在朱德的指导下，人民解放军已经取得了攻打石家庄、临汾的一些经验，但是，在战略决战阶段，如何攻打更加坚固的大城市，人民解放军在这方面

---

① 《朱德年谱》中，第 1310～1311 页，中央文献出版社 2006 年版。
② 阎长林：《在大决战的日子里》，第 166 页，中国青年出版社 1986 年版。

MILITARY STRATEGIST ZHU DE

的经验还是不多。毛泽东曾寄希望于东北战场。因为，从当时的情况看，东北野战军包围了长春，华东野战军包围了济南，华北军区第二兵团包围了太原。在这三城中，攻占长春的条件更具优势。因此，早在1948年4月18日，东北局和东北野战军领导人林彪、罗荣桓、高岗、陈云、李富春、刘亚楼、谭震林在给毛泽东的电报中提出：东北野战军在目前进行的政治、军事训练结束后，拟于5月中下旬集结9个纵队攻打长春和阻击援敌，力求在半个月左右时间内打下长春，结束战斗。目前只有打长春的办法好。

毛泽东认真研究了林彪等人的这一电报，在4月22日的回电中指出："同意你们打长春的意见。"[1] 其中一个重要的战略意图，就是可以从攻占长春作战中解决大城市攻坚的难题，积累经验，这对发展东北及全国战局均有重大意义。正如6月7日毛泽东在给林彪、罗荣桓、刘亚楼的一份电报中所说："长春胜利将给你们尔后南下作战逐一攻克各个大城市开辟道路，各个大城市的攻克将从长春战役取得经验。"[2] 因此，他要求东北野战军要精心组织这次战役。但是，东北野战军抓住战机歼灭长春敌人一部，却未能攻占长春。据此，林彪改变了决心，认为打长春"消耗必大"，"而获得解决战斗的结局，尚无把握"，"不宜勉强和被动地攻长春"。

由于朱德已有了攻打石家庄和临汾等城市的经验，因此，他对攻打长春也十分关注。6月1日，他在给林彪、罗荣桓、刘亚楼等人的电报中，介绍了华北部队攻占临汾的经验，指出：临汾作战，"我军九个旅（约七万人）都取得攻坚城经验，是一个很有意义的大胜利"。同时，他询问林彪等人，"如果我军不惜伤亡，以两个月时间夺取长春，你们估计是否有此可能？局势将会怎样？"

同一天，林彪、罗荣桓、刘亚楼在复电中说："我们对此战局无最后的确定见解。"并转去了东北野战军第一纵队司令员李天佑和第六纵队司令员黄永胜反映打长春存在的困难的电报。

---

① 《毛泽东军事文集》，第4卷，第455页，军事科学出版社、中央文献出版社1993年版。

② 《毛泽东军事文集》，第4卷，第480页，军事科学出版社、中央文献出版社1993年版。

接到林彪等人的电报后，朱德进行了认真地思考，6 月 3 日，他给毛泽东写了一封长信：

我看了李、黄两纵队的电，长春还是可能打下的条件多。（一）敌人正规军不到六万，其他警察、宪兵、自卫志愿兵等二万八千人，正规军中只有两个师比较坚强的，志愿军中政治上要拼命，军事上是混杂的，比较差，督战虽严，打混乱时即不生效。（二）援军很远，我军可以打援，即围城打援亦有利。（三）敌守孤城，粮、弹、人的补充均靠飞机不能持久。（四）我军兵力优势，后方接济便利，部队技术有相当的学习，有相当的攻城经验，有相当的家务。如果现有二十万发山野炮以上的主炮弹及重轻迫击炮弹，炸药三十万斤，手榴弹二百万个，即可能打开，再准备伤亡三万以上的人。（五）攻坚即强攻，打城军不在多，两个纵队及几个独立师能攻、能防敌人反攻即够，其余的可以打增援队。打法是用坑道为第一，用技术，炸药、手榴弹抵近射击，以各种炮为主，以工事对工事，进一步巩固一步，做好工事再进。如攻到纵深处将敌人分割或混乱后，敌人坚强性即减少，也可能有投降。（六）李纵攻过四平，有经验，但遇着顽敌抵抗，即估计艰难些。长春与四平不同点，即敌士气不如以往旺，质量也差些。黄纵估计可能打开，但损失代价须大。（七）攻城必须先有计划，收集各种专门炮工人才，组织指挥所。必须要用攻城战术，实事求是地、一步一步地进攻，带一种学习态度，决不可性急，准备两月三月打下，也算是快的。只要是土质城底，又无城墙，是可能打下的。（八）再一种攻法是长围，在一定的圈子内，围死它，使其粮弹俱困，人心动摇时再攻。（九）这两种攻城战术，强攻与长围，如有家务，可采取第一种。打久了第二种也出现了。如家务不大，攻一城将炮弹炸药耗尽，一时难补充，则不如打野战。打长春要看家务大小来决定①。

———————

① 《朱德军事文选》，第 663～664 页，解放军出版社 1997 年版。

毛泽东认真阅读了朱德的来信后，当天就给林彪等发出一份电报："请对朱总司令所提意见中下列给以回答：（一）以两个或三个纵队及几个独立师攻城，以七个至八个纵队准备打援，是否可能？（二）两种打法是否可能：甲，能强攻，则用强攻办法，乙，不能强攻，即攻占一半或三分之一以后，改用长围，构筑坚阵，以一部围困该敌，主力休整待机。（三）你们弹药方面是否经得一次大消耗？"

两天以后，林彪等人在来电中提议，对长春采取"久困长围"的作战方针。

在打长春解决城市攻坚难题的意图未能实现的情况下，毛泽东决定将解决攻克大城市难题的战略意图转向华东野战军方面，决定发动济南战役。

9 月下旬，华东野战军取得济南战役的胜利，揭开了战略决战的序幕。同时，辽沈战役第一阶段正在激烈地进行，东北野战军已接连攻克绥中、兴城、义县，威逼锦州，截断北宁线，堵住了在东北的国民党军队向华北撤退的退路。10 月 1 日，朱德在人民解放军总部作战局战况汇报会上发表了讲话。他首先说："过去我们是怕东北的敌人进关，因为进关后，不管增加到哪里对我们都是不利的。现在敌人已不可能进关，我们可以在东北将它们消灭。长春敌人可能逃跑，但我们有八个机动师能够消灭它们。"

朱德接着分析了华北的敌情，他说："华北最后的问题是解决傅作义。在作战上他学了日本人的一些办法，也学了我们的一套。在华北方面他的力量现在还比我们大，所以傅作义是比较不好打的。但我们还是一定能够解决他。"

朱德还分析了胡宗南的部队。他说："胡宗南有二十多万人，比我西北野战军大，一时消灭不了他，时间要放慢些。"

对于华东战场上的情况，朱德说："打下济南，对我们很有利，可以利用它原有的工业基础进行生产。山东交通也很便利，有铁路、运河，对今后支援大兵团作战，是一个重要的大后方。同时我们可以腾出十万余人，再加上补充几万俘虏，足以对付南面的敌人。吴化文的起义，我们不能过低估计，对我们打下济南起了相当作用。今后的作战，就是需要有这样的起义。当然吴化文即便不起义，我们同样可以打下济南。徐州方面，我们的力量可以消灭邱清泉、黄百韬、李弥三个兵团中的任何一个兵团。"

说到今年的任务，朱德说："今年的任务是消灭敌人一百个旅，三年内要把解放军发展到五百万人。今年是决定胜负的一年。中原是决战的战场，因为中原粮食富足，地势平坦，便于大兵团作战。在该区我之有利条件为：第一，群众是我们的；第二，我们的力量比较大；第三，我们的运输线较前顺利；第四，我们有自己的兵工厂，能生产大量的弹药。敌人兵工生产不如我们，它们主要靠美国帮助。"

朱德还强调了运输在作战中的重要作用。他说："运输，对今天几十万人的作战是一个很重要的问题，过去有些浪费，现在仍然组织得不够理想，这在内线作战时还没有多大关系，而在外线作战则关系很大。所以今后要把我们的运输很好地组织起来。还要组织好医院、担架队等。"

朱德最后强调说："现在打仗，人的思想问题是一个重要的问题。农民为保卫家乡的土地财产可以拼命，但打出去解放别人却不一定都是那样坚决，所以需要在思想上进行教育。当然，除了靠我们的机动部队外，还是需要各地方的人民自己解放自己。另外，解放战士占我军的比例很大，以后对解放战士要加强教育，很好地发挥他们的作用。"

10月14日至15日，东北野战军主力经过31个小时的激战攻克锦州，取得辽沈战役决定性的胜利。捷报传到西柏坡。10月16日，朱德在人民解放军总部作战局战况汇报会上又发表了讲话。他谈到东北战场时说："关于东北问题，美国人曾叫蒋介石撤出东北，不要孤守待毙。蒋介石虽然也看到了这个形势，但反动统治阶级临死也还要作最后挣扎，不愿撤出。现在打下锦州，他要撤也撤不出来了。锦州在战略上意义很大，是关内与东北联系的补给和转运基地，敌人曾尽了最大的力量来守，但还是失败了。现在我们有两个办法，一个是打锦西，这比较好打；一个是打沈阳出来的敌人。最好是打锦西，使东北的敌人更加孤立。长春敌人也想乘机这时撤退，但锦州我们很快就打下来了，力量即可以抽出，因此敌人不容易撤退。蒋介石的战略现在有所改变，他放弃若干孤立据点，这是在我们攻下济南以后才改变的。打下锦州，我们更好地取得了攻坚战及攻取大城市的经验。目前主要作战在东北，形势对我们有利，可以打几个好仗，在今冬解决东北问题。东北解决了，我军可以入关，最后解决傅作义。"

朱德再一次对傅作义的兵力和部署进行了分析，他说："傅作义主要还是靠九十四军、九十二军、十六军，而他自己的则不行。他的长蛇阵如果被我们一击，就可以切成几节。他最怕的是我们搞他的张家口。绥远也是他重要的后方，而北宁线则不是他所需要的。所以现在他的力量放在西面。但蒋介石的战略是要保住北平、天津，不愿傅作义的主力继续往西进。"

朱德还说："太原如果打下，战略意义也很大。即使一下打不开，长期围困，饿也把敌人饿死。我们打太原的部队，除太岳军区的八纵以外，其他都是刚编成的新部队，所以在战术上、攻坚技术上不那么熟练。但这样的部队，能打下这么大的城市也不简单。"

对于华东战场，朱德分析说："山东问题已经解决，只剩下一个青岛。青岛不仅是中国而且是世界上所注意的战略要点。我们现在不去打它，因为有美国军队在那里，等到将来再集中力量去打它。山东现在已经抽出很大力量，粟裕和许（世友）、谭（震林）可以会合打大仗。徐州敌人三个兵团靠在一块比较难打，如果能搞掉它一两个兵团就容易解决问题。现在山东虽打了些大仗，但还不算决战。"

朱德继续分析说："蒋介石近来也跟我们学，放弃城市，进行机动作战。也不要后方，也搞大队行进。但他没有群众，所以没有饭吃，而且这样做已经迟了。他撤出孤立城市对我们也有利，这样我们的后方可以更加巩固。"

我们今后应该怎么办呢？朱德强调说："今后要注意攻坚战术，好好学习，把书本上的与实际的对照一下，看一看对不对。人员补充问题是我们继续取胜的重要条件。今年补充的人员经过训练，比过去强。打下一些城市后，也补充了一些人员。现在有十万俘虏补充到我们的部队，所以这几个月的工作要着力把俘虏教育好。另外要收集物质资材，加紧兵工生产，准备决战。再一方面是加强政治工作，反对无纪律、无政府、无组织、各自为政等现象。"

11月初，历时52天的辽沈战役胜利结束。接着，华东野战军与中原野战军在中原大地发起淮海战役。在淮海战役胜利发展之际，挥师入关的东北野战军和华北军区第二、第三兵团又联合发动了平津战役。11月26日，当淮海战役第一阶段胜利结束，平津战役即将开始的时候，朱德在人民解放军总部作战局战况汇报会上兴奋地指出："我们正以全力与敌人进行决战。二十年来的革命战争，向来是敌人找我们决战。今天形势变了，是我们集中主力找敌人决战。东北决战已把敌人消灭了。现在，正在徐州地区进行决战，平津决战也即将开始。"

朱德接着说："我军在徐州地区集中的兵力，数量上比敌人多一点，质量上比敌人高得多，武器上比敌人也不差。这是我们同敌人进行决战的物质基础。敌人现在徐州集中了三个兵团不易打。我主力已南下打黄维兵团。黄维兵团共十一个师，兵力大，他估计我们不敢打他，实际上兵越多越容易乱。队伍一乱就很快可以把他解决。我以四五个纵队监视徐州敌人，决心连续作战，不怕伤亡，随时补充俘虏，这是取得胜利的关键，只有我们无产阶级队伍才能如此。"

至于傅作义，朱德说，傅作义比较聪明，但他的家务只有这么大。他固守的可能性是存在的，但其结果仍逃不出被歼的命运。

通过对战争形势的分析和判断，朱德断言："我们的胜利已经肯定了，但胜利中还有困难。要在新解放区把群众组织起来，恢复生产，以便支持大军继续前进，直到解放全中国。不要因胜利冲昏头脑而看不到困难。"

辽沈、淮海、平津三大战役，从 1948 年 9 月 12 日起，到 1949 年 1 月 31 日结束，历时 142 天，共歼敌 154 万人，使国民党的军事主力基本上被摧毁。这个战略决战的伟大胜利，震撼了世界，预示着蒋介石二十多年来在中国的统治即将告终。

在三大战役进行期间，1948 年 11 月 1 日，朱德和彭德怀联名发布了《中国人民解放军总部关于惩处战争罪犯的命令》，宣布：凡国民党军官及其党部、政府各级官吏，令其部属实行屠杀人民、抢掠人民财物，施放毒气，破坏武器弹药，毁坏市政水电设备、工厂、建筑，毁坏文化古迹罪行者，均以战犯论罪，应依法惩处；凡采取有效办法而使人民生命财产、城市建筑及物资获得安全和免受破坏者，则应予以奖励。人民解放军对国民党反动派党政军人员的政策是："首恶者必办，胁从者不问，立功者受奖。"这个惩处战争罪犯的命令，对国民党统治集团起了巨大的震慑作用，不仅加速了解放战争的胜利进程，也减少了战争带来的破坏。

在战略大决战的日子里，已届花甲之年的朱德常常宵衣旰食，与毛泽东、周恩来等一起运筹帷幄，共议戎机，决胜千里，取得了决定中国命运的战略大决战的伟大胜利。

发出"向全国进军"的号令

带有战略决战性的辽沈、平津、淮海三大战役胜利后，各野战军按照中共中央军委的决定，先后进行整编，西北、中原、华东、东北野战军依次改为第一、第二、第三、第四野战军，同时成立西北、华北、东北、华东、中原五大军区，原华北的三个野战兵团直属人民解放军总部指挥。它意味着各个野战大军将跨出原来的地域，准备向全国进军。

为迎接即将到来的全国大进军，朱德认为必须做好各方面的准备。为此，他再一次对军工生产表示了关注。1948 年 12 月 13 日，全军军工军械会议召开了。在开幕大会上，朱德讲了话。他说："军火生产要有统盘筹算，要有重点地、大规模地生产。同时要克服生产中严重的浪费现象。如：人为的浪费；检验制度不严格，报废数目较大；管理不良、技术掌握不好、机器工具操作坏数大等。今后要实行企业管理，精确计算成本，建立核算制度。"12 月 25 日，朱德又在大会上作了总结报告，对军工企业要进一步加强科学管理提高效益的问题进行了论述。他首先说："明年就要过长江，军工生产是要针对着过长江做计划的。同志们眼光要放开些，家务愈打愈大，任务也愈来愈大。"

在讲到军工生产的今后任务时，朱德说："战局胜利发展，再有一年可以打垮蒋介石，要过长江。南方与北方气候不同，多雨、潮湿、多山，要求弹药的质量更高。"还说："根据现有的基础，任务是艰巨的，能生产就多生产，要减低成本，增加生产。对已规定的任务希望完成，这是打倒蒋介石的有力保证。为此，要求各地党的领导机关，更要注意这方面的工作，加强领导。有防备，帝国主义就不敢欺负，这就叫武装和平。"朱德特别强调军工生产要"保证更高的产品质量。"他说："质量好，是军工生产的第一个要求，质量不好直接影响战斗，岂止是浪费！""今后生产任务要在质量好的基础上完成，各地要严格防止只顾数量的完成。"朱德还强调"加强科学的工厂管理"的问题。他说:"工厂中要建立企业制,企业制是有效的管理办法。我们企业制也有些成绩,成本低了,浪费减少了。今后更要有组织、有计划地去做,以求今后半年中实行企业化管理,并做到生产专门化,以便提高效率,降低成本。"

朱德还强调要有计划地建设统一集中的后勤体系,以适应向全国进军作战的需要。这一年的12月26日,全军后勤工作会议召开了。在会议开始的第一天,朱德就发表了讲话。他首先讲了后勤工作的重要作用。他说:"后勤工作在小游击队时代有小游击队时代的作用,现在有现在的作用,而且现在的作用扩大了。""现在的战争是现代化的战争,现代化的战争离开后勤工作去打仗是不可能胜利的,要靠补充得很充足,有计划的运输。因此,就要把后勤的一切工作准备好。准备好了还不行,还要把战争所需要的各种物资按时送到前方,并且还要够用。所以后勤工作能做得很好,我们就一定能打胜仗,不然就堵不住敌人的进攻。"他提出,在新形势下,后勤工作要首先"明确一切为了前线胜利的思想",要依靠和发动群众,"一切为了战争的胜利,如果没有群众的拥护,也做不到。"

朱德特别重视后勤工作的集中统一问题。他讲了这样四点:(一)大规模战争,要求逐渐统一集中,消除过去客观条件所造成的地域观念。现在地区大了,有西北、东北、华北、华东、中原,将来还有新地区。不仅这些地区要统一集中,而且全国财政经济、人力、物力都要统一集中,这样生产才能有出路。要统一集中才能建设新的国家。如果各自为政,各人做各人的计划,各人做各人的事情,那就不行,那就会有很大的损失。特别是军工、军需更应集中。(二)有计划、有系统地组织大规模的后勤体系。要在全国范围内组织补给区。军委后勤部的样样工作都要建立起来,要能指挥下层。每个地区的军区、野战军都要跟这一整个体系联系起来。补给区可以前送后送,并且可以在那个地区制造一些东西。(三)一切标准制度、装配样式、工作布置等,都要有统一的规章,才合乎要求。(四)要计划生产。不仅要组织军工生产、军需生产,而且还要组织农业生产,组织各种工业生产。总之,我们要用物资来保障战争的胜利,并为将来的社会主义建设服务。

当历史进入1949年的时候,全国已处在革命胜利的前夜。1月28日,朱德在铁道工作会议上兴奋地说："中国局势，在这一年内可以完全统一起来。""这一点，过去几个月中我们已经估计到，现在则是任何人都可以估计到的了。"

为了迎接新中国的到来，这一年的3月5日至13日，中共中央在西柏坡召开了七届二中全会。毛泽东在会上作了工作报告。他指出："辽沈、淮海、平津三战役以后，国民党军队的主力已被消灭。国民党的作战部队仅仅剩下一百多万人，分布在新疆到台湾的广大的地区内和漫长的战线上。"他提醒人民解放军的全体指挥员、战斗员，"绝对不可以稍微松懈自己的战斗意志，任何松懈战斗意志的思想和轻敌的思想，都是错误的。"①他还强调了"人民解放军永远是一个战斗队"的思想，指出："人民解放军永远是一个战斗队。就是在全国胜利以后，在国内没有消灭阶级和世界上存在帝国主义制度的历史时期内，我们的军队还是一个战斗力。对于这一点不能有任何的误解和动摇。"当然人民解放军又是一个工作队，"随着战斗的逐步地减少，工作队的作用就增加了"。②同时，他宣布："从一九二七年到现在，我们的工作重点是在乡村，在乡村聚集力量，用乡村包围城市，然后夺取城市。采取这样的一种工作方式的时期现在已经完结。从现在起，开始了由城市到乡村并由城市领导乡村的时期。党的工作重心由乡村移到了城市。"③

朱德出席了这次会议，他非常赞同意毛泽东的报告。他在会议的第二天发言，也反复强调党的工作重心转移的问题。他说："这是个大转变，从乡村转到城市。过去从城市到农村是个大转变，现在从农村转到城市又是个大转变。我们的工作要适应这个大转变。军队要由战斗队逐步转变成工作队，这也是个大转变。我们的部队是一个学校，这个学校要培养出会做事的人。将来管理生产，搞生产建设，也要靠他们。今后我们进了城市，取得全国政权，就有了自己的国家，就要搞好国防。不能像以前游击

---

① 《毛泽东军事文集》，第5卷，第513页，军事科学出版社、中央文献出版社1993年版。

② 《毛泽东军事文集》，第5卷，第514页，军事科学出版社、中央文献出版社1993年版。

③ 《毛泽东军事文集》，第5卷，第515页，军事科学出版社、中央文献出版社1993年版。

时代，敌人来了我就走。"

朱德不仅考虑到新中国成立后必须加强国防，保卫新中国，而且提出保卫国防的一系列重要意见。他说："要实行征兵制，建立自己的海军、空军、炮兵、步兵等，建立和训练国防部队，敌人来了就得打。"他还语重心长地说：中国是个多灾多难的国家，要把这样的国家建设好，有许多事情要做。我们的科学知识不够，没有什么可骄傲的，"凡骄傲者都是幼稚的人。"①

中共七届二中全会后的第 10 天，3 月 23 日，中共中央、中共中央军委机关和中国人民解放军总部告别了最后一个农村指挥所——西柏坡，前往北平。临行前，毛泽东既高兴又忧虑地说了一句话：今天是进京赶考的日子。周恩来接着说，我们都应当考试及格，不要退回来。毛泽东回答说：退回来就失败了，我们一定要考个好成绩，我们决不当李自成。

朱德已经为进京做好了一切准备。一星期前，中共中央机关就已下达了装车的通知。朱德的行李简单，早已收拾妥当，连被褥也装上车了。当时，后勤供给部门考虑到北平天气还相当冷，给一些同志补发了棉军鞋，也给朱德补发了一双。但是，朱德拒绝了，他说："我的这双鞋虽然破了点，可补一补仍然可以穿嘛！把这双新鞋拿到前方去吧，前方的战士比我更需要。"就这样，朱德穿着康克清给他缝补的那双旧棉鞋踏上了进京之路，走进了北平城。②

一路上，由 11 辆小汽车和 10 辆大卡车组成的车队向北平驶去。毛泽东坐在第二辆吉普车上，朱德、刘少奇等紧随其后。因为道路坑洼不平，车辆颠簸得很厉害。车队下了山区，就进入了华北大平原。行车途中，朱德很高兴，在车上不断地同警卫人员说笑。

那天本来是准备赶到保定的，因为路不好走，天黑以前就在唐县附近的淑闾村住下了。第二天上午 9 时车队继续出发，中午到保定休息吃饭，傍晚抵达涿县，在第四野战军第四十二军军部大院里住了下来

为了迎接中共中央、中共中央军委和中国人民解放军总部的领导，指

---

① 朱德在中共七届二中全会上的发言，记录稿，1949 年 3 月 6 日。
② 张东月：《难忘的教诲》，《新疆日报》1981 年 8 月 3 日。

战员们准备了晚餐——鸡蛋面条。朱德用筷子夹起面条，笑呵呵地说："多少年没吃过这么香的面条哟！"

毛泽东也笑着说："有二十多年喽！"

当天晚上，朱德和毛泽东等同特地从北平赶来迎接的叶剑英、滕代远、刘亚楼等人见面，共同商议 25 日的行动安排，并听取周恩来报告到达北平后将在西苑机场举行阅兵式及接见民主人士等诸事宜之安排。

3 月 25 日清晨 3 时，朱德和毛泽东、周恩来等从涿县乘火车出发，早晨 6 时到达北平清华园火车站，受到在北平的各界人民代表和民主人士的热烈欢迎，随后坐车到颐和园休息。下午，朱德和毛泽东、刘少奇、任弼时等中共中央其他领导人到达西苑机场，同各界代表 1000 多人，举行了盛大的阅兵式。

西苑机场阅兵是朱德从西柏坡进入北平后参加的第一次阅兵。还在西柏坡时，当举行盛大欢迎仪式的建议报告送到毛泽东那里时，被他一口否决了。毛泽东说："还是简单点好，不要动员那么多人，等到全国解放了，再好好地庆祝。"这时有人提议搞个阅兵式，毛泽东欣然应允。

为了组织好这次阅兵，林彪、罗荣桓、聂荣臻、彭真、叶剑英、刘亚楼、程子华等党政军领导人齐聚六国饭店，就阅兵事项进行专门研究，决定由刘亚楼担任总指挥。参加的部队主要有警备北平的第四十一军三个英雄团，即塔山英雄团、塔山守备英雄团、白台山英雄团和连以上干部，还有一个摩托团、二个炮兵团和一个坦克营及一些英雄功臣模范代表。

正式阅兵前，刘亚楼想预演一下。他对第四十一军军长吴克华说："吴军长，你来当主席和朱总，我来演习一次向你报告。"

吴克华连连摆手："哎，不行不行，我哪能代替主席和朱总呢！"

刘亚楼非常认真地说："你不配合，待会儿要是我报告不好，你负责？"

"行，行行行。"吴克华只好很不情愿地扮演了一回主席和朱总。

下午 3 时，机场上空升起 4 颗信号弹，盛大的阅兵式开始了。当毛泽东和朱德等出现时，早已等候在机场的工人、农民、学生、妇女等各界代表，立即爆发出惊天动地的欢呼声。军乐队高奏着欢乐的乐曲。随着 50 门六〇炮发射出 500 发照明弹，天空顿时一片灿烂辉煌。紧接着，从南到北，一溜我军敞篷汽车缓缓驶入机场，朱德和毛泽东、刘少奇、周恩来、任弼时等领导人的阅兵车队有一二十辆。

阅兵首先从步兵开始，后按高射炮兵、坦克兵和骑兵部队的序列进行。一声"敬礼"的口令，站在队前的干部，举手向领袖们行礼。朱德和毛泽东等中共中央领导人，身穿朴素的灰布棉军大衣，举起右手给部队还礼。

当天夜晚，朱德随中共中央、中共中央军委机关和中国人民解放军总部在香山住下，朱德住在香山的来清轩。

进北平城了，朱德一直思考的是如何保持艰苦奋斗作风的问题。3月27日，他在中共中央机关香山行政会议上发表了讲话。他说："进城是件大事。对管理国家，从负责同志到勤务员都要重新学习，在实际中学习，工作人员要保持艰苦朴素的作风，解放军要注意军容风纪，各部门要注意防空，要保护一切公共财物。"

3月31日，朱德和毛泽东、刘少奇、周恩来、任弼时等中共中央其他领导人在香山接见并宴请第四野战军师以上干部，毛泽东充满自豪地对他们说：在两年半的解放战争过程中，我们消灭了国民党反动派的主要军事力量和一切精锐师团。国民党反动派统治机构即将土崩瓦解，归于消灭了。我们三路大军浩浩荡荡就要下江南了，声势大得很，气魄大得很，同志们，下江南去！我们一定要赢得全国的胜利！① 朱德也鼓励他们："打过长江去，解放全中国！"

从4月起，朱德一面协助毛泽东、周恩来部署200万大军的渡江作战，一面对城市的生产建设进行具体指导。4月11日，他在北平中山公园音乐堂对即将南下作战的第四野战军高级干部讲话。他首先分析了国内形势，指出："现在国内形势比任何时候都要好。你们肃清了东北的全部敌人，配合了第一、二、三野战军及华北野战军作战，解放了北平、天津。敌人的主力已被我先后消灭。现在敌人所余下的仅是残余的军事力量，总共约二百万人左右，其中战斗部队不过一百四十万人，而且派系庞杂，各自为政，已无强大的抵抗力量，战斗意志极为低落。因此国民党政府要找我们和谈，企图借和谈拖延时间，重整力量，部署江防，负隅顽抗。我们不要

---

① 《毛泽东传》，第918页，中央文献出版社1993年版。

被敌人欺骗，我们要积极准备迅速南下渡江，解放全中国。"

朱德对大军南下渡江作战的有利和不利的条件作了分析。他说："和谈如果破裂，我军将有二百万以上大军渡江南下作战，你们是其中的一个重要部分，也负有解放全中国的光荣任务。我军南下作战有有利与不利两方面的条件。"有利的条件主要是：我兵力强大，士气旺盛；敌人力量弱小，且士气沮丧，又不团结；解放区已伸到长江边，有二万万解放区人民全力支援我军；江南广大群众渴望我们去解放他们，只要我们在政策上不犯错误，群众是拥护我们的，而且他们有过大革命及土地革命运动的经验；有江南游击部队的配合。不利的条件是：我军因要深入敌区，远离后方，运输供应比以前要困难得多；南方多山、河、水田、湖泊，北方部队一般缺乏在此种地形上作战的经验；我军绝大部分是北方人，要去南方作战，不大适应南方的生活习惯，而且容易患疟疾、中暑等疾病；我军因不断胜利，部队中可能有部分人存在骄气，轻视敌人。

朱德要求南下作战部队认真执行党的各项政策，严格遵守纪律，争取大多数，一步步战胜敌人；同时要担负起工作队的任务，学会做群众工作、政权工作及接收等工作，取得全国的最后胜利。

4月中旬，当南京国民党政府拒绝在中共代表团和国民党政府代表团共同达成的《国内和平协定（最后修正案）》上签字后，4月20日，中国人民解放军发起渡江战役。第二天，毛泽东和朱德以中国人民革命军事委员会主席、中国人民解放军总司令的名义联名发布了《向全国进军的命令》，命令中国人民解放军"奋勇前进，坚决、彻底、干净、全部地歼灭中国境内一切敢于抵抗的国民党反动派，解放全国人民，保卫中国领土主权的独立与完整"。

随着"向全国进军"号令的下达，中国人民解放军百万大军在东起江苏江阴，西至江西湖口，长达500公里的战线上，分三路强渡长江天堑，以摧枯拉朽之势粉碎了国民党当局苦心经营了三个半月的所谓长江防线。

4月23日，中国人民解放军解放了国民党政府的统治中心南京。两天后，毛泽东、朱德联名颁布《中国人民解放军布告》，宣布约法八章：（一）保护全体人民的生命财产；（二）保护民族工、商、农、牧业；

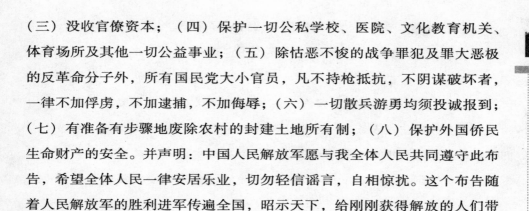

（三）没收官僚资本；（四）保护一切公私学校、医院、文化教育机关、体育场所及其他一切公益事业；（五）除怙恶不悛的战争罪犯及罪大恶极的反革命分子外，所有国民党大小官员，凡不持枪抵抗，不阴谋破坏者，一律不加俘虏，不加逮捕，不加侮辱；（六）一切散兵游勇均须投诚报到；（七）有准备有步骤地废除农村的封建土地所有制；（八）保护外国侨民生命财产的安全。并声明：中国人民解放军愿与我全体人民共同遵守此布告，希望全体人民一律安居乐业，切勿轻信谣言，自相惊扰。这个布告随着人民解放军的胜利进军传遍全国，昭示天下，给刚刚获得解放的人们带来安宁，带来希望和生机。①

当中国人民解放军向全国进军的时候，筹建中华人民共和国的工作正在北平顺利地进行着。

6月中旬，朱德出席了新政治协商会议筹备会。在开幕式上，他代表中国人民解放军预祝会议成功，并满怀激情地说：

> "中国的历史，从此将要进入一个新的时代，全国人民都感到万分地兴奋和愉快。""现在召集政治协商会议的一切条件都已经成熟了，在这些条件中间，最重要的就是人民解放军在全国的胜利和国民党反动统治的灭亡。残余的敌人现虽然还在继续勾结帝国主义企图继续挣扎，但是他们的最后全部消灭已经只是一个时间问题了。""人民解放军是中国民主运动最忠实的支持者，而在现在它就是新政治协商会议及即将成立的民主联合政府的最忠实的支持者。现在，新政治协商会议即将召开，民主联合政府即将建立，人民解放军将成为这个人民的政府的坚定不移的柱石。"②

在这次会上，朱德当选为新政协筹备会的常务委员。

经过三个多月的筹备，9月21日，中国人民政治协商会议在北平召

---

① 《朱德传》（修订本），第766页，中央文献出版社2000年版。
② 《朱德传》（修订本），第772页，中央文献出版社2000年版。

开，朱德出席了中国人民政治协商会议第一届全体会议。9月24日，他在大会上发言，代表中国人民解放军代表团宣布：

"我们一致拥护中国人民政治协商会议组织法草案、中华人民共和国中央人民政府组织法草案和中国人民政治协商会议共同纲领草案。中国人民解放军愿意坚决服从中国人民政治协商会议的共同纲领，并在中央人民政府领导之下，为完全实现这个纲领而奋斗。"①

在9月30日的会上，朱德当选为中华人民共和国中央人民政府委员会副主席。同一天，中国人民政治协商会议第一届会议胜利闭幕，朱德致闭幕词说：

"中国人民政治协商会议第一届会议的工作，已经胜利地完成了。我们全体一致宣告了中华人民共和国的成立。""在整个会议期间，我们全体代表始终团结一致、和衷共济。这是我们国家兴旺发达的气象。我们既然能够团结一致，开创了中华人民共和国，我们就一定能够团结一致地把我们国家建设好；把我们的国家引导到繁荣昌盛的境地。"②

10月1日，在中央人民政府委员会第一次会议上，中央人民政府主席、副主席和委员宣布就职。会议任命朱德为中国人民解放军总司令。

新中国的成立，引起了全世界进步人士的极大关注。新中国成立前夕，朱德在共产党与工人党情报局机关报《争取持久和平，争取人民民主》上发表《中国人民的解放斗争》一文。文章强调，中国人民的解放斗争的胜利，是经过长期的武装斗争而逐步取得的。

---

① 《朱德传》（修订本），第772页，中央文献出版社2000年版。
② 《朱德传》（修订本），第773页，中央文献出版社2000年版。

"约在二十一年前，即一九二八年初，中国人民在弥漫全国的国民党白色恐怖之下，在中国共产党领导之下，以建立小块的革命根据地，作为保护革命力量反对反革命力量的战略出发点。由夺取小块农村到夺取大块农村；由夺取几个分散的根据地以至许多的根据地，到把几块分散的根据地联成一片的根据地；由夺取乡村以及在可能条件之下包括小城市中等城市的根据地，到夺取在可能的条件之下包括大城市的根据地；由夺取小部分中国到夺取大部分中国；由夺取大部分中国到夺取全中国。这就是我们党在毛泽东同志领导之下的整个革命战略计划，同时也就是我们中国革命的武装斗争二十二年来所经过的具体道路。"①

他还论述了武装斗争与统一战线、共产党的领导之间的关系，指出：

"这个武装斗争，不能够是孤立的单纯的军事斗争。这个武装斗争是建筑在坚固的工农联盟基础之上，同时联合其他人民大众的武装斗争。这个武装斗争是密切地同农民的土地革命结合在一起的"，"如果不拥护农民土地革命，就不可能组织这样的武装斗争；同时，如果无产阶级在农村当中不能够恰当地和农民及其他可能联合的力量组织广泛的统一战线，而在政策上采取过'左'的冒险主义，也就不可能引导这个武装斗争到胜利。"在半殖民地半封建的中国，"工人阶级不只可能进行巩固的工农联盟，而且还可能与广泛的城市小资产阶级进行革命的同盟，而在可能的条件下，还需要争取民族资产阶级的同盟，或者中立它。不但如此，我们还需要在可能的条件下，利用帝国主义在中国相互间的矛盾，利用中国统治阶级内部相互间的矛盾，以便利中国人民的斗争。""这样是很清楚的，无产阶级必须很正确地把自己所领导的武装斗争和广泛的统一战线结合起来，才能领导这个武装斗争，并使之得到胜利。"

---

① 《朱德传》（修订本），第774页，中央文献出版社2000年版。

"但要领导武装斗争，要组织广泛的统一战线，而且能够把二者很正确地结合起来，这就需要一个坚强的共产党的领导。"

文章最后说，毛泽东总结出来的中国革命的三个主要经验：武装斗争，统一战线，党的建设，这三者是不可分割的，我们是依靠这三者密切地联系在一起去取得胜利的。

新中国就要诞生了，朱德和全国人民都在期盼着这一天的到来。

二十九、提出建立强大的国防军

关注军队现代化建设

朱德和全国人民期盼的这一天终于到来了。

1949 年 10 月 1 日，北平天安门广场上是歌如潮，旗如海，一片欢乐的海洋。中华人民共和国的开国大典就要在这里举行了。

从清晨开始，30 万军民就不断涌向天安门广场，期待着这个庄严时刻的到来。下午 3 时，林伯渠宣布开会。在雄壮的《义勇军进行曲》的乐曲声中，毛泽东按动了电钮，作为新中国象征的第一面五星红旗在天安门广场冉冉升起。

此时此刻，54 门礼炮齐放 28 响，象征着中国共产党领导中国人民经过 28 年的艰苦奋斗，终于取得了革命的胜利。

升旗后，毛泽东在天安门城楼上庄严宣布："中华人民共和国中央人民政府今天成立了！"这是中华民族历史上一个极为重要的时刻。

中华人民共和国成立了，朱德从青年时代就梦寐以求的建立一个新中国的理想，在中国共产党领导下经过 20 多年艰苦卓绝的奋斗，终于在他将 63 岁的时候实现了。

升旗之后，毛泽东宣读了中央人民政府公告。随后，林伯渠宣布阅兵开始。

作为中国人民解放军总司令的朱德，穿着一身崭新的呢料军装，走下天安门城楼，乘敞篷汽车威风凛凛地从天安门中间的门洞中走出来，在金水桥畔停住。这时，迎候在桥南东华表下的华北军区司令员兼京津卫戍区司令员、阅兵总指挥聂荣臻乘敞篷汽车徐徐驶来，向朱德郑重地举手敬礼并报告：

"总司令同志，受检阅的陆海空部队均已准备完毕，请总司令检阅。"

朱德举手还礼，然后在聂荣臻的陪同下，出东三座门，沿东长安街驶去，经东单广场，直到外国领事馆聚集的东交民巷，顺利检阅肃立严整的三军部队。

受检阅部队在东长安街整齐地排好队列，等待检阅。军乐队奏响了乐曲《三大纪律八项注意》：

"革命军人个个要牢记，三大纪律八项注意……"

朱德在乐曲声中举手行礼，向战士们问好：

"祝同志们健康！"

"战士们齐声回答：

"祝总司令健康！"

"为人民服务！"

……

阅兵完毕，朱德健步回到天安门城楼，庄严地宣布《中国人民解放军总部命令》。他那洪亮的声音在整个天安门广场上空回荡着：

全体战斗员、指挥员、政治工作人员和后勤工作人员的同志们：

中华人民共和国的武装部队，今天和全体人民在一起，共同来庆祝中华人民共和国中央人民政府的成立。

我们中华人民共和国的武装部队，在反对美国帝国主义所援助的蒋介石反动政府的革命战争中，已经取得了伟大的胜利。敌人的大部分已经被歼灭，全国的大部分国土已经解放。这是我们全体战斗员、指挥员、政治工作人员和后勤工作人员一致努力英勇奋斗的结果。我向你们表示热烈的庆祝和感谢。

但是现在我们的战斗任务还没有最后完成。残余的敌人还在继续勾结外国侵略者，进行反抗中华人民共和国的反革命活动。我们必须继续努力，实现人民解放战争的最后目的。

我命令中国人民解放军全体指战员、工作员，坚决执行中央人民政府和伟大领袖毛主席的一切命令，迅速肃清国民党反动军队的残余，解放一切尚未解放的国土，同时肃清土匪和其他一切反革命匪徒，镇压他们的一切反抗和捣乱行为。

在人民解放战争中牺牲的人民英雄永垂不朽！

中国人民大团结万岁！

中华人民共和国万岁！

中央人民政府万岁！毛主席万岁！

中国人民解放军总司令朱德

随后，毛泽东、朱德与中华人民共和国中央人民政府副主席刘少奇、宋庆龄、李济深、张澜、高岗，政务院总理周恩来等党和国家领导人一起，检阅了中国人民解放军陆海空分列式受阅部队。

受阅方队在火红的军旗下由东向西而来。最先通过天安门主席台的是代表人民海军的水兵分队，紧接着是陆军代表部队，人民空军的飞机也分别以三机和双机编队，从天安门的上空飞了过来，毛泽东、朱德等中共中央领导人都兴奋地昂起头来注视着人民空军飞机的表演……

这支诞生在南昌城头的人民军队经过血与火的漫漫征程，终于来到了天安门广场。作为这支人民军队的总司令，朱德太熟悉这支军队了。他看着眼前的这一列列队伍，心中涌起了一阵阵喜悦和自豪，不停地向他们招手致意。

时间很快到了 1950 年的春天。

开国大典以后，为了方便中共中央办公，毛泽东、朱德和其他几位中共中央书记处书记及中共中央机关，从香山移至北平城内，住进了宁静的中南海。

新中国成立了，但是，新中国所面临的国内外形势还是十分严峻的。在国际上，以美国为首的帝国主义并不甘心他们在中国的失败，想尽一切办法想把刚刚诞生的新中国扼杀在摇篮之中；在国内，西南、西北、华南还有一些地方没有解放，华东沿海的一些岛屿和台湾岛还被敌人占领着，各地方土匪猖獗，不时地威胁着新中国的稳固。因此，随着中华人民共和国的成立，建设一支现代化的国防军这个重大课题立刻被突出地提到议事日程上来。作为中国人民解放军总司令的朱德更加关注这一问题。

新中国成立的六天前，朱德在中国人民政治协商会议第一届全体会议上发言时曾庄严地宣告：

"共同纲领又要求人民军队应当在军事上和政治上继续加强，加强现代化的陆军，建设空军和海军，以革命精神教育部队的指挥员和战斗员。我今天向大家保证：我们一定坚决地这样做，一定要建立一支统一的、现代化的、政治上坚定地为人民服务的强大的人民军队，只有这样的军队，才能充分有效地保卫我们的伟大的祖国和人民。"①

朱德这个讲话，明确地把现代化作为新中国成立后军队建设的总任务和总目标提出来，表达了中国人民解放军实现现代化的决心和信心。

10月19日，中央人民政府人民革命军事委员会正式成立。毛泽东任主席，朱德、刘少奇、周恩来、彭德怀、程潜任副主席，贺龙等为委员，由周恩来主持中共中央军委日常工作。10月20日，人民革命军事委员会的第一次会议，在毛泽东主持下讨论了中国人民解放军继续向中南、西南进军和军队建设问题。朱德强调："建立强大的国防军，是我们面前迫不及待的任务。"② 并说："我们部队在阶级消灭之前，永远是一个战斗队。我们要很好地学习军队近代化的科学知识，学习陆海空军联合作战的方法和技术。"③

实现军队的现代化，必须建立起科学的统一的编制体制。1950年4月，朱德参加中共中央政治局会议，讨论中国人民解放军进行整编的问题。当时，人民解放军总人数已达550万人。由于全国解放战争已近尾声，全国形势稳定，没有必要再以大量的军费来维持庞大的军队。中共中央政治局会议经过充分讨论后决定：中国人民解放军实行大规模整编，全军的总人数压缩到400万人，撤销在解放战争中建立起来的四个野战军和兵团的番号。

5月16日至31日，中共中央军委在北京召开全军参谋工作会议。朱

① 《朱德传》（修订本），第778页，中央文献出版社2000年版。
② 朱德在全军青年工作会议上的讲话，1950年10月17日。
③ 朱德：《目前军事形势和任务》，1949年2月。

德在会议开幕时到会讲话，强调军队要实行统一编制并很好地整顿，提高部队战斗力，使它符合未来战争的需要。他说："我们这次会议主要是解决整编部队的问题，即是如何处理复员，以及在复员一部后如何把部队组织得更坚强、更好、更能完成新的历史任务等问题。"

朱德在讲到为什么我们要整编部队这一问题时说："我们中国自开始组织解放军以来，在毛主席和党的领导下、指挥下，经过二十几年的斗争，我们的队伍壮大起来了，我们的指挥员、战斗员、政治工作人员、参谋人员、通信人员、后勤人员等等，也在这战斗中间锻炼出来了。由于我们政策的正确，我们得到了广大群众的拥护，因此，我们战胜了敌人，完成了历史上的最伟大、最光荣的任务——统一了全中国。在国际意义上来说，我们这个有五万万人口的国家，在帝国主义铁蹄下解放出来，这就使得世界上起了一个很大的变化。由于这个变化，我们的任务当然也要随之发生变化。将来战争与现在不同，在新的任务下，我们的军事组织，无论前方、后方，参谋工作、后勤工作都要改变。由于这些原因，我们的部队就需要整编。这个整编，主要是根据今后我们的对象也就是假想敌人。我们的主要对象是帝国主义，它现在与我们接触着，将来还有可能进攻我们中国领土，破坏我们的和平。我们在这样的情况下，以我们现在的部队、现有的武器去对付帝国主义，那还是不够的。所以，现在就要开始很好地整顿我们的队伍，使之成为现代化的国防军。"

朱德接着说："由于这个伟大的转变，以我们现有的军队数量，去与侵略我们的帝国主义打仗是否够呢？这很难说。但现在保持五百多万军队等着与帝国主义打仗，那也是不需要的。同时，我们财经力量也不能负担。像我们这样庞大的军队，在世界上也是少有的。我们这次整编，一方面是为了提高我们的国防力量，将来好对付帝国主义；另一方面也是为了克服我们的财经困难，使我们的财经更容易发展，使我们有很大的资本、很多的劳动力恢复生产，使国家走向工业化。我们的军队，不仅打倒了帝国主义、封建主义、官僚资本主义在中国的统治，建立了政权，保护了政权，而且还需要参加建设我们新中国的工作。"

朱德还对如何进行军队整编提出了自己的看法。同时，他强调："军队要实行统一编制。要加强教育，提高战斗力，要很好地整理，使之符合将来战斗的需要。……要根据我们财经的可能力量，把我们的军队在数量上、质量上都搞得很好。数量上多了国家负担不起，不要以为'多多益善'，因此，在质量上就要好好地注意，要加强整理训练，做到少而精。"

6 月 25 日，朝鲜战争爆发。两天后，美国总统哈里·杜鲁门宣布出兵朝鲜，干涉朝鲜内政，并派第七舰队向中国领土台湾海峡出动，以武力阻止中国解放台湾。

8 月 23 日，朱德参加中共中央军委的会议，再次讨论东北边防军工作问题。这一时期，朱德虽然身体不好，但他还是对朝鲜的战局十分关注。9 月 5 日，朱德写信给毛泽东，在认真分析美军在朝鲜战争中的战略战术后，对美帝国主义侵朝战争提出对策。信中写道：

我的病已好了，在病中想了几件事要向你报告。

一、美帝的战略战术，已在它进攻朝鲜中，完全表露出来，它只能以现有之兵力，六个单位（约六个师）紧缩在一小角狭长地布置，两面临海。数量约六万到八万，李承晚的伪军不在内，敌之海空军亦不在此数内。

这样布置，是准备长期作战，适合敌之战略需要。

1. 美帝须在战争中发动国内征兵。

2. 动员与国，特别是日本，资料上说，已暗中准备了三十万，以警察为名。

3. 以大量使用空军、海军，破坏我后方及水陆交通的战略，进行长期的消耗战。

以上敌人的企图如确，以海空军作掩护，还可能缩小狭长阵地，作为长期对垒，以达它战略目的。敌人目前也不愿急求反攻。与国增援几个师到十个师登陆，大举反攻，我军亦难彻底消灭。现有敌军于狭长阵地中，不能进行围歼战。

何时敌反攻大举全部登陆？待与国军队之建立，牺牲他人的时机到来，美帝立于帮助地位，那时是大举反攻时。以上判断是否正确请示。

二、我们的策略，也应该长期打算，除准备应急外，应对美帝如发动三次大战时，有消灭它的准备，除整顿我们大量陆军外，应以空军对空军，空军对海军，作为自卫战争中的最好的军种。

1. 大量赶造飞机师，三年以内至少要练成一万以上的飞行人员，从我陆军中选拔勇敢战士及指挥员，容易练成。大量地办飞机预备学校，选拔万余人作预备生，以完成此任务。

2. 海军以尽可能作防卫的进攻的小艇及潜艇。另外拨一部分陆军作海防基地的陆战队，所有海防均要有人固定地防守起来，修起简单工事，安上海岸炮是目前必须的。

3. 坦克计划已办，我意以训练干部为主，到作战时，临时配备新式坦克为好。

4. 炮兵及高射炮过去有底子，但是准备新的战争，必须有一部基准炮及弹，须准备。

5. 工兵是新战争的重要兵种，一时不易练成，技术很高深，有学识、有技术，要专练一部分工兵师，约十个师。

6. 铁道兵团，原有一部，在新战争中起大作用，平时亦可修铁路，平时只需百分之三十的军费，可以养活它，这个兵种，可再拨两个军作为铁道兵团。

7. 现有陆军除整编必需外，大部分转为新式兵种，如将来作战需要大量步兵，临时编练亦较它兵种容易。

以上意见是否妥当请指示。①

朝鲜局势的发展越来越紧急了。10月初，美国不顾中国的警告，越过三八线，向北进攻。面对这种严重局势，中共中央政治局在毛泽东主持下召开紧急会议，讨论出兵援朝问题。会议认为："应当参战，必须参战，参战利益极大，不参战损害极大。"

10月8日，毛泽东以中国人民革命军事委员会主席的名义发布命令："为了援助朝鲜人民解放战争，反对美帝国主义及其走狗们的进攻，借以

---

① 《朱德军事文选》，第 754~755 页，解放军出版社 1997 年版。

保卫朝鲜人民、中国人民及东方各国人民的利益，着将东北边防军改为中国人民志愿军迅即向朝鲜境内出动，协同朝鲜同志向侵略者作战并争取光荣的胜利。"任命彭德怀为中国人民志愿军司令员兼政治委员。10月19日黄昏，志愿军雄赳赳、气昂昂，跨过鸭绿江，赴朝参战。

朱德不仅积极支持毛泽东关于出兵朝鲜的决定，而且对赴朝参战部队极为关心。10月29日，他亲自来到山东曲阜看望即将赴朝参战的第九兵团，向第九兵团的干部作报告说：我们目前的方针是力争世界和平，不怕战争，和平更好，打也不怕。我们可以取得最后胜利。顶多打长一点，打烂一点，我们吃亏一点，但终必胜利。美帝国主义不顾我们警告，越过三八线，直趋我国边境，还有侵略我国东北的阴谋计划。我们决不能置之不理。为了保卫祖国，支援友邻，我们肩负着光荣职责。我们有世界民主阵营的支持，一定能胜利。

当第十九兵团准备赴朝参战、从西安到达山东兖州后，中共中央军委通知兵团司令员杨得志和政治委员李志民到北京，朱德又认真听取了他们的汇报，并看望了部队。杨得志回忆道：

"在中南海，朱总听过我们汇报后，又详细询问了部队集结的各种情况，从武器装备到思想动态，从部队纪律到生活管理，都一一问到了。他对着朝鲜的地图，向我们讲了彭总率领先期入朝部队的情况，问我们还有什么问题需要中央帮助解决。我和志民同志只提了一个要求，那就是请朱总到山东兖州去参加兵团即将召开的团以上干部会议，像打石家庄时那样给我们作指示。我们回部队不到一周，朱总就赶到了兖州。十二月下旬的天气，已经十分寒冷。他一到就和兵团领导交谈，了解会议准备的情况。会议开始前，他要到连队看看战士，我们和医生都说天气太冷，部队住处分散，建议他在有木炭火的房间里分批接见一些指战员的代表。他笑着说：'毛主席要我到十九兵团来，可不是只来看看杨得志、李志民你们几个人啊！'就这样，他冒着冷风，看望了几个步兵和炮兵连队。由于疲劳和天冷，朱总感冒了，而且发烧、咳嗽。即使这样，他还是带着病给我们十九兵团团以上干部作了报告。他讲抗美援朝的意义，我们兵团的任务，指出可能遇到的困难，要求干部和战士一起摆出困难，找出解决的办法，做到和敌人交手时有胜利的把握。讲完话之后，他还在寒风中与大家合影留念。临离开部队时，他送给师以上干部每人一本刘伯承同志翻译的《兵团战术概述》，并在每本书上亲笔题字。"[1]

朝鲜战争实现停战后，1953 年月 12 月 7 日，全国军事系统党的高级干部会议在北京召开，这是中国人民解放军走向现代化过程中的一次重要会议。在会议的第一天，朱德作了重要的讲话。他指出：今后我军建设的方针，就是要根据毛主席关于"建设我军为世界上第二支最优良的现代化的革命军队"的指示，"有步骤地把我军提到更高的水平，即社会主义的现代化的水平。这一任务，无疑是异常艰巨和光荣的。要完成这一历史任务，必须全军动员起来，倡导学习风气，提高马克思列宁主义的理论水平和军事科学水平，提高业务、技术和文化水平，使我军能胜利地担负起保卫我国社会主义建设、保卫亚洲及世界和平和安全的伟大任务。"

朱德又说："当然，在实现这个伟大历史任务中，我军的工作是复杂而繁重的，我们有许多重大的工作要做，有许多重要的制度要加以改变。关于这方面，党中央和毛主席都已有原则的指示。这次会议，除了使全体同志从思想上认识我军建设的方针和任务而外，还必须研究和解决很多具体问题，如：关于我国武装力量的总定额和提高军队质量问题，关于军队的组织编制和工作职责问题，关于加强部队训练和办好军队中的各种学校问题，关于提高干部质量和处理编余人员问题，关于有计划地实施国防生产与国防工程建筑问题，关于进一步建设现代化的后勤组织和工作问题，关于加强党委的集体领导和首长分工负责制的问题，关于健全参谋部门工作问题，关于继续加强部队中的政治工作问题，以及关于实行义务兵役制、薪金制、军衔制和颁发勋章奖章等等问题。希望大家根据党的建军方针，以伟大的苏联军队为榜样，同时根据国家的政治、经济情况，在加速

---

① 杨得志：《怀念逐日深》，《回忆朱德》，第 60 页，中央文献出版社 1992 年版。

我军的正规建设的要求下，认真研究和正确地解决这些问题。"①

最后，朱德说："我军的建设已处在一个新的阶段。我们有党中央和毛主席的英明领导，有数十万经过国内革命战争和抗美援朝战争锻炼的骨干，有全国人民的爱护和支持，同时又有苏联的帮助，我相信，只要我们努力学习，积极工作，就一定能够完成党所给予我们的伟大的建军任务！"

1954年9月28日，中共中央政治局作出《关于成立党的军事委员会的决议》，决定由毛泽东、朱德、彭德怀等12人组成中共中央军事委员会，毛泽东任主席。中央军委日常工作由彭德怀主持。同年12月12日至22日，中共中央军事委员会召开扩大会议。这次会议认真讨论了实行义务兵役制、军衔制、薪金制三大制度；将6个大军区改为12个大军区；对公安部队进行整编；还讨论了部队军事训练与干部军事学习等问题。

1955年9月23日，中华人民共和国第一届全国人民代表大会常务委员会第22次会议决定，授予朱德以中华人民共和国元帅军衔和一级八一勋章、一级独立自由勋章、一级解放勋章。同时被授予元帅军衔的还有彭德怀、林彪、刘伯承、贺龙、陈毅、罗荣桓、徐向前，聂荣臻、叶剑英。9月27日下午5时，授衔授勋典礼在北京中南海怀仁堂隆重举行。朱德庄严地从毛泽东手中接过元帅军衔命令状和一级八一勋章、一级独立自由勋章、一级解放勋章。

当天下午7时，朱德出席在怀仁堂后草坪上举行的庆祝授衔授勋的酒会，他的心情十分激动。他虽然是德高望重的元帅，但他一向谦虚谨慎，从不居功。他曾经这样说过："目前中国革命已经取得了基本的胜利。同志们！如果我们要问天下是谁打下来的？这份功劳应该归在谁身上？那我就要说，这个天下是全党同志和群众一起打下来的，这份功劳应该首先归在人民大众身上，而在我们党方面则应该首先归在毛泽东同志身上。试想想，在将近三十年与反革命敌人残酷的斗争中，不知有多少先烈付出了他们的鲜血和头颅，如果没有他们的英勇牺牲、前仆后继的英雄行为，那我们要取得胜利是很难想象的。在我们党方面，如果没有毛泽东同志的正确领导，如果没有毛泽东思想的指导而不断地纠正了各方面的缺点和错误，

---

① 《朱德军事文选》，第825、826页，解放军出版社1997年版。

就不能使党和人民革命事业得到如此迅速而巨大的发展，则胜利的获得也同样地是很难想象的。"① "解放军打了很大的胜仗，很多人说是我的功劳，我就知道他们把我作为人民解放军的代表来说的。我个人应当认识，解放军的胜利是全体同志的功劳，我不应该夸大我自己有什么了不起的本领。我的能力有限，做的事情也很有限，怎么能承受得起这样大的荣誉呢？人家把功劳归给我，我就把功劳往下面推，我想你们也要这样推才好。"②

为实现军队现代化，朱德还提出了许多重要意见。他明确地把学习现代战争的作战方法，作为军队建设的一个重要战略转变。他在各军区、军兵种领导人集训会上说："二十多年的战争过程，军队建设和作战方式上几经转变，即游击战——运动战——攻坚战——现代化战争。现在的转变，是在新的经济基础上的转变，有许多新情况、新问题。所以我们必须好好学习。"③

1950 年 9 月 25 日，全国战斗英雄代表会议和全国工农兵劳动模范代表会议同时在北京开幕。这是中国人民解放军创建以来最盛大的一次庆功大会。朱德在会上说：

> "目前，美帝国主义正在发动着疯狂的侵略战争，它企图独霸全世界，把全世界的善良人民都变作它的牛马奴隶。几个月之前，它发动了对我们友邦朝鲜的侵略战争，同时还侵略我们正待解放的国土台湾。最近，它又蛮横无理地派飞机侵入我们神圣的国境，扫射我们无辜的和平居民。这一连串的事实，都说明美帝国主义是不会放松对我们中国人民的侵略的。在这样的情况之下，虽然我们中国人民从来就是十分爱好和平的民族，但是为了祖国的独立，为了民族的自由和发展，我们不得不随时警惕帝国主义的冒险，时刻准备足够的力量来防卫我们的领土和主权。在最近几十年中，无论中国的和外国的革命经验都充分地证明了这

① 《朱德选集》，第 283～284 页，人民出版社 1983 年版。
② 《朱德选集》，第 234 页，人民出版社 1983 年版。
③ 朱德在各军区、军兵种首长集训会议上的讲话，1950 年 7 月 13 日。

样一个真理：只有建设强大的人民武装力量，坚决地反对国内外的反革命战争，才能确保民族的自由、人民的和平与幸福。因此，摆在我们面前的任务就是：我们必须建设一支十分强大的，足以击退任何侵略者进攻的现代化的国防军。只有这样，我们才能保卫已经获得的胜利果实，才能保卫正进行的和平建设。"①

这支现代化的国防军应该具有怎样的要求？1951 年 4 月 20 日，朱德在《〈八一杂志〉发刊词》中写道：

"这支强大的正规化、现代化的国防军，在政治上必须服从共产党的领导，以马克思列宁主义、毛泽东思想把自己武装起来，必须具有高度的爱国主义、国际主义与革命英雄主义精神。在军事上，必须通晓与掌握联合兵种作战的指挥及各兵种学术，并有坚强的后方勤务工作。这支国防军必须具有高度的组织性、纪律性、计划性和准确性；必须有正规的生活秩序及具有相当高的文化水平。总之，必须有高度军事素质与政治素质。"②

几天后，在庆祝中华人民共和国成立一周年的阅兵式上，朱德发布命令，号召全军指战员要"毫不满足地认真学习，熟练掌握新的技术，学会诸兵种联合作战的本领，提高现代化军事科学和指挥艺术的水平，加强各种工作的计划性、组织性和准确性，巩固和提高军事纪律，为建设一支强大的现代化国防军而奋斗"。③

朱德还及时地提出要建设现代化后勤的主张。1950 年 10 月 5 日，他在全军各大军区后勤部长会议上指出："后勤是平时准备，战时应用。能否打胜仗，后勤起一半作用。""我们将来是打大仗，故后勤工作要以现代化战争着眼进行准备，后勤工作很要紧。""我们争取尽快地建设好现代化的军队，

---

① 《朱德军事文选》，第 765 页，解放军出版社 1997 年版。
② 《朱德军事文选》，第 779 页，解放军出版社 1997 年版。
③ 《人民日报》1950 年 10 月 2 日。

后勤工作的任务很大。首先是陆军，要把它装备成新军队。再者是空军，现在已经有了，应当把飞机配起来，同时还要解决一连串的问题。"他为中国人民解放军后勤学院题词："建立现代化的后方勤务工作，是巩固国防，保卫我们伟大祖国的最重要的工作。"他要求后勤部门工作必须按照现代战争的要求，好好学习新的业务知识，改进自己的工作，再不能只靠过去的老经验了。并为《后勤通讯》题词："发扬后勤工作的创造性与毅力，向正规化的后勤建设而迈进。"同时，他还再三叮嘱从事后勤工作的干部：军队的后勤工作要照顾大局，要根据国防经费办事。要建立强有力的财政监督制度，大公小公要划清，用款要有规定，要注意节约。

为建立新军兵种而努力

中国人民解放军在过去基本上是单一的步兵类型的部队。在三年解放战争中，由于从国民党军队手里缴获了一批新式的重型武器，才初步建立起炮兵、装甲兵和工兵部队，但它们的数量和质量同建设现代化的国防军的要求还有相当大的距离。

建立多军兵种联合的强大国防军是朱德一生的夙愿，也是他一生追求的一个梦想。为了这一梦想的实现，他不懈地努力着。开国大典阅兵后的当天晚上，朱德在北京饭店宴请受阅部队的海、陆、空军代表。席间，朱德依次向海军、空军的同志们祝酒，当他看到空军代表、开国大典受阅机群机长刘善本时，兴奋地说："你们飞得很好，从现在起，我才真正是海陆空三军的总司令了！"

为了建立中国人民解放军的新的军兵种，朱德曾为此呕心沥血，日夜操劳。张爱萍回忆说：

"为了尽快使我军编制和战斗编成达到合成化，朱德同志亲自抓了空军、海军、装甲兵等军兵种的组建工作，先后从陆军中抽调大批骨干充实到这些部队，以欣喜的心情看待这些具有强大火力、突击力和机动力的新军兵种的诞生。他在各军兵种所作的许多重要指示中，一再指出这是把我军建设推向新阶段的历史性变革，是一件十分重要的刻不容缓的大事。在此后的年月里，朱德同志在政务繁忙的情况下，仍一直关心着各军兵种的建设和部队合成作战能力的提高。"①

1950年1月15日，朱德亲自给毛泽东写了一封信，对加强军兵种建设提出了自己的建议：

毛主席：

粟裕同志，洪学智同志均来京报告情形，要求有飞机、海军帮助，才有把握登陆，如现无准备，时期要长些。顺风登陆时期，已赶不及，也无把握。我们讨论结果，还是要求苏联帮助我们建设空军、海军的初步完成，以作收复四岛之保证，具体计划由专家及刘亚楼面报告。

西藏问题，照你的指示，各方均在进行，军事上作战困难不大，接济补给困难很多，政治工作及群运更比军事上困难些。新疆、青海、云南、西康与西藏接界广大的地方，过去均无群运，与西藏内的民族风俗习惯、人种大致相同。此次进军，各边界地区，应同时进军一部分，把各地区组织起来，接近入藏主力军，与主力配合。这些广大地区，需要工作人员及军队更多，特别是需要骑兵去开发那些地区。西藏收复后，即可连成一片，以后的政治、军事、经济、文化的发展与巩固，才有保证，同时交通也需要航空线及汽车线。

今年军费有很大的困难，人员已超过五百七十万人，约六百万左右，作战预备费很大，因此，生产任务更加重要。我提议组织工兵约二三十万人，与步兵用费差不多，住大城市，可修营房、仓库及公家建筑，几个月即可学会粗工，参加一些工程师及少数熟练工人，即可能在一年内建筑一切。将来建筑国防工程，

① 张爱萍：《朱德总司令与国防现代化》，《虎略龙韬新孙吴》，第66页，解放军出版社1984年版。

也一定要靠工兵，也可作为大城市卫戍之用。顾问讲苏联重视这个兵种，平时占百分之十，战时占百分之十六，请你考虑示知。

铁道兵团，去年有大成绩，今年也请扩大，原有五个支队，均熟练，它每一支队约七千人。他们铁道部，也请求扩大到十个支队或更多一些，以后作为铁道兵团特种兵之一，平时战时均可修铁道。西北、西南地区以后要修铁道的地方，应多设这些兵种。

以上两种兵，是军队生产中最有组织的兵种，是否可行，请你示知。祝你健康。

朱德

一月十五日

在现代战争中，没有一支强大的现代化的空军的就没有制空权。朱德认为，没有制空权的军队就要被动挨打，没有制空权的国家必然遭受侵略。他大声疾呼："建设空军是刻不容缓的事情，不管家务大小，困难多少，我们非好好办不可。"新中国成立后第一个建立的新军种是空军。1949年11月11日，中国人民解放军空军领导机构成立，刘亚楼任司令员，萧华任政治委员。各大军区也陆续成立航空处，以后在此基础上建立了军区空军领导机构。

1950年3月10日，朱德在空军政治工作会议上讲话。他首先指出："我们今天已经掌握了政权，开始为我们自己的国家来建设空军了。"

我们建设空军，要完成怎样的任务呢？朱德提出："首先，要配合其他军种完成解放台湾、海南岛的任务，做到在一定的领海和领空上初步取得制空权。然后，逐渐地在这个基础上建成一支完全新式的、强大的人民空军。这支空军，要在我们所有的领海和领空上完全取得制空权，能够击退任何侵略者的进攻。"他要求"空军里的每一个人员，都要清楚地了解这个任务，并想种种办法，尽一切力量运完成这个任务"。①

朱德充满信心地说："我们相信，这个任务是一定能够完成的。当我

---

① 《朱德军事文选》，第717页，解放军出版社1997年版。

们开始建设陆军的时候，我们的环境和条件十分恶劣，但我们终于克服了种种困难，建成了一支有四百万人的强大的陆军。现在我们建设空军，国内条件和国际条件都比开始建设陆军时好得多了。虽然目前我们的飞机还不多，人员也很少，并且还有其他的困难，但是我们有充分信心，一定能够克服困难，建成一支强大的人民空军。"

朱德强调了技术在空军建设中的重要性。他说："空军能不能建设好，掌握技术是个关键。在一定的意义上，技术决定一切。如果我们别的都好，就是技术不好，那也不能完成任务。空军作战的胜负，有时往往是一分钟一秒钟的事情。只有掌握了技术，才能战胜敌人，不然就要为敌人所打败。因此，所有的人员都应当学习技术。"①

朱德要求"政治工作人员也要懂得技术，因为你要人家掌握技术，你自己首先要懂得技术。空军的干部大多数是从陆军调来的，起初谁也不懂技术，但不要紧，只要努力学，都可以学会。不会的一定要努力学会，已经学会的要不断提高，做到精益求精。"②

当听到有些人不安心在空军工作时，朱德说："这是不对的。"他要求"大家要安下心来，好好干，精通专业，把事情办好。现在的问题不是干这一行有没有前途的问题，而是如何把技术掌握好的问题。我们要培养出大批的足够用的飞行员。这就要求大家好好地学，专心地学，不要学几天就不干了。人民对空军抱着极大的希望，并花了不少钱，如果我们不好好去学，就对不起老百姓。"③

朱德还说："空军是一门很精细的军事科学，要掌握精干政策才能把空军建设好，从组织到人员都要精干。"他坚信："只要我们努力不懈，一定可以战胜困难，建成一支新式的、强大的空军。"④

4月20日，空军参谋工作会议召开，朱德在这次会议上还指出："目前对你们最大的要求，就是要很好地将队伍训练和组织起来，精心研究科学技术，并好好地掌握它，使我们一出马就能打胜仗，收复沿海诸岛，光

① 《朱德军事文选》，第 717～718 页，解放军出版社 1997 年版。
② 《朱德军事文选》，第 717～718 页，解放军出版社 1997 年版。
③ 《朱德军事文选》，第 718 页，解放军出版社 1997 年版。
④ 《朱德军事文选》，第 719～720 页，解放军出版社 1997 年版。

荣地完成彻底解放全中国的伟大任务，并为建设新中国的强大空军打下一个牢固的基础。"

朱德还经常去视察空军部队和机场设施，参加航校的开学和毕业典礼，参观飞行表演和教学展览。曾任中国人民解放军空军政治委员的高厚良回忆说："朱德同志曾在百忙之中抽出身来，出席空军召开的一些业务会议，参加空军航校开学、毕业典礼，参观空军的飞行表演和教学展览，利用一切机会直接给部队指战员做思想工作，勉励大家要在陆军的基础上，加强训练，努力掌握技术，按照毛泽东思想加速建设起一支新式的人民空军。他对空军的建设，大到建军路线，小到伙食改善，都有详尽的指示。我国第一批女飞行人员开飞典礼，就是朱德同志和邓颖超同志亲自主持的。一九五一年，当我们部队飞赴朝鲜战场前夕，朱德同志顶风冒雪，到前线机场检阅部队，勉励指战员们要打出中国人民的威风。"①

对人民海军的建设，朱德同样十分关心。海军刚刚组建时，他对从陆军中调来的指战员说："要虚心学习，努力工作，建设一支人民的海军。"他不辞辛劳地视察了海军的码头、舰艇、学校和修理所等。1950 年 7 月 13 日，朱德给海军司令员萧劲光等写了一封信。萧劲光回忆道："几天以后，我又专门去向他请示过一次工作。我先向他汇报了我们拟制三年建设计划的初步设想，他听了很高兴，还作了不少重要指示。他说：'应该利用现有的时机和兵力，首先把沿海海岸各要地及岛屿的防御工事、防御设备建立起来，把各基地组织起来。这一任务应成为当前的工作任务，且应成为首要任务之一。''不能单从打台湾打算，而忘记了海军的基本建设。'他再一次提醒我们注意解决燃料问题。他给我们出主意，说：'给军委打个报告，要求重工业部注意发展燃料工业。'他强调'中国地方宝贵，寸土都要保护'，海军的'防卫在海上'。他提醒我们'招兵要注意招水性熟悉的人'，海司要'在海上建立生产，建立家务'等等。"②

---

①　高厚良：《坚持军事和政治的统一》，《虎略龙韬新孙吴》，第 114 页，解放军出版社 1984 年版。

②　《萧劲光回忆录》（续集），第 27 页，解放军出版社 1989 年版。

朱德对海军的建设，从政治工作到技术训练，从开办学校到建设军港，从海岸炮兵到鱼雷快艇等等，都有许多具体指示。1951 年 8 月 7 日，朱德离开北京来到青岛，听取了驻青岛海军负责人关于部队情况的汇报。第二天，视察了海军六一五舰，勉励海军官兵一定要好好学习海军战斗技术，牢固地守卫祖国海防。

这一年的 8 月 30 日，朱德通过在山东青岛视察海军，就海军建设问题写信给毛泽东，提出加强海军的防卫力量的意见：

毛主席：

第一信谅达。我们在此看了海军，上了一只八百吨的小舰，并上了鱼雷快艇，在海上转看青岛的形势，是很险要的。在岸上的设备，也看了两个国防工事，炮台，是钢骨水泥建筑的，能充分发扬火力，但不能隐蔽本身，只靠伪装掩饰，是不够的，必须以陆海上飞机掩护及本身高射，并配合高射炮，就可以抵制任何敌人的海空军的攻击。如对进口各航线加以布雷，再设有潜水艇一部，加上鱼雷快艇的放射，是可能有在敌人进攻时击败它的力量的，这是在国防前线应该重视的。

海军目前因为经济条件及国内工业条件不够，不能足用地去建设它，也不可能，但是在海防第一线上，是海军接触敌人，我们应尽可能地去建设海军的防卫力。

海军同志们的要求，我国建设空军的比例，应有百分之二十是海军的空军。海军空军可有两用，陆上海上都是一样的，可以航海、布雷、侦察、战斗。陆上空军到海上去多迷方向，不熟悉海上情况，这个请求是可以允许的。另外，海军的军事工业似应开始，我国上海、青岛、汉口的造船厂，均可造小艇，鱼雷快艇、扫雷艇、潜水艇、巡逻艇，亦均可制造。苏联海军顾问说苏联海军部已答应给我们四种小艇的图纸，并派工程师来帮助完成。这一计划因我们没有钱而暂停，能在明年计划中添设。造小艇花钱不多，开始办是必需的。

他们这两个要求都是合理的，我们也能办到，也是急需的，请你指示。专此，祝你健康。

朱德

八月三十日①

在朱德的关怀下，海军航空兵得到迅速发展。

9月5日，朱德从青岛回到了北京。9月11日，出席了海军第一次政治工作会议，并讲了话。他指出，中国过去的海军是防内不防外，封建势力的海军，蒋介石的海军都是这样。我们建立海军是为了反对帝国主义的侵略，任务很重。我们的海岸线很长，要保卫海防，首先要靠海军。

朱德接着说道："中华人民共和国成立以后，仅两年时间，我们的海军就建立起来了。目前这支海军的力量虽然还不够强大，但它是按照现代化的标准建立的。我们强大的陆军曾经过了由小到大、由弱到强的发展过程。我们相信，经过一定时期的努力，中国人民也必将拥有一支强大的和陆军同样英勇善战的海军部队。""中国过去不是没有海军，但却没有真正的海军。今天我们有了人民的海军。它虽然建立不久，舰船不多，一切设备还不够完善，许多事情还需要从头做起，但却担负着保卫海防的光荣任务。今天我们保卫国防的第一项重大任务就是防守海岸线，保卫领海。这个任务是艰巨的，需要海军的指挥员和战斗员一致努力，也需要海军同陆军、空军相互配合，共同来完成。"②

朱德在讲到我们海军的现状时说："我们的海军虽然刚刚建立，但有一个很好的基础，就是有陆军的底子。今天我们的陆军已是一支强大的武装力量，在推翻国民党的反动统治和把帝国主义赶出中国的斗争中，充分地显示了自己的威力。海军虽是新建立的军种，但它从陆军调进了大批的骨干，因此也就继承了陆军的优良传统，这对于海军的建设是有很大好处的。但同时也就形成现在海军中有不少同志对于海军的技术很生疏的现

① 《朱德军事文选》，第796~797页，解放军出版社1997年版。
② 《朱德军事文选》，第799页，解放军出版社1997年版。

象，所以就必须好好学习。"①

对于海军的政治工作，朱德说："海军政治工作的首要任务，是要在海军中保证党的领导，要使全体人员具有忠于人民、忠于祖国的思想和严格的革命纪律性。此外，还有重要的一项任务，就是要保证全体指战员学会现代化的海军技术。"②

朱德还讲到海军中的炮兵问题。他说："海军和陆军不同，在海洋上作战，炮占有特殊重要的地位。海战中白刃战的机会是很少的，甚至没有。但炮的用处却很广泛。有了海岸炮，有了鱼雷，有了军舰上的各种火炮，加上空军的掩护，就有可能打败敌人从海上来的进攻。因此，必须重视海军中的炮兵训练工作。同时，海军的海岸炮兵阵地是要坚守的。过去陆军打仗，曾经为了歼灭敌人的有生力量，不以夺取城池为主要目标。海军就不同，海军的任务是保卫国防的最前堡垒。炮兵除了经常操练之外，应当经常增修工事，最坚固的永久性的国防工事，是要靠海军的海岸炮兵和陆战队来修筑的，因为他们平时的调动少，战斗任务不多。这样就可以花钱不多，把工事修好。"

朱德还说："最近几年内，我们的海军还不可能有大的登陆艇、大的战斗舰和航空母舰。因此，我们在战略上只能采取防御的方针。但单纯的防御是不行的，要以攻为守。快艇、潜艇配合飞机、大炮，这都是攻防作战最有力的武器。海军的同志们要有信心和决心，去配合陆军和空军，依靠坚固的海防工事去歼灭来犯之敌。"③

1953 年 9 月，朱德来到大连海军学校进行视察，他"检阅了全校师生员工，会见了苏联专家，听取了学校建设情况的汇报，观看了教学设备，还为学校题词，勉励大家'努力掌握现代海军作战技术'。"

直到 1974 年朱德 88 岁高龄时，他还登上军舰出海检阅北海舰队。他看到经过二十多年艰苦奋斗，人民海军已初步进入现代化的行列时，非常高兴，写下"增强革命团结，加速人民海军建设"的题词，勉励海军官兵

---

① 《朱德军事文选》，第 788～789 页，解放军出版社 1997 年版。
② 《朱德军事文选》，第 799 页，解放军出版社 1997 年版。
③ 《朱德军事文选》，第 800 页，解放军出版社 1997 年版。

为建设强大的人民海军继续奋斗。

朱德对炮兵、工程兵、铁道兵、通信兵、装甲兵的建设也都倾注了不少心血。他说："有人说过炮是'战争之神'，这话是有道理的。现代战争仍然要重视炮的使用。"他向工程兵部队提出"建设一支能掌握现代化技术的建筑工程队伍。"他认为铁道兵不论平时还是战时都十分重要，他说："铁道兵是我军的技术兵种，是现代化国防军不可缺少的一个组成部分。""你们的技术要学得很好，本领要练得很大，平时积极参加祖国铁路建设，战时担负起抢修任务，保证军事运输。在现代化战争中，没有铁道的支援，就不能很快地把部队运到前线去，就难以使用大兵团作战。所以你们的任务，不论在战时或平时都是艰巨的、光荣的。"1951 年 10 月 26 日，朱德在装甲兵干部集训会议上作了讲话，强调了技术在装甲兵建设中的决定作用。他说："装甲兵是我军的一个新兵种，它主要装备是坦克。现在的坦克兵是从步兵、炮兵调来的，对坦克技术还不熟悉。从司令员到每个干部、战士都应该把坦克技术摸熟。特别是驾驶和射击技术，干部一定要亲自去把它摸熟。要建设好装甲兵这一新的兵种，技术具有决定作用。政治工作要保证技术的提高，军事任务要靠技术来完成。我们一定要全心全意地把技术搞好。"又说："今后的战争是诸军兵种的联合作战。要取得胜利一定要发挥坦克的作用。它是有掩护的炮兵，是陆军中的骨干。……如果技术不好，坦克就开不出去，炮就打不准，坏了也维修不好。所以，每个干部特别是团以上干部都要学会技术，不会的一定要学会。"

经过三年多的努力，人民解放军大体上完成了由单一兵种向诸军兵种合成的转变，在军队现代化建设中迈出了重要的一步。朱德为这一转变作出了重要贡献。正如杨尚昆所说："建国后，朱德同志年事已高，但他仍为我军的现代化、正规化建设，为祖国的社会主义建设……而辛勤操劳。他参与领导了空军、海军、装甲兵等军兵种的组建工作，关心后勤工作和军事工业的发展，注重军事院校建设和部队训练工作。"①

① 《四川日报》1986 年 12 月 4 日。

注重军事教育与训练

朱德从一生的军事实践中深深体会到，在战争中，人与物相比较，起主导作用的是人而不是物。对现代化的军队来说，拥有现代化武器装备是重要的物质基础，而更重要的是人，首先要把人"现代化"起来。所以，新中国成立以后，他始终把培养德才兼备的干部，放在军队现代化的首位。他指出："今后的战争，将使用大量的军事技术与战斗器材，并有大量的人员参加作战，如果不能掌握复杂的武器技术和学会诸兵种的联合作战，就不能战胜敌人。"①

朱德特别重视干部在军队现代化中的作用。张爱萍回忆说："朱德同志对这一带战略全局性的重大问题，有自己独到的见解和精辟的论述。他认为，没有一支政治觉悟高，军事素质好，专业能力强的干部队伍，军队现代化是化不起来的。他要求各部队下大决心，花大力气，加强对各级指挥员的培养。"② 后来，他又说："我们的干部必须是有德有才，也就是必须忠心耿耿地为保卫社会主义事业而服务，努力学习，使自己具有马克思列宁主义思想基础，有现代化军事科学知识和为掌握现代化科学技术所必须的文化水平，并能掌握业务，富有革命事业心。"③

朱德认为要掌握现代军事科学技术，就必须有文化科学知识。1954 年 5 月 14 日，他在铁道兵第三次庆功大会上说："要学习文化，技术兵种的指战员没有文化是不行的。没有文化，有了书报不能看，有了新式的机器不会用。有了文化，可以学习各种科学技术。"④

为了培养一大批适应现代化战争要求的优秀指挥员，朱德特别重视建立各种类型的军事院校的工作。1951 年，他在全国第二次军校工作会议上强调地提出："建设正规化的学校，培养训练干部，是我们国家当前一项

---

① 《朱德选集》，第 300 页，人民出版社 1983 年版。
② 《朱德传》（修订本），第 794 页，中央文献出版社 2000 年版。
③ 《朱德军事文选》，第 832 页，解放军出版社 1997 年版。
④ 《朱德军事文选》，第 836 页，解放军出版社 1997 年版。

很重要的任务，也是一项长期的任务。"① 对学校的任务、办学方针、学习内容、对学员的要求等，朱德作了一系列具体指示。他指出，院校应首先明确自己在国防现代化中的地位和作用；正规院校应有统一的训练计划和制度；应有完善的设备和良好的教材；学习要有较长的时间保证；学员从入学、升级到毕业，都应有严格的国家考试；学习现代科学技术，不能丢掉人民解放军光荣传统；要认真研究作战对象的特点，吸收抗美援朝的作战经验。

1954 年 4 月 19 日晚，朱德来到了南京。两天后，他会见了中国人民解放军军事学院院长刘伯承，他们对如何办好军事院校进行了交谈。4 月 24 日上午，朱德又来到了在南京的解放军总高级步兵学校参加了学校的干部会议。在会上，他说：你们不但在军事学识上要不断进步，政治思想上也要不断进步。这样才是我们党所要求的德才兼备的干部，如果某个同志政治思想不进步，那么尽管他学了再大的本领，也是没有用处的。希望你们保持谦虚谨慎的态度，继续努力学习，积极工作，为完成教学任务作出自己最大的努力。

当天，朱德又分别接见了解放军总高级步兵学校苏联首席顾问和军事学院教授会主任，并同他们谈了话。在同教授会主任谈话时说："军事学院是全军最高学府，你们是最高学府的教员，有很高的荣誉，要把为全军培养高级、上级干部的光荣任务担起来。"还说："现代战争中，技术是一个很重要的问题，有了现代装备，没有善于运用技术的干部，便是死的东西。只有学会善于驾驭现代装备的技能，才能在战场上创造出奇迹来。必须注意好好学习技术。"还说："要倡导部队钻研学术风气，提高全军学术素养。过去因为天天打仗，没有时间研究学术，现在我们有了一定的条件，可以好好学习了。军事科学是最高深最精密的学术，科学第一，没有科学，我们就不能前进。"②

正是在朱德等关心下，到 1957 年，中国人民解放军已先后建立 100 多所包括各个军兵种的院校，形成了一个较为完整的教学体系，先后培养了

① 朱德在全国第二次军事院校工作会议上的讲话，1951 年 9 月 19 日。
② 《朱德年谱》下，第 1473 页，中央文献出版社 2006 年版。

20 多万干部，为建设现代化的国防军创造了重要的条件。

无论是在革命战争年代，还是在新中国成立后，朱德都十分注重军事训练。他认为，要建设一个强大的国防军，必须加强军事训练。为了在 1952 年实行统一的全军陆军训练计划，1951 年 9 月 24 日，中共中央军委军事训练部召开了各兵种司令员、参谋长及各军区参谋长、军训处长集训会议，朱德到会讲了话。

朱德在讲到为什么要加强军事训练时说："我们所以要进行现代化、正规化的训练，是由于我们现在所处的环境和所进行的战争，从各方面来说，都和过去不同了。如果不进行现代化、正规化的训练，那么就是有现代的装备，也不能达到真正的现代化。"

朱德特别强调在军事训练中要注重技术训练。他说："我们建立了海军、空军和坦克部队、工兵部队、防空部队、铁道兵部队以及大量的炮兵部队，有了这样复杂的军兵种和大量使用复杂的战斗器材，这就是现代化的标志。我们所使用的现代武器，是世界上较好的武器，有的是相当先进的。由于各军兵种的武器及战斗器材复杂，为了能掌握技术和学会诸军兵种的联合作战，就必须有正规、统一的训练。"

朱德认为军事训练必须要有统一的计划。他指出："一九五二年度的陆军训练计划，就是在我们的建军传统的基础上走向现代化、正规化的统一的训练计划。这个计划是为了达到统一指挥、统一制度、统一编制、统一纪律、统一训练。一句话，使千百万人的行动统一起来。我军在过去是由各部队自订训练计划，并曾经用突击式的简单的战场练兵的方法，利用战役及战斗间隙，完成一种或几种技术或战术训练，以适应当时战斗的迫切需要。这在没有大后方而又长期连续战争的形势下，是最好的训练方法，而且也是现在和将来战场练兵必须采用的方法。但它不是正常的训练方法。在目前有条件进行正规的训练时，这个在过去曾经起过极大作用的战时训练方法，必须加以改变，不如此则现代化、正规化的训练就不能开展。"

朱德还要求部队的首长一定要亲自参加训练，这是"因为今后的战争，将使用大量的军事技术与战斗器材，并有大量的人员参加作战，如果不能掌握复杂的武器技术和学会指挥诸军兵种的联合作战，就不能战胜敌人。而要使全军学会这些东西，就要求各级首长亲自动手，认真做好训练工作。今后战争的胜利仍然要靠勇敢，但不能只靠勇敢，而必须使军队各种成员精通技术，使各级指挥员精通现代的指挥艺术和善于组织有计划的作战，使勇敢与技术相结合。勇敢加技术，就战无不胜。今后不能练兵的指挥员，也就不能指挥打好仗，所以每个首长一定要学会抓训练。"

9月27日，朱德在全军第二次训练会议上又讲了话。他谈到了技术和战术的关系，说："技术是战术的基础，技术搞不好，战术也无法弄好，也不能解决现代战争中歼灭敌人的问题。"他还要求技术人员一定要懂军事。他说："我们有许多技术干部，只注重技术，而不注重军事、战术，和整个军事作战配合不上，那是不行的。以后通信部门、后勤部门、医生护士等，除学习自己的本职技术外，还要学习军事，学习战术学习打仗，要使每个上战场的人都会打仗。"

朱德还指出：军事训练一定要有一整套规章制度，严格要求。他说："在训练中要建立一套制度，开会有开会的制度，上课有上课的制度，野外有野外的制度，操场有操场的制度，我们现在虽然有了一些制度，但还不完善不统一。""为什么要这样严格呢？因为平时不严格，战时就做不到诸兵种协同动作。这样严格，是军人的本色。如果训练新兵一开始就这样严格，不要一两个月就习惯了。习惯以后，他们就不仅感到需要严格，而且会感到这是正常的愉快的生活。在执行制度与纪律中，最重要的是干部以身作则，上边的样子好，下边也就容易学好。上边的样子不好，下边就会越学越坏。"

1954年5月19日，中国人民解放军在职高级干部短期集训班开学。在开学典礼上，朱德发表了讲话。他说："我军在职高级干部举行短期集训，有组织、有系统地进行现代战役法的学习，在我军历史上还是第一次。"

为了提高我军高级干部对这次集训重要性的认识，朱德对这次集训的目的作了进一步的分析。他说：这次集训的目的是什么？

第一，就是使参加集训人员了解现代战役法一般原则，打下今后全军高级指挥员更进一步地、系统地学习战役法的基础。"战役法就是组织战役、指挥战役的艺术。应该是兵团以上的高级指挥员及其领率机关干部的必修课程。因为我们现在的大军区、二级军区、兵团等高级指挥员及其领率机关就是现代战役的组织者和指挥者，如果我们高级干部及其领率机关不懂得或不熟练现代战役法，就很难完成今后对战役组织与指挥的任务。因此，有计划、有系统地学习战役法就成为高级指挥员及领率机关干部的十分重要的任务了。这一学习任务是与我们作战指挥任务，相互适应，而且紧密关联的。但是这次集训仅仅是为今后更进一步的学习打下一定基础，便利今后更好地开展学习战役法。"①

第二，使参加集训人员了解现代集团军防御战役的原则及有关的组织计划、各项保障、诸兵种的运用和诸勤务的保障工作，以及集团军防御交战时对军队指挥与集团军在方面军编成内转入反攻等问题，就是学习集团军防御战役这一课目。"为什么先学集团军防御战役呢？这是与我们当前国防情况与任务有密切关联的。美帝国主义仍在继续制造紧张局势，我国又有漫长的国防线，学习集团军防御战役，对我们研究国防部署、制定周密详尽的作战方案，以及目前正在进行国防工事构筑，将有很大的帮助与启示。这次作业是研究山东半岛战役方向，这不但要集思广益，对山东半岛战役方向进行理论与实际相结合的研究，而且对全国各战役方向将同样有很大的帮助与启示。因此，大家应该一面很好地学习研究理论，一面要更好地结合各战役方向的国防任务实际，这样对我们学习是会更深刻、更具体、更实际，帮助亦是会更大的。"②

第三，使参加集训人员，从这次集训中亲自体验、亲自摸索苏联的先进军事科学，由此更好地养成学习习惯，并且能真正领导与推动全军军事学习。我们不能说过去没有学习，但是我们高级指挥员系统地有计划地学习，确实还很不够。顾问同志屡次热忱地建议，必须很好地加强高级指挥员的学习。这一方面说明组织与指挥现代战役我们还不熟悉，还缺乏知识，缺乏经验，需要学习；另一方面说明我们高级指挥员学习还不够，或者还很不够。要求大家今后不但自己要能坚持学习，养成良好的学习习惯，而且要推动与领导下一级干部及部队学习。

---

① 《朱德军事文选》，第 839 页，解放军出版社 1997 年版。
② 《朱德军事文选》，第 840 页，解放军出版社 1997 年版。

朱德还对学习战役法应该注意的问题提出了自己的看法。

关心国防工业和科技

朱德对国防工业的建立与发展历来特别关心。新中国建立后，他一直把发展军工生产，用现代化的武器装备部队，当作军队现代化的物质基础。

新中国成立初期，特别是在抗美援朝战争中，中国人民志愿军要同世界上头号工业大国美国的军队较量，需要大量武器弹药和军需物资。国内原有的兵工厂虽然大力增产，仍不能满足需要。所以，中国政府在 1951 年 5 月派出以中国人民解放军总参谋长徐向前为团长的中华人民共和国政府兵工代表团，赴苏联谈判并购买了一批武器装备。

但是，中国人民解放军武器装备现代化的根本出路何在？朱德认为：现代化是买不来的，也是买不起的。我们的国家底子薄，连年战争，百废待兴，需要花钱的地方很多。实现军队现代化的路只有一条，那就是中共中央和毛泽东一贯倡导的办法，靠自力更生，靠自己的双手去发展军工生产。变过去的"有什么武器打什么仗"为现在的"打什么仗造什么武器"。1950 年 7 月 13 日，朱德给萧劲光、王宏坤、刘道生、罗舜初写了一封信，信中说："海军和飞机是近代化的兵种最高的必需的，要加强这两个兵种，就必须有造船厂、飞机厂。有了这两种工厂，能制造还不够，必须要有石油厂，才能强化起来。"同年 8 月 14 日，他写信给毛泽东，提出对制造坦克和发展汽油工业应该抓紧，并建议把它们纳入第一个五年计划。第二年 9 月 14 日，他就 1952 年工业生产计划致函政务院副总理李富春，又提出要利用已有的工厂、机器、充分发挥现有工程技术人员、熟练工人的作用，发展兵工事业，并把海军的造船、修船包括在内。[①]

在武器装备发展问题上，朱德还比较早地提出"要有战略的预见性"，重视对尖端武器发展的问题。他在 1956 年 4 月 25 日写给中共中央的访问苏、波、捷、德、匈、罗、蒙七国报告中提出：现在世界已处在工业技术

---

① 《朱德传》（修订本），第 796 页，中央文献出版社 2000 年版。

革新中，必须运用世界最新科技成就，提高技术，对此我们必须十分重视。9月4日，在中共中央军委第八十四次扩大会议上，他又提出："建设军事工厂是必要的，因为如果不建设军事工厂，将来一旦打起仗来就没有办法。同时，军事工厂在平时也可以生产民用产品。但是，军事工厂建起后只生产武器存起来就不合算。将来的战争是核子战争，只凭人的数量和枪炮是不行了，要有战略的预见性。"又说："要强调提高军事技术，将来战争中的技术是很重要的，不能因为强调政治、强调民主就压倒技术。要把政治和技术结合起来。"1957年8月20日，国务院召开讨论第二个五年计划和国务院体制的会议。朱德在会上提出要发展尖端武器、搞原子弹和导弹的主张。这个主张，当时得到周恩来的肯定，他说："朱老总讲得好。你有了两弹（原子弹、导弹）人家对你就不同了。这对科学技术有好处，尖端和基础是有密切关系的。"1960年10月18日，朱德在中共中央军委扩大会议上再次强调："我们的军队一定要下决心用尖端技术武装自己。如果我们的军队能在思想政治上武装好，再加上先进的装备，那就会成为天下无敌的军队。这样就有可能迫使帝国主义不敢侵略我们。"① 后来，1964年10月16日，中国成功地爆炸了自己设计和制造的原子弹，标志着新中国的国防工业真正跨入了现代化的行列。

对国防工业，朱德从一开始就倡导要实行"军民结合，平战结合"。早在新中国建立前夕，他就提出过军工生产要统一领导，兵工要带动民用工业。朝鲜战争停战后，国际局势趋向缓和。在这种情况下，朱德认为新的世界大战短时间内打不起来，战争是可以避免的。他说："国际形势看来，十年八年打不起来。"因而，在工业建设的指导思想上，他认为"一开始就搞和平工业。光搞兵工恐怕有问题。"1956年4月，中共中央政治局扩大会议对毛泽东的《论十大关系》进行了讨论。在讨论中，朱德提出了"经济建设为主，国防建设为辅。国防工业建设应和民用工业结合"的主张。② 同一年8月，朱德在《我对于贯彻执行毛主席指示的十大关系一些意见的一些意见》中，对经济建设与国防建设的关系提出了自己的看

---

① 《朱德传》（修订本），第797页，中央文献出版社2000年版。
② 《朱德传》（修订本），第798页，中央文献出版社2000年版。

法。他说：“经济建设和国防建设是密切关联在一起的，前者是后者的巩固基础，后者是前者的保障。没有国家的工业化，就谈不上国防的现代化。特别是现代的国防建设，是建立在最新的科学技术和最新式的装备上，这就需要有充足的资金来建设强大的现代工业基础。为此，就应该尽量减少现役军费的支出，集中更多的资金来加强经济建设，以便给国防建设打下强固的基础。只有这样，国防建设的速度才会真正加快。只有这样，国防建设才会是最新式的建设。经济建设和国防建设不是平行的，而是相互适应的。和平工业和战时工业应该互相结合起来，使两者能够在平时为经济建设服务，在战时迅速地转到为战争服务。这就要有一个全面规划，使二者既是分立的，又是相互结合的。”①

关于国防工业和民用工业相结合的思想，朱德同分管经济和国防工业生产的领导人薄一波、黄敬等不止一次地讲到过。他多次说：我看短时期内，世界大战打不起来，因此，相当数量的军工厂可以改为民用，军队也应当大裁减。为此朱德先后向中共中央和毛泽东写过七八份报告。

1957年1月至4月，朱德在视察湖北、广西、广东、云南、四川、陕西、辽宁等地的过程中，发现许多国防工业的工厂军工生产任务不足，多余的生产力没有发挥出来，造成很大浪费；而民用工业又急需新建同类型的工厂。他认为解决这一矛盾的唯一正确办法，是国防工业实行“军民结合、平战结合”的方针。4月18日，他在给中共中央和毛泽东的报告·中说：“这次看到的最突出的问题，是兵工生产如何同民用生产相结合的问题。这个问题不仅在重庆、成都、云南、广州等地存在着，而且是一个全国性的问题。一般说来，兵工厂的特点是投资大、厂房好、职工多、设备新、技术水平高、生产能力大。这些厂去年就吃不饱，今年情况较去年将更加严重。现在有些厂就到处揽活自寻门路，有些厂还没有想到办法，只得让一部分设备和人员闲着。长此下去，损失很大。看来兵工生产在和平时期兼产一些民用物品或同民用生产相结合的问题，迟早非解决不可。我认为这个问题要及早解决，否则损失更大。当然，这个问题牵涉的方面很广，比较复杂，需要作通盘的考虑和筹划。但是时间不允许我们再拖下

① 《朱德军事文选》，第848页，解放军出版社1997年版。

去，拖延并不能解决问题。需要先从原则上确定下来。"

朱德在报告中提出了解决问题的两个方案。一个是把当时管兵工生产的二机部同管民用生产的一机部、电机部合并，平时多生产民用产品，战时主要生产军用产品；另一个是把管兵工生产的二机部缩小，专搞原子武器的研制，其余的生产能力分出来，转向民用生产。他说："这两个方案不一定可行，顶好请计委、经委、建委同有关部门从速共同研究一个合理而又可行的方案，报中央讨论确定。总之，要想办法做到能够把二机部所属各厂的设备充分利用起来，使其在国家建设中发挥更大的作用。"

朱德提出的这些思想是对经济建设与国防建设相互关系的正确揭示，体现了国防工业和国防科技发展的客观规律，对中国国防工业和国防科技的发展起了重要的指导作用。

三十、最后的军礼

同林彪、江青一伙作斗争

当历史的车轮辗转到 1966 年时，朱德已是 80 岁的老人了。

这一年，在中国大地上发生了一场新中国成立后空前的政治浩劫——"文化大革命"。

当这一场大浩劫将要开始的前夜，中国国内的政治生活中早已处处可以感觉到那种"山雨欲来风满楼"的紧张气氛了。1965 年 12 月 8 日至 15 日，中共中央政治局常委在上海召开扩大会议，朱德在事先不知道会议内容的情况下，参加了这次会议。开会时才知道，这是一次对中国人民解放军总参谋长罗瑞卿的批判会。在会上，海军政治委员李作鹏、空军司令员吴法宪秉承林彪的意旨，发动突然袭击，制造伪证，诬陷罗瑞卿借林彪身体不好，逼林"让贤"。同时，还对罗瑞卿不赞成林彪关于"毛泽东思想是当代马克思列宁主义的顶峰"等提法进行批判。看到这一切，朱德实事求是地表示同意罗瑞卿反对"顶峰"的提法。他说："我们不能说毛泽东思想是马列主义的顶峰，这不符合马克思辩证唯物主义和历史唯物主义的观点嘛，任何事物都在发展变化，说毛泽东思想是马列主义的顶峰，顶峰就意味着不能发展了，怎能这么说呢？"没有想到，朱德的发言引起了林彪的非常不满，并怀恨在心，酝酿着对朱德的报复。

参加完会议后，朱德的心情十分沉重，常常忧心忡忡，闷闷不乐。康克清后来回忆说："朱总参加上海会议（指那次中央紧急会议）后不久，到了杭州。当时，我正在江西搞'四清'，便赶来看他。吃饭时，我发现他常常停住筷子，沉思、摇头。我不清楚发生了什么事情。看他这个样子，我很担心，就问他：'老总啊，身体不舒服吗？'他摇头不语。饭后，他把我叫到他的办公室，对我说：'你就不要多问了。'然后，又自言自语地说：'如果这样搞下去，面就宽了，要涉及到很多人，怎么得了呀！'我听了觉得很奇怪。后来，他的秘书告诉我是因为罗瑞卿同志的'问题'，我才知道朱总忧心忡忡的原因。"①

1966年5月4日起，中共中央政治局扩大会议在北京召开。这次会议开得很长，一直到26日才结束。由于毛泽东正在杭州，没有回北京参加这次会议。因此，会议由刘少奇主持，由康生负责向毛泽东请示汇报。毛泽东虽然没有参加这次会议，但整个会议的基调则由他4月在杭州主持召开的中共中央政治局扩大会议定下来的。会议以"反党集团"的吓人罪名对彭真、罗瑞卿、陆定一、杨尚昆进行了错误的批判。5月16日，会议通过了毛泽东亲自主持制定的《中国共产党中央委员会通知》，即五·一六通知，对当时党和国家状况作了完全错误的估计，提出："混进党内、政府内、军队里和各种文化界的资产阶级代表人物，是一批反革命修正主义分子，一旦时机成熟，他们就会要夺取政权，由无产阶级专政变为资产阶级专政。这些人物，有些已被我们识破了，有些则还没有被识破，有些正在受到我们信用，被培养为我们的接班人，例如赫鲁晓夫那样的人物，他们现正睡在我们的身旁。"

5月12日，朱德在小组会的发言中，强调要认真学习马列著作，学习唯物辩证法。他说："朝闻道，夕死可矣。我也有时间读书了，读毛主席指定的三十二本书，非读不可。准备花一二年的时间读完，连下来读就通了。毛主席也是接受了马克思列宁主义的理论……"他的话还没有说完，就被打断了。在随后的几天里，朱德在会上受到了林彪、康生等的攻击。林彪重新提起他去年在上海会议上关于"顶峰"的发言，攻击他有野心，是借马克思主义来反对毛主席。康生也攻击朱德"想超过毛主席"，"组织上入党了，思想上还没有入党，还是党外人士。"②

这次会议决定由陈伯达、康生、江青、张春桥、姚文元、王力、关

---

① 《朱德传》（修订本），第906页，中央文献出版社2000年版。
② 《朱德传》（修订本），第907页，中央文献出版社2000年版。

锋、戚本禹等组成的"中央文化革命小组"取代以彭真为组长的"文化革命"小组，并掌握了中共中央的很大部分权力。同年 7 月 27 日至 31 日，朱德出席了中共八届十一中全会预备会议。在 28 日的西南小组会上，他说："真金不怕火来炼。"

8 月 1 日至 12 日，朱德又在北京出席了中共中央八届十一中全会。在这次会议上，印发了毛泽东写的《炮打司令部——我的一张大字报》。会议通过了《关于无产阶级文化大革命的决定》（通常称为十六条）。一场由毛泽东亲自发动、席卷全国达 10 年之久的"文化大革命"从此开始。

对于这场"文化大革命"，朱德开始是没有想到，也是不理解的。当他看到中央和地方许多党政领导干部被作为"反革命修正主义分子"、"黑帮分子"、"叛徒"、"走资派"受到批斗、抄家，看到工厂、农村的生产秩序受到严重冲击，整个社会陷入极端混乱时，他的心情越来越沉重。一个当时在朱德身边工作的秘书回忆说："一九六六年冬的一天，我去给朱总送文件时，看到他仰靠在沙发上，紧闭双目。直到我走近前，他才睁开眼睛，他像是在对我说，又像是自言自语地说：'看来这次要打倒一大批人了，连老的也保不住了。'看他当时的表情，心事很重。"①

看到全国的这种混乱局势对工农业生产带来的极大影响，朱德十分焦急。10 月 9 日至 28 日，毛泽东主持召开了中共中央工作会议，会议的中心内容是批判"资产阶级反动路线"，以进一步排除来自党内各级干部的所谓"阻力"。但是，在 17 日第六小组会议上，朱德却发言说：在"文化大革命"运动中，要注意"抓革命，促生产"。今年是第三个五年计划的第一年，我们应该使工农业生产有大幅度的增长。林彪在会上发言时再一次对朱德进行攻击，并歪曲历史。

面对这种混乱的局势，朱德还是坦然地说出自己的看法。12 月 6 日，他在中共中央政治局扩大会议上说："现在群众已经起来了，我有点怕出乱子，特别是怕生产上出乱子。"九天后，他在另一次政治局扩大会议上又说："现在有一个问题，就是把你也打成反革命，把他也打成反革命。

———————————

① 《朱德传》（修订本），第 908 页，中央文献出版社 2000 年版。

我看，只要不是反革命，错误再严重，还是可以改正的。一打成反革命就没有路可走了，这个问题要解决。"

到这一年的 12 月底，朱德不但不能改变全国越来越混乱的局势，而且林彪和江青串通一气，对朱德的攻击也越来越厉害了。在江青的指使下，中南海机关的"造反派"贴出诬陷朱德的大字报，呼喊"打倒朱德"、"炮轰朱德"的口号，并扬言要把朱德及其家属"轰出中南海"；康生并给朱德戴上了是"反毛泽东思想的人"；朱德的许多活动也受到了限制。但是，朱德仍然关心生产，担心生产受到破坏。

1967 年 1 月，从上海扩展到全国，掀起一场由造反派夺取党和政府各级领导权的"全面夺权"的狂潮。"打倒一切"和"全面内战"，造成比以前更严重的社会动乱和社会灾难。1 月 11 日，朱德在中共中央政治局扩大会议上发言说："现在'文化大革命'运动搞到破坏生产的程度，忘记了'抓革命，促生产'，这是新出现的问题，要注意解决。""我们制止武斗这么久了，可是有些人还在武斗，甚至还有砸烂机器、烧毁房屋的，这里面有反革命分子在捣乱，要注意。"这自然使朱德更被林彪、江青等视为眼中钉。①

1 月中旬，在江青指使下，中央"文化大革命"小组成员、当时担任中央办公厅负责人的戚本禹在中央"文化大革命"小组办公地点——钓鱼台约集中央办公厅的造反派，鼓动他们在中南海里对刘少奇、邓小平、陶铸、朱德等人进行批斗。于是，这些造反派先后冲进刘少奇等家中对他们进行围攻和批斗，也包围了朱德的家。康克清回忆说："一天晚上，我回到家，中南海造反团的造反派们围在楼前，高呼'打倒''炮轰'的口号，把大字报、大标语贴到我们家里，墙上、地下，到处都是。还提出要把我们从中南海轰出去。当时，朱总还在玉泉山。他们一直闹到很晚才散去。"②

当朱德从玉泉山回到中南海的家中，就接到造反派的"勒令"，要他必须去看批判他的大字报，交代"反对毛主席的罪行"。周恩来的卫士高振普回忆说："造反派在中南海内贴出了攻击朱老总的大字报。周总理闻

---

① 《朱德传》（修订本），第 908 ~ 909 页，中央文献出版社 2000 年版。
② 《朱德传》（修订本），第 909 页，中央文献出版社 2000 年版。

讯赶到朱老总的家，安慰他要保重身体，劝说老总到比较平静的玉泉山休息。在老总身边工作的同志告诉我，朱老总已去看了那张大字报，边看边用手中的拐杖敲打着地面，说那张大字报只有两个字是对的，那就是'朱德'，其他内容不知是从什么地方造出来的。"①

1月底，戚本禹又以中央"文代大革命"小组代表的身份，来到中国人民大学看大字报，接见两派群众组织的负责人，煽动中国人民大学的造反派，"把朱德的问题搞清楚"。在戚本禹的煽动下，各群众组织当日晚就把"打倒朱德"、"朱德是大军阀"等大标语贴满了校园和北京的大街小巷。

北京大学的造反派头子聂元梓得知戚本禹的讲话后，也立刻召集北大造反派开会。她在会上说："清华大学揪出刘少奇，我们这次也要搞一个大的。"会后，她给康生打电话，探询中央"文化大革命"小组的态度。康生回答说："你们自己搞就搞成了。要说是我让你们搞的就搞不成了。"于是，聂元梓几次召集会议，组织班子撰写批判朱德的文章登在《新北大战报》上，印了50万份，散发到全国各地。②

一场批判朱德的运动就这样引向了社会。

虽然，这时，毛泽东在中共中央军委碰头会上说：朱德还是要保。但是，却阻止不了造反派对朱德的批斗了。面对这种情形，朱德泰然自若地向康克清谈了两点看法：第一，历史是公正的；第二，主席和恩来最了解我，有他们在，我担心什么。同时，他还劝慰康克清，"你不要怕他们批斗，要每天到机关去，群众是通情达理的，和群众在一起，他们就不会天天斗你了"。

2月2日，中国人民大学几个造反派组织举行集会，声讨所谓"大军阀、大野心家朱德的反党反社会主义反毛泽东思想的滔天罪行"。会后，在全北京城进行游行，并发起成立了十几个单位造反派组织参加的"揪朱联络站"，发表公告呼吁全国各地和北京各造反派组织"把朱黑司令揪出来斗倒、斗垮、斗臭！"并决定2月20日在北京工人体育场召开"批斗朱德大会"。

---

① 《朱德传》（修订本），第909页，中央文献出版社2000年版。
② 《朱德传》（修订本），第910页，中央文献出版社2000年版。

这一消息传到周恩来那里。他征求毛泽东的意见后，在开会的前一天要秘书通知戚本禹，必须立即取消"批判朱德大会"。由于周恩来的干预，批斗大会没有开成。事后，戚本禹责备造反派们："你们以为你们很聪明，其实最傻了。要不要搞，你们自己考虑。"

虽然批判朱德的大会在周恩来的干预下没有开成，但是，中小型批判会、"揪朱"游行及大字报、大标语、传单、小报还是很多。"揪朱联络站"成立后，他们还从北京派出不少人到全国各地通过朱德的秘书、同事和亲友"调查"朱德的"问题"，并到朱德的家乡煽动群众反对朱德。2月16日，北京大学造反派《新北大》报刊登了《篡党篡军大野心家朱德的自供状》一文，不久又抛出《历史的伪造者、反党野心家——再揭〈朱德将军传〉的大阴谋》，小报印了50多万份，发往全国各地。2月22日，中国人民大学造反派的《红卫战报》第七期又发表题为《打倒朱德》的短评，称："朱德已经成了我党内最大的走资本主义道路的当权派之一，成了埋在毛主席身边的大定时炸弹。"同时，还刊登了《朱德"三反"言论》和《"三反"老手朱德罪行累累》两文。

对于这一切，朱德并没有被吓倒。当年，被周恩来从外地接到北京保护起来的中共江苏省委第一书记江渭清回忆说：

"我到北京后，听到朱德同志也受到批判、攻击的消息后，很为他老人家担心，便拨了个电话给朱德同志。接电话的是康克清同志。我提出想去探望朱德同志，她很快答复欢迎我去做客。

之后，我来到朱德同志的家中。一见面，他便亲切地询问我的身体和安全情况。说心里话，在当时那种处境下，听到他老人家的一番问候，我不禁热泪盈眶，紧紧握住他的手，不知该说什么是好。'今天请你来，我们随便谈谈心。'朱德同志微笑着说。我更加感动。

落座后，我把自己心中的疑虑一古脑儿地倒了出来。我向朱德同志叙述了江苏省'文化大革命'运动的情况后，又谈了自己对'文化大革命'的看法。我说：'主席提出要抓革命、促生产，可是现在是专抓革命，不抓生产，田里的稻谷没人收，工厂停工不生产，这样下去怎么行呢？'朱德同志要我向主席反映江苏的情况。我说去年召开中央工作会议时，我就向主席提到这个问题。接着，朱德同志严肃地说：'停产闹革命并不是主席的意见，也不是中央的意见，是造反派要这样搞，而且他们整人也整得很厉害。'

他又说：'渭清同志啊，你要能忍耐。忍得一时之气，免得百日之忧，不忍不耐，小事成大啊！'他老人家一番语重心长的教诲启发了我。我想，他作为党和国家的领导人，也受到造反派的攻击，而他却十分坦然，使我不禁肃然起敬。

谈话后，已近午时，朱德同志留我吃饭。这时，我不免担心地问：我是江苏'最大的走资派'，会不会牵连到您？'你这样老的同志，我是了解的，吃顿饭就会受牵连吗？'他开心地笑着说。我心中充满着感激之情，可还是犹豫不决。康克清同志在一旁说：'老总啊，你决定吧。'朱德同志斩钉截铁地说：'没关系，他是主席、总理用专机接来的，怕什么？'我听了他老人家的话，心里踏实了许多，也很感激他对我的关心。"①

二三月间，中共中央多次开会批判所谓"二月逆流"，朱德虽然不是"二月逆流"的成员，但他也受到了错误的批判，并停发了他的文件，调走了他的保健医生，他的行动也受到各种限制。

这年 5 月以后，在中央"文化大革命"小组煽动下，许多地方相继发生大规模武斗，公检法机关以及军事机关遭到冲击，银行、仓库、机要档案部门遭到抢劫，铁路交通遭到破坏，违法事件不断发生，整个社会处在大动乱中。康克清回忆说："朱老总听到有些地方武斗很凶，甚至有的部队也参加了武斗的消息后，很痛心。他说，'用这种狂轰滥炸的方式解决矛盾，怎么行呢？'"他的秘书在谈到当时情况时说："这一段时间，朱总一直很沉闷，他想去找主席谈谈，可是，得到的答复是，主席很忙，没有

---

① 《朱德传》（修订本），第 911 ~ 912 页，中央文献出版社 2000 年版。

时间。有一次，朱总要我陪他去找总理，可到了总理门前，他又犹豫了，最终还是没有进去。"①

1967 年，对于朱德来说，是在十分艰难的处境中度过的。有些人不敢再接近他。个别曾在他那里工作的人甚至写大字报和揭发材料来批判他。他的夫人康克清被妇联的造反派弄去游街、批斗。他的子女被禁止进入中南海，他的儿媳赵力平回忆说："这时，中南海已不让我们进去了。一次，我们到北京，是妈妈（康克清）从妇联来接我们，然后在前门外的一家饭馆里一边吃饭，一边交谈。当时，我看到这种情况，心里很难过。"

然而，林彪、江青等没有就此罢手。在中共九大召开之前，他们更加紧了打击迫害朱德等一批党和国家领导人的活动。

1968 年 10 月 13 日至 31 日，毛泽东在北京主持召开了中共八届十二中全会扩大会议。朱德参加了这次会议。10 月 15 日，在分组会上，当张春桥、吴法宪、谢富治等猛烈攻击所谓"二月逆流"的陈毅、叶剑英、李富春、谭震林、李先念、徐向前、聂荣臻时，朱德坦然地说："一切问题都要弄清，怎么处理，主席有一整套政策，批评从严，处理按主席路线。谭震林，还有这些老帅，是否真正反毛主席？"他的发言立即遭到吴法宪、张春桥等人的攻击。吴法宪说："讲话要联系自己思想，你说过去几十年站在毛主席一边的，恰恰相反，你是一贯反对毛主席，反对毛主席思想的。"朱德反驳说："我是跟毛主席走的。"吴法宪又逼问："从井冈山到现在，你什么时候站在毛主席一边？""过去你名义上是总司令，真正指挥我们打仗的是毛主席，真正的总司令是毛主席。"在 10 月 17 日分组会上，谢富治又说："朱德同志从井冈山第一天起就反对毛主席。朱德同志、陈毅同志是合伙把毛主席赶出军队。陈毅同志是朱德同志的参谋长。这些人都该受批判。""刘少奇、邓小平搞反革命修正主义，朱德同志、陈云同志也搞修正主义。'二月逆流'这些人不死心，还要为他们服务！"②

面对这种极不正常的气氛，82 岁的朱德始终泰然处之。正如萧克后来评价的那样："在党内生活不正常的情况下，他也作过检讨，只从自己主

---

① 《朱德传》（修订本），第 913 页，中央文献出版社 2000 年版。
② 《朱德年谱》下，第 1966 页，中央文献出版社 2006 年版。

观上找原因，不用浮夸言辞哗众取宠……他的度量之大，胸襟之宽广，无不令人钦佩。"他在中共八届十二中全会扩大会议结束以后，用了近半月的时间，把自己从 1950 年至 1966 年的 380 件讲话稿、文章重新认真地翻阅了一遍，检查自己的言行。①

这一年底，在谢富治把持下的公安部，又制造了最骇人听闻的案件之一——所谓"中国（马列）共产党案"。中国科学院经济研究所实习研究员周慈敖在办案人员的诱逼下，诬供朱德、董必武、叶剑英、李先念、李富春、陈毅、贺龙、刘伯承、徐向前、聂荣臻、谭震林、余秋里等几十位中央及地方领导人组织了一个"中国（马列）共产党"，说朱德是"伪中央书记"，陈毅是"伪中央副书记兼国防部长"，李富春是"当总理的角色"，常委有陈毅、李富春、徐向前、叶剑英、贺龙等 9 人，委员有王震、萧华、伍修权等 16 人。并且成立了"中共（马列）起义行动委员会"，"各系统都有他们的人"。还说朱德等签署了一份给蒋介石的电报，希望蒋配合"制止危险局势的发展"，等等。此事传到朱德耳中，他对家人说：由他们造谣去吧。毛主席、恩来最了解我，只要他们在，事情总会搞清楚的②。

应该说，毛泽东对朱德是最了解的。1969 年 3 月 31 日，毛泽东在周恩来关于中共九大主席团组成问题的请示报告上批示：开幕式主席台似宜有董必武、刘伯承、朱德、陈云。在 4 月 21 日，朱德在华北组第六次全体会议上发言说："我和毛主席在一起四十多年，几乎天天在一起。几十年的经验证明，我没有反对毛主席，把我说成是'三反分子'是不符合实际的。所以，我就没有承认。"但是，在分组讨论会上，朱德还是受到了围攻，并要求他写出书面检讨。4 月 22 日，朱德写的《我的书面检讨》以会议简报形式印发。4 月 24 日，毛泽东在谈到选举问题时说：恐怕困难的还是这十位老同志。要选上的话，如朱德，检讨也检讨不清楚，不要写了，写了大家更不满意，不能怪他了，他都忘了，八十几了。我看差不多了，看以后的行动。就这样，尽管林彪、江青一伙百般阻挠，由于毛泽东的表态，朱德等在中共九大上还是当选为中央委员会委员。在九届一中全会

---

① 《朱德传》（修订本），第 915 页、中央文献出版社 2000 年版。
② 《朱德年谱》下，第 1967 页，中央文献出版社 2006 年版。

上，朱德继续当选为中央政治局委员。

就在中共九大开幕前夕，发生了苏联军队多次侵入中国黑龙江省珍宝岛地区的边境武装冲突事件。10 月 17 日，林彪发布"紧急指示"，调动全军进入紧急战备状态。第二天，由中国人民解放军总参谋长黄永胜等以"林副主席第一号令"正式下达，全军进入紧急战备状态。由于对发生战争的危险性作了过分的估计，在中共九大后开始全国性的备战工作，并决定：10 月 20 日前，将在京的老同志疏散到各地，朱德和董必武、李富春等一道去了广州。康克清回忆说："战备手令下达后，朱总对我说，现在毫无战争迹象，战争不是凭空就能打起来的，打仗之前会有很多预兆，不是小孩打架，现在看不到这种预兆、迹象。"①

10 月 20 日中午，朱德和董必武、李富春、滕代远、张鼎丞、张云逸、陈奇涵及家属分乘两架飞机抵达广州白云机场。随后，住进广州郊区的从化温泉宾馆，在这里居住了九个月。

在广东的这些日子里，朱德的生活虽然清静，却受到种种限制和冷遇，平时只能在划定的区域内活动，离开宾馆需要经过广州军区主管领导批准，连去一次广州市区都不容易，更不要说到工厂、农村去看看。广州军区司令员丁盛还多次在会议上攻击朱德"是一个老军阀"，"从井冈山起，就是反对毛主席的"。②

1970 年 7 月，84 岁的朱德接到中共中央的通知，从广东从化回到北京。随后被安排在北京万寿路新六所。至此，他搬出中南海，在新六所一直住到去世。

是红司令不是黑司令

1970 年中国政局正在发生着重大的变化。这一年 8 月 23 日至 9 月 6日，中共九届二中全会在庐山举行，朱德参加了这次会议。8 月 23 日，林彪在大会上抢先发言，坚持要设国家主席的主张，并利用宣传"毛主席是

① 《朱德传》（修订本），第 917 页，中央文献出版社 2000 年版。
② 《朱德传》（修订本），第 917 页，中央文献出版社 2000 年版。

天才"，把矛头指向江青集团。陈伯达组织人拟写了有关"国家主席"的宪法条文，并为叶群连夜选编"天才"的语录。24 日，陈伯达在华北组会议上发言，拥护林彪的讲话，坚持"设国家主席"。林彪一伙发动突然袭击，准备夺取更多权力。8 月 31 日，毛泽东识破了林彪想夺取更多权力的阴谋，写了《我的一点意见》，严厉批评在这次突然袭击中打头阵的陈伯达。9 月 3 日，朱德在西南组会议上发言批判陈伯达说：他在 30 年代就写文章支持王明，反对鲁迅；他诬陷解放军"已到了修正主义的边缘"；他曾提出"取消货币，以物换物"的错误意见。①

庐山会议后，朱德回到了北京。1971 年 2 月 6 日，《外交活动简报》第29 期刊载古巴驻中国临时代办加西亚访问西安、延安、南昌、井冈山、杭州、上海后的几点反映。其中第四点是向江西外事组的同志建议，在介绍中国革命时，应该提到南昌起义和朱德上井冈山这两段历史。毛泽东在这份简报上批示："第四期提得好，应对南昌起义和两军会合作正确解说。"

8 月，在康克清的陪同下，朱德来到了北戴河休养。这是朱德自 1966年"文化大革命"发动后第一次到北戴河休养，他自然十分高兴，确实感到有一种多年来少有的自由。他听涛观海，林中散步，心情很好。

一天，也在北戴河休养的陈毅来到朱德的住处看望他。一见面，陈毅就说："总理说，他本来想亲自登门造访，可是要出国，来不了啦，要我代他向你问候，希望你多加保重。"面对老战友，朱德说了一段他深思许久，又十分能反映他晚年心迹的话：

"我们这些人为革命干了一辈子，现在为了顾全大局，做出这样的容忍和个人牺牲，这在国际共产主义运动史上是很少有的，将来许多问题都会搞清的。"②

与此同时，随着批陈整风的进展，毛泽东又采取一系列措施，削弱林彪一伙的权势。林彪一伙决心铤而走险，策划武装政变。9 月 13 日，林彪因发动武装政变的阴谋败露，仓皇乘飞机出逃，终于摔死在蒙古的温都尔汗。

林彪集团失败后，朱德的心境舒畅多了。10 月 22 日，他在给中共中

---

① 《朱德年谱》下，第 1972 页，中央文献出版社 2006 年版。
② 《朱德年谱》下，第 1973 页，中央文献出版社 2006 年版。

央、毛泽东的一封信中说：

> 我坚决拥护主席和中央对林彪叛党集团采取的一系列正确措施。
>
> 近日来，经过反复回想党内两条路线斗争的斗争史和林彪其人，感到他走上反党反革命的道路，并不是偶然的。他出身于地主阶级家庭，他的个人英雄主义野心的剥削阶级烙印，在井冈山时期就有所表现。那时，党为了武装地方游击队，从他所在连队里调人，调枪支，就调不出来。他不顾党和革命的大局，死守着小团体不放，实际上是扩大的个人主义。我军在井冈山建红军起，就建立了军事人员服从政治委员的领导的制度，他不相信政治委员的领导作用，也不接受政治委员的领导。党派去的政治委员，他也不与之合作，不服从政治委员的领导。有的甚至被他排挤出来。他只要政治部主任，好便于他独裁。他从来看不起他的上级，井冈山时期他当连长时，就看不起营长周子昆同志，后来他当了营长，便开始反对团长王尔琢同志。联想到遵义会议上他带头攻击毛主席，阴谋夺毛主席的权和这次妄图谋害毛主席，犯上作乱，图谋篡党，也是有他的阶级根源和历史根源的。

同时，朱德表示坚决拥护中共中央撤销军委办事组，并责令林（彪）的死党黄（勇胜）、吴（法宪）、李（作鹏）、邱（会作）停职反省的决定；坚决拥护成立军委办公会议和中央专案组。

1972 年来到了，这一年的冬天似乎特别的冷。1 月 9 日，朱德的老战友陈毅逝世了，得知这一消息后，年已 86 岁的朱德不顾自己年老体弱，亲自来到了中国人民解放军总医院向陈毅遗体告别。随后，写下了《悼陈毅同志》诗一首：

> 一生为革命，盖棺方论定。
> 重道又亲师，路线根端正。

这时，朱德虽已耄耋老年，但心情逐渐从沉闷中摆脱了出来。他多次参加会议，揭发和批判林彪的反党罪行。5月21日至6月23日，中共中央在北京召开了批林整风汇报会。朱德自始至终参加了会议。在5月25日中共中央军委直属组会议上，朱德发言说：林彪是自我暴露的。他是有组织、有计划、有纲领地搞反革命政变，妄图谋害毛主席，另立中央。我们党是有经验、有力量的党，他决不会成功的。又说：我好几年没有和军队同志在一起开会了。现在我还能看到大家，看到我们的军队还是好军队，心情很愉快，很高兴。6月7日，朱德又在中共中央军委直属组会议上发言说：从发下来的几个文件看，在"文化大革命"运动中，林彪想把我们几个老同志都整掉，是主席、总理保护了我们。林彪地位一高，又有黄（永胜）、吴（法宪）、李（作鹏）、邱（会作）一类人一帮，就想当英雄，想当皇帝。主席察觉了，他就搞阴谋，下毒手。今后，如果我们能学好马列，学好主席的思想，能执行毛主席的革命路线，我看党内分裂可以减少些，危害可以少些。我们有实际工作经验，只要我们找到了规律，马列的书可以读懂的。学习中，我们要互相讨论，互相研究，不要怕说错了。读书要下苦功，也是一个乐事，真正读懂一些，就高兴得很①。

1973年3月31日，朱德视察了中国人民解放军军政大学，和校长萧克、政治委员唐亮等进行了谈话。在讲到林彪的问题时，他说：林彪利用毛主席的崇高威信反对毛主席，以达到自己篡党夺权的反革命目的。受林彪打击陷害的，要平反，作出正确结论。要把林彪搞错的东西再搞过来。在8月24日至28日召开的中共第十次全国代表大会和十届一中全会上，朱德当选为中共中央委员、中共中央政治局委员和中共中央政治局常委。

这年12月21日，毛泽东在他的住所会见参加中共中央军委会议的人员，朱德也应邀前往。当毛泽东身边的工作人员把朱德送到会议室的时候，毛泽东一下就看见了这位许久未见面的老战友，要站起来迎接。还没等他起身，朱德已来到他的面前。毛泽东微欠着身体，拍着身边的沙发请朱德挨着自己坐下。此时，毛泽东很动情，他对朱德说："红司令，红司

① 《朱德年谱》下，第1976页，中央文献出版社2006年版。

令你可好吗？"

听了毛泽东的话，朱德操着四川口音高兴地告诉毛泽东说："我很好。"在座的其他领导同志的目光早已集中到毛泽东和朱德这里。

这时，毛泽东习惯地从小茶几上拿起一支雪茄烟，若有所思地划着火柴点燃香烟吸了一口，又环顾四周，继续对朱德说："有人说你是黑司令，我不高兴。我说是红司令，红司令"，他重复着，又说："没有朱，哪有毛，朱毛，朱毛，朱在先嘛。"①

说到这里，毛泽东转过话头问朱德："红司令，现在没有人骂你了吧？"

"没有了。"朱德回答道。

毛泽东说："那好些了。这位同志（指着朱德对其他与会者说）跟我们一起几十年了。"

"四十多年了。"朱德说。

毛泽东感叹地说："我跟你，四十多年了！"

在这次谈话中，毛泽东对"文化大革命"中处理贺龙、罗瑞卿、杨成武、余立金、傅崇碧等人的问题，做了自我批评。他说："我看贺龙同志搞错了。我要负责呢。""杨、余、傅也要翻案呢，都是林彪搞的。我是听了林彪的一面之辞，所以我犯了错误。小平讲，在上海的时候，对罗瑞卿搞突然袭击，他不满意。我赞成他。也是听了林彪的话，整了罗瑞卿呢。有几次听一面之辞，就是不好呢，向同志们做点自我批评呢。Self-criticism，自我批评。"②

林彪事件发生以后，江青一伙又乘机打着"批林批孔"的旗号，把斗争矛头集中指向周恩来等。

1974 年 1 月 25 日，江青在中直机关、国家机关"批林批孔"动员大会上，以"批林批孔"为名，对周恩来、叶剑英等不指名地进行攻击。康克清参加了这次大会，她回忆说："我参加了在首都体育馆召开的批林批孔大会回来，感到紧张，就把开会的内容向朱总讲了。我说：'听了江青的讲话，一个突出的印象就是她把手伸到军队里去了。'朱总听了我的话，

---

① 《朱德传》（修订本），第 919 页，中央文献出版社 2000 年版。
② 毛泽东接见参加中央军委会议同志的谈话记录，1973 年 12 月 21 日。

说：'你不要着急。军队的大多数是好的，地方干部大多数是好的，群众也是好的。'文革'以来，军队里虽然出了几个败类，但从整个军队来说，他们是拉不走的。干部中有少数人被拉了过去，但广大干部是不会跟他们跑的。江青的本事有多大，你不知道吗？去问问工人、农民、战士和知识分子，谁愿回到那种半封建半殖民地的社会中去？"①

这年 8 月，88 岁的朱德在海军司令员萧劲光和副司令员刘道生陪同下，来到秦皇岛海军舰艇部队视察。航行到操演区，他登上旗舰总指挥台检阅舰艇演习。在接见全体舰艇指战员时，又说了一番意味深长的话。他说："我们党的老干部是宝贝呀……我们做的事情是光荣的，是有前途的。"并向他们讲了建设海军的方向和任务，并题写了"增强革命团结，加速人民海军建设"的字幅，勉励海军指战员为建设强大的海军而奋斗。②

这年，被林彪、江青一伙关押了七年半的原解放军总政治部主任萧华走出监狱，便来看望朱德。朱德对他说："要振作精神呀，共产党员受点委屈不算事儿。井冈山、瑞金、二万五千里长征，那么多困难，那么多挫折，我们都踏着熬过来了，现在这点磨难，能让我们丧失信心吗?!"在谈到历史问题时说："在井冈山的时候，他林彪才是一个营长哟，怎么能说井冈山会师是他林彪和毛主席会师呢！历史就是历史，他们胡闹不行的。长征时，李作鹏是个小机要员，邱会作呢？是个担担子的挑夫……后来官做大了，与我不来往了，见了我连理都不理了！我们要相信党，相信毛主席！这几年，不过是历史的一个插曲。革命总是要经历曲折反复的，总是要向前发展的。凡是违背唯物辩证法的东西，别看它眼前兴时得很，但从长远的观点看，最后在历史上总是站不住脚的。"当萧华离开时，朱德特地从书柜里找出几本马列和毛泽东的哲学著作送给他，说："要好好地学，它是我们识别真假马列的武器。"③

1975 年 1 月 13 日至 17 日，第四届全国人民代表大会第一次会议在北京举行。朱德主持了开幕式。周恩来带着重病在会上作了《政府工作报告》，重新

---

① 《朱德自述》，第 309 页，解放军文艺出版社 2003 年版。
② 《朱德年谱》下，第 1983 页，中央文献出版社 2006 年版。
③ 《朱德年谱》下，第 1986 页，中央文献出版社 2006 年版。

提出实现四个现代化的宏伟目标，并决定以周恩来、邓小平为核心的国务院领导人选。朱德在这次大会上继续当选为人大常委会委员长。这时，他已是89岁高龄的老人了。他多次写下"革命到底"的条幅以铭志。

四届全国人大后不久，周恩来总理病情加重。邓小平受毛泽东的委托，主持中共中央和国务院的日常工作，对工业、农业、科技、国防、教育、文化等各方面进行全面整顿。在短短九个月里，全国形势有了明显好转，各个领域的工作取得显著的成效。

对邓小平取得的成就，朱德是十分欣慰的，他称赞道：在毛主席的领导下，由邓小平同志主持中央的日常领导工作很好。[1] 这一年年底，朱德在同原中共辽宁省委书记周桓谈话时，对邓小平主持中共中央日常工作后，在许多方面进行整顿，使形势有了转机，感到很满意。他说："现在形势很好，组织上顺过来了，思想上还未顺过来。"又说："要抢班夺权是不行的，林彪不是垮了吗？他们要打倒我，这不是我个人的事，我并不想'当官'。我是党树起来的，要打倒我，就得先打倒共产党，此外没有别的办法。"并指出："现在虽然有人还在捣乱，但是，毛主席的革命路线一定要胜利。"[2]

然而，整顿工作从一开始就受到"四人帮"的阻挠和破坏。同时，由于毛泽东不能容忍邓小平系统地纠正"文化大革命"的错误，又发动了所谓"批邓、反击右倾翻案风"运动，中国又一次陷入混乱。

1976年，这是中国的一个龙年。但是，这一年年初，就使全中国人民陷入了悲痛之中。1月8日周恩来在北京逝世了。消息传来，朱德和全中国人民一样异常悲痛，眼泪夺眶而出，嘴里不断念叨着："恩来，你在哪里？"

由于年老体弱，朱德已很少出门了。但是，1月11日，朱德却穿着一身新军装，在女儿的陪同下，赶到了北京医院。当他拄着手杖吃力地走进灵堂时，双眼直盯盯地望着静卧在鲜花和翠柏丛中的周恩来，再也抑制不住内心的悲痛，热泪不停地流了下来。他缓缓地走近周恩来的遗体，专注地望着这位和自己共事50多年的老战友，似乎有许多话要对他说，可这

---

① 《朱德年谱》下，第1994页，中央文献出版社2006年版。
② 《朱德年谱》下，第1994页，中央文献出版社2006年版。

已经是不可能了。他努力站得笔直，异常庄严地举起右手，向周恩来遗体行了一个标准的军礼，久久不忍离去。这是朱德生前的最后一个军礼。这最后一个军礼包含得太多太多了！

从医院回来以后，朱德一直沉浸在悲痛和怀念之中，吃不好，睡不好。当他听到周恩来的骨灰将撒向大海时，他对身边的工作人员说：周恩来为国家、为人民鞠躬尽瘁，死而后已，是一个真正的彻底的无产阶级革命家。

朱德和周恩来有着半个多世纪的深厚情谊。他是 1922 年在德国由周恩来和张申府介绍入党的。50 多年来，他们曾经一起度过了多少个生死与共的日日夜夜。周恩来是在发现癌症两年后的 1974 年 6 月才住院的。朱德同他最后一次相见是 1975 年 7 月 11 日。那天周恩来身体稍好一些，起床后在病房内做"八段锦"运动。他的卫士高振普回忆道：

> "他边运动边对我说：'你去打电话，问一下朱老总的身体怎么样？他现在有没有时间？前些日子他想来看我，因为我当时身体不太好，没能请他来，今天可以了，看朱老总能不能来。'我答应马上去打电话。总理接着说：'现在是四点多钟，如果老总可以来，五点钟可以到这里，大约谈上半个小时，五点半可以离开，六点钟他可以回到家吃饭。按时吃饭是朱老总多年的习惯。他有糖尿病，年岁又大，不要影响他吃饭。如果今天不能来，过几天他要去北戴河了，最好在此之前来一趟。'
>
> 周总理住院后，朱老总几次想来看望，只是怕影响总理的正常治疗。周总理也不愿让年近九旬的朱老总看到他在病榻上的样子，所以一直没有让来。今天，总理约朱老总来，是想到朱老总过几天去北戴河，需两个多月才能回来，总理担心到那时自己的身体条件不会比现在好，所以，请朱老总在去北戴河之前先来见见。"
>
> "我把朱老总可以来的消息报告了总理，同时转达了康大姐的问候。总理在病房里来回走了几趟，对我说：'换上衣服，到客厅里去见老总，不要让他看到我穿着病号衣服。'
>
> 五时五十分，朱老总到了，迈着稳健的步子走向客厅，周总

理起身迎向老总，两人同时伸出双手，朱老总用颤抖的声音问总理："你好吗？"总理回答说："还好，咱们坐下来谈吧。"朱老总已八十九高龄，动作有些迟缓，我们扶他坐在沙发上。总理关心地问老总："要不要换一个高一点的椅子？"老总说："这个可以。"总理示意关上客厅的门，我们都退了出来，客厅里开始了两位老战友的谈话。"

"六时十五分，谈话结束了，总理送老总走出客厅，紧紧地握手告别，警卫员搀扶着老总上了车，总理目送着汽车开走，才转身回到病房。谁能想到，这次相见竟是两位几十年出生入死的老战友的最后相见！"①

周恩来这样快地去世，是朱德怎么样也想不到，也难以相信的。他的女儿朱敏在第二年回忆道：

"去年元旦，我父亲病刚好一些，就出了院。他在生病期间，组织上没有告诉他总理病重的消息。一月八日，总理逝世时，一开始也不敢告诉他。那天下午，他正去接见外宾，接受国书。回来后，妈妈慢慢地对他说：'总理病情最近恶化了。'他听了后，连这也不相信，认为：有那么多的好大夫给总理治病，病情不会发展得那么快。敬爱的周总理会这么快去世，他没有想到，也不愿想到呀！晚上八时，当他得知总理逝世的消息后，眼泪马上就流了下来。我是从来没有看到过我父亲掉泪的。一九七四年，我哥哥因病突然去世，父亲听到这个消息后，都没有掉一滴眼泪。"

"当他听到总理临终遗言，要把骨灰撒在祖国的大地和江河里时，便很严肃地说：'过去人们死后要用棺材埋在地里，后来进步了，死后火化，这是一次革命。总理为党、为国家、为人民鞠躬尽瘁，死而后已，真是一个真正的彻底的革命家。'他一边说，一边

---

① 高振普：《最后的相见——记朱德同志看望病中的周恩来同志》，《学习与研究》，1992年第6期。

流泪，还问我们：'你们知道总理的革命历史吗?'我们说：'知道一点，看了一些别人的回忆。'他却说：'你们应该了解总理的革命历史!'说着，就开始讲总理革命的一生。当时，我们怕他过分伤心，身体受不了，没有让他说很多，但他不时自言自语：'你们知道总理的革命历史吗?'他自己陷入深深的回忆之中。'"

"向总理遗体告别时，父亲一路上都在掉泪，在车上他就要脱帽子。在总理的遗容前，他庄严地向总理举手致敬! 回来后，他一句话不说，也不吃东西。治丧委员会的同志征求他的意见，是否只参加一次吊唁仪式，他却坚持要全部参加。开追悼会时，他原来决定是要出席的，但是就在出发之前，九十高龄的父亲，由于哀悼总理过分悲痛，两条腿说什么也站不起来了，因而没有去成!"①

周恩来的逝世，在全党全军和全国人民中引起强烈的震动。人民英雄纪念碑周围布满的花圈、挽联、悼词……不仅表达了广大人民群众对失去这位卓越领导人的悲痛与怀念，而且反映了人们对中国前途命运的焦虑心情。这年 4 月清明节前后，在全国范围内掀起了悼念周总理、反对"四人帮"的强大抗议运动。

1976 年 6 月 21 日上午，朱德前往人民大会堂会见澳大利亚联邦总理马尔科姆·弗雷泽。由于会见的时间推迟，而朱德事先没有得到通知，在放有冷气的房间里等了近一个小时。回到家中，他便感到身体不舒服，经医生诊断，是患了感冒。25 日晚，朱德因病情加重，被送入北京医院治疗。

几天后，朱德的病情稍有缓解。但进入 7 月后，他的病情又再次加重，多种病症并发。

朱德住院后，中共中央副主席叶剑英委托他的女儿"几乎每天打电话到医院，询问朱老总的病情。"邓颖超、聂荣臻、李先念等纷纷前往医院探望朱德。在病榻上，朱德同看望他的国务院副总理李先念作了最后一次谈话。他说："我看还是要抓生产。哪有社会主义不抓生产的道理呢?!"②

---

① 朱敏：《深情怀念周伯伯》，《北京师范大学学报》1977 年第 1 期。
② 《朱德传》（修订本），第 928 页，中央文献出版社 2000 年版。

7月5日，朱德的病情急剧恶化。躺在病床上，对周围人员断断续续地说："革命到底。"

7月6日下午3时01分，朱德的心脏永远停止了跳动，享年90岁。

朱德的逝世，使中国人民再一次沉浸在悲痛之中。当他的遗体被送往八宝山革命公墓火化时，人们聚集在十里长街，含着热泪，目送着灵车西去。

朱德的逝世，在世界各国或地区的领导人中引起了广泛的反响。他们纷纷发来唁电、唁函，表示深切的哀悼，并且高度评价了这位具有传奇色彩的伟大军事家：

"中国红军之父。"

"为争取中国人民解放而奋斗的传奇式的统帅和战士。"

……